秋气不惊堂内燕，夕阳还恋路旁鸦。

——龚自珍《己亥杂诗》

任平"历史视野"批判

对任平《美国挑起贸易战的真实意图》一文的批判，
兼评"强国兴衰规律"与"中华民族复兴论"

梁中堂文集·卷三

梁 中 堂

By Liang Zhongtang

【当代华语世界思想者丛书】

学术顾问：黎安友、郭汤姆
主　　编：荣　伟
Academic Adviser:　Andrew J. Nathan, Tom Kellogg
Chief Editor:　　　David Rong

Published by Bouden House, New York
ISBN:　979-8-90257-028-8 (Paperback)
　　　　979-8-90257-029-5 (eBook)

Ren Ping's 'Historical Perspective' Critique
By Liang Zhongtang

梁中堂文集 · 卷三
任平"历史视野"批判

梁中堂 著

出版：博登书屋 · 纽约（Bouden House New York）
邮箱：boudenhouse@gmail.com
发行：谷歌图书（电子版）、亚马逊（纸质版）
版次：2026 年 2 月 第 1 版 第 1 次印刷
字数：346 千字
定价：$38.00 美元

再版序言

读者手上的这本小册子，是在去年 7 月的《任平〈美国挑起贸易战的真实意图〉批判，兼评"强国兴衰规律"和"中华民族复兴论"》的基础上改定的，所以，读者完全有理由把它当作那本书的第二版。

2015 年，当重新研究战后历史格局的时候，曾经选了几个在国际关系和国际政治方面具有代表性的理论观点，准备分次予以批判。因为美国在战后把世界各国引到了弯路上，直到当前它仍在国际经济政治领域中无可替代地影响着世界局势的发展，特别是由于美国的政治学在国际论坛上执首牛耳决定着国际事件的是非和判断，所以它理所当然地被选中了两个靶子，一个是亨廷顿的"文明冲突论"，一个是米尔斯海默的"进攻性现实主义"或"大国政治悲剧"。另外被选中的是战后几乎一直在亚洲最发达的国家执政的日本自民党的战争观——"大东亚战争"。那时候，还没有想到像我们这些落后国家或发展中国家也有应受到批判的理论问题。只是在前年撰写美国贸易战的文章时，才意识到这是一种缺失。

稍有马克思学修养的人，没有不知道马克思《〈政治经济学批判〉序言》里的第一句话："我考察资产阶级经济制度是按照以下的次序：资本、土地所有制、雇佣劳动；国家、对外贸易、世界市场。"但是，我以为包括像列宁这样的马克思主义理论大家在内，都没有理解它的深刻含义。马克思所说的考察次序，当然是他的认识，也即是他的认识论。马克思用黑体标示的 6 个经济范畴，以及所排列的次序，无疑是一个知识体系，也可以称之为逻辑体系。毋庸置言，马克思所考察的对象，也即在这里所总结的，又是人类从 15 世纪末到 16 世纪初以来的社会发展史，也是世界近代的历史过程。所以，马克思的这句话，最简单也最清楚不过地体现了辩证法、逻辑学和认识论的同一性、一致性。

如果说以前的历史发展还不是很清晰的话，那么，第二次世界大战以后，尤其是 2001 年，几近人类五分之一的中国加入了世界贸易组织以后，全世界已经有了 90%以上的人口都是在世界贸易组织的框架下进行海外贸易的，从而历史就以再清楚不过的方式论证了马克思的认识，——世界正在逐步形成一个统一的市场。

而在这一过程发生以前，世界所有民族都是以不同的方式实行自然经济，呈现自然状态的。自从以资本为主导的社会生产方式产生以后，它就以不可抗拒的力量分别碾压各民族的传统的经济形态，其中最早发生在 15 世纪末至 16 世纪初的大西洋东岸，荷兰、葡萄牙、西班牙、英国和法国等几个很小的民族国家的内部，接着，——不，由于资本增殖的内在冲动，当它还在西欧这几个民族内自然发育和成长的时候，所以是资本的形态尚未完全形成的时候，就急不可耐地向外辐射，梯度传播，向世界各处扩张和扩展了。如果盘点这段历史，少说也有 600 年了。600 年以来，资本主义商品的触觉伸展到了哪里，那里就自然地连接而融进了它的体系。但是，必须看到，直到现在，作为人类的一种新型的经济形态，由各个民族国家共同支撑起来的世界市场，虽说其基本的架构已经具备，却还远未完成，从而作为一个大历史过程，也还没有结束。

所以，如果立足于正在形成世界市场的大历史、大背景下，以往的国际政治和国际关系理论，就都不过是各个民族在融入同一体系的过程中的利益表现。毋庸置疑，因为这是一个同一的体系，所以，同一性的理论和理念，是这一历史过程中最主要的结晶，譬如自由贸易，等价交换，自由和平等，公平与正义，以及人权，等等，都是有力支持和推动世界历史前进与发展的优秀文化。但是，在同一个过程中，也出现了许多违背资本主义市场经济原则的理论和学说，包括作为发达国家对外政策在内的帝国主义、殖民主义和海外（世界）霸权主义，欧洲中心主义，种族优越论，战后以反对和遏制共产主义扩张为由头的冷战意识形态，以及 20 世纪末期冷战结束以后新产生的亨廷顿的"民族冲突论"，米尔斯海默的"进攻性现实主义"，也许还应该添加上美国政府发动贸易战以来，副总统彭斯代表特朗普总统连续两年在威尔逊中心所做的反华演讲中提出来的"美国支持自由论"，以及日本自民党的"大东亚战争"，等等，它们都属于较早和比较早地实行了资本主义商品生产的民族国家，在向落后国家和落后地区扩张的过程中产生出来的代表强者利益的理论学说，但它们却是与正在形成的世界市场的原则相违背，与历史发展的趋势相抵触的，所以必须予以批判。

　　但是，如果把上述需要批判的各种理论，看作是发达国家和先进民族走向现代的过程中所出现的错误认识的话，那么，像我们这一类的落后民族向现代发展时，有没有错误的认识，会不会形成错误的理论？至少笔者过去没有这样思想过。前年撰写《美国贸易战》的过程中，发现我们也犯错误，也有很不正确的认识，甚至还有相当荒谬的理论。这本小册子就是批评和批判这一类的理论观点和错误认识的。其实，仔细追究起来，德国和日本这一类的后发达国家，当初就是没有意识到早期发达国家的帝国主义和殖民主义之类的错误政策，在学习发达国家的先进生产力的同时，连同帝国主义的路线、方针和政策，都接受过来了，所以造成了悲剧。我们能超越前人吗？

梁中堂

2020 年 3 月大疫期于上海蒸菜馆

初版序言

　　这本小册子是在过去的 3 篇文章的基础上完成的。去年 7 月至 11 月，笔者为自己的博客写了 30 多篇（段）文章，因为都是解答中美贸易战的疑难，所以以《美国贸易战》为名而集结成册，其中《美国贸易战是要"打掉中国蓬勃发展的势头"吗?》分上、中、下三次粘贴，则是反驳任平的观点的。任平者，人民日报理论评论部也。有关贸易战的文章虽然写过了，但是，任平的认识涉及到更为深刻的理论和现实，所以还有必要再做深入地剖析和批判。

　　事实上，任平的理论解释不了一些最简单的现实问题。既然美国发动贸易战的真实意图，是要"堵死中国在产业升级的关键阶段向上攀升的机会，打掉中国蓬勃发展的势头"，那它为什么还要同时向墨西哥、加拿大、欧盟、日本、印度、土耳其等等，几乎世界上所有的贸易伙伴也都加征关税？既然美国对世界所有的贸易伙伴都打贸易战，那十分明显的一个道理就是，不能把美国挑起的贸易战简单归结为要"堵死中国攀升的机会和打掉中国发展的势头"。

　　还有，任平所讲的中国发展既不客观，又不全面。在他们的笔下，中国似乎已经很了不起，很强大。其实，这里掩盖着极大的一个命题，那就是别的国家都比中国发展得慢。中国如何比别的国家发展的都快，而别人都不如我们？那当然是说，中国人比别的民族都更聪明。这和西方民族看不起其他落后民族，和那些鼓吹白人种族优越论有什么差别？问题还在与，从实际的数据来看，中国并不比别的国家强。如果按照人均计算，用生产力标准衡量，中国不但不先进，而且还处在世界平均水平以下，我们有什么资格吹？

　　另外，尽管任平也说中国绝不称霸。但是，他们却在那里传播"大国兴衰规律"，宣传"民族复兴论"，鼓吹"中国重新走近世界舞台的中央"。现在谁是大国，谁在世界的中央？那还不是称王称霸的美国！所以，用这些理论这些观点说出来的话，写出来的文章，给人所传递的信息就是中国即将替代美国。这些文章不仅让美国的民族主义者害怕，就连其他发展中国家也莫不心生紧张。

凡此种种，说明任平的文章不仅解决不了问题，而且还在煽起民族主义情绪，为中美两国政府，为当前的国际关系与国际社会添堵。

理论的强大在于客观、真实、正确地反应和解释世界。美国也只是一个民族国家。在现代国家的政府事务里，内政外交，内政总是执政的重点与重心，而外交往往只是内政的继续。美国政治的基本特点是两党竞争，轮流执政。从 90 年代克林顿总统打全球化牌开始，受一大批发展中国家新市场的刺激，美国经济持续向好，为民主党挣得了不少的选票。特朗普是以独立党人身份出现的，但他却是站在反全球化的蓝领工人一边，并且"借壳上市"以共和党推选的总统候选人与民主党对决的。所以，竞选期间，特朗普就打反全球化这张牌，从而赢得了不少的选票。2018 年中期选举前，已经执政的特朗普总统则需要兑现竞选期间的承诺，提出反对和抵制全球化的经济政策，解决包括所谓美国贸易逆差在内的一些具体问题，以激励起民族主义，至少保住蓝领工人这个票仓。所以，美国政府的贸易战不只是针对中国，而是冲着所有的贸易伙伴的。只是由于中美的贸易量最大，再加上与中国执政的中国共产党有着原来美苏意识形态冲突的传统，不仅具有代表性，而且打起嘴皮官司来格外顺溜和自然。

特朗普是一位商人，他当然知道世界贸易都是在世界贸易组织的框架下进行的，而世界贸易组织的规则是以美国为首的西方国家制订的，体现了包括美国在内的西方国家的意志，代表了美国的利益。但是，美国是一个法制国家，两党竞争在国内问题上的选项已不很多，而国际市场的规则和规范虽然已经存在，却因为世界秩序的硬约束还未形成，包括世界贸易规则在内的一系列国际法都还不具有强制执行的条件，再加上战后美国政府历来以霸权主义的态度对待国际问题，在国际组织的框架下无法达到目的的情况下，就抛开国际组织实行单边主义。所以，特朗普总统遵循美国政府的传统，挑起国际事端，发动贸易摩擦。这可谓是："城门失火，殃及池鱼"。在世界历史发展的现阶段，国际社会无缘无故地遭致美国霸权的凌辱，也是没有法子的事情。

任平缺乏先进理论和理念，所以，他们解释不了当前世界中的许多现象和问题。中国与世界何以发展，中美两个民族国家何以能够友好相处、何以存在矛盾与摩擦，美国霸权何以兴起与衰落，中国何以落后和强大，以及中国何以在强大了之后却不会像美国与西方列强那样走霸权主义道路？如此等等，号称马克思信徒的任平，一概无法做出合理解释。

中国人都很熟悉这样一个理论，说人类依次历经原始社会、奴隶制社会、封建社会、资本主义和社会主义五个阶段。过去，大家都把它当作马克思的历史唯物主义的具体表述。不对。那是斯大林的，马克思并没有那种说法。1857 至 1858 年，马克思在他的经济学手稿里，有一段人类历史经历三个阶段或三种形态的理论阐述。这是一段语言晦涩，但逻辑严谨，内容清晰的文字。所谓语言晦涩，是指马克思所论述的三个阶段，都没有冠以我们通常所说的原始社会、奴隶社会、封建社会、资本主义和共产主义之类的历史阶段的名称。所谓逻辑严谨，是因为马克思所论说的三个阶段的第二阶段在第一阶段基础上产生，第三阶段在第二阶段发展的基础上形成，一环扣着一环。所谓内容明晰，虽说马克思没有用我们现在通俗的有关社会形态的语言表述，但它所揭示的人类历史三个阶段或者三大形态，即自然经济、资本主义和在资本主义高度发展基础上产生的共产主义三个阶段或三个形态却是非常清楚和明白的。而且，马克思还特意把在自然经济基础上发展起来的"物的依赖性"的社会阶段称之为"第二大形态"，突出地称其为"大"，一方面是由于资本主义正在突破传统时代的自然经济的封闭和狭隘，凸显其大，另一方面，它还将是一个很长的历史时期。

如果说马克思的历史三阶段说仅只是提出了资本主义形态的可

能性的话，那么，劳动价值学说则证明了资本主义的必然性。自然经济是以自然产品为财富形式的，而资本主义是以商品价值形式为财富的。马克思揭示出，人类劳动的二重性决定了商品具有使用价值和交换价值的二重性，而作为社会财富的商品价值则是人类无差别的抽象劳动的凝结。抽象劳动创造价值，这就宣告了世界各个民族，无论东方、西方，也无论黑人、白人、黄种人，都能够从事并胜任资本主义生产，其劳动都足以形成价值。所以，任何一个民族国家，一旦由传统的自然经济转换为资本主义市场经济，人们就都能焕发出历史上从未有过的聪明才智，创造出无穷无尽的社会财富来。这样，马克思的劳动价值学说为世界市场即资本主义向全世界各个民族国家扩张与发展廓清了理论的障碍，也摧毁了形形色色的民族优越论、民族歧视，以及各种民粹主义的理论依据。

现代人旅行已经习惯了使用 GPS。如果承认人类历史也是有序可循的，那么，人类历史也犹如旅途。马克思的人类历史三形态学说就是社会领域里的 GPS。他在提出历史三形态学说的同一段文字里，以及两年后出版的《政治经济学批判》序言里，则揭示出人类目前正在经历从传统的自然经济向资本主义过渡，——资本主义从其形成民族国家开始到对外贸易，以至发展并形成世界市场体系。马克思的理论与逻辑，已经被资本主义来到人世间的这 600 年的世界历史所证实。特别是 20 世纪第二次世界大战后一系列民族国家的诞生，一方面，每个国家的发展即意味着资本主义市场经济成分的提高和对外贸易量的扩大，从而越来越依靠世界市场。另一方面，各个民族国家的市场总和也就构成了世界市场，各民族国家成为世界市场的组成部分或细胞。各民族国家不分大小，一律平等，这是世界秩序的保障。

明白了以上的道理，自然就清楚了"大国兴衰规律"和"民族的复兴"都是多么荒谬，以及中国强大了何以又不称霸的道理。

先来看"大国兴衰"。

资本主义不是一蹴而就的。按照马克思的考察，英国由中世纪的自然经济到资本主义转变，用了 500 多年的时间。资本主义在全世界的普及与扩展，当然会更长久一些。在资本主义发展的初期阶段里，也即资本主义法制和秩序还未形成的时候，社会行为模式就只能是传统时代的。殖民、帝国和霸权，都是自然经济与个体生产阶段的产物。当早期的民族国家在资本自行增殖的内在冲动的带动下，随着对外贸易向全世界扩展的时候，就自然发生了殖民主义、帝国主义和霸权主义。但是，随着资本主义的传播与发展，一系列民族国家的产生，特别是世界市场基本形成以后，一方面，是资本主义经济秩序的要求，另一方面，受到殖民主义和帝国主义侵略与压榨的民族国家，也一定会张扬资本主义的自由贸易与等价交换的原则，公然反对和抵制殖民主义、帝国主义和霸权主义。这正是世界近代史以来的殖民主义、帝国主义和霸权主义由兴盛到衰败的经济与社会基础。

500 多年以来的世界历史表明，殖民主义、帝国主义和霸权主义经历了兴盛与衰落，但大凡实行了资本主义的民族国家却只有兴，而没有衰。

首先，由于资本主义比传统社会具有无比优越性，所以，当一个民族一旦形成了现代民族国家，很快就获得了强大的生产力。16 世纪至 18 世纪，荷兰、葡萄牙、西班牙，尽管都是位于欧洲西部边陲的蕞尔小国，但因最早走上资本主义却属于世界上最强盛的国家，连续在海洋上称霸数百年。19 世纪后期至 20 世纪前半期的日本也是这样。1868 年明治维新标志着日本学习西方，仅过了 20 多年，1894 年，甲午海战中，日本就打败了清帝国。当是时也，日本 2000 万人口，而清帝国 4 亿多。1905 年，日俄战争中，日本又打败了拥有 1 亿多人口的沙皇俄国。另外，中国政府常常宣传改革开放以来的巨大成就，只是没有进一步考究，中国人还是中国人，中国政府还是那个政府，因何 30 多年就得到了有史以来从未有过的大改变？还不是转向资本主义市场经济制度所带来的变化！

其次，既然价值财富是由人类无差别的抽象劳动凝结的，那么，在相同的资本主义生产力条件下，拥有较多人口的民族国家则会在相同的时间里创造出较多的社会财富。这是一个仅需要加法和乘法的初级算术题。15 世纪末至 16 世纪初，仅只有数百万人口的荷兰、葡萄牙、西班牙最先形成民族国家。自后数百年，先后是 4、5000 万人口的英国和法国，7、8000 万人口的德国与接近 1 亿人口的日本，以及 1.3 亿人口的美国富强或称霸。所以，历史学家所总结的近代史上的霸权更迭，其实是人口更多的大国步入到资本主义的行列，从而取代早期的人口相对较少的小国，成了世界上新的霸主。这就是他们的"大国兴衰"。

但是，这一世历史观是不正确的，因为它只展示了兴的一面。资本主义是一种开放而具有活力的经济制度，各个民族一旦完成转变，从而走上资本主义经济形态以后，其自由与民主制度就成了人性和生产力解放的保障，从而使社会获得了持续发展的动力。所以，作为殖民主义、帝国主义和霸权主义，固然衰亡了，也就是说，它独霸国际的话语权丧失了，但其民族国家的发展与进步却没有停止过。读者如果有兴趣，不难发现西欧最早的几个西方国家在经济、社会与文化各个领域里，至今仍都处在世界的前列。

现在再来看中国。中国也无例外地处在由自然经济向资本主义转变的大历史中。首先，中国是要获得一种无法依靠自己历史能够实现的新的经济形态，所以，这是从外部"拿来"，而不是"复兴"。其次，由于它是世界人口最多的国家，所以，当它一旦获得资本主义经济形态以后，就一定会成为世界上最强大的国家。——想一想美国之所以强大，正是由于它有 3 亿多人口，而工业化依次次于它的日本 1 亿多人口，德国 8000 多万，英国和法国分别 6000 多万。14 亿中国达到美国的资本主义生产力将是什么概念？所以，中国的这一必然的前途，对于美国一些具有霸权主义思想的人来说，当然是一种灾难。

不过，幸运的是，历史并不是这样发展的。因为自然地理和历史发展的原因，中国又是世界上接受资本主义最晚的一个民族国家。先就地理条件来说，资本主义的策源地在西欧，中国大陆无论从海上或者陆地，都是资本主义传播最远和接受最迟的国家。至于历史的原因，国人素有灿烂文明的历史包袱。数百年来的主流文化，一直对资本主义持有排斥的态度。这都造成了中国的落后。

其实，这本该是尽人皆知的事实，我们却常不思考其含义。落后，就是经济、社会与思想文化诸方面的落后，其根源则在于发展现代工业，实行资本主义生产，都在世界各国的后面。中国什么时候才走向世界？当人们在说，是小国把新中国抬进联合国的时候，岂不是意味着中国比诸多的小国都晚一步走向世界吗？我们目前还在说中国即将面向世界的时候，岂不是说我们还没有完全走向世界，才开始向西方、向世界学习资本主义吗？更何况，直到现在我们还不承认资本主义。

所以，当中国快步发展的时候，世界市场秩序已经基本形成，它只能在世界市场的既定的规则与秩序内获得发展。因为一个十分确定的因素，那就是中国处在一个相互联系的世界里，它无法离开世界而发展。犹如一个有着蓬勃发展愿望的乡下人处身于一群文明的城里人一样，他只有虚心并友好地与城里人相处，自己才可以成为文明人。所以，主要地还不是中国自身的愿望，而是世界经济秩序发展的阶段与程度，决定了中国不可能称霸。

叙述到这里，需要进一步分析我国历史文化中自始以来的傲慢与偏见。尽管100多年来，国人已经受尽了西方民族的歧视。但是，检讨我们自己，华夏文明中也都一直存在以我为中心和鄙视别的民族的文化传统。至于晚清政府提出来的"中学为体，西学为用"，新中国以来不断批判的"西化""自由化"，以及一味反对西方的思想与政治制度，其实都包含着西方国家的制度不属于客观生产力与经济基础所决定，蕴含了中华民族优胜于西方民族的狂妄心态。这也该是中国国民需要自我反省的重大问题。试想一下，最近30多年以来，中国人还是那个中国人，中国政府还是那个政府，仅只是面向西方以后，经济社会却有了历史以来从未有过的巨大的发展，这究竟是人种的问题还是经济制度的原因，岂不是十分明白的了吗？

以上即是批判任平的主要内容。本文虽然起因于中美贸易战，但核心问题并不在这个问题上，无奈笔者把特朗普总统制造贸易摩擦的起因归结为2018年的中期选举，而且早在中期选举以前就预言打过这一仗以后，特朗普很快就将结束贸易战。可是，中期选举已经过去大半年了，贸易战仍在继续。这是怎么回事？所以，我们还不得不就它再讲一些话。

事实表明，中期选举之后，美国政府是准备结束贸易战的。2018年11月6日是美国的选举日。早在11月1日，特朗普为选举造势基本结束以后，即同中国国家主席习近平通话，提议在G20会议期间举行两国元首会谈。12月1日，中美两国元首就经贸问题在阿根廷会晤，就双边经贸问题达成重要共识，同意停止相互加征新的关税，在90天内加紧开展磋商，朝着取消所有加征关税的方向努力。2019年2月25日，美方宣布推迟原定3月1日将要加征的关税。此后，美国政府还多次向社会吹风，两国贸易谈判进展顺利，即将达成协议。

但是，2019年5月5日，特朗普总统突然变脸。这可能出于两种原因。一是特朗普总统希望在协议签署之前再来一次讹诈，以期取得更大利益。这也是笔者最早的判断。那天特朗普总统变脸的推特发出以后，海外的朋友在第一时间把消息告诉了我，我即刻给其回复信息说："十足的霸权嘴脸。不过是战争结束前的一次讹诈。""（去年）大风大浪都经过了，这不过一次微波初澜。"倘果真如此，特朗普总统没有充分预计到中国政府会把国家主权与民族尊严看待得比一定的经济利益更重要。所以，这该是特朗普总统的一次失算。

另一种可能，特朗普把贸易摩擦与他争取2020年总统连任连在了一起。也许特朗普总统发动贸易战的时候并没有想到这个问题会与连任发生关系，也许他以为事情很简单，强大的美国总统说开战就开战，说停战就停战了。所以，制造贸易摩擦的时候他也就把它们当作总统任期期间的一个政绩。可事实并不这么简单。因为在世界贸易的实践活动中，本不存在大问题。无论贸易顺差、逆差，那都是相关的国家在世界贸易组织的框架下公平交易的结果。美国政府出于国内政治斗争的需要无端地制造世界贸易摩擦，无论矛盾和纠纷闹多大，无论谈判桌上怎样争议、争吵与讨价还价，其结局都只有一个，那就是在转了一个圈子以后再回到原点。可能特朗普总统曾经幻想依仗美国霸权迫使中国政府承担一些虚拟的责任，形成一份美国政府妄议与横加指责新中国的协议，然后再在美国民众中夸耀一番，事情也就了结了。但是，特朗普没有想到的是，他想让中国政府承担的不仅是战后半个多世纪里美苏冷战中美国攻击苏联共产党的思想意识形态，它涉及到了执政的中国共产党的命根子，涉及到了国家主权与民族尊严，以至谈判陷入僵局而旷日持久，协议尚未达成，2020年总统连任的问题却已经提到了日程。

从美国竞选的历史看，在任总统争取第二次连任的概率相对是很高的，所以，特朗普不会放弃争取连任的机会。即使2018年打贸易战的时候还未把它与争取连任联系起来，但是，现在贸易摩擦的现实却把它们紧密地连接在一起了。——如果美国连一个中国政府服软的协议都拿不到，然后再把提高的关税降回到起点，即中国政府最近明确提出的美国取消一切高额关税，从而草草结束贸易战，势必失去当年用贸易摩擦换取的选票。特朗普总统当然不要这样的结果。所以，他要拖下去。

也许问题还要复杂一些。对于特朗普总统来说，2018年的中期选举并不是一次胜利。由于民主党在众议院占了多数，自后的特朗普总统处处受其掣肘，几乎一事无成。所以，也许特朗普总结中期选举的教训，相信制造贸易摩擦能够提升选票，不仅要把贸易战拖到2020年竞选连任期间，而且还会加强摩擦的力度。如果是这样，把贸易战继续拖下去，将是一个更大战略的一部分。

如此分析，特朗普总统似乎一直掌握着事态的主动权。其实不然。假使特朗普总统可以掌握事态的主动权，2018年的贸易战速战速决，美国经济按照特朗普总统的解释得到调整，经济增长继续上扬，这当然是他的政绩，无疑将为其谋求连任加分。相反，贸易摩擦久拖不决，势必影响经济的发展，社会矛盾也将逐一显现。所以，拖延而不是尽快地解决，这对于任何人来说，都属于无可奈何的事情。当年，杜鲁门总统曾经极为形象地给记者讲述说，当发现所骑的老虎有可能伤害自己的时候，最明智的办法也就是骑着它继续前行。特朗普总统现在正骑在虎背上。其结局如何，我们且拭目以待。

回顾一年多的贸易战，可能最需要总结的教训还是国人对美国发动贸易战的目的认识。想当初，贸易战骤起，我国政府即以为美国就是为了解决贸易逆差，所以既积极同意与其谈判，而且很爽快地答应将扩大对美国产品的购买。但是，几个回合下来，尽管中国热情配合，投其所求，美国却一再反悔。究其根源，还是由于美国的贸易摩擦并非是贸易问题，中国政府为贸易而贸易地跟着美国起舞，实际上是跟着美国政府的计划和节奏前行的。中国作为一个后发国家，拥有巨大的市场潜力与发展优势，在已经开放的世界格局下，完全可以采取另外一种处理办法。

美国的贸易摩擦是以高额关税为核心内容的一系列经济政策。虽然说这是无可奈何的事情，但是，实事求是地说，这是美国政府的权利。美国作为一个主权国家，它有权利这样做。那是美国人的事情。中国政府最好的应对办法，还是尊重美国政府的选择。世界贸易本来就是自由贸易，各个国家本来就是依据世界市场条件进行贸易的。中国应该坦然按照变化了的美国条件，一方面调整出口美国的商品，另一方面也相应提高美国进口商品的关税。

与此同时，中国政府如果充分地自信，从一开始就强调贸易顺差、逆差都是贸易实践的结果，一方面，因为所有的贸易都是在世界贸易组织的框架下进行的，世界贸易组织也拥有解决争议的机制，所以，有什么争议都应该在世界贸易组织内来解决。当美国政府抛开世界贸易组织而实行单边主义，制造摩擦的时候，就该保持淡定，拒绝在世界贸易组织以外举行政府谈判。也就是说，中国不接受美国递过来的带刺的玫瑰。

另一方面，中国政府启动世界贸易组织的有关程序，要求在世界贸易组织按照相关规则裁决美国实行单边主义，单方面提高关税，大搞贸易保护和违背世界贸易规则的行为。即使因为美国政府的代表在世界贸易组织内担任重要甚至关键性岗位的职务，有如世界贸易组织的一些内部职能由于美国的缺席而陷入瘫痪状态，从而诉诸世界贸易组织解决不了实质性问题。但是，必须相信世界上最好、最严正、最正确的裁判是实践、是时间、是历史。因为世界贸易本来就没有大问题，美国政府发动贸易战本来就是谋求贸易以外的目的和目标，而这必然损害包括美国在内的世界贸易，美国人民自然会教训美国政府回到应该的轨道上来。

中国应该保持的淡定，完全出自世界历史趋势的正确预判。除了美国以外，包括美国的盟友在内的所有发达国家，以及世界贸易组织其他 150 多个成员国家，都没有离开传统的世界贸易。所以，如果美国下决心要和中国断绝贸易，和世界其他国家断绝贸易，中国与美国的贸易份额不过经过一段或长或短的摩擦，转到了别的比如日本、欧盟等其他的国家，原来美国所占中国的市场由别的国家所占有。这是一定的。

另外，美国的贸易摩擦对于中国适时调整和发展自己，也许是一个极为重要的机遇。中国自 80 年代以来的对外贸易增长得很快，是中国的出口导向型发展战略的结果。这一特点不同于发达国家。有如恩格斯所说，英国等欧洲国家的出口是国内市场饱和，是国民经济的溢出，而中国目前的对外贸易在很大程度上属于为出口而出口。中国国内市场与出口市场并不平衡，国内生产力与出口生产力不平衡。即使中国出口到美国的产品属于填补美国中低档市场需要，但如果把它们投入国内市场，那都是中国的高档商品。中国的老百姓很久以来青睐于"出口转内销"，其根源就是因为出口生产力及其出口的产品比国内市场高，这是时至今日中国经济的基本状况。中国何苦那么急切地盯着美国市场，它自己国内市场的空缺还很大，整体市场的水平也有待提高。中国出口产品与对外贸易的生产力平均高于国内经济，利用对美国出口受到阻碍的机遇，把相应的生产力调整和转移到国内市场，何尝不是提升市场档次和国民经济生产力水平的一次极好的机遇呢？

　　中国的发展是中国人民自己的事情，既不能把它寄托在别人的恩赐之下，也不可以幻想别人一定会很好配合你的经济增长与发展。无论哪个国家的发展本来都不会一路顺风，目前西方发达国家在其成长过程中哪个没有经过包括战争在内的长久艰辛？现在只是别的国家仅设置了关税壁垒把自己保护起来，世界贸易本来就是自由贸易，等价交换，既然那个国家的关税高耸入云，通关成本太高，无法与其交易，虽是憾事，可这样的困难毕竟还不是什么生死攸关的事情，何必气急败坏，如丧考妣！何况中国还有许多该做而尚没有去做的大事，譬如中国经济水平总体上还很低，一多半人口还都未融入到市场体系，无论市场哪方面的缺口都还很大。还有，政府尚未曾退出生产领域，市场化改革即由市场自发配置资源的经济制度的构建基本上还没有起步，至于政治领域的改革所作更少，从而拖欠人民的债务就更多了。所以，中国政府的工作重心还是在国内，远没有达到需要用很大精力去经营国际事务的程度。今天的世界局势是二战形成的，绝大多数国际组织都是美国长期经营的结果，美国处理国际事务的基本原则又总是美国利益、美国为主。中国确实还很落后，却硬要充当第二大经济体，想在国际事务上扮演积极角色，这样的结果不能不是陪太子念书一般，跟在美国政府的屁股后面被动地接受它的摆布。

　　自从美国贸易战以来，一直存在几个模糊认识。

　　特朗普总统制造贸易摩擦，是要激起美国的民族主义情绪，特别是要索取蓝领工人的选票。所以，这本来与世界贸易的具体实践没有关系，更与中国人自己的情绪没有丝毫的联系。但是，去年贸易战初起时，不少人将板子打在高调主旋律和体制内御用教授们的身上。高调主旋律和"厉害了，我的国"，都显现了体制内的理论家和宣传员们的浅薄与堕落，但哪个国家的政府里没有一批这样的庸人，有如酒桶饭囊一般，何至于都无端招致飞来的横祸？

　　最近一次特朗普变脸，以某大公司的智库首席专家徐教授为代表，指责政府未能让专家与美国谈判，则更属于奇谈。两国政府间往来，派出多大规格和什么样的代表，要根据议题的大小与其在国家事务中的地位来决定。另外，就礼节来说，还有一个对等性的要求。其实，即使说是礼节，也都有关国家事务的实质。中美贸易摩擦是由美国总统特朗普一手挑起的，也是由美国总统的提议举行两国政府间的谈判的，那是直接为两国国家元首负责的工作，其性质属于国家公共事务而不是技术，一方面是国家相关方面肩负责任的人，另一方面应该是与美国派出的对等的政府官员。徐教授举出例子说，当年中国加入世贸组织的谈判，最后由国务院总理直接上阵拍板定案。但是，这个案例却恰好推翻了徐教授以为应由专家主持谈判的主张。一个基本的道理和原则，那就是有关的国家事务必须由处于相应位置的官员来决定，因为只有担任相应职务并且处在相应的位置上，他才有相应的责任与感悟，才有相应的主意和主张，并且只有具备相应的职权才可以做出相应的决定或决策。所以，像徐教授所说的中国必须尽快加入世界贸易组织这样的大事，绝对不是专家可以决定的，而只能由国务院总理这样的国家领导人才可以做出决策。这次中美贸易谈判，我国政府要么不接特朗普总统的茬，坚决要求把贸易摩擦放在世界贸易组织框架内通过世界贸易代表的谈判来解决，从而拒绝在世界贸易组织以外接触和谈判。既然同意政府间的谈判，那只能派出与美国代表相对应规格的谈判代表。那种主张专家谈判的人，其实与当初以为国人中的"高调"招致美国贸易战的认识一样，以为谈判代表的应对不当而让特朗普翻了脸。特朗普出尔反尔，是与他发动贸易战的起因完全一致，都是从国内的政治需要所做出的反映，而与中国代表的表现并无关系。

　　特朗普翻脸以后，某网络大咖发声，说经过中美贸易战，今后无论谁当美国总统，中美关系都不再会回到过去。表现得无限悲观与悲情。中美贸易摩擦才多大的风浪？想当年，美国是与英国打过仗的，是和日本打过仗的，现在不都是美国最"铁"的盟友？

XVI

讲个历史故事。罗斯福总统突然去世以后，杜鲁门副总统上位担任总统不到 3 个月，制订波茨坦公告，要日本无条件投降。未果。杜鲁门亲自下令，在日本释放了两枚原子弹。日本天皇抑制陆军将领的亢奋情绪选择了"接受波茨坦公告"，向盟国投降，其目的就是避免盟军占领国土。另外从国际法来说，因为日本政府已经承诺接受投降条件，盟国也接受了日本政府的投降，从而也应该选择保留占领的权利但暂不占领，视日本政府履行投降条款的结果再作打算。但杜鲁门还是命令麦克阿瑟于 1945 年 9 月率军全面占领了日本。1947 年年初，美国政府同意麦克阿瑟保护了以天皇为首的一大批战犯。1951 年旧金山和平会议上，美国不仅排除了中国政府，而且杜鲁门总统在大会上竟然说："让我们抛弃恶意、放掉憎恨把！在我们之间，既无胜者，也无败者，只有为和平而互相协力的同伴。"这就是美国，既不讲规则，又毫无道义可言。

如果探究深层的原因，那就是美国大资本家阶级所奉行的实用主义。英国和日本都属于发达国家中人口最多，距离美国最近的国家，所以，两国是美国的大市场，美国同样也是英日两国的大市场。相同的道理，中国与美国分居太平洋东西两岸，一个 3 亿人口，一个 14 亿人口，这是什么力量都无法把它们分开的自然基础。美国政府的贸易摩擦是因为其贸易保护主义的诉求在世界贸易组织里无法实现，所以才用"退群"的方式实行单边主义。这是美国霸权末路的表现。贸易摩擦不仅伤害世界经济，也伤害美国。所以，它注定不会持久。可以预计，2020 年大选以后，即使特朗普继续执政，也要很快修复被他破坏了的对外贸易关系。

2015 年转而研究战后国际关系与国际政治以后，决定要把美国政府与政治学家所主张的"丛林法则"和"文明冲突论"，日本自民党右派的"大东亚战争的历史观"，拿出来特别批判。前者属于最早获得资本主义生产方式而向世界各地扩张的民族国家，后者属于落后民族实行资本主义而走上西方殖民主义、帝国主义和霸权主义的道路。因为中国还不够格，所以在以前的研究计划里还没有中国。但是，去年撰写《美国贸易战》的时候，发现任平的理论观点集中反映了像中国这一类最为落后国家的主流意识形态，虽然遭受美国霸权的欺凌，它却不由自主地深陷美国霸权政治泥淖里而不能自拔，更没有能力向世人解说中国何以进步，以及为何强大了却不会称霸？所以，在完成那本书以后，又花费了半年多的时间写了这本小册子。

是为序。

梁中堂

2019 年 7 月 10 日于芋薯宅

目　　录

引　子

　　如果统而论之，中国共产党所接受的历史观，可以说是从马克思那里来的，所以称之为马克思主义。但是，这个马克思主义，却不是中国共产党自己直接阅读马克思所总结的，而是十月革命以后从苏联共产党那里陆续传播过来，接受列宁和斯大林是所解构的马克思的学说，所以称列宁主义，又叫马克思列宁主义。这一理论的核心是经过无产阶级专政，实现社会主义（共产主义）。也不能说列宁所解构和塑造的学说与马克思有多大的偏差。但当他把这一学说运用在当时的俄国时，就谬之千里了。正如列宁晚年已经意识到的那样，马克思所说的是 500 年以来的欧洲。马克思的一个基本观点是，共产主义是在资本主义充分发展的基础上产生的。而俄国从来就没有经历过资本主义，"刚进工厂的根本不是无产阶级"。所以，"马克思说的不是俄国"，俄国的情况与马克思说的"根本不是那么一回事"。[1]

　　就像历史上的许多宗教和迷信一样，列宁所塑造的意识形态不科学、不正确，却不等于没有意义，没有用处和不起作用。19 世纪末至 20 世纪初，特别是在第一次世界大战中，沙皇俄国遭遇到资本主义的巨大冲击。一个腐朽的制度突如其来地置身于历史转型之中，社会各个阶级都急需要能够代表自己利益的理论以应对飞速转动的变局，而祖祖辈辈信仰东正教的农民，更需要一个用新思想包装出来的意识形态。所以，新思想应运而生。在各种为农民设计的新思想中，没有谁更比列宁的理论更符合农民的利益，从而深受农民的欢迎了。这是布尔什维克很快赢得占据社会人口最大多数的农民拥护的根本原因，也是列宁获得成功的最大秘籍。

1　列宁：《俄共（布）第十一次代表大会文献》，《列宁全集》中文第二版第 43卷，人民出版社，1987 年，第 104 页。

但是，列宁主义世界观可以在革命中帮助列宁获得国家政权，却无法指导他的布尔什维克在历史的长河中持久地立于不败之地。因为作为一种虚假的意识形态，它不能帮助人们正确认识现实中的许多问题。战后美国政府为了维持强大的军事工业而选择冷战，苏联竟然在列宁主义指导下，认认真真地与美国搞军备竞赛，打冷战，惨遭损害。人类社会当然并不在乎各种历史观怎么说，它总是要按照自己的规律朝前走。80 年代末至 90 年代初，不几年的时间，以列宁主义为指导所建立起来的社会主义阵营最前沿的 10 多个国家，有如多米诺骨牌一样相继倒塌，特别是作为社会主义营垒最坚强的苏维埃联盟的 15 个共和国，一夜之间都不约而同地实行了西方资本主义。长久以来，以强大意识形态功能为其鲜明特征的列宁主义历史观，已经解释不了这一标志列宁主义破产的大历史。

因为苏联解体毕竟不是自己的事情，所以，中国共产党一直不主动回答苏联社会主义失败的原因，更不主动去清算自己所信奉的列宁主义世界观。2018 年 3 月，美国挑起贸易摩擦，因为中国与其贸易量巨大而首当其冲，深受其害。但是，在事关民族巨大利益的问题上，政府既不允许民众议论，而控制意识形态的主旋律却又拿不出合理的解释予以引导，迟至 8 月 10 日，人民日报才发表一篇署名任平的《美国挑起贸易战的真实意图》文章，算是权威回应。

但是，由于主旋律的历史观根本就把握不了历史趋势，所以对美国贸易摩擦的本质无从认识，从而把美国与中国的矛盾当作你死我活的根本利害关系。这仍然是列宁主义世界观所解构的共产主义和资本主义根本对抗性那一套，仍旧是冷战思维的结果。只是时代不同了，无论列宁主义还是冷战，都不好直接用来写文章了，所以，要改个花样。任平说：

> 贸易战这件事，即便从中美关系的逻辑考量，也需要一些更宽广的历史视野。

那么，我们就来看看任平的"历史视野"究竟是什么？

1. 虚构的历史视野

　　既然是"历史视野"，当然要引用历史。遗憾的是，任平列举的所谓历史，除了杜撰还是杜撰。

　　任平首先举例说：

> 当年，面对实力强大、意识形态相异的苏联，美国发动"冷战"，"倾其所有，拿出所有的黄金，全部物质力量"，对苏联进行全方位打压和遏制，成为导致苏联解体的重要外因，美国自诩赢得了"历史的终结"。

　　这段话似曾耳熟，因为多年来的主旋律都是这样说的。但是，这却不是事实。

　　第一，说苏联"实力强大"，看与谁比较而言。同当时的中华民国比较，可以这么说。但与日本、德国比，与英国、法国比，与美国比，它就落后多了。笔者也常说，二战期间，苏联人民在斯大林的领导下，抗击德国法西斯，无比英勇顽强。如果没有苏联人民，就不会有二战的胜利。即使现在，我仍然会这么说。因为这是事实。但是，这个事实也必须放在特定的大历史的格局里。由于历史的原因，苏联和苏联的对立面，都夸大了苏联的强大。一方面，以苏联为首的马克思主义和共产主义派别，放大了苏联在世界里的地位和历史中的作用。另一方面，我们后面还要叙述到，为了向人民多要钱维持强大的军事武装，美国政府不仅要把苏联当作安全的威胁，而且还要把它渲染得特别强大。但是，如果还原历史，1917 年十月革命以前，俄国还是一个农奴制改革尚未完成的农业国家。苏联共产党执政的 20 多年里，是在被先进的工业国家包围而与世界先进国家基本隔绝的状态下存在的。30 年代，斯大林进行了工业化建设，但因为基本上没有国际贸易，其成就毕竟是有限的。至于苏联的农业，想一想当年我国由农民简单组合的人民公社，大约也就知道了苏联的集体农庄。所以，如果靠苏联自己的力量与那个早就超过英国工业生产能力的德国厮杀，究竟鹿死谁手，真的还不好说呢。

二次大战期间，至少从 1942 年年初开始，苏德战场所上演的，就是一场由苏联出人美国出枪出炮抗击德国人的战争。从 1942 年到 1945 年欧洲战争结束，前后 3 年多的时间里，美国以“租借法案”的方式援助（其实就是白送）苏联，有超过 100 亿美元的军火与战略物资送达到苏联人的手里。援助物资从飞机、坦克、火炮到卡车、火车皮，以及橡胶、粮食、被服，等等，只要是苏联人开列的单子，美国的供应则应有尽有，譬如 2 万架飞机，2 万多辆坦克和装甲车，50 万辆卡车和运输车，5 亿发弹药，等等，即使放在现在来看，也都不是小数。早在 1943 年 11 月的德黑兰会议上，斯大林就端着酒杯真诚地对罗斯福说，感谢美国的制造业，一个月可以生产出一万架飞机来！斯大林接着说：“没有这些美国的飞机，这仗早就打败了。”[1] 这才是真实的二战。

不可否认，过去的苏联比中国先进多了。但是，在美国冷战的格局下，毛泽东也把苏联当作与美国对等的国家，这是一种误判。看一看又是 70 多年过去了，前苏联的主体部分俄罗斯现在的经济力（它在前苏联的经济比重中占据了 80% 以上的工业生产力），2016 年的生产能力（GDP）仅相当于改革开放后 30 多年的中国的 11.5%，相当于美国的 7% 至 8%。如果按照人均 GDP 排名，大约在全世界 60 位以后，比排在 70 位以后的中国稍强一些。如此的经济力，任平竟然满口跑火车地说当年的苏联“实力强大”，真不知道该说些什么。

第二，关于美国“倾其所有，拿出所有的黄金，全部物质力量”对付苏联，则无需说很多了。首先，二战后美国拥有全世界黄金储备的 75%，美国政府有可能“拿出所有的黄金”对付苏联吗？其次，战

1　　詹姆士·麦格雷戈·伯恩斯：《罗斯福：自由的战士》，商务印书馆，2015 年，第 465 页。

后美国的国防开支一直维持很高的水平，按照剑桥美国经济史专家们的数据，1949-1989年冷战期间，美国的国防开支占国民生产总值（GNP）的6.9%。所以，即使美国的国防开支全都是对付了苏联或者俄罗斯，那也不是任平说的"倾其所有"和"全部物质力量"。何况，战后美国与苏联始终是保持外交关系的国家，两个大国在战后的国际事务中虽然有争吵，但还有合作。要知道，国际关系中，不可能，也不允许在保持外交关系的前提下，一个国家对另一个国家"全方位打压和遏制"。这是国际法，是国际关系的基本准则。所以，对民众担负有教育和宣传职责的主流媒体说那种不靠谱的话，只能说明作者缺少起码的责任心。

第三，再说冷战。所谓冷战，就是实际并未发生的战争，嘴皮子上的战争，或者是意识形态方面的假战争。在美国政治学占据国际社会主要阵地的情况下，无论舆论或者学术上，人们都普遍认为，既然是战争，那就是两个阵营两个方面，所以研究冷战的专家们都是从美国和苏联两方面寻找原因的，是美、苏两方面挑起的。其实，那还是因为人们没有很认真地研究这段历史。斯大林从战争初期与罗斯福建立友好关系的时候开始，一直有战后让美国帮助苏联发展经济的强烈愿望。所以，战后苏联不仅没有与美国为敌的主观动机，而且在许多的事情上都是对美国一味地迁就和忍让的。

从美国一方来说，虽然借着其强大而常常蛮横，但那也不真的就想要和苏联发展到对抗和挑起战争的程度。既然说冷战，那就是假战争。意识形态具有虚假性，虚幻性。所以，它完全是美国政府为了在国内推行它的方针政策而虚构的苏联威胁，虚假的敌人。1945年11月，即停战后3个月，美国情报部门曾经给美国政府提出一份非常重要的秘密报告，该报告列举了苏联与美国军事方面的显著差距，认为只有经过比如15-20年以后"弥补"了这些方面的差距以后，苏联才有愿意与美国发生武装冲突的可能性。[2] 战后许多年里，美国的军

2　沃尔特·拉费伯尔：《美国、俄国和冷战》，世界图书出版社，2011年，页25。

事领袖，比如马歇尔和艾森豪威尔，都根据战争期间与苏联的交往经验，不承认和不相信苏联有侵略的意向，更不用说相信苏联会主动挑起对美国的战争了。[3] 1947 年 3 月，当美国总统杜鲁门准备对国会发表那个"遏制共产主义"，标志"杜鲁门主义"产生的演说的时候，已经担任国务卿的马歇尔就认为"这篇讲话稿所写的反对共产主义的浮华辞句似乎太多了一些"，而杜鲁门回答旅途中的马歇尔说，"如果不着重叙述共产主义的危险，参议院就不会批准这个主义"。[4] 所以，反对苏联一直都是美国政府对付国内对立派别，向国会要求拨款的一种政客伎俩，一个政治策略，而不是真的对抗或战争。所以，巫语咒诅死不了人，冷战打嘴皮子官司也打不垮苏联。

第四，苏联是如何解体与垮塌的？对于那些用冷战意识形态培养出来的美国政治精英和民族主义者来说，特别是对于那些靠冷战吃饭的政客来说，当然都"自诩"那是美国"打压"的结果。在中国，至今愿意相信苏联毁于美国中央情报局的认识也大有人在。但是，如果我们把视线放到 15 世纪末以来的大约 600 年的历史里，适应资本在全世界由最初的荷兰、西班牙、葡萄牙、英国、法国等少数几个民族国家，发展到现在将近 200 个民族国家或经济体的时候，如果承认民族国家是当代世界的基本细胞，以及当代国际秩序的组织保障，从而是资本主义发展的基本条件和重要成果的话，那么，就必须承认苏联的解体是包括 15 个民族共和国的苏联经济体自行发展的产物，

3　斯蒂芬·安布罗斯在《艾森豪威尔传》中写道：1946 年这一年，美苏关系急转直下，美国还有人信口胡说两种制度发生冲突"不可避免"，对此艾森豪威尔深感痛心。6 月 11 日，杜鲁门总统在白宫召开了一次会议，由国务卿和参谋长联席会议讨论了苏联在欧洲发动攻势的可能性。讨论使艾森豪威尔大为生气，因为他觉得这种说法纯属无稽之谈。艾森豪威尔说："我不认为苏联想发动战争"。英国的参谋总长蒙哥利马元帅也赞同艾森豪威尔的看法，他在给艾森豪威尔的信中说："苏联这个国家已经疲惫不堪。它遭受了惊人的破坏，根本无力发动战争。"艾森豪威尔与马歇尔也交换了意见。马歇尔与艾森豪威尔一样，也一心希望以战胜国的合作为基础，建立起一个更美好的新世界。《艾森豪威尔传》，长江文艺出版社，2011 年，第 124-125 页。

4　查尔斯·波伦：《历史的见证》，商务印书馆，1975 年，第 324-325 页。

是几百年沙皇俄国的殖民地和大俄罗斯民族所孕育的各民族已经发育成熟而瓜熟蒂落，民族独立和自决的结果。

民族国家是资本主义时代的产物，是资本的范畴。它的形成或产生，需要资本在其民族内部有了一定程度的发展，需要有一个民族运动的过程。沙皇俄国通过几百年的扩张，把欧亚许多个与其相邻的民族区域都占为己有。按照列宁的数据，沙皇俄国在 1914 年固有的土地 540 万平方公里，拥有的人口是 13600 万，而殖民地面积 1700 万平方公里，人口 3320 万。[5] 就其领土面积与人口来说，沙皇所占有的殖民地是它原有领土的 3 倍，人口的四分之一。尽管列宁在一战爆发前后都主张民族独立与民族自决，但包括列宁在内的布尔什维克也都不可能过多地超脱时代的历史局限，以列宁为首的布尔什维克也不过是一批大俄罗斯民族主义者。所谓大俄罗斯民族，就是由俄罗斯民族所统治的多民族的俄国。当十月革命以后，列宁的布尔什维克仅只是在俄罗斯首都圣彼得堡举行起义，成功占领彼得堡和莫斯科等少数几个大城市和欧洲重要省份，而包括孟什维克在内的民主党和其他一些政党，则在许多民族地区以民族自决原则成立了新的民族国家。由于这些民族国家建立了既不是沙皇政府，又不是布尔什维克政权，所以说事实上已经脱离了俄国而成为独立国家了。

但是，当大俄罗斯已经陷于分裂和崩溃的时候，由全俄罗斯的布尔什维克转变而产生的俄共（布）即俄国共产党，[6] 这个极其强调全党服从中央，维护全党统一的有着严密组织纪律性的所谓无产阶级政党，却维护了沙皇的大俄罗斯。十月革命前后产生的各个民族共和国，最终以曾长期在联邦制的瑞士过着流亡生活的列宁所接受的联邦（联盟）形式，先后产生"俄罗斯社会主义联邦苏维埃共和国"和

5　列宁：《帝国主义是资本主义的最高阶段》，《列宁选集》第二卷，人民出版社，1960 年，第 800 页表《列强的殖民地领土》。

6　1918 年 3 月俄共（布）第七次（紧急）代表会议上，根据列宁的提议，把原来"俄国布尔什维克社会民主工党"的名称改为俄国共产党，并加括号标示为"俄国共产党（布尔什维克）"，简称俄共（布）。1924 年苏维埃社会主义共和国联盟建立后，称之为苏联共产党，简称联共（布）。

　　“苏维埃社会主义共和国联盟”即苏联。是列宁的布尔什维克首先把原来沙皇俄国的各民族的党员统一为一个中央所领导的政党，然后在通过各个民族的俄共（布）党员党组织维护了大俄罗斯即苏联的统一。

　　虽然读者都知道，民族问题始终都是伴随苏联而存在的一个大问题，但是，几乎所有的历史学家却都没有从民族国家的形成与发生的角度研究它。如果把俄共（布）重新整合已经分裂的俄国当作一件具有合理的事件看待的话，那么，历史就应该把苏联的 15 个加盟共和国都分别当作相对独立的民族共同体，它们本该像巴尔干半岛上的哈布斯堡王国一样，在第一次世界大战中分裂为若干个独立的民族国家。但是，由于地处巴尔干以东，资本主义发展还不够成熟，还未充分发展，所以在列宁的布尔什维克党的作用下，继续在以苏联这个大民族共同体里再进一步发育成长了一个时期。——如此来看，苏联的存在与解体，就都是自然的、合理的。

　　最后，如果说各民族国家的形成与发展是前苏联解体的根本原因，那么，为什么从苏联解体中获得独立的各民族国家，都不约而同地抛弃了原来所实行的社会主义制度而共同选择了西方资本主义？首先提醒读者知道，苏联解体的过程是一次未经流血的历史事件，各民族国家独立以后的几十年，人民都享受着比前苏联更为宽泛的自由和民主，人民并没有要求回到苏联的社会主义时代。所以，必须把实行现在的民主自由制度，看作是前苏联各民族的自由选择。联系到东欧的原社会主义国家在此以前自动放弃社会主义而选择西方资本主义，就该反省而认识到，列宁的社会主义把资本收归政府所有，把农民土地转变为所谓集体所有，是一种人为地改变经济自然发展趋势的经济制度，它不仅致使建立其上的国家政治制度窒息了国民应该享有的民主自由，而且还令所有的人都无可奈何地生活在一个没有效益的和不可持续的生产方式里。所以，摈弃社会主义而选择自由资本主义，实际是前苏联各族人民所获得的比民族独立还要重要的一项革命成果。

　　最后，从前苏联解体后的各个加盟共和国都已经转变成为具有主权的、独立的民族国家的事实来说，从我国已经分别与它们建立了完全的外交关系来说，如果还把苏联的崩溃说成是美国打压的结果，从而不把诸多民族国家的自愿选择当作各个民族国家的人民自由意之表达，即使不说它不符合马克思唯物历史观，——把一个诺大国家的变化，不是当作人民的自由选择，而且是在别的国家分明没动一枪一炮的情况下，说成是美国冷战政策的结果，无异于是说有人从外部施加了什么魔法，吹了一口气，说声："变!"它就变了，解体了，垮台了，跟着"外部敌对势力"跑了。那岂不是对相关民族国家的侮辱和不尊重吗？

　　任平的文章还说：

> ……在美国国际交往逻辑里，存在一个"60%定律"：当另一个国家经济规模达到美国的 60%，并保持强劲的增长势头，甚至快速赶超美国的可能之时，美国就一定会将其定为对手，要千方百计地遏制住对手的成长。不管当年的苏联、日本，还是现在的中国，概莫能外。

　　必须指出，任平所说的"60%定律"并不是事实。英国经济学家安格斯•麦迪森在长期经济增长和国际比较方面享有极高的声望，根据他统一用 1990 年国际元所做的换算，1950 年，美国的国内生产总值（GDP）为 1455916 百万元，苏联为 510243 百万元，仅相当于美国的 35.0%。即使到了 1990 年，即苏联解体的前夕，它也只相当于美国的 34.3%。利用同一来源的资料，1973 年，美国的 GDP 为 3536622 百万元，日本是 1242935 百万元，日本相当于美国的 35.1%。1990年，日本也只有美国的 39.9%。[7] 细心的读者会发现，我们所摘引对比苏联的数据，是美苏冷战的起点和终点，日本的数据是美日贸易摩擦频发阶段。如果把美国和日本的对比延续到目前，2018 年，美国

7　　安格斯•麦迪森：《世界经济千年史》，北京大学出版社，2003 年，第 178、199 页。

的 GDP 是 205130 亿美元，日本为 49684 亿，后者仅相当于前者的 24.2%。所以，无论苏联还是日本，其 GDP 根本就没有达到过美国的 60%。所以，任平的"60%定律"压根就是一种杜撰，而且是一种极为浅薄的杜撰。

任平还说：

> 自鸦片战争以后，经过 100 多年努力，中国重新走近世界舞台的中央，这是我们观察中美贸易摩擦必须清楚地基础性事实。

但这不是事实。首先从基本的历史事实来说，1840 年鸦片战争以前的几千年里，产生于自然农业基础上的中华文明，有不少的灿烂与辉煌的文化，都是历史事实。但是，必须说清楚，中国却从都不在"世界舞台的中央"。如果我们愿意使用中华帝国这样的术语，也未尝不可。不错，中华帝国几千年的历史向来都以我为中心。中国，诸国之中央也。即使我们使用诸国的这样的词语，甚至在中国历史典籍里都有"万国"这样的词语，可现代国家所包涵的意义，与我国历史上的国家不是一回事。古代中国是自然经济，个体农业，生产自然产品。现代是工业社会，资本主义市场经济，有关价值的生产方式。秦汉以前的三代所说的万国，其实就是各个氏族家庭或者具有相同血缘关系的氏族社会。它们虽然数量很大，不计其数，但规模都不大，自然分布于黄河流域。汉唐以后，中华文明所传播的区域越来越大，中华帝国的文明程度也越来越高，但围绕在它的周围的"诸国"数量却为数也不多。直到中华帝国的晚期，人口与疆域在清王朝初中期达到了鼎盛的阶段，除了现在中国的疆土以外，围绕它的周边有中亚、蒙古、东北亚、日本列岛、朝鲜半岛、琉球群岛、越南半岛和泰国等东南部和南部相邻的地方。在这一貌似广阔的地理区域以内，各个民族的社会发展水平都还不高，中华帝国对周边的民族都有不同程度的影响或者较为松散的统治。但是，即使如此，中国的影响严格地说，也就是在亚洲的东半部，承认中华帝国的民族地区也仅只限朝鲜半岛、琉球群岛、越南半岛、泰国，等等，怎么也谈不上"位居世界的中央"。更何况，就中国传统文化来说，自国家文明以来，就只有天下的概念，——"普天之下，莫非王土"，根本就没有世界的概念，何谈位居世界中央！

自然经济是人类历史上的一个阶段。中华民族在其自然经济阶段创造了灿烂的农业文明，这是事实。但是，所有的自然经济都是在一定区域里发生的，相对封闭的。所以，一直到资本主义扣门的时候，中国文明是不知道现在所说的世界的。具有讽刺意味的是，当中国人朦朦胧胧地粗略知道现在的世界的时候，恰好还是西方帝国主义用武力扣门的时候。1840 年，由于鸦片战争，林则徐与英国人交手过招，知道了世界之大，遂在翻译英人的《世界地理大全》的基础上，编写了《四洲志》。幕僚魏源在此基础上，又编写了 100 卷的《四海图志》。国人至此始知世界，了解世界，算是对"世界"知识的启蒙。

世界，以及世界中心，都是资本主义时代的范畴，资本主义文明固有的概念。即使中国文明历经的时间很长，区域很大，那也只是区域文明，而不是现在的世界。不错，当中国人知道世界的时候，世界不仅很大，而且有中心。遗憾的是，这个中心不在中国，甚至与中国都没有多大的关系。

15 世纪末至 16 世纪初，从西欧产生最早的几个民族国家开始，资本主义同时分东西从陆地和海上向世界各地扩展。由于 19 世纪以前的数百年撰写近代历史的话语权在西欧的海洋国家，人们把海洋贸易的作用描写得很充分。西欧边陲的殖民贸易从大西洋出发，沿非洲海岸线绕过好望角发现印度洋的西海岸，再向东行驶到达印度和亚洲东部。在越过印度洋到达太平洋以后，还先后发现了南太平洋群岛，以及大洋洲。与此同时，穿越大西洋的探险，又发现了南、北美洲新大陆。从北美的西海岸出发，穿越浩瀚的太平洋，又到达亚洲东部的日本、朝鲜和中国。由此，西欧人经过几百年的海上贸易与探险、移民，在中世纪对欧、亚、非旧大陆的认识的基础上，把世界碎片逐步拼接起来，才慢慢有了世界的概念。特别是因为民族国家的产生，各国王室对探险家的支持，对它的商人的保护，以及商人对民族国家的依赖，海外贸易也发展起来了。由于来自不同的民族国家，商人们的货船有起点，有终点。先前只有商船，后来又增加了政府所委派的武装船只（它是现代军舰、航母的前身）的保护。连续几百年的海外贸易，商船，以及武装舰只无数次地往返于世界商贸港口。即使说有中心，可能西方各个国家在不同的时代都会有不同的理解，但它却与中国没有关系。因为中国长期处于自然经济阶段，基本上没有商品经济和海外贸易，没有资本主义，甚至还没有对世界自然地理的认知，更不可能处于世界中央或世界中心。

世界舞台开始有了中央或中心，应该是第二次世界大战以后。世界战争激活了各个古老民族，并且把全世界连接成为势不两立的同盟国和法西斯两个大阵营。为了战胜敌人，各自对立的阵营事实上就都有了一个中心。其中以美国、英国、苏联和中国为首的联合国家一方，四大国是一个核心，而美国总统罗斯福在抗击德意日法西斯战争中起着领导和协调的作用，也就是联合国家的事实上的中心。战后世界各国确认了罗斯福、丘吉尔和斯大林三大国巨头的理念，团结在以联合国为主的世界组织以内，以普雷顿森林体系为基础建立起国际货币基金组织，愿意在关贸总协定和世界贸易组织的框架内实行世界贸易，从而建构起世界市场体系。由此可说以上的国际社会组织和机构又都初步具有了世界政治、经济、金融和文化等各类的中心地位。但是，由于中国恢复联合国席位还不到 50 年，加入世界贸易组织还不到 20 年，特别是因为中国的经济还相当落后，虽然按照经济体量来说占据世界份额不小，但主要部分还是中国国内自己的消费，按照人口比例计算的产值和对外贸易量都还不算大。实事求是地讲，中国还是一个落后国家，是一个正在发展中的国家，有什么资格自吹自擂"走近世界舞台的中央"？因为在历史上从未经历过世界中央，又何谈"重新"走近世界舞台的中央！

2. 捏造和夸大的现实

任平说：

> 作为世界第二大经济体，中国的经济总量已经超过美国的 60%，是日本、德国、英国的 GDP 之和，还是世界第二大货物贸易国、世界最大外汇储备国。特别是党的十八大以来，中国的发展成果进入井喷期，拥有世界四分之一的工业能力，创新科技水平正快速追赶美国……

难怪有些国民三呼万岁：厉害啦，我的国！

上个世纪 70 年代初，诸多小国才把中国抬进联合国。2001 年，中国才加入世界贸易组织。所以，中国是一个刚刚开放和走向世界的国家，是一个由传统的自然经济开始转向市场制度的国家，一切经济社会的表现还都具有发展与过渡的特征。客观地、实事求是地分析我国的发展现实，科学地向民众展示与说明我国所达到的程度，所处的位置，是有益的。但是，像任平如此这般地叙述，却是在忽悠和误导民众。说中国是世界第二大经济体，似乎是事实，但又不是事实。首先，现在各个国家都在统计国内生产总值（GDP）或国民生产总值（GNP），一些国际组织甚至每年还有依据各国政府提供的数据所进行的比较和排队。但是，这并非是一件科学严密的事情。GDP 或 GNP，都属于资本主义商品生产的经济指标或概念。世界经济正在从自然经济向资本主义经济形态过渡，统一使用发达的资本主义国家的经济指标衡量不同国家的经济，本身就有问题。第二，GDP 是用货币表现的商品价值，所以本该是计算用货币表现的经济行为。但是，任何一个中国人都知道，中国还是一个二元结构的国家，所谓二元，是指两个互不交叉、不发生关系的两条线，两个体系。14 亿人口中至少有一半以上的人口基本上没有融入到以城市为主体的统一市场里，这一半的农村人口的生产与生活，部分、绝大部分，甚至基本上与城市的市场不发生关系。所以，这部分农村人口的劳动和传统时代里比如原始社会里的人们一样虽然也有生产活动和经济行为，但因为不能转化为货币，按照资本主义商品生产原理或者生产目的来说，就是没有价值的，从而是没有 GDP 和 GNP 的。

商品生产的原理和在这一原理的基础上所形成的国民经济统计体系，与经济行为是否有实际价值，有意义，不是一回事。马克思特别发展了亚当·斯密的生产劳动与非生产劳动的学说，区分了资本主义条件下的生产劳动和非生产劳动，指出只有创造剩余价值的劳动才属于生产劳动。马克思说：

> 从资本主义生产的意义上来说，生产劳动是这样一种雇佣劳动，它同资本的可变部分（花在工资上的那部分资本）相交换，不仅把这部分资本（也就是自己劳动能力的价值）再生产出来，而且，除此之外，还为资本家生产剩余价值。仅仅由于这一点，商品或货币才转化为资本，才作为资本生产出来。只有生产资本的雇佣劳动才是生产劳动。[1]

但是在现实中，对于资本家来说，甚至对于资本主义社会来说，只有生产剩余价值，或者带来利润的生产劳动，才是生产劳动，才是有意义的。否则，是没有意义的，资本家是不会投资的。这该是不言而喻的道理。但是，要让投资的资本带来利润，首先必须让生产出来的产品卖出去，也即让生产劳动转化为商品，因为同样明显的道理，卖不出去的产品，即是无法实现其价值的产品，绝对带不来利润。所以，马克思也赞成亚当·斯密另外一个生产劳动的概念，即"生产劳动就是生产商品的劳动，非生产劳动就是不生产'任何商品'的劳

1　马克思《关于生产劳动和非生产劳动》，《剩余价值理论》第一册，《马克思恩格斯全集》第 26 卷第一册，人民出版社，1972 年，第 142 页。

动"。[2] 也就是说，生产商品的劳动才是生产劳动。资本主义经济制度，从而国民经济统计学，也都是建立在这一理论认识基础上的。

所以，GDP 或者 GNP 的统计，卖出去的产品（劳动）才有价值，或者实现了价值的产品（劳动），即与市场发生关系的劳动才属于生产劳动，它与劳动是否有意义、有实际价值无关。经济学上有许多种段子讽刺创造 GDP 的不合理统计，有的令人喷饭、捧腹，有的让人呕吐。笔者编撰一个中性的段子。某位老兄想在自己的后花园栽一棵树，第一天花 300 元雇佣工人挖了个坑。晚上睡了一觉又改变了主意，所以再花 300 元雇人把土填了回去。这位老兄似乎什么也没有做，但在国民经济统计上却创造了 2 个 300 元即合计 600 元的 GDP。不过，如果我们这位朋友是自己劳作，即他挖了坑，又填了坑，同样实实在在地付出了劳动，但由于没有发生买卖行为，与市场无关，也就没有创造 GDP。

其实，现实中这样的例子比比皆是。某位 CEO 即使在公司里什么也不做，但公司给他发了 100 万的年薪，这 100 万就是他为 GDP 做的贡献。但是，如果因公司倒闭或者跳槽，一年之中也劳作伤神譬如挖空心思撰写竞聘报告，四处奔波参加面试，但只要仍处在失业状态，哪怕这一年里所付出的劳动比原任 CEO 时多多了，却因未发生货币行为而对 GDP 没有任何贡献。再比如，某女白领年薪 200 万，那是 GDP。可她辞职回家生育孩子，做家务，可能比上班付出的劳动量还要大，对社会的贡献也多，但那也没有 GDP。

回到我国农村。笔者上个世纪 70 年代中期曾经担任过一个农村人民公社的革命委员会主任，相当于现在的乡镇长。那是一个主管生产的职务。我所在的公社下辖 27 个生产大队 49 个自然村。那时实行"三级所有，队为基础"的人民公社经济体制，而绝大多数生产队的工值，也就几角人民币。这意味着，一个强壮劳动力干一天活，只有相当于几毛钱的效益。为什么是这样？生产队当然不可以自己制

2　《马克思恩格斯全集》第 26 卷第一册，第 163 页。

造货币，它只有通过卖给国家的余粮和其他经济作物得到货币，然后用全生产队的总工去除得到的人民币，也就是工分所值了。所以，那种体制下的 GDP 并不是农民的所有劳动，而是用农产品所换取的人民币。

但是，在现行的政府体制下，政府业绩要用 GDP 考核，所以 GDP 挂帅，致使现在农村基层政府所统计的农民的 GDP，除了实际发生的货币行为以外，把一个家庭所有的收入，包括在城里打工的家庭成员寄回来的甚至是他在城里收入的货币，以及农民自然消费的自然收获物，都当作农民家庭创造的 GDP。这当然是不真实、不准确的。城里打工的工资和其他收入，已经作为城市的 GDP 计算过一次了。而农民收入的自然产品虽然是农民的收入，但它没有进入到市场，是不可以当作 GDP 的。读者可以想一想，重复计算 2、3 亿农民工的部分收入，把几亿农民自己生产自己消费的产品折算成为 GDP，就都不是小数字。笔者没有实地调查，但想到印度实行的是自由资本主义，基层政府可能没有那么多的经费雇佣太多的公务员重复计算和折算农民的自然收成，如果现在世界排名第七的印度也以 GDP 挂帅，也用中国目前农村的方式计算与统计 GDP，排名至少会向前跨越好几位。

历史的经验值得注意。1960 年前后，由于浮夸风虚报粮食产量，致使国家征收过头粮而导致某些省份出现饿死人的情况，可能不再会发生了。但 GDP 虚高也一定不是一件好事情。一方面，虚高的 GDP 让一些人头脑发胀，真的以为中国几十年就赶过了西方发达国家几百年，真的拿出"第二大经济体"的架势，以为自己是大爷。另一方面，中国按照虚高的 GDP 报给国际组织，当然也就要承担"统计"出来的经济大国的责任和义务，分摊超过自己经济能力的责任。

其次，笼统地把世界各国的 GDP 排列在一起，就算我们是"第二大经济体"，也没有实际意义。中国是世界第一人口大国。一个接近 14 亿人口的国家，和几个亿、几千万，甚至几百万、几十万人口的国家排列，比"经济总量"，有什么意义？一个接近 14 亿人口的大

国，生产出了相当于 3.2 亿人口的美国的 60% 的产值，相当于 2.7 亿
人口的英国（6563 万）、德国（8266 万）和日本（1 亿 2699 万）3 个
国家 GDP 之和，是值得夸耀还是应该反省？其实，在西方经济学里，
讲述 GDP，往往是，特别是在国际收入和生产率比较领域里，主要
都在讲人均 GDP。但是，西方经济学移植到中国以后，主流的经济
学和政府就只笼统地说一个国家所得到的 GDP，而很少讲人均 GDP。
就人均来讲，中国目前在全世界 180 多个民族国家和经济共同体中
排在 70 多位。根据国家统计局的数据，2016 年，全世界人均的 GDP
为 10164 美元，而中国只有 8123 美元。2017 年，按人均 GDP 计算，
中国仅只是排名世界第一的卢森堡的 8%，排名世界第 8 位的美国的
14%。——这才是现在的中国。这哪里是先进，分明是落后么！

再其次，任平所夸耀的所谓中国是世界最大货物贸易国，其实也
具有这种性质。一方面，中国最近 20 多年的发展和进步，都是在发
达国家更新换代的机遇和背景下产生的，中国和其他一些发展中国
家接受了发达国家淘汰的一些高耗能、高污染的工业企业，劳动密集
型的一些工业企业。以钢产量来说，年纪大一点的读者也许都还记
得，1958 年中国钢产量 300 万吨已经是很高的目标了，而毛泽东希
望生产 1070 万吨，结果搞得全国土法上马，全民大炼钢铁，传为笑
谈。60 年后，2018 年，全世界生产的粗钢 18 亿吨，中国即达到 9 亿
多吨，占 51%，已过其半。同一年，世界第二位的印度 1 亿吨，美国
只有 8600 万吨。要知道，美国在 1994 年的粗钢产量已经达到 1 亿
多吨。[3] 同一年，中国的钢产量为 9261 万吨。[4] 24 年的时间里，美
国的钢产量萎缩了 14%，而同一时期内中国提高了 9.72 倍。为什么？
当然不是美国经济萎缩，中国经济增长有了那么高的需求量。还有，
这次美国贸易战以后，美国刚宣布对土耳其的钢铝产品加税，就导致
土耳其经济崩溃。为什么？都是因为像美国这样的钢铝产品消费大

3　斯坦利·L.恩格尔曼、罗伯特·E.高尔曼主编：《剑桥美国经济史（第三卷）：
　　20 世纪》，中国人民大学出版社，2008 年，第 625-626 页表 14.8。
4　《中国统计年鉴》2000，中国统计出版社，2001 年，第 456 页。

国，把这一类高耗能高污染的产业转移出去了，迁移出去了，发达国家不生产了，落后国家接盘了。以 2016 年的数据，该年中国生产粗钢 8 亿吨，同期出口的各类钢材超过了 1 亿吨。[5] 出口额已经超过了美国的钢材生产总量，说明美国这一类的发达国家把高耗能、高污染的生产行业的产品转变为从国际市场上购买了。所以，类似钢铁业的生产，我国近些年在很大程度上都是发展了发达国家转移出来的落后的生产部门、生产力。另一方面，即使这些生产力，也在很大程度上是对着转移出来的发达国家的市场的，这些所谓新兴市场国家的新企业所接受的也是原发达国家企业的国际市场，所以，是满足海外的发达国家的市场需要，从而货物贸易量增长得快，显得特别大。现在特朗普总统抱怨中国对美国的贸易顺差大，就是由于中国接受了较多美国转移的企业，自然补充这些企业在美国的市场，对美国的贸易量也就大了。——这一经济情况，就短期内我国发展很快，这是长处。但是，这些快速发展的都是发达国家淘汰的工业，我们之所以接收，是由于我们落后，这恰好暴露了我们的短处。——许多对外贸易都是“两头在外”，与国内经济或市场基本上没有关系，中国经济总体上还停留在比较落后的阶段，还没有发展到与接受的发达国家转移出来的生产力相适应的程度。

所以，如果自己和自己比，说中国现在的工业能力提高了，这话是对的。但如果说这就是中国的强大、先进，则还不能这么说。因为尽管说中国工业能力增强了，但它生产的商品主要还是供应发达国家的市场的，填补发达国家市场里的中低档商品，——即使这样，中国内地市场还基本上消费不起出口的产品。

如果对比三次产业的结构，就不难发现我们还处在很落后的阶段。2016 年，按农业、工业和服务业划分的三次产业计算的国内生产总值，全世界是 23.8:27.1:69.0，其中高收入的发达国家是 1.4:24.4:74.2，美国是 1.1:20.0:78.9，同年中国是 8.6:39.8:51.6。

5　《中国统计年鉴 2017》，中国统计出版社，2018 年，第 444、356 页。

[6] 由于任平特意拿出工业说事，读者也可以特别抽出工业的比例做比较，三次产业间的比例构成中，中国的工业生产还未达到全世界的平均水平，更不用说和发达国家比较，和美国做比较了。

一个人口众多的民族国家不同于一个城市国家，比如新加坡可能就有与中国所完全不同的发展模式。大的民族国家，在从传统的自然经济向现代转变的过程中，其经济重心则会历经由农业、工业，再侧重于金融与科学服务业等强大的第三产业这样的发展路径。中国今天使用"科学技术"这个词汇，大都与工业相关，指的是工业技术生产力。当年的美国可不一样。美国以农业起家，其殖民时代农业乃是它的支柱，甚至可以说北美殖民地简直就是英国和欧洲的粮仓，发展美国农业是美国兴国的基础，所以，直到现在的美国大学名字里有科技这个关键词的，基本上都是老牌的农业或者农学方面的高校。19世纪60年代以后，南北战争加强了美国作为民族国家的功能，特别是铁路、电报等基础性设施的建设和发展，才为工业向南部、向中西部扩展提供了基本条件。自后大约历经了100年，以制造业为代表的工业才是美国发展与进步的火车头。第一次世界大战前后，在美国制造业就业的人数占到全部就业人数的27%。但是，这一局面大约到20世纪50年代有了转变，1970年美国制造业就业人数下降到26%，1990年则一度跌到18%。[7] 所以，工业占比例较高的构成也只是经济发展的一个阶段，而从20世纪后半期开始，美国的经济发展则是以服务业所推动、所带领的。

中国有中国的具体国情。中国由自然农业向工业阶段过渡和发展，当然是一种进步。但是，还必须清醒地认识到这仅只是低级阶段，我国工业产值中主要还是大路货的产值，譬如仅知道钢铁产量占世界第一，仅河北省甚至唐山地区的钢铁产量都可以雄踞世界第一，

6　中华人民共和国国家统计局：《国际统计年鉴2017》，中国统计出版社，2018年，表3-9 国内生产总值产业构成。

7　杰里米·阿塔克 彼得·帕赛尔：《新美国经济史：从殖民地时期到1940年》下，中国社会科学出版社，2000年，第455、462页）

这还不够，还要知道那都是粗钢。明白了这个道理，就该清楚像河北省这一类的地区最近 20 年如何是在 GDP 迅速提高的同时，让京津地区和整个华北地区和渤海湾的空气、土地和海洋严重污染的，让北京和河北的民众在中央严厉治理环境的 2017 年冬天在没有供暖设备的条件下度过冬天的。在这样的背景下，说"拥有世界四分之一的工业能力"，而且竟然要和美国、德国、法国、日本作比较，我都替作者脸红。

至于任平说到中国"创新科技水平正在快速追赶美国"，我们且引用国家统计局的一段话。2016 年 9 月 18 日，国家统计局在一份题为《中国劳动生产率仅是美国 7.4%》的报告中说：

> 劳动生产率是决定一国经济是否具有未来增长性的标志性指标。国家统计局发布的最新数据表明，近 20 年时间，与美国、欧元区、日本、印度和世界平均水平相比，我国劳动生产率增速是最快的。但同时，2015 年我国劳动生产率水平仅为世界平均水平的 40%，相当于美国劳动生产率的 7.4%。[8]

处在如此这般的低点上，竟敢向老百姓奢谈"正在快速追赶美国"，这莫不是又回到了浮夸的 1958 年？

为了向读者说明发展中国家接盘发达国家淘汰的生产力，还可以举个国内的例子。90 年代初中期，上海的轻纺工业转移到苏南等内地生产了，但上海的消费市场并不因此而发生多大的变化，许多轻纺工业产品还是要拿到上海去销售。一个地方，一个国家由于不同的自然条件，譬如美国属于海洋国家，中国属于大陆性地区，这无所谓先进与落后。但是，制造业的水平是有高低、先进与落后之分的。经济构成的发展变化是由低级到高级，由落后到先进发展的，是有一个发展变化的过程的。我们还处在较低阶段上。而美国等发达国家在全

8　新浪新闻中心：《统计局报告：中国劳动生产率仅是美国 7.4%》，http://news.sina.com.cn/c/nd/2016-09-18/doc-ifxvyqvy6641549.shtml。

球化经济格局中，已经走过了许多次产业和加工业发展的阶段，现在在金融服务、高等教育、科学研究和技术、互联网产业、虚拟经济、空间技术、文化艺术产业，等等，已经在这些无需烟火，非制造业的行业里引领人类的发展了。在这样的背景下，突出货物贸易的龙头老大，有点像苏南和中西部地区接收了上海转移出去的轻纺工业以后，却以为与上海处在一样的水平上而沾沾自喜了。

第三，任平提出中国外汇储备世界第一，其实仍然与我国发展不充分、落后有关。一是中国还未实现人民币的自由兑换，境内所有外汇都由政府管理。二是社会发展水平低，绝大多数国民生活与外汇没有联系，绝大多数企业也还都没有涉外的经济活动，使用外汇消费的几率极小。三是中国还是一个刚从自然经济向市场体制转化与过渡的国家，社会开放程度低，许多领域都还未开发、未开放，这都是政府可以拥有较多外汇储备的重要原因。举个简单的例子，自然经济中没有扩张与发展打算的财主往往拥有较多的金银元宝，而购置田地扩大产业和做商业的财主则会把货币投出去。另外还有一个很难说出口的原因，那就是人口众多，如果按照人均水平来说，中国无论外汇储备还是黄金储备，都还是很低的。2016 年，中国人均外汇储备仅相当于日本的 24%，黄金储备相当于日本的 22%。因为外汇储备以美元形式存在，美国当然不需要保持这么多的美元储备，但它的黄金储备却是其他的国家无法企及的。同一年，按人均计算的黄金储备，中国只相当于美国的 5%。[9] 如此贫穷的经济力却还那样吹嘘，真的不知道什么叫害臊！

第四，任平有关"中国的发展成果进入井喷期"的说法，与我国的发展的实际情况不符合，与学术界对我国经济现状所达到的共识不符合，与我国政府对中国现行经济模式的判断也不符合。自上个世纪 70 年代后期实行改革开放以来，我国经济在其接近 30 年时间里，

9　文中计算所用外汇储备和黄金储备的数据均来自于国家统计局《世界统计年鉴 2017》。

平均以 10%左右的速度增长。自后 10 多年经济增长逐渐放缓，最近一些年稳定在 6-7%之间。从这一变化过程来分析，明显是放缓了。把放缓了的经济增长说成"井喷"，那之前更高的增长该怎么说？其次，前些年经济增长放慢以后，主流的经济学家的解释是中国经济已经进入稳定期，已经降低的增长速度属于"常态化"。现在任平说"井喷期"，显然不符合以前说的"常态""新常态"。因为很简单的道理，既然是井喷，那就是非常态。还有，至少 20 多年以来，政府认为我国经济发展还没有走出依靠投资拉动的粗放型经济增长方式的怪圈，而一直在寻找和试探建设一种依靠技术发展的集约型或内涵式经济增长模式。我们知道，截至目前，这样的增长方式还未找到。如果把目前粗放型经济称之为"发展成果井喷期"，将来实现了集约型经济以后，那又该怎样？

上个世纪 90 年代末，我国经济出现波动与放缓迹象，政府与学界一些人先说国民经济运行不单独追求增长，后又提出改革已过经济高增长期。笔者一直不同意主流经济学家的判断。2003 年至 2004 年年初，作者曾集中研究过一段经济增长问题，撰写出《经济增长理论史研究》，分上、下两篇发表在当年《经济问题》杂志第 3 期、第 4 期上。笔者的基本观点是，经济发展当然需要较高的增长。中国经济社会的二元现象并没有消失，传统的农村经济成分所占比例还很高，除了一线城市以外，已经市场化的人口所处的市场水平也都还相当低，所以，现在的经济增长放缓并不是已经过了较高的增长期，而是因为改革滞后而无法获得高增长。如果加快与深化改革，中国至少还有 30 年甚至超过半个世纪的高增长期。

在世界历史上，保持较长期的高增长是有先例的。美国从 19 世纪 60 年代的南北战争以后，有 100 多年都保持着较高的增长率，否则，它不可能超过英国和法国。日本在明治维新以后至第二次世界大战前的 70 多年里，也是高增长。第二次世界大战以后，美国本来仍可以保持较高的增长，但是，一方面是过高的国防经费吃掉了美国的发展基金。70 多年来，作为世界上最具有自然屏障和保护条件的国家，从而也是最不需要投入较多国防预算的美国，却每年都把国民总收入（GNP）4%以上，有时候竟高达10%左右，都投入到根本不需要的军事武装方面。而美国的"国防"西面竟然可以"防"到了日本、韩国、菲律宾和马来西亚，即中国和苏联（俄罗斯）两个国家的东部边界上。东面"防"到了东欧、希腊、土耳其，以及海湾和中东，即苏联（俄罗斯）和中国的西部边界上。美国特别强大的舰艇编队，航母编队，整天在几个大洋的公海里游弋，而在公海里"自由航行"的舰只，在别的国家空中飞行的军用飞机，所烧的当然不只是石油，那还是GDP的支出和美元啊。

另一方面，美国政府改变并泛化国家安全的含义，以"安全"的名义，把大量的新技术冷冻、冷藏起来，高投入所获得的科研成果不允许进入市场，更不允许出境和出口，从而使得科学技术最先进国家的科学技术却没有经济效益，使得人类历史以来最讲究投入产出效果的资本主义制度出现了严重的投入与产出不对等、不平衡。不能带来市场收益的经济投入，如何有稳定和持续的高增长！

那么，中国的问题在哪里？

上个世纪70年代末，中国计划经济制度走到了尽头。说到计划经济，人们总以为它仅仅是指城市和企业，常常不把农民、农业和农村放进去。这是不正确的。中国的计划经济从来都是两个部分：城市和农村，工业和农业，工人和农民。从中央到地方，党委和政府的领导分工中，党委里面可以没有管工业的书记，但一定有管农业的书记。各级党委里，还都设有农村工作部。笔者在70年代在人民公社任职的时候，每年县里召开由县委书记主持的计划会议，都要接受国家层层下达的种植计划。而那时的国家计划，首先是由县以下的政府控制农村的粮食和其他农作物的播种面积予以保障的。所以，从50年代初期的新中国开始，计划经济就是两个部分，一个农村，一个城市。

但是，到70年代末，计划经济搞到种田的农民没有粮食吃，国有企业连续亏损需要财政补贴为职工发放工资，如政府说"国民经济走到了崩溃的边缘”，所以才要改革。自后的确改革了，但是，无论农村还是城市的改革，都是非常有限的。一方面，在农村实行“家庭联产承包责任制”，即撤销人民公社的同时，恢复县以下的农村乡（镇）政府建制，在保留村民委员会土地集体所有的前提下，把属于农民集体所有的土地以宅基地、自留地和责任田的形式分配给农民，恢复了以家庭为基本生产单位的经济形态。另一方面，在城市则先是对企业实行承包制，接着让企业与财政脱钩，90 年代初期“抓大放小”，把亏损的中小企业稍许作价卖给私人，从政府手里甩了出去。另外，在城市，还破除一系列意识形态的障碍，允许非政府资本和外资进入到一些领域。我们且不去评论这些改革举措的功过得失，它们首先为中国带来几十年的经济高增长。

那么，中国经济何以又放缓放慢了呢？主流经济学家分析中国宏观经济的发展态势，提出财政投资、对外贸易和消费需求拉动的“三驾马车”宏观经济模型，认为财政投资和对外贸易难以维持经济稳定增长，而消费需求才是引导经济稳定发展的内部因素。消费需求不足，这是经济学家长期以来给政府所诊断的病症。但是，中国居民远比西方国家消费水平低，甚至比世界平均生活水平还要低，老百姓却为什么不愿意消费从而导致了中国社会消费不足呢？经济学家和政府都不愿意再把问题深入分析下去。

1990 年以前，中国的农村和城市，农民和市民，都是泾渭分明的。农民不能进城，不许进城。凡有私自流入城市者，则会被当作“盲流”，予以“收留”羁押至收容站，然后由民警押送回原籍。1992 年“小平南巡”以后，外资进入，政府计划外投资迅速增加，再加上不稳定的个体企业雇工也无法计划，遂放松了人口管制，允许农民自由流动。20 多年来，中国社会变动创造出一些新词汇，农民工，流动人口，常住人口，城镇人口，农村人口，等等。这些词汇反映了我国社会转型期间的一个致命的症结，——农民工就是进城打工的农民，他们在城里劳动时间再长，5 年、10 年，仍然是农民，最终还应该回到农村去。所谓常住人口是指在一个地方居住半年以上的人，流动人口则是离开户口居住地不到半年的人。城镇人口原来是指需要吃供应粮的非农业人口，现在粮食供应放开了，有时指城镇户籍人口，有时指城镇常住人口。农村人口本来是指农村户籍人口，但是，由于许多农民常年在外打工，有的甚至多年不再回乡，所以，有时农村人口又是指除去常年在外打工以外的农村户籍人口。

与改革开放前比较，现在允许农民进城了，这似乎是一个进步。但是，这一表面上的进步却掩盖了许多社会矛盾和问题。每年 2、3 亿以上的农民工在城里打工，虽然有时也被当作城镇人口了，但他们是农民工，与城市居民还是不平等。首先，农民工不可能获得城市居民的户口，享受不到市民的许多福利和政治待遇。其次，农民工这一术语的含义就是提醒进城的农民，他们的位置（法律和制度层面）本应该在农村，所以最终还应该回到农村去。第三，由于他们不属于城市，有如第三世界的劳工在发达国家打工，没有国民待遇，在城里打工所得的报酬是与城市居民不同的，收入受到了制度层面的限制。第四，由于最终还要回到农村去的前途和命运，决定了农民工即使收入再低也不敢充分消费。第五，农民工有了一定收入以后，就会回乡修盖住房。这几乎是农民工最为常见的行为模式。主流的经济学家和社会学家也夸赞这是农民致富的体现。但是，因为土地不属于农民，宅基地不允许转让，所以，农民把辛苦攒的钱转变成为住宅，等于把一定量的货币沉淀在不能进入市场的物品上，再加上许多农民修盖的房屋利用率极低，这一做法就类似于旧时代地主把黄金白银窖藏于地下一样（当然时代的进步还在于传统时代的地主致富不敢露富所以窖藏，现在进步了；社会安全了，农民敢于显富与张扬）。据国家统计局的数据，目前我国城乡人口的比例是 57.35:42.65，而在我国 13 亿多的人口中，农民工多时达到 3 亿。如果加上他们的家属，这是一个不小的数字。农村改革不彻底，农民工所导致的以上问题，其实是个很严重的社会问题，是我国长期以来消费不足、经济疲软、增长乏力的社会根源。

马克思说："资本主义社会的经济制度是从封建的经济制度的母

胎中产生的。后者的解体使前者的构成要素得到解放。”[10] 马克思的这段话就是揭示人类社会从自然经济向资本主义时代转化与转变过程中，个体农业解体，资本所需要的土地和劳动力要素市场得以形成，也即农民离开土地被解放而完全转变成依靠市场的“自由人”的过程。但是，自从 20 世纪 80 年代初期国家许可农民取得土地使用权以后，再也没有向前走。占有人口绝大多数的农民既没有拥有土地所有权，却又不能离开土地，从而导致两方面的社会问题，一个是发展商品经济所需要的土地和劳动力两个要素市场无法形成，二是占据人口众多的农民收入低消费低导致国民经济长期低迷，越来越低迷。

市场经济是由市场自发配置资源的经济制度。但是，自从 20 多年前实行“抓大放小”的方针，把许多中小企业当作包袱甩开以后，政府却把我国最优质的大企业紧紧攥在手上。政府一边办企业，一边维护市场，这就是人们所说的既当运动员，又当裁判员。其实，这样的比喻还是不恰当的。政府办企业的目的不是要当运动员，而是直接配置资源。这样的情况下，不仅是没有市场经济制度，而且因为走向世界而在国际事务中摩擦增加了。这是我国现实中的又一个大问题。

20 世纪 70 年代末以来，我们一直讲经济改革。而经济改革就是要解决上述这两个问题：一个农村问题，其本质问题在于归还农民的土地所有权，让农民自己掌握自己的命运，自由运作以土地为主的财产所有权；一个城市问题，其要害在于政府必须放弃国有企业的所有权，改变政府直接干预经济的计划体制，真正让市场自发配置资源。这是关乎中国经济发展的两个根本性问题。政府什么时候开始解决这两个问题了，那才标志着经济制度的改革开始了，才算改革破题了，起步了。“好风凭借力，送我上青云。”一个 13 亿多人口的大国，当它从自然经济走向市场经济以后，当它从计划经济转向市场体制以后，因为有了新的制度与社会机制的保障，这才算真正找到了稳

---

10 马克思：《资本论》法文版，中国社会科学出版社，1983 年，第 769 页。

步、高效发展的道路。不要求读者具有那么丰富的专业知识，只需要按照世界银行的标准，现在世界所有发达国家或高收入国家加在一起也才 13 亿的人口，而当我国 13 亿多的人口也都生活在那个激励所有人竞争向上的市场经济制度的时候，那才是一个"中国的发展成果井喷期"。

第五，任平拿不出自己的理论和学说，所以只好不断地引述所谓美国智库或美国的教授、美国的国际关系和国际政治评论家的观点和话语，《美国挑起贸易战的真实意图》活脱脱地一篇美国人的语录集锦。譬如，文章引述美国哈佛大学肯尼迪政府学院首任院长格雷厄姆•艾莉森的话，说只要中国不放弃"中华民族伟大复兴"，中国就将继续挑战美国在各个层面的统治，所以，任平说："这恐怕才是挑起贸易战的真实意图，那就是堵死中国产业升级的关键阶段向上攀升的机会，打掉中国蓬勃发展的势头。"一个一定要复兴、要发展，一个一定要将其堵死、打掉，那难免就是你死我活的敌人和冤家对头了。这样，任平就还是回到了与资本主义对抗与对立的列宁主义历史观，回到了美苏冷战的思维上去了。对于我们一场重要的事，现在不是苏联与美国的对抗，而是把中国推导与美国死命对抗的位置上。

但是，任平的观点连以下 3 个最简单的事实也无法解释。首先，既然美国是针对排名世界第二的中国的，是要打掉中国攀升的机会，那为什么美国的贸易战同时还要针对英国、法国、德国、土耳其等欧盟各国，以及俄罗斯、日本、印度，加拿大、墨西哥、阿根廷，总之全世界几乎所有与它有贸易的国家？第二，既然美国是要打掉中国发展机会的，一定要阻止中国的发展，那为什么包括特朗普总统和他的女儿在内的特朗普家族会在中国设置了那么多的企业，美国总统的家族还要在中国投资，继续和中国做生意？第三，既然美国与中国要做冤家对头，死掐中国的脖子不让发展，当然是中国人民的敌人啦。可为什么包括特朗普在内的历届美国总统都与中国领导人保持着十分友好的个人关系。提别是特朗普，他不止一次地给人们提示，他与习近平有着相当好的个人友谊。美国总统的立场和做派可以用虚伪来解释，但历届的中国领导人却从不否认并且声明与他们要划清界限？难道中国领导人立场不稳，也有意误导自己的民众？

战后美国政府主导了国际政治舞台，为适应美国霸权主义的需要，以美国政府为核心的西方政治学自然继承并张扬了传统的国际关系与国际政治理论中的霸权主义理念，形成了以美国政治学为代表的、控制以至统治国际政治舞台的西方国际政治理论。任平所接受的历史观不仅无力与这一盘踞国际政治舞台的强大政治理论对抗，而且事实上还是接受甚至于同意西方政治学的基本观点，跟在传统政治学的后面，用他们的观点解释中国的发展，并且认为中国强大势必会称霸，中国的发展意味着正朝向世界舞台的中央走去。有的时候，中国政府和主旋律还会象模象样地做出那么一种姿态，而那正是美国政府、美国政治精英和美国民族主义者目前最为敏感和担心的。所以，尽管任平们有的时候也还引述中国政府的声明，承诺发展壮大以后不称霸，但是，他们的文章的逻辑和语调所传达的思想却是另外一套东西。难道历史果真是这样吗，谁发展了，谁就一定要"走近世界舞台的中央"而称王称霸吗？让我们尝试来回答这些问题。

3. 中国为什么能快步发展，

它因何强大后却又不称霸？

按照传统的国际关系与国际政治理论，人类像荒野里的动物，弱肉强食之类的丛林法则将永远主宰它的历史过程。这种认识当然是错误的，因为人毕竟不是野兽，它已经走出了"丛林"，从而开始接受人类社会自身规律的支配，并在这一类社会规律的推动下进步与发展。马克思在《1857–1858 年经济学手稿》里说：

> 人的依赖关系（起初完全是自然发生的），是最初的社会形态，在这种形态下，人的生产能力只是在狭窄的范围内和孤立的地点上发展着。以物的依赖性为基础的人的独立性，是第二大形态，在这种形态下，人形成普遍的社会物质变换，全面的关系，多方面的需求以及全面的能力的体系。建立在个人全面发展和他们共同的社会生产能力成为他们的社会财富这一基础上的自由个性，是第三个阶段。第二个阶段为第三个阶段创造条件。因此，家长制的，古代的（以及封建的）状态随着商业、奢侈、货币、交换价值的发展而没落下去，现代社会则随着这些东西一道发展起来。[1]

马克思的这段话似乎很难懂，但所说的以下内容还是清楚地表达出来了。第一，人类历史将依次历经 3 个阶段，或者三大社会形态。第二，3 个社会形态是依次发展的，其中第二大形态是在第一形态的基础上产生和发展起来的，第三形态是在第二大形态的基础上

1　马克思：《政治经济学批判（1857–1858 年草稿）》，《马克思恩格斯全集》第 46 卷上，人民出版社，1979 年，第 104 页。

形成的。第三，马克思所表述的 3 个阶段分别是自然经济形态，商品生产形态，和在第二形态的基础上发展起来的更高级别的、以人的全面发展为特征的社会形态。第四，对于我们这里所论述的问题具有特别重要意义的是，马克思在《资本论》等经济学著作中，曾说商品交换是被物掩盖的社会关系，所以，这里说的第二大社会形态"以物的依赖性为基础的"，显然就是指资本主义商品生产方式。第五，马克思文中"家长制的，古代的（以及封建的）状态随着商业、奢侈、货币、交换价值的发展而没落下去，现代社会则随着这些东西一道发展起来"，正是描述最近 500 多年以来的世界历史，指出人类当前所处的具体历史位置是由传统的自然经济向资本主义市场形态的过渡。这是我们理解现时代特征的主要点。

由于中国人所接受的列宁主义的意识形态，把资本主义当作极为负面的社会范畴，其实有点妖魔化资本主义，有必要在这里插几句话。资本主义其实就是以资本引导生产的一种生产方式，由于生产结构发生改变以后，社会构成，法律和政治制度、文化与思想意识形态等等都全面发生适合生产方式的转变，所以，它又是一种社会与经济形态。我们且先不对此作详细与系统地评论，当了解到它是最早由西欧几个民族国家实行，在接着的几百年里，又得到除了中国大陆和朝鲜等极个别国家以外的越来越多的民族国家的认可而实行以后，如果不是站在极端的民族主义立场，也不是受列宁主义意识形态的影响，那么，作为一个容纳世界上绝大多数人口的经济形式，如果不直接肯定它，那也切莫先否定它。

人类从原始采集和渔猎生活开始，逐渐发展出以种植和畜牧为主要形式的农业文明，都是以自然经济为基础的。所谓自然经济，也就是劳动者与自然条件的自发自然的结合、以生产自然产品为目的。自然经济形态与逐渐发展起来的以加工业为主要形式的商品生产有所不同，它是一种比较原始的生产方式，是劳动力与土地、草原、水域等自然资源的简单结合。自然经济包括了两个方面的生产，一个是人的生产或繁衍，最初都是在以血缘为纽带的氏族家庭内部进行的。

另一个是以满足人的生存所需要的生活资料的生产，从简单的采集植物果实、捕捞湖海河流里的鱼类、围猎禽兽，到农业种植、圈养家禽家畜，甚至较高农业文明阶段的个体农民以自然占有土地，通过耕种收获粮食等自然产品，过着自给自足的生活，都属于自然经济。

自然经济是一种封闭的狭小的地方经济。但是，随着生产力的提高氏族人口会有一些提高，相邻地域的不同氏族之间既会发生因争夺资源而爆发的战争，也会产生婚姻和经济上来的交流和往来，一些氏族家庭逐步兴旺起来，形成较大规模的氏族、部落，以及部落联盟。随着社会规模的扩大，人们的文化交流也逐渐广泛起来，地域性的社会组织发展起来了，国家产生了。国家文明发展到一定阶段，现代社会学和人类学上被称之为民族的社会群体也终于发展起来了。

欧洲使用民族这个词语可以追溯得年代久远一些，譬如早期的教会学校中具有相近的来源和学科背景的学生。但是，严格来说，民族是资本主义时代的社会范畴。19世纪40年代，欧洲中心地带开始频繁出现这一词汇。尽管说民族仍以特别的血缘为纽带，但这时的民族概念已经不再限于单个的血缘群体了。现代意义上的民族是一个地理区域的概念，甚至是一个国家的概念。它是生活在一定彼此隔离的地理区域内的社会共同体，相互有着共同的语言、文化和历史传统，有相同的生活习惯与情感诉求，是作为人类第二大发展形态的资本主义商品生产方式出现以后，所产生的一个经济政治共同体。列宁曾经深刻地指出，在全世界上，资本主义彻底战胜封建主义的时代，是同民族运动联系在一起的。这种运动的基础，就是发展资本主义的共同愿望。为了使商品生产获得完全的胜利，资产阶级必须夺得国内市场，必须使操着同一种语言的人所居住的地域用国家形式统一起来。所以，建立民族国家就成了发展资本主义的基本条件。[2] 当资本以民族国家的形式出现以后，因为资本自行增殖的内在冲动，对外贸

2　列宁：《论民族自决权》，《列宁选集》第二卷，人民出版社，1960年，第508页。

易以及世界市场的扩张与发展，又逐步把全世界所有的民族连接成为一体。世界终究是，或迟或早将成为由各个民族国家所支撑的统一的国际性的市场。

早在 1860 年 1 月，马克思就总结了这一历史逻辑。他说：

> 我考察资产阶级经济制度是按照以下的次序：资本、土地所有制、雇佣劳动；国家、对外贸易、世界市场。[3]

在这 6 个逻辑范畴中，资本是一个主动的，贯穿始终的主体性的客观范畴。所谓资本，乃是一种价值形式。确切些说，是一种可以自行增值的价值形式。[4] 它不是物，而是一种生产方式，一种可以支配他人劳动的生产方式，也是一种社会关系。[5] 马克思所总结的这 6 个经济范畴及其演变的逻辑次序，既是从中世纪后期西欧的民族国家形成与发展的历史，也是 16 世纪以来的世界历史。资本在一个民族体内的发生与发展，是同该民族的传统的自然经济的解体过程同步的。在一个没有外部干扰的农业民族内部，当资本出现以后，自然经济的解体也即小农经济的破产，自然释放出的土地和劳动力就构成了资本所需要的两大生产要素市场。当资本、土地所有者和自由劳动者三大阶级发展到一定阶段，已经成为占据社会主要成分的市场经济制度必然要求维护资本主义的政治制度，民族国家诞生了。民族国家是资本主义发展过程中最为重要的成果之一。

16 世纪以来，全世界先后出现过 5 批次的民族国家浪潮。其中最早的一次发生在西欧，荷兰、西班牙、葡萄牙、法国、英国等几个民族国家相继诞生。第二次是 18 世纪中期，以北美洲为主的新大陆

3　马克思：《〈政治经济学批判〉序言》，《马克思恩格斯选集》第二卷，人民出版社，1972 年，第 81 页。引文中的着重号是原来就有的。

4　马克思："而资本只有一种生活本能，这就是增殖自身，获取剩余价值，用自己不变部分即生产资料吮吸尽可能多的剩余劳动。"马克思《资本论》第一卷，人民出版社，1975 年，第 260 页。

5　马克思："资本不是一种物，而是一种以物为媒介的人和人之间的社会关系。"《资本论》第一卷，第 834 页。

移民地区诞生了以美利坚合众国为代表的西欧民族的衍生性国家。第三次是从 19 世纪初期开始到该世纪中叶，拿破仑战争激活了欧洲各个古老民族，相继产生了以德意志和意大利为代表的一批欧洲中部的民族国家。第四次发生于 20 世纪初期，由于第一次世界大战，相继产生了以中欧和东欧为主的一系列民族国家，如波兰，南斯拉夫，奥地利，匈牙利，捷克和斯洛伐克等等。第五次发生于第二次世界大战以后，由于民族独立和自决的原则已经深入人心，民族独立运动广泛而持久，延续到 50 年代、60 年代，70 年代及其以后，地理空间涉及到亚洲、欧洲和非洲古大陆，以及拉丁美洲与南太平洋等荒芜海岛上几乎一切居住有人类的地方，由于都属于世界近代史以来被西方早期形成的民族国家殖民统治和武力占领的地区，所以被概括为被压迫民族的独立和解放。事实上，直至现在，这一过程仍在进行这。正如前面我们所叙述过的，1991 年苏联解体所释放出来的 15 个国家，以及新世纪前后还陆续有新的国家产生。总之，到目前为止，联合国已经拥有了 190 多个具有主权的民族国家和其他形式的共同体，囊括了世界上 90%以上的人口。战后所形成的以民族国家为主体的联合国和其他形式的国际组织已经充分证明，民族国家是支撑世界秩序的基本组织和细胞。

西欧第一批资本主义民族国家出现以后，由于资本主义生产方式的优越性而使得民族经济得到迅速发展。但是，在资本主义向世界各地区扩张与发展的过程中，这些国家的一些民族主义者往往会把资本主义文明当作是本民族独有的产物，甚至认为本民族生理基因优越于其他民族，并在此基础上产生了种族主义，种族优越论和种族歧视问题。殖民主义、帝国主义和霸权主义，都是在这样的背景下出现的。作为一种理论和特定的意识形态，它们满足了发达国家侵略和侵犯落后民族的道义上的需要，对发达民族侵略和侵犯、剥削和剥夺、镇压和屠杀落后民族的野蛮行为起到了心理慰藉的作用。不过，现代科学已经证明，人类不同种族和民族在自然生理方面并没有明显的差别或优劣之分。另外，包括美国在内的几百年的资本主义历史也证明了，所有民族和不同种族的人在相同的制度环境下都可以做出同样优秀的业绩来。种族主义并未得到科学与历史的支持。

其实，马克思的劳动价值理论已经包含了这样的内容，即市场经济是一种适合于人类所有民族的生产方式，是能够接纳所有人的从而是共存于各个民族国家的世界性的社会大形态。有意义的是，马克思已经预见到了全世界将会形成一个统一的世界市场，所以，马克思在他的那段有关人类历史三阶段说的论述中，唯有把第二阶段的资本主义价值形态用"第二大形态"来表述。[6] 大，是与第一阶段的自然经济是个体的封闭性经济形态。不过，由于资本主义世界市场囊括了全世界所有的民族国家，乃是一个全人类的经济共同体，所以，即使未来的第三形态究竟是什么，虽然属于不可知，但就其规模来说，无论如何也不会比全人类的第二大形态更大了。读者知道，在继承与发展英国古典政治经济学的过程中，马克思从商品所具有的使用价值与交换价值的二重性出发，分析并发现了制造商品过程中的劳动的二重性，——制作商品的劳动既是决定商品具有特殊使用价值的具体劳动，又是决定其商品具有一定交换价值量的抽象劳动。所谓具体劳动，是指决定商品具有特殊使用价值比如一件上衣的裁缝劳动，即裁缝师所付出的具体测量、设计、裁剪、缝纫等等具体技术技巧和工艺的劳动，它决定了上衣可以满足人的穿衣审美和遮体御寒的具体需要。而抽象劳动则是指作为人都有能力做到的劳动支出，是人的一定的脑、肌肉、神经、手等等体力的耗费。抽象劳动排斥了具体的民族和种族、人种，男女性别与年龄，阶级出身，文化和职业等等的社会与自然的差别，把创造商品价值的劳动化作所有人都可以完成的同等劳动。这样一来，马克思的劳动价值学说的意义首先就在于，它证明了资本主义生产方式是世界各民族都能够胜任与实行的一种经济形态。这是一方面。

另一方面，马克思的劳动价值学说的意义还在于，它还隐含了所

6　《马克思恩格斯全集》第 46 卷上，第 104 页。

有民族都有积极实行资本主义生产方式的强烈愿望。一方面，商品价值是人类无差别的劳动凝结，意味着任何人只要奋发努力，勤恳劳动，靠着自己的聪明才干，就可以得到应有的回报，从而在这样的社会里找到自己的位置，获得成就感，并按照自己的条件与方式追求幸福人生。所以，每个劳动者都发自内心拥护和向往这样的社会环境。另一方面，资本主义市场经济是一种无限开放的经济制度，其生产方式的最大特点是突破了自然条件的限制，是任何自然经济体都无法与之比拟地容纳着越来越多的人力资源的经济形式，有着任何自然经济体都无法与之比拟的强大的生产力，所以无论哪个民族接触到它，它的大多数特别是中下层人民都会发自内心地愿意接纳它，拥抱它。

也许还包含着更为重要的意义是，马克思在劳动价值学说基础上形成的剩余价值理论从根本上论证了，由于资本自行增值的内在冲动，一方面，资本主义生产方式一经在某个民族内部产生，它一定会冲破本民族千百年来在封闭的状态下自然形成的历史局限，克服民族界限和民族偏见，发展海外贸易，向海外及向全世界扩展与蔓延，将资本主义生产方式作为一种不可阻挡的历史潮流传遍于全世界。另一方面，正是由于它的自行增殖与内在的冲动，决定其开放性、包容性，绝不保守，不断创新，所以具有无限的活力，无论哪个民族一旦实行了资本主义，从而也就成了世界统一市场的一部分。各个民族国家根据自己的资源禀赋和世界市场的需要发展民族经济，日益依赖于世界市场，在世界统一市场里获得持续发展。这既是资本主义现时代的历史与现状，又是人类社会发展的前景与未来。

蹩脚的马克思主义者既没有足够的学识解读马克思的经济学说，更没有能力解构 16 世纪以来的资本主义在全世界发展已经显示出来的愈来愈强烈的历史逻辑，特别是面对苏联的解体与中国自己的发展，参透不出历史的必然性，没有坦诚失败的勇气与担当，也认识不到和论述不出历史和现实中所固有的正义与合法性。包括任平在内的主流社会的理论家只会僵硬地复诵列宁主义的教条，写作像

《美国挑起贸易战的真实意图》一类的所谓主旋律的八股文章，继续用传统的实际上是美国霸权主义的国际政治理论述说自己的权利，自觉不自觉地又跟在美国政治霸权主义的屁股后面走，以至连自己都不知道自己说了些什么。"三十年河东，三十年河西"，"大国兴衰规律"，"中华民族复兴"，岂不是说，皇帝老子轮流当，世界霸权的轮椅轮流坐，强国可以兴盛但终究会走向衰落，中华民族一定会像历史上的中华帝国一样"重新走近世界舞台的中央"。这些言论不仅解释不了当前中国与美国的摩擦，而且还明确向世界，特别是向美国传达了一个明确无误的信息，即美国将走向衰落而被中国所取代。这恰好是美国政治精英和民族主义者最为害怕的前景，从而人为地刺激了被美国政治精英和民族主义所簇拥的美国政府，无谓地为自己的前进道路上设置了许多不该有的障碍。

当然，"大国兴衰规律"并非中国主流理论家的贡献。西方传统的历史学认为，人类社会不过是一片荒芜的丛林，人类文明又是一部大国霸权不断被超越和替代的历史，——早期垄断海洋霸权的葡萄牙、西班牙和荷兰被英国、法国所取代，西欧的英法与中欧的德国争霸，以及二战期间德国被打败而美国成为世界的霸主，500多年以来的世界近代史似乎也都印证了"大国兴衰规律"。不可否认，这似乎都是事实。

但是，用"大国兴衰规律"所解构的历史，是一部对事物发展内在逻辑展开过程所做的最为表象的描述，不足以建构历史科学。因为历史学作为一门认识科学，它必须符合辩证法、逻辑学和认识论的统一，体现统一历史学再则是用历史逻辑所反映的是客观的辩证的历史过程。所以，遵循这一基本原则的历史就不可以仅仅是对历史现象的描述，不是就事论事，而是要符合历史的辩证过程和历史逻辑。毫无疑问，这样的历史学就应该是一种基于长久历史的科学。"大国兴衰规律"似乎描述的霸权更迭是事实，但资本主义在全世界的扩张与发展的结果又不只是大国兴衰与霸权更替这一个层面的事实，人类正在历经由传统的自然经济向资本主义商品生产方式的过渡与转变，民族国家的产生与发展，世界市场的形成与扩展，它们都是比大国兴衰和霸权更迭更为深刻的大历史。从这一更为深刻与广阔的历史发展来说，传统历史学和西方国际关系与国际政治理论所解构的霸权更替，不仅显得浅薄，而且更为重要的是有意无意地误读了世界历史，不仅不能正确揭示霸权主义的本质，而且还忽视了霸权更迭背后所反映的越来越多的民族国家的产生和世界不同民族相继融入资本主义体系的历史逻辑。

资本是一种摄取人的劳动的经济形态，在相同生产力条件下，一个民族国家的经济能力是与其人口的多少成正比例的。西欧最早的民族国家荷兰、西班牙和葡萄牙，虽然是小国家，但是，当它们一旦实行资本主义商品生产，从而能以极为强大的经济力和武装能力跃居欧洲古老民族的前列。但是，它们毕竟都只是几百万人口的小民族，所以，当具有几千万人口的英国和法国也实行了资本主义生产以后，就很快取代了它们。

英国和法国是一对天生的冤家对头。14 世纪至 15 世纪，英国和法国之间爆发了百年战争。自后至 20 世纪初，数百年来，两国关系时好时坏，打打和和，总难分仲伯。20 世纪以后，两国虽不时也有矛盾，但基本面是合作相处，至少已经没有战争了。究其原因，一方面是西欧各国的资本主义已经发展到共存于一个市场，从而可以也必须和平相处的历史阶段。另一方面，因为它们两国一直有着相近的人口和相近的经济能力。2017 年，英法两国人口分别为 6600 万和 6500 万，排名世界第 20、21 位。2015 年，英国 GDP28633 亿美元，位居全世界第五位。法国 24347.9 亿，位居第六位。2016 年以后，法国超过英国位居第五位，英国为第六位。2018 年，法国以 25700 亿美元继续位居世界第五，英国仍以 25600 亿美元位居世界第六。

中欧各民族形成统一的民族国家比西欧晚了 300 年，但是，19 世纪 60 年代，当德意志民族在铁血宰相俾斯麦的带领下之所以一出现在欧洲舞台上，就能成为英国和法国的强劲对手，还是因为人口。

1870 年以前，英国只有 2000 多万人，法国 3600 万[7]，而德意志是 4100 万。1900 年，英国 3200 万，法国 3800 万，德国 5600 万。1939 年，英国和法国都是 4100 人口，而德国则接近 7000 万。[8] 也许，这才是一个半世纪以来的欧洲国际关系和国际政治的根本所在。一方面，德国具有超过英、法两国的人口，其工业能力可以很快超过英国和法国。另一方面，英国和法国必须联起手来，才足以制约后起的德国，从而平衡欧洲的秩序。

然后再来分析上个世纪两次世界大战的结局。本来，两次世界大战的起因都是欧洲人的事情，主要还是以英法两国为一方，以德国为另一方的战争。不想，美国要越过大西洋参与其中。1910 年，美国有 9200 万人口。1920 年，达到 1.05 亿。1940 年，达到 1.3 亿。[9] 美国从 19 世纪末出现在欧洲的时候，就是超过德国人口的工业国家，当它站在英法两国一边的时候，德国如何能不输掉战争？

所以，虽然按照斯大林所总结的历史唯物主义，人口不是社会发展的决定因素，但是，在相同相近的生产力条件下，它却是决定一个民族国家经济能力的首要因素。在接受了这一历史观以后，重新审视 500 多年来的世界近代史，不难发现，较早实行资本主义生产的民族国家，由于被后起的拥有更多人口的国家按照经济总量排队而挤在了后面，它在世界强国的最靠前的位置被取代了，但是，作为发达国家，它们的发展并没有因此而停滞。作为民族国家仍旧处在较高的发展阶段上，由于人民享有越来越优裕的生活条件，所以，作为一个民族国家，则根本没有衰退过。

我们还是用数据来说话。2018 年，按照人均 GDP 排名，在全世

7　当时包括了以鲁尔工业区为主的德法两个民族混杂居住地区的人口。19 世纪至 20 世纪第二次世界大战以前，鲁尔地区常在两国之间摇摆，时而归属法国，时而归属德意志。1870 年普法战争之后，又被俾斯麦强行夺走。

8　以上人口数据均取自于《帕尔格雷夫世界历史统计欧洲卷》（第四版），经济科学出版社，2002 年。

9　《帕尔格雷夫世界历史统计美洲卷》（第四版），经济科学出版社，2002 年，第 6 页。

界将近 200 个国家或经济共同体中，中国排名 74，而西欧最早的几个民族国家荷兰，西班牙，葡萄牙，法国，英国，分别排列 13、30、40、23、24。

如果分析发达国家的 2018 年的 GDP 总量，不难发现欧美发达国家的经济总量几乎就是由人口多少决定的：美国（201999 亿美元）、日本（50631 亿）、德国（39348 亿）、法国（27655 亿）、英国（26612 亿）、西班牙（14199 亿）、荷兰（8910 亿）、葡萄牙（2221 亿）。如果按拥有的人口数排序，竟然也是这个顺序：美国（3.2 亿）、日本（1.2 亿）、德国（8211 万）、法国（6712 万）、英国（6602 万）、西班牙（4635 万）、荷兰（1704 万）、葡萄牙（1033 万）。

我们把视野放得更为宽阔一些，从国家统计局 2017 年的《国际统计年鉴》的以下几个指标来看：1. 按人文发展指数排名，包括预期寿命和受教育年限、实际受教育年限、人均国民总收入等项，中国在全世界排第 90 位，而荷兰，西班牙，葡萄牙，法国，英国分别排列第 7、30、41、21、16。

2. 按全球化指数排名，包括经济全球化、社会全球化、政治全球化等项，中国排第 71，而以上国家分别为第一，17、13、9、8。

3. 按照全球竞争力指数（GCI）排名，包括基础设施、效率、创新与成熟度等项，中国排名第 28，以上国家分别排名第 4、32、46、21、7。

4. 按照信息化发展指数（IDI），这一指标主要跟踪和衡量各个国家在迈向信息社会的过程中所取得的总体进展，中国排第 81，以上国家分别排第 8、26、44、16、5。

5. 按照创新指数排名（GII），包括创新投入、创新产出和效率等项，中国排第 22 名，以上国家分别为第 3、28、31、15、5。

6. 按照幸福指数，这是由联合国可持续发展解决方案网络（SDSN）与哥伦比亚大学地球研究所自 2012 起开始计算和发布的幸福感调查，包括人均 GDP、健康期望寿命、社会支持度、慷慨指数、自由度和贪污腐败程度等 6 个方面作为评判基础和标准。中国排第 79，以上早期市场经济国家分别排列第 6、34、89、31、9。[10]

即使读者没有特别的研究，即使不排除各个国家发展过程中还会受到一些偶然的条件制约，譬如不同的资源禀赋，发展过程中的偶然性的历史机遇，以及以上指数的设置与划分衡量发展指标的主观性的判断与影响，譬如中东石油输出国家仅由于石油和天然气收入就可以成为人均 GDP 排名很高的国家，中国由于近些年政府的投资而改善道路和交通等公共设施也能提高排名和位次，还有如果调查期间发生令居民不愉快的临时性事件也足以影响幸福指数，等等。但是，即使不排除这一类的偶然性与不合理因素，那也不难看出那些最早的民族国家，由于它们比较早地实行了资本主义商品经济，从而获得一种可持续的制度保障，至此就进入到一个不断发展进步的历史过程里。所以，500 多年以来，这些国家的发展历史就只有兴，而没有衰。如果说是霸权的兴衰与替代，也许还有点依据，但提出"大国兴衰规律"，以为曾经霸权的强国被新的强国取代以后就衰亡了，没落了，则纯粹是一种杜撰。

接下来讨论"民族复兴论"。

在全人类由自然经济转向资本主义商品生产的历史时代里，中国当然也不例外地身处其境。但是，长期以来，任平之类的主流理论家们却坚持抵制和反对马克思有关人类历史三阶段学说和市场经济理论，继续抱着一个世纪以前从苏联那里接受的马克思列宁主义，要中国坚持起源于前苏联而已经被前苏联人民所抛弃的所谓社会主义，从而走一条与世界各个民族国家完全不同的特殊道路。任平及其主旋律还说，这是中华民族的复兴之路。复兴者，凤凰磐涅，浴火重生，破败之后再次兴盛也。按照这一理论的解释，中华民族在历史上曾经辉煌过，只是在近期落伍了。觉醒与崛起的中华民族，如果经过一番努力奋斗，必将再现历史的辉煌。任平的"自鸦片战争以后，经

10　本小节几个问题中的数据均来源于国家统计局编《国际统计年鉴 2017》，http://data.stats.gov.cn/files/lastestpub/gjnj/2017/indexch.htm。

过100多年的努力，中国重新走近世界舞台的中央"，就属"民族复兴"的老调。

不错，中华民族的确拥有过灿烂的历史文明。但是，中华文明属于农业文明。现在即将转变和实行的资本主义生产，是工业文明。农业文明是建立在自然经济基础之上的，而工业文明则是以资本主义市场经济为基础的。自然经济完全依赖于自然条件，限于生产自然产品，属于个体性的手工劳动，是一种相对封闭的、地方性和民族性的，其发展程度自然是比较低的。自然经济要严重依赖自然条件，特别是自然农业所严重依赖的气候变化无常，所以，饥荒和饥饿，贫穷和动乱，则都是中国历史中的最常见的现象。另外，由于自然经济是以自然产品为社会财富的经济形式，自然产品的自然属性限制了生产的发展规模，决定了自然经济的界线，以及封闭与隔绝，狭隘与局限，都是自然经济所独有的。现代资本主义则是一种新型的社会生产，以物的依赖性为基础所结成的人与人之间的密切生产关系，是资本主义生产方式最显著的特点。在这一生产方式里，市场把所有的人编织在一个统一的经济体内，相互依存，互相依赖，人们只能先卖后买，即实实在在地付出了市场所接受的劳动，才可能获得生存的条件。所以，市场制度是由人们的需要引导的，由人性决定其发展的方向的。

尽管中国的历史文明与即将追求的资本主义商品生产都是以国家文明的形态出现的，但是，中华帝国的历史文明是建立在自然经济基础之上的，与此相适应，国家这一社会上层建筑是架构在各自独立和相对封闭的个体经济基础上，所以，强权和暴力、镇压与征服、统治和压迫，都是传统国家文明得以存在与发展的前提，而等级、特权、专制，则都是早期国家文明的主要特征。中国即将转型的现代资本主义生产则是以大机器生产为基础的，商品交换把整个社会连接成为一个有机肌体，等价交换是其基本的经济原则，所以，自由、平等、人权（私有财产权）和法治，则是现代国家的基本特征。因为中国传统属于专制集权，其历史上从未有过资本主义国家文明，所以，与其说它的未来是"复兴"，不如说是反叛。

必须指出，"民族复兴"是中国传统史学的观点。资本主义在西欧产生以后，其触觉在 17 至 18 世纪已经伸展到亚洲东部，由于中华帝国固有的傲慢与偏见，不愿意正视它们，所以继续把它们当作两千多年来四方来朝的夷蛮。18 世纪末至 19 世纪初，欧洲工业革命取得了丰硕成果，生产力有了"比过去一切世代创造的全部生产力还要多、还要大"的发展，从而加大了向世界各地扩张与扩展的力度，致使中华民族遇到了再也无法躲避的挑战。在西方列强的强势进逼下，几千年来一向自视甚高的中华帝国一路败下阵来。传统史学解释中国之所以节节败退的原因，是由于中国的落后，至于历史上强大而现在落后的原因，则是晚清以来的统治者的腐败和鸦片战争以后的外来侵略。

以上本都是传统史学多年来的观点，但是，任平这次却用新的说法否定了这一认识。他说："自鸦片战争以后，经过 100 多年的努力，中国重新走近世界舞台的中央"。任平的这句话引出了许多个相互矛盾的问题。因为中国自鸦片战争以来就在努力和重新走近世界舞台了，所以，传统史学的观点需要改写了。第一，中国在鸦片战争前就落后了。第二，不仅中国的落后与晚清以来的政府腐败无关，而且由于"100 多年的努力"也该包含政府的"努力"，所以并不那么腐败。第三，因为中国在鸦片战争以前就落后了，所以，中国的落后也与帝国主义的侵略没有关系。可见，任平的文章和"民族复兴论"不仅解决不了现实问题，还增加了许多麻烦。让我们重新分析一下这个被任平搅和得剪不断，理还乱的问题。

首先，中国从 1840 年到 1949 年中国共产党执政，期间 110 年，从鸦片战争、第二次鸦片战争，中法战争、甲午中日战争、八国联军与义和团运动、日本对中国的侵略，等等，帝国列强屡屡发起武装侵略，赔款割地，当然是西方列强的强大，中国落后与贫穷了。但是，晚清以前，中国与西方的差距并不大，甚至在明至晚清以前这一段时间里，西方还比较羡慕中华文明的。也许读者还有印象，莎士比亚戏剧中的人物出场，模仿中国人餐后剔牙的习俗，嘴上叼着一根牙签。莎士比亚时代的英国人以中国绅士的做派为时尚，说明 16 至 17 世纪的中国与欧洲相比，还不算落后。

其次，西方先进和中国落后，持续到什么时候？1954 年毛泽东在中共中央政治局扩大会议上讲话说：

> 现在我们能造什么？能造桌子椅子，能造茶碗茶壶，能种粮食，还能磨成面粉，还能造纸，但是，一辆汽车、一架飞机、一辆坦克、一辆拖拉机都不能造。[11]

30 年后，1979 年，陈云在中央政治局会议上讲话说："总之，九亿多人口，百分之八十在农村，革命胜利三十年了还有要饭的……"[12] 毛泽东和陈云的讲话至少说明，1949 年至 1979 年期间 30 年，中华人民共和国仍然是贫穷与落后的。笔者不赞同任平的观点，以为中国已经"走近世界舞台的中央"，认为目前的中国已经先进了。但是，笔者也认为，中国最近 40 年确实快步发展了。所以，如果不那么确切地定义问题，说中国在 19 世纪初中期至 20 世纪中后期的一个半世纪里是落后的，该是绝大多数的人所同意的。

再其次，西方列强为什么先进，中国为什么落后？在农业社会里，人口增长是衡量社会进步的一个重要指标。根据历史学家何炳棣的研究，清代后期 1800 年至 1850 年，期间半个世纪，清朝人口由 295273311 人，增长到 429931034 人。[13] 50 年增加了 1.3 亿人，增长了 0.43 倍，在农业社会里无论怎么说，都算是很快的。100 年之后，1954 年中华人民共和国第一次人口普查，全国总人口达到 582534859 人。晚清到中华人民共和国，中国失去了许多国土，疆域

---

11 毛泽东：《关于中华人民共和国宪法草案》，《毛泽东文集》第六卷，人民出版社，1999 年，329 页。

12 陈云：《调整国民经济，坚持按比例发展》，中共中央文献研究室编：《三中全会以来重要文献选编》上，人民出版社，1982 年，第 75 页。

13 何炳棣：《1368-1953 中国人口研究》，上海古籍出版社，1989 年，第 278、279 页。

与人口也都有所减少。特别是晚清经历了太平天国运动，江南有过较长期的战争。抗日战争，中国牺牲人口接近 3000 万。即使这样，中国在 19 世纪至 20 世纪的人口增长，仍然是超过以前历史时代的。至于 1979 年，中国已经由 10 亿人口。这就是说，作为农业社会，用农业文明的标准来衡量，中国并没有出现衰败，也谈不上落后。

但是，中国确实在西方列强的进攻下节节败退，与西方各个列强比较，无论西方国家的大小，一概败下阵来，表明比所有的西方国家都确实落后、弱小。所以，问题的正确理解应该是，和西方国家比较，中国是落后的。

那么，问题的根结在那里？原来，西欧资本主义国家经过几百年的积累以后，到 17 世纪末至 18 世纪中叶，终于孕育出工业革命。19 世纪初中期以后，由于工业革命所爆发出来的力量，推动西方国家生产力出现了快速的发展，资本主义强大生产力与中国传统的农业文明根本就不在一个等量级上。所以，需要纠正和改变以往所接受的一个历史观点，即中国贫穷落后的原因，一是中国政府的腐败、积弱，二是列强的侵略。这当然都是中国落后的因素，但都不具有根本性。根本问题在于，西方资本主义工业文明远比中国传统的农业文明先进得多。

再其次，既然工业文明比农业文明先进，从中国农业文明中能不能生长出类似于西方那样的经济制度呢？在过去近百年的历史里，中国学术界曾经掀起过几次为什么中国没有出现资本主义的讨论。一直到现在，国人在这个问题上还是没有定论，倒是西方的新制度经济学认为，封闭而且大一统的中华帝国的专横与专制，没有资源和人才流失的顾虑，从而没有私有财产神圣不可侵犯的信念，所以不可能自行产生保护私有产权的市场制度。相反，倒是欧洲的小国政府为了吸引资本和人才等经济资源，才会制订保护产权的政策和建立保障公平公正的商品交换制度。为此，有的学者还不无感叹地说："欧洲的不统一曾是我们的幸运。"[14] 即使我们回避探讨发生资本主义经济制度的深层原因，但一个基本的事实是，无论中华历史文明还是共产党执政的中华人民共和国，都未能产生足以和西方资本主义相抗衡的先进经济形态。

最后，幸运的是，中国已经找到了快速发展的道路，那就是20世纪70年代转向西方以后，特别是决定加入世界贸易组织，从而是在2001年"入世"以来才发生了巨大的变化的。只是人们不愿意承认，或者没有意识到，世界贸易组织是以美国等发达的资本主义国家为主所制订的经济规则，其主旨就是维护资本主义世界市场秩序。加入世界贸易组织，承诺遵守世界贸易组织的规则，无疑就是要实行资本主义制度。实践是判断真理的唯一标准。入市以后，2001-2016年，我国 GDP 由 110863 亿元增长到 744127 亿，10 多年增长了 6.7 倍；货物贸易由 42183 亿美元增长到 243386 亿，增长了 7 倍。

所以，中国的根本问题不是历史"复兴"，而是走与世界其他民族一样的路，由中国传统的自然经济转向商品生产，实行共同的资本主义市场经济制度。从这个具有根本性的问题来说，民族复兴论模糊了中国发展的前景和目标，误导国人，指错了方向，领错了路。

仔细想来，"民族复兴论"其实是一个伪命题。因为每个古老民族能够历经数千年的自然变化而繁衍与发展，无疑都拥有过无数可歌可泣，值得纪念的光辉篇章。按照"民族复兴论"的逻辑，各民族都有理由"复兴"自己的历史文明，但那是在自然经济上的重复与复制，哪里还有现代民族国家的产生，哪里还有马克思所说的世界市场与生动活剥的现实与创造！

可能问题还不止于此，如果中国人复诵"民族复兴"的论调，则还将无谓地在自己前进的道路上制造障碍。因为与其他一般民族不同的是，由于"民族复兴论"者所引以自豪的往往又是中华帝国时

14　转引自德国柯武刚史漫飞合著的《制度经济学：公共秩序与公共政策》中译本，商务出版社，2000 年，第 468 页。

代，它是以华夏民族为主对周围民族与藩国的统治为历史背景的，所以，尽管任平和复兴论者也反复告诫和声明，中国再次强大以后不称霸，但是，不仅像美国政治精英和民族主义者对此持怀疑的态度，就连许多发展中国家，尤其是中国周边的国家也都唯恐迅速崛起的中国将取代美国成为又一个霸权主义国家。譬如在美国很有影响的芝加哥大学政治学教授约翰·米尔斯海默的一个基本观点就是如此，他的《大国政治的悲剧》认为，在一个无政府状态下的国际环境里，大国一定要采取"进攻性的现实主义"，寻求独霸世界的权力以自保。所以，中国不可能是和平崛起，而一定会追寻美国发展的逻辑用战争和侵略手段获得霸权，成为世界的或者地区性的大国、强国。而美国和国际社会，特别是中国周边的国家必须、必然要采取联合行动，给中国的发展制造麻烦，以阻止中国的发展。[15] 遗憾的是，包括任平在内的控制中国意识形态的理论家们，没有能力回答米尔斯海默的"大国政治"，他们要么是教条式地复诵传统的列宁主义意识形态，诉诸于"中国特色的社会主义"，要么论证中华民族从历史以来就是一个"和平与温和"的民族，其血液中没有侵略他人，称霸世界的基因，而只会和平崛起，"复兴"儒家王道的中华文明。由于这种"复兴论"暗含了世界各民族分别具有侵略与和平的本性，所以，它不仅不能打消别人的顾虑，反而把自己送到了种族优劣论的历史唯心主义世界观立场上去了。总之经过主旋律高调宣传大国兴衰规律和民族复兴以后，反而增加了国际社会对正在崛起的中国的怀疑和忧虑。

其实，问题的要害并不在于中国自己想不想，而根本的还在于中国处在这样的发展阶段，当它实行资本主义生产以后而强大起来的时候，世界市场体系已经形成。一方面，中国只有加入到世界市场体制内，依赖于世界市场才可以得到发展。另一方面，在统一的国际体系里面，再强大的民族国家也只是它的一个部分。越是进步与发展的

15　约翰·米尔斯海默：《大国政治的悲剧》，王义桅唐小松翻译，上海人民出版社，2003 年初版，2014 年修订版。

国际体系，各民族国家之间的制约性越是强大。所以，在充分发展的国际新秩序条件下，不仅后起的中国不可以实行霸权主义，事实上任何霸权主义都将变得不可能了。

让我们简略叙述一下这个道理。

15世纪末至16世纪初，当人类历史上第一批民族国家在西欧边陲产生以后，资本主义就开始分东、西两个方向在全世界扩张与扩展。截至目前为止，资本主义制度的扩张与扩展已经有500多年了。但是，由于地缘政治与历史方面的原因，中国是接受资本主义最晚的国家。读者可以站在地球仪旁边观看，从16世纪开始，作为资本主义源头的荷兰、西班牙、葡萄牙、法国和英国，先后沿着非洲海岸线绕非洲发现印度洋，经过西南亚、印度到达亚洲东部，这是西欧资本主义最早到达中国、朝鲜半岛和日本的一条路线。17世纪至19世纪，荷兰、西班牙、葡萄牙、英国和法国，分别占领了西亚、南亚和东南亚，以及东南亚及西南太平洋诸群岛。此外，荷兰还取得了日本的专卖权。但是，对于中国来说，所有西方国家来往的船只，都只可以在帝国所划定的广州以南极少的几个地方登陆靠岸。1840年以前，大清帝国拒绝西方资本主义进入中国疆域。

资本主义还有另外两条传播路线，一条是陆上，从欧洲大陆向东，经欧洲中部再向东欧、西亚、中亚，进而东亚到达中国。这是一条经过俄罗斯（苏联），再到中国的传播路线。还有一条，是越过大西洋占领美洲新大陆，主要经过美国向西部扩展，越过美洲大陆，从美国的西海岸经太平洋，到日本、再到中国。

以上简略叙述也是资本主义在全世界的扩张与扩展，但是，无论哪个方向，那条路线，中国都属于接受资本主义最晚的地方。

事实上，历史也是这样发生与发展的。中国开始接受资本主义生产的历史始于晚清的洋务运动，在此以前，周边地区和国家都已经被资本主义所覆盖。——中国的北部和西部都属于沙皇俄国的国土，其社会属性服从俄国欧洲部分，从而都具有了资本主义性质。南亚印度（包括现在的巴基斯坦和孟加拉国）和东南亚都是西方的殖民地，由宗主国所管辖的殖民政权当然实行资本主义。至于东方的几个大国，主要是日本（19 世纪末至 20 世纪初，先后含台湾和朝鲜半岛），也早都自觉地接受资本主义了。相反，由于晚清政府不愿意接受资本主义，这才爆发了革命。

如果考察思想意识形态的影响，也是这样。中国早期革命的领军人物和思想领袖，譬如孙中山、严复等人的思想观念来源于欧美和日本，康有为、梁启超、章太炎、陈独秀、李大钊等人所接受的西方社会学思想，则主要都是从日本传输过来的。至于 20 世纪 20 年代的孙中山、陈独秀和李大钊，以及他们所创建的国民党和共产党，也都是从俄国（苏联）和日本接受的马克思列宁主义，可见中国接受资本主义之晚。

认识并承认落后的现实很重要。首先，市场经济是人类历史的一个大形态，自然经济向市场经济转变将是一个漫长的历史阶段，任何国家都不可能一蹴而就。按照马克思在《资本论》里的说法，资本主义时代从 16 世纪开始，到马克思在世的时候，只是在英国才算完成了，而西欧其他早期的民族国家则都还正经历着从传统向现代的过渡。所以，我们且不说西欧第一批资本主义国家现在是否都已经完成了转变，即使都完成了，那也是历经了 500 年以上的时间。至于后来新产生的民族国家，特别是二战以后获得独立解放的大多数国家，多数是从 17 世纪开始接受资本主义的，但现在仍处在转化与过渡的早期阶段，也即我们说的发展中国家或发展阶段。由于中华帝国在传统时代有着较高的国家文明，一方面是西方国家从一开始就把其当作有主权的民族国家对待，所以没有实行全面占领和殖民统治。另一方面，以清帝国为主的中华帝国在早期对西方资本主义持一种傲慢态度，遭到列强的侵略和欺辱以后，又采取抵触和抵制政策，从而一直是反对资本主义的。所以，中国从洋务运动开始，接触资本主义也才 100 多年。

其次，认识并坦承落后的现实，既有利于理性地处理前进过程中的问题，又可以减少外部的对抗与摩擦。现代人已经习惯使用 GPS

系统了。其作用就是明确行者的位置、到达的目标和最佳路线。在这3项里，确定行者的当前位置是最重要的。GPS是虚拟的网络系统，但它所标识的行者的位置、目标和路线，却反映了真实的地理空间中的真实关系。中国未来的发展犹如GPS系统上的行人，它不仅面临着由传统的自然经济向市场经济转变的历史使命，而且由于起步晚而处在落后于世界各国的位置上。

许多年以来，国人批评西方民族主义、欧洲中心主义、白人至上和种族歧视，其实，自华夏早期历史开始，中华文明中也一直有一种妄自尊大和歧视外来民族的传统。晚清以来，从"师夷长技以制夷""中学为体，西学为用"，到反对"西化"和"自由化"，以及"中国特色"和"民族复兴"，莫不浸透着华夏至上与狂妄自大的心态。市场经济起源于西欧民族。按照马克思的历史唯物主义理论，生产力决定生产关系，经济基础决定上层建筑，以西方发达国家为代表的现代资本主义经济制度，乃是以西方民族为主的许多国家实行商品生产方式过程中摸索和创造的社会经验。中国没有经历过资本主义，有什么理由认为它们存在许多弊端而拒绝接受？凭什么在引进和实行西方国家生产技术的同时，却幼稚地以为自己可以超越西方而建立起一种比前者更为先进的"具有中国特色的社会主义"？所以，那些用列宁主义历史观批判西方资本主义的国人，说到底，也都具有与西方民族主义者所持有的种族歧视和种族优越论相似相近的思想观念。

——中国尚处在由传统向现代的转变的初始阶段，本来落后了西方国家几百年的路程，却以极为鄙视的态度歧视走在前面的西方民族，那岂不是说西方民族是很笨拙的，而我大中华民族可以用西方的生产力建构出一种比西方民族更优越、更高级的社会制度！

坦诚落后的事实，就可以清醒地认识到为什么中国能够强大，以及为何强大后却不会称霸？资本主义是一种以增值为目的的生产方式。按照劳动价值学说，资本推动的劳动量决定一个国家的经济体量。中国是世界人口最多的国家，14亿人口，只要实行资本主义，只要有足够的资本投入，其经济量超过3亿多人口的美国成为世界第一经济大国，只是时间迟早的问题。这该是中外所有的没有种族歧视和不抱民族偏见的人，都可以相信的问题。但是，由于特定的地理条件和地缘政治的限制，以及中国统治者一脉相承的抵制，致使中国成为世界上最晚实行资本主义的国家。所以，当中国走向世界并开始较快发展的时候，一方面世界市场秩序已经形成，另一方面因为绝大多数国家已经发展到较高阶段了，所以，中国在世界中的位置就像一位刚进城的乡下人置身于一群文明人中间一样，他不仅必须虚心向周围的文明人学习并严重依赖他们才可以让自己及时转化为文明人，而且如果他偶尔出现野蛮行为，世界就像现代城市里一群文明人制止打架和虐待妇女那样，即使不是轻而易举，那也不至于让它发展到泛滥或无法收拾的程度。

4. 美国挑起贸易战的真实意图

我们已经批驳了任平关于美国政府发动贸易战的"真实意图"是要"堵死中国在产业升级关键阶段向上攀升的机会，打掉中国蓬勃发展势头"的陈词滥调。这种认识如此浅薄，以至连美国为什么要对它最密切的伙伴日本、欧盟和加拿大，以及几乎所有与它有贸易关系的国家都征收高额关税这一简单的事实都解释不了。因为一个简单的道理，美国对中国是要堵死打压，那它对日本、对欧盟、对加拿大等等的国家是要怎样？显然，任平误读了美国贸易战的真实意图，煽动了中国人的民族主义情绪，把舆情引导到与美国对抗的立场上，所以必须批判。不过，反过来，谁如果相信美国的宣传，以为特朗普总统发动贸易战的"真实意图"是要解决贸易逆差，那也过于天真了。

首先，自由买卖与等价交换，乃是商品经济的基本原则，资本主义经济秩序就是在这一前提下发展起来的。由于美国基本制度比较好地体现和保障了这个原则，所以有持续的发展，也成就了世界第一经济大国的地位。现在，美国每年可以制造出 20 万亿美元的 GDP，约占世界四分之一。现在全世界的对外贸易总量达到了 32 万亿美元，其中美国每年对外贸易将近 4 万亿，占到全世界的 12%。无论美国的生产总值还是对外贸易，都是经过市场交易得到的。所以，如果不是自由与公平的交易制度，就没有包括美国在内的世界经济的发展。

必须强调一点，美国的贸易摩擦是针对它的所有贸易伙伴的。美国贸易战把中国作为重点，是因为中美贸易在美国的对外贸易中占据大头，接近总贸易量的 20%左右。不过需要指出的是，中国占据美国贸易的较大比例，都是最近一些年才发生的。2001 年，中国加入世界贸易组织，其后对外贸易才有了大幅的增长。究其原因，一是中国在开放前基本上还是一个农业国家，加上以美国为首的西方国家的封锁，每年只有 200 亿美元的对外贸易，起点低。二是由于中国人口多，国土资源丰富，打开国门以后，增长速度必然很快。世界贸易和许多事务都是以民族国家为单位统计与计量的，但是，国家大小的差别又很大。资本主义经济是一种以劳动价值为社会财富的生产方式，资本所足以推动的劳动人口决定了一个国家的经济能力。中国是世界上人口最多的国家，拥有接近 14 亿的人口，大陆所属的 31 个省、市、自治区，如果单独拿到国外比较，任何一个的人口或国土面积，都相当于一个不小的国家。至于中国与美国的贸易能有相当高的贸易量，主要还是由于现时代以民族国家为主体的世界秩序，经济社会事务都是以民族国家为单位发生关系的，再加上美国也是一个有着 3 亿多人口的大国，经济体量特别大，经济互补的程度就高。再加上中美两国仅一水相隔，自然地理条件优越，以及美国政府自上个世纪 90 年代中期以来，实行全球化战略，把它高耗能，高污染，劳动密集型产业调整到国外的时候，正赶上中国的改革开放政策，以优惠条件吸引外资，接盘美国的企业。这些企业在很大程度上就是美国国内市场延伸至中国，自然扩大了中美贸易量。所以，中美贸易量大，中国出口美国的货物贸易顺差大，这都是中美经济结构与两国友好关系自然发展的结果，当然都是合理的。

其次，贸易顺差、逆差仅只是一种财务统计上的指标，除了反映现实中已经完成了的交易行为以外，并没有其他更多的意义。国际贸易基本上是在世界贸易组织的框架下进行的。中国最近 10 多年来在世界贸易中的份额有较大增长，包括中国对美贸易顺差在内的对外贸易，也都是在世界贸易组织的规则下发生的，不可能发生强制交易。所以，中国贸易量大，说明中国比较好地遵守了世界贸易规则，无论顺产或者逆差，都是公平交易的结果。特朗普一味追求顺差，那必须用较多的劳动付出才可以得到。如果单纯以为顺差才算成功，那是陷入了重商主义的认识误区，而重商主义是资本主义早期阶段，商品经济还未充分发展阶段的理论表述。

15 至 16 世纪，资本主义生产方式首先在西欧几个民族国家之间产生。随着商品经济规模日益扩大，市场急需要充当货币职能的黄金。但是，一方面西欧几个国家都不生产黄金，另一方面是那时的黄金生产能力也都很低，增加量根本赶不上市场需求。所以，对外贸易顺差即追求成色上乘的铸币，就成了重商主义的旗帜。那是商品经济还很不发展的时代，人们还根本不懂得商品生产，从而对黄金保持着盲目与狂热的追求。所以，货币拜物教和黄金拜物教都应运而生。500年以后，市场经济已经成为世界共同的经济制度，特别是当重商主义滥觞之时人们还不大知道北美洲的存在。但是，当人类实行市场经济制度已经有了一定发展之后，特别是美国因为有赖于市场经济规则才能够从浩瀚荒芜的北美大陆横空出世而成为世界最发达的国家以后，却又它的总统重新祭出商品生产早期的口号来反对公平交易和自由买卖，不能不说是一件极具有滑稽性的事情。

再其次，即使说美国政府要计较贸易顺差，那也不该只说货物贸易。现代经济社会不同于自然状态，那个时代的劳动结晶主要体现在自然产品上。在比较充分发展的市场经济里，劳动价值不仅体现在货物商品里，而且还表现在劳务上。特别是像美国这样高度发展国家里，教育、科学技术和国际金融等服务性产业都相当发达，所以，如果全面统计经济活动，比如加上服务和旅游这一类非货物商品的贸易，美国就绝非像它所说有那么大的逆差。2015 年，美国的服务贸易总额 11977 亿美元，其中出口 7306 亿，进口 4671 亿，顺差 2675亿美元。同一年，美国的国际旅游收入 2462 亿美元，支出 1483 亿，顺差 979 亿美元。如果将这两项顺差与货物贸易的逆差冲销计算，美国的贸易逆差就不是 8000 亿，而是 4000 多亿。[1] 另外，美国在国际事务中扮演着十分重要的作用，许多国际性机构和组织都设在美国，许多事项都必须与美国交涉或沟通才可以得到解决，所以，绝大多数国家必须与美国发生关系，大量的外国人要经常往来于美国，甚至需要常年生活在美国。如果考虑到这个方面，美国的货物商品出口

1　　国家统计局：《世界统计年鉴 2017》.

当然全是美国人的创造，而进口的商品中有不少是在美国生活的外国人所习惯消费的本国商品。譬如美国的每个大城市中都会有个唐人街或中国城，在那里的消费主要还是华人的消费，所以海关统计上所进口到唐人街的商品，其实还主要是华人的消费。考虑到以上各种因素，那么，美国进出口的逆差、顺差就不是统计数据通常所反映的内容了。

再其次，二战以后，以美国为首的国家设计普雷顿森林体系，改变历史以来用黄金结算的国际贸易体制，让各个国家的货币直接与美元挂钩，而美元与黄金挂钩，世界贸易改以美元结算。在这个体制安排下，美元实际替代黄金成为国际货币。当美元成为国际货币以后，为应付在国际市场上的支付和贮藏，所有国家就都必须拥有一定量的美元。但是，美元是美国政府发行的货币，其他国家要得到美元就必须从与美国的贸易中去获得，用本民族的劳动换取美国货币。这样，美国以外的各个国家在其与美国的贸易中必须是顺差，而美国必须是逆差。否则，世界贸易就无法顺利开展。所以，特朗普反对世界各国的贸易顺差，就像堂·吉诃德与风车作战一样，是在庞大的世界贸易体制内反抗体制，不仅徒劳，而且荒唐。

再其次，战后美元成为世界货币以后，世界各国都多少不同地持有一定美元。按照普雷顿森林体系的最初设计，美元与黄金有着固定的价格，每35美元兑换1盎司黄金，其他国家的货币再与美元挂钩。美国政府曾经承诺，各个国家的财政部随时都可以用美元向美国兑换黄金。但是，70年代初期，美国政府单方面宣布美元与黄金脱钩，实行自由浮动，同时也不再承担其他国家用美元兑换黄金的义务。从此以后，美国政府大搞财政赤字，发行越来越多的美元和国债，美元也不断贬值。按照现在的美元价格，已经到1500美元才可以兑换1盎司黄金。40多年，美元贬值了40多倍。——世界上所有持有美元的人都在为美元贬值埋单。

再其次，当战后改变金本位而让美元成为世界货币以后，世界贸易的内容与形式就都发生了改变。在黄金充当货币的情况下，重商主义要求顺差，得到的是黄金白银，是商品的一般等价物，是社会财富的象征。而美元充当世界货币以后，其他国家在与美国的贸易中所得到的顺差是美元，是美国政府印制的不可以自由兑换黄金的纸币，充其量只可算作是美国的一种特殊商品。如此一来，用美元结算的世界贸易的顺差、逆差所反映的经济关系，已经不同于黄金白银充当世界货币的时代了。——其他国家与美国的贸易中，即使出口大于进口，因为得到的不是黄金而是美元，美元只是美国的一种商品，从而已经不是原来意义的顺差。但是，如果出口小于进口，那必须用黄金或者外汇储备购买，那还是逆差。而美国无论出口大于或者小于进口，因为都用美元结算，所以出口大于进口时还是顺差，而进口大于出口时却因为是用美元即美国的一种特殊商品支付，所以不能称之为逆差，而只是进出口平衡。总之，在关贸总协定和世界贸易组织的框架中，美国以外的国家对外贸易事实上已经没有了顺差，但还有逆差；而美国则还有顺差，却没有了逆差。

总结以上分析，即使按照重商主义的传统，各个国家在对美国贸易中实现顺差，那也是对美国十分有利的事情。所以，在现行的贸易制度中，美国是最不应该说"贸易不公"的话了。那么，特朗普为什么要这样做？古典政治经济学鼻祖大卫·李嘉图有句很著名的话："即使在闹饥荒的时候，输入谷物也不是由于国民挨饿，而是由于谷商要赚钱。"特朗普是美国总统，毫无疑义是战后世界贸易制度的最大获益者，但是，他为什么要不惜歪曲世界贸易问题的本质而发动贸易战？这不得不从美国国内政治中寻找答案。

美国的开国元勋崇敬孟德斯鸠对封建专制的批判和三权分立的思想，从而所设计的政府由立法（国会两院即众议院和参议院）、行政（总统）和司法（联邦法院）3个分支构成。其中行政分支的首脑总统代表国家行使主权，但总统权力受到立法和司法两个分支的制约，特别是包括外交和预算在内的许多权利都需要经过国会的授权和批准。在美国政府 3 个分支中，联邦最高法院的大法官是由总统提名，一经国会审议通过即为终身，而总统和国会议员都须由民众选举产生。自 1800 年总统选举后，美国围绕政府的产生，形成了经过两党竞选获得执政权的特别政治制度。其中总统任期 4 年，众议员任期 2 年，参议员任期 6 年（每两年改选三分之一的席位）。因为总统代表国家行使主权，所以，总统事实上成为执政党的领袖，每 4 年一次的总统竞选成为美国的政治大戏。但是，按照美国宪法的设置，总统执政却要受到国会的制约，如果出现国会中多数席位被在野党占据，因政见不一，总统的法令和提交的预算等许多事项都得不到国会的支持，总统也就一事无成（总统在这一局面下被称之为“跛脚鸭”）。所以，保证众议院和参议员多数党的席位与执政总统的党派一致，这是美国总统顺利执政的基本条件。

2018 年，是特朗普执政期间的国会选举年。在美国两党政治的架构下，如果共和党在两院中处于多数，特朗普的政策一般都会得到国会的支持；如果共和党处在少数党的地位，总统执政势必然受到国会的掣肘。特别是特朗普并不属于共和党政治精英，他的理念毕竟与传统的政治不吻合，再加上没有执政的经验，不断表现出极端的自我，如果民主党在国会成为多数党，当出现民主党弹劾总统的局面时，一些共和党议员极有可能上演“兄弟”阋墙的闹剧，让总统的政治危机雪上加霜。所以，特朗普没有退路，必须打好中期选举这一仗。但是，经过 200 年的竞争与磨合，其实两党在绝大多数问题上都有着比较一致的主张，每次竞选中双方的选情造势都非常接近。这样，争夺每一个较为具体而不大的社会集团或团体的选票，往往都可能成为决定胜选的关键性因素。

上个世纪 90 年代民主党克林顿总统执政期间，凭借宣传互联网经济与经济全球化，把一些高耗能、重污染，以及劳动密集型产业转移到包括中国在内的发展中国家，致使一些蓝领工人失去工作。20 多年来，随着资本向国外的转移，美国的跨国公司大都赚了钱，这就发生了收入分配不均和贫富差距拉大等一些现实问题。在最近 20 多年的经济调整中受到伤害的人，就成了特朗普与共和党的票仓。2016年，特朗普与民主党候选人克林顿·希拉里竞选对决，前者就打这张牌，而蓝领工人也理所当然地把希拉里当作克林顿总统的政治遗产执行人，所以稳赚了这一个阶层的选票。2018 年中期选举，特朗普扩大战果，则要进一步渲染是民主党的经济全球化政策鼓励美国企业外迁，造成美国制造业衰退，不得不大量进口外国商品。特朗普"让美国再次强大"、美国贸易逆差是"外国人剥削美国""外国人抢了美国工人的饭碗"等等，就是这样提出来的。

美国政府站在反全球化思潮一边，制造贸易摩擦，当然是没有道理的。包括美国在内的世界经济在 90 年代以来的 20 多年里，取得了以前任何时代都未曾有过的大发展。1990 年的全世界的国内生产总值是 225798 亿美元，2016 年增长到 756416 亿，几乎是初始年份的 3.35 倍。同一时期，世界贸易量由 70900 亿美元，提高到 321800 亿，是初始年份的 4.45 倍。[2] 这些数据无可辩驳地说明，世界贸易在全球经济增长中起到积极的拉动作用的。美国在世界经济新一轮波动与发展过程中，把相对落后的产业转移到发展中国家，让国内市场用较低的价格购买相同的产品，这本来是有利于美国的产业升级和高端经济发展的。当然，市场经济中，经济结构的任何变动都涉及相关社会群体的经济利益。美国较低端生产企业向国外转移，导致一些工人失业，这是政府应该帮助工人解决的问题。特朗普却歪曲事实，把美国经济按照世界市场的需要升级而损及一些工人利益的问题，诬陷为民主党提出的经济全球化等执政政策，激起民众对民主党的对抗情绪，——如果说精明的特朗普在竞选期间打这张牌已经成功赢得总统选举的话，那么，执政后的特朗普总统则要用提高关税打贸易战，进一步激起以蓝领为主的民众的民族主义情绪，提高共和党在中期选举的选票。

所以，世界贸易并没有出现大的问题，各个民族国家的对外贸易本都是遵循世界贸易规则的结果，而与各国的政治制度没有关系。特朗普总统发动贸易战的真实动机，完全是美国国内政治斗争的需要。

2　数据取自国家统计局《世界统计年鉴 2017》。

但是，国人有句成语，叫"城门失火，殃及池鱼"。美国贸易战不仅会对本国经济政治造成伤害，而且必然地损及世界经济，损及世界各个国家。而要理解这一点，则需要进一步了解美国的政治制度，了解战后的国际关系和国际政治，特别是要了解战后美国以一贯之的霸权主义。

5. 战后美国霸权的形成与发展

由于缺乏正确的历史观，任平一类的主流理论家不只解释不了苏东剧变和苏联解体这一类重大的历史事件，就连中美贸易摩擦这些和平时期民族国家之间较为经常发生的国际纠纷，也不能正确辨识。所以，任平的文章不但说明不了美国政府为什么发动贸易战，而且还不知不觉地跟在美国的屁股后面，用美国政治学经常弹奏的调子说明美国政府的行为，从而把美国霸权合理合法化了。贸易战爆发以后，任平的北京圈子里的人召开了一次"中美关系闭门研讨会"，有人在会上发言说：

> 这个丛林法则按照哲理上说，是人类文明不论怎么发展，不论说多少自由、平等、博爱，它到了某个临界点以后，老大必然是排他的，要打压老二的；人同此心，心同此理——假使中国未来真的能成世界头号强国，也一定是要打压老二的，这个事就没有更多道理可讲。我们在这个层面上不用再过细讨论什么贸易逆差里面的谁是谁非，确实里面有谁是谁非，但都已不是非常关键的决定性的问题，你讲再多的道理也没用。美国现在的战略，就是人们说的进入了以中国为头号遏制对象的新的阶段，而且这个阶段它一定有长期化的特点。[1]

按照这位发言者的说法，美国用贸易打压中国不是美国的责任，而是自然法则。谁让你要发展和崛起，要走到"老二"的位置上？所以，既然中国要发展，就不应该，也没有必要反抗或伸张正义。相反，

---

[1] 2018 年 11 月 28 日微信公众号：《关于中国当下的问题，这位北京学者说法很赞》所转发的文章：《贾康：在中美关系闭门研讨会上的发言》。

中国应该默默承受美国的打压，等将来也当上龙头老大，"最终成为世界领导者"，[2]"多年媳妇熬成婆"，中国也就理所当然地，名正言顺地打压那些敢于崛起而威胁自己的"老二"了。这些"闭门"后的言论说明，那些主旋律的操刀手们不只是自己也不相信整天给人民群众宣传的社会主义一定会在全世界取得胜利的历史观，而且还认为人类将永远在不同的强国和霸权统治下循环，从而暴露出其血液里流淌着的不过是米尔斯海默一类美国政治学家和美国政府所主张的美国元素。之所以发生这样的情况，还是由于传统历史观随着苏东剧变而破产以后，思想僵化的主流理论家们随着冷战结束自然转向西方，而建立在虚假的冷战意识形态基础的上的美国政治学同样不可能正确阐释历史的发展，却妄图把战后美国的霸权永恒化、世袭化。所以，在主流的理论家们的心底里，所谓的中国复兴与强大，不过是再复制出一个与美国霸权同出一辙的新的霸权主义。

由于本文所特定的内容，对于以美国为主的传统政治学没有过多地予以批判和清算。但是，正如作者在几年前对亨廷顿"文明冲突论"所做的批判中说的那样，美国自 1800 年两党竞选制度催生和培养了相对强盛的政治学，特别是战后美国强大的经济能力与在国际上的政治作用，自然接过西方政治学的旗帜而执国际政治学的牛耳。随着美国主导西方政治学阵地，自然增加了不少美国的货色，特别是由于战后美国政府离开罗斯福的航线而走上世界霸权主义的弯道，不仅需要美国政治学为其论证和服务，而且还要利用强大的经济与科学技术强国的地位要把其价值观推向全世界。一方面，战后美国政府在国际关系与国际政治领域直接推行它的炝锅鱼霸权主义的政治学。另一方面，世界各国派往美国得留学生在学习科学技术与政治经济类社会科学和人文学科的同时，有意无意也都接受了美国政治学。所以，经过战后 70 多年的发展，为美国政府的霸权主义服务的美国

2　《阎学通对话米尔斯海默：中国能否和平崛起？》，约翰·米尔斯海默：《大国政治的悲剧》，2014 年修订版，第 441 页。

政治学已经成为国际领域里占据主流与主导地位的强大意识形态。上面我们引述的任平北京圈子里的任在"闭门会议"上的发言，就是有意无意用美国政治学的观点诠释美国的贸易战。虽然笔者也承认美国政治学的强大，但是，一时的貌似强大却不等于其科学或者正确。

千百年来，西方文明追寻希腊罗马的自然哲学，用出于人性伦理的理性和正义解释历史的发展，认为人之所以是人，是由于人不仅是自然物，而且还具有理性。理性，也是人性。所以，按自然伦理来看，公正和正义是普遍存在于人类社会和宇宙空间的，它是社会与宇宙万物秩序的基础或原则。因为有这个自然基础，人类才具有文明，历史才有了发展的方向。可以把马克思恩格斯的历史唯物主义世界观，看作是这一优秀历史文化的继承与发展。因为在人类历史的发展过程中，马克思恩格斯把劳动当作人类所特有的理性。劳动改变了人类。劳动创造了世界。由于人类在劳动过程中坚守公平与正义的原则，并且在这一理性原则的不断选择中，人类历史得以沿着文明的轨道不断得到前进和发展。但是，与人的这一理性认识一直相对立的，还有一派学说，叫丛林法则，把人类社会当作没有劳动创造，没有理性世界的纯生物学意义上的动物世界，是优胜劣汰和弱肉强食的原则在那里发生作用。丛林法则否认和抹杀了劳动在社会中的根本性作用，否认公平与正义。战后美国对外实行霸权主义，美国政治学就重新把它拣出来为其张目。前面所提到的米尔斯海默的"进攻性现实主义"就是建立在丛林法则基础上的。但是，这一假设性学说无视世界上将近 200 个民族国家的产生，战后国际贸易的蓬勃发展和世界市场体系的形成基本事实，所以注定是错的。任平及其主旋律跟着美国政治学亦步亦趋，写出来的文章难免要相互打脸了。——既然世界永远陷在霸主更迭和被霸权统治的怪圈里面，没有公平和正义，而且中国还正在朝着新的霸权的目标迈进，那么，肩负教导民众责任的主旋律究竟在向人民灌输一种什么历史观和价值观？

特朗普总统的贸易战是由美国的国情和两党政治决定的。美国是一个法治国家，两党斗争尽管充满了肮脏和龌龊，竞选期间，以及平时的国会内部、国会与总统之间，在许多的问题上都可以有争论，有分歧，在语言层面上也能相互指责和攻击，但在实际的步骤与行动上，包括执政总统在内的政客们却都要受法律的约束，所以，在国内事务方面，特朗普总统执政以后可以做的事情并不多。

但是，美国涉及国际事务的问题却不是这样。尽管从原则上来说，国际问题也有着国际规则与国际法规范，但是，国际法和国内法毕竟还是有很大的差别。所谓国际法是指国际合约或国际通行的准则，前者是主权国家所签订的合约或协议，后者是国际事务中约定俗成的传统与规则。许多人以为国际法也和国内法一样，是一定会得到执行的。其实并非如此。国内法有国家强力作保障。国家即暴力机器。所以，说到底，国内法是政府通过强制手段保障的，相关的责任人（法人）必须遵守。但国际法却没有这个条件，包括现在联合国在内的国际组织，本质上都还只具有俱乐部性质，其章程和相关的决议，只算是软约束。如果强硬限制，它退出该组织或声明撕毁协议，国际社会就拿它一点办法都没有。之所以如此，说到底，还是由于世界经济发展的程度还不够高。这当然是另外一个问题，我们且先不用去评述它。

战后美国依仗着强大的经济和军事能力，从来都是把联合国等国际组织当作它的工具，一事当前，当联合国等国际组织与相关的国际法符合其意的时候，就以其名义推行，否则，抛开国际组织和国际法一意孤行。特朗普在竞选的时候与民主党对垒，打反全球化的牌，承诺当了总统要解决美国货物贸易进出口不平衡问题，得到不少蓝领工人的选票。现在当了总统，已经执政，又到了求票的时候，从而必须用实际行动来表现。另一方面，还是由于特朗普没有执政经验，没有以往政治精英的政治理念，更不受国际法的约束，敢于明目张胆地打着“美国优先”的旗帜在全世界范围搞贸易摩擦，以期进一步激起美国民众的民族主义情绪，所以把战后历届美国政府的霸权行径和近代历史以来的西方殖民主义、帝国主义和霸权主义，表演得淋漓尽致。[3]

　　殖民主义、帝国主义和霸权主义，是世界近代史上的几个词义相关，其内容也比较接近的社会范畴。主义，是将前面的名词取其主词与大义而加以扩大、扩展，再推而广之。殖民来源于古代罗马的一项戍边制度。公元前 200 年前后，罗马执政者为保卫海疆，按照军团编制抽选约 300 名由罗马公民及其家属组成的团队，守卫前方没有人烟和未曾垦殖过的海岸。抽选的团队一边守卫海防线，一边垦殖土地。新垦殖的地区叫殖民地，其首领由元老院和执政官任命，称之为总督。15 世纪以后，西欧最早的一批民族国家海外探险者在王室的支持下，凭借武力强占新大陆或者亚非旧大陆的落后地区。尽管这些地方并不与他们国家的疆域连接，但仍仿照罗马垦殖制度，宣布其为殖民地，由王室任命的总督实行统治。不少现代人以为，早期西欧开拓海外殖民地的人，都是一批海盗、冒险家、异教徒和犯罪分子。公正地说，那只占据历史的一个极小部分。主流和主导的则是西欧最早的民族国家的王室派出的海外探险和殖民拓荒者，领队（总督）和领头的都是各个王室所认可的、受到王室的资助或奖掖的优秀人士，从而属于上流社会人士，都是一些杰出的民族主义者。15 至 19 世纪数百年中，以西欧边陲几个小国为主的西方早期民族国家，以占领殖民地的方式和通过移民向海外发展为时尚、为潮流。与此同时，也就把资本主义带到了全世界。历史学家把近代以来西方国家的殖民扩张，称之为殖民主义。

　　帝国是农业文明发展到中晚期以后所出现的一种国家形态，其主要特征是由一个国家的中央政府对许多个国家或社会共同体行使

3　美国学者把战后美国政府在国内与国外截然不同的两种做法，喻之为像罗马神雅努斯一样，具有截然不同的两副面孔。哥伦比亚大学政治学和历史学教授艾拉·卡茨尼尔森说："（战后美国）这种统治方式对国内实行自由民主政治，对国外则实施炫耀武力的单边政治。这种政治模式很少见，但历史上并非绝无仅有；这正是整个 19 世纪和 20 世纪初期英国和法兰西第三共和国的突出特点"。艾拉·卡茨尼尔森：《恐惧本身：罗斯福"新政"与当今世界格局的起源》，书海出版社，2018 年 9 月，第 33 页尾注 59。

统治权。古代西方如巴比伦帝国、亚述帝国、波斯帝国、罗马帝国，以及中华文明中的唐和明、清时代的中华帝国，皆如是。许多历史学家也曾把中国早期历史，譬如秦汉也往往称之为帝国。不过，那主要是从其幅员辽阔和国家统治能力相对强大来说的，严格来讲，它们都是中央直接统治，不属近代历史中所定义的帝国。到了唐代以后，唐与明、清王朝和周边藩国的关系，才具有帝国的性质。根据唐以后所实行的制度，周边诸如朝鲜半岛、琉球群岛、越南等藩国，朝廷主要通过任命藩王体现其统治权，而这些藩国的历代藩王都需经中央王朝的册封，一方面算是取得了统治的合法性，另一方面则表示服从帝国王朝的统治。在帝国与藩国的关系上，帝国实际默认藩国实行一种不同于中央王朝的经济政治制度，也不干预藩国的具体事务。近代史上，西方经济大国推行殖民统治，创造出了宗主国与许多个海外殖民地的特殊政治形式，譬如英帝国与东印度殖民地、北美殖民地，日本与中国“满洲国”、汪精卫南京的“国民政府”、东南亚各殖民地，等等，而被历史学家称之为帝国主义。

霸权不是社会制度层面的范畴，它是凭借武力追求合法制度以外的利益诉求，所以仅只算是大国的一项政策，或者行为方式。以中国先秦时代的春秋战国为例，西周王室所创立的国家制度本是由许多个诸侯国家组成，从宗室（中央）到各个诸侯国家通行的一种制度是以“礼”实行统治。春秋以后，“礼崩乐坏”。由于某些诸侯国家的崛起，周天子也失去了以往的统治权威，原来周礼所规范的诸侯国家关系遭到践踏，大国诸侯则凭借其经济和武装实力要求从其他国家那里得到超乎周礼以外的礼遇、特权和利益，被称之为“霸”，而周礼以外的强硬手段和政策则称为霸权。16 世纪航海大发现以后，一些强国凭借武力在海外谋求平等的自由贸易权以外的特别权益，称为霸权。20 世纪以来，特别是二战以后，殖民统治和帝国政治已经被《十四点计划》和《大西洋宪章》否定和废弃，被新独立的民族国家所批判，但个别大国仍凭借强国地位寻求特殊权利和利益，被称之为霸权主义。

　　殖民、帝国和霸权都是早期历史上的概念或范畴，都是自然经济的产物，以自然与自发占有为前提的。但是，殖民主义、帝国主义和霸权主义，却是 15 世纪以来的资本主义向全世界扩张与发展过程中的政治现象。它们起源于农业文明，以野蛮掠夺与占有，侵略与统治，压迫与剥削为特征，所以并不符合自由与平等的资本主义市场经济规则。但是，它们能在近 600 年的世界历史中大行其昌，是因为资本主义还处在萌芽与向外延伸的早期阶段上，工业文明的经济条件还不够发展，市场经济秩序尚未建立，或者虽然已经建立却不很成熟，特别是新制度的约束和强制性还很不够，从农业文明走过来的人们还不会使用新文明的行为规范，从而自然沿用了传统时代的行为模式。随着资本主义的发展，大约到了 19 世纪末至 20 世纪初期，殖民主义、帝国主义和霸权主义开始受到越来越广泛地质疑和批判。二战以后，亚、非旧大陆各古老民族和拉丁美洲的落后民族有如雨后春笋般地获得独立和解放，深受殖民主义、帝国主义和霸权主义压迫和统治的民族国家成为世界的大多数，这一组概念也就变成了负面的词汇。所以，世界近代史以来，这一组重要社会范畴实际经历了和正在经历着由正面到反面、由肯定到否定，以及由强盛到衰弱的变化过程。

　　任平之类的理论家无力解释历史，所以用"人同此心，心同此理"之类的话诉说美国霸权，把霸权主义当作是必然的，天经地义的，所以中国将来也是如此，是不符合历史事实的。

　　美国建国前是英国的殖民地，18 世纪中后期获得独立。虽然历史学家常常把美国和西欧第一批民族国家放在一起，都算作是对落后民族实行侵略和统治的西方列强，但是，美国还是与早期的殖民主义和帝国主义有所区别的。由于殖民地得经历，美国人民中一直都存在反对殖民统治的传统。1898 年美西战争结束后，美国夺取西班牙在美洲和亚洲的殖民地，就曾遭到人民的强烈反对，波士顿、纽约、费城、芝加哥、洛杉矶等城市都成立了反帝国主义同盟，全国多达100 多个，参加运动的各阶层人士约 50 万人（当时美国总人口约 7000

万）。1899 年 10 月，全国反帝国主义同盟在芝加哥举行反帝国主义大会，有 30 个州的代表参加。美国参议院也迟迟不通过美国占有菲律宾的和约。考虑到美国独立本身就是对英国殖民制度的反叛，应该说，美国人民本就是反对西方殖民主义、帝国主义和霸权主义斗争运动的先驱。

第一次世界大战爆发以后，美国是举着反对殖民主义、帝国主义和霸权主义的旗帜走向世界的。威尔逊总统的"十四点计划"其实就有点针对英、法、俄瓜分世界的密谋，反对霸权主义的意味，特别是其中的民族自决原则，就是接过列宁的旗帜，支持波兰和其他中欧和东欧国家独立，并且主张裁减军事力量，从而都是具有积极意义和推动力是进步的。二战中罗斯福总统的《大西洋宪章》把反对德国和日本法西斯的战争提升到民族解放和国家平等的高度，宣示反法西斯战争正义，也都是推动世界朝着健康的道路前进的。除此以外，罗斯福具有反殖民主义理想，主张英国应该把香港归还中国，主张菲律宾尽快独立。现在的人们经常说反对单边主义，实行不结盟政策，都是反对霸权主义的。罗斯福、丘吉尔和斯大林继 1943 年的德黑兰会议以后，1945 年 3 月的雅尔塔会议已经达成共识，通过联合国等国际组织维护世界秩序与安全。所以，从雅尔塔回国后，罗斯福在对国会的演说中说，雅尔塔会议意味着数百年以来的单边主义即将成为过去。[4]

罗斯福设计的战后秩序，本就是大国协商局面下的世界经济与政治。当历史走向美国独霸世界的政治格局以后，以美国政府为主导的主流史学往往有意忽视罗斯福的本心与诚意，不过如果阅读原始文献，甚至从当事人后来的记述或回忆，都不难发现，罗斯福常常不理睬丘吉尔的意见，而是坚持与斯大林沟通和协商。对于罗斯福来说，大国协商之所以可能，一方面是因为资本主义已经扩展到全世

4　詹姆士·麦格雷戈·伯恩斯：《罗斯福：自由的战士（1040-1945）》，商务出版社，2015 年，第 669、857 页。

界，世界市场的未来与前景都已经浮现。另一方面，战争格局也显示出由美国、英国、苏联和中国4大国为一方即将取得胜利，特别是由前3个大国协商争取战争胜利这一当时世界最为美好的目标已经是一个每天都正在接近与展示的历史事实。

对于战后国际关系与政治秩序具有极为重要作用的联合国就是大国协商的产物。罗斯福最初提出联合国构想，主要包括三个部分，一是联合国大会，即全体成员国参加的机构，决定最为重要的问题。二是执行委员会，也就是现在的安全理事会。三是被他取名为"四个警察"即美、英、苏和中国四大国组成的机构，也就是现在的常任理事会，保障世界安全。但是在丘吉尔和斯大林的眼里，中国仅只是美国的工具，根本不配世界大国。在有关欧洲这一类的事务上，苏联和英国根本就不让中国插手，美国也默认这一事实。另外，丘吉尔要求欧洲再增加一个法国享受与四大国同等的权利，这一动议在罗斯福和斯大林看来，法国在世界大战中根本就没有做出与其他四大国相配的贡献，不过罗斯福最终还是同意了，因为他知道在丘吉尔和斯大林的眼里蒋介石不过是罗斯福的投票器，相同的道理戴高乐战时在伦敦崛起，所以不排除法国也是因果的表决器。斯大林看罗斯福接受了法国，于是也同意了。但是，在所有的欧洲事务上，斯大林还是坚持美、苏、英三国才有决定权。另外，斯大林提出应以所有的苏联加盟共和国的身份参加联合国。如果是那样，苏联在联合国大会就是16票。[5] 最后，罗斯福同意白俄罗斯与乌克兰同苏联一样都以独立的身份加入联合国。那时候酝酿发起联合国大约只有20多个国家，所以，苏联在联合国组织里同时就拥有3票，也即后来人们所总结的"一国三票"，意味着斯大林具有较多的发言权。丘吉尔虽然有意见，但英联邦国家都是独立加入的，所以也不好坚决反对。战后冷战的氛围形成以后，美国人常常攻击罗斯福向斯大林妥协"送给"斯大林同时

5　阿诺德·汤因比主编：《第二次世界大战全史》⑤，上海译文出版社，2015年，第638页。

拥有的 3 个投票权，那是站在霸权主义的立场上，把联合国完全当作美国的私有之物。而事实上，罗斯福是以协商为基本准则的。

　　遗憾的是，历史没有走到罗斯福的大国协商的道路上。分析战后的国际背景，应该说曾经有两个可能让历史走这条路。如果是那样，战后国际基本秩序足以抑制甚至避免美国霸权主义。一个是如果罗斯福颐养天年，因为只有他能驾驭美国战争期间迅猛产生的军事机器，在他的第四个任期内可以从容地把海外的军事武装撤回到美国的国境线以内，顺利地把绝大多数军工企业转变为民用工业，把包括军用飞机场在内，由于战争需要才交付军方的大量军事设施都因战争结束而转交给地方，说明罗斯福的战后安排里没有把美国强大的军事武装继续保持下去的计划和安排。[6] 罗斯福不仅是一位具有民主主义思想的政治家，而且是一位大无畏的战士。如果读一读罗斯福战前常常叫板大资本家的演说，就知道他是如何赢得像劳联-产联那样的工会组织和一般的工人阶层的拥护，从而可以一而再再而三地打败共和党而 3 次蝉联总统的。另外，阅读战时罗斯福的历史，还可以发现只有他是在那里担任三军总司令，而包括李海和马歇尔在内的职业军人都只不过是他的参谋和执行人，从不允许他们对他这个总司令提"为什么"。[7] 所以，只有罗斯福才是美国这部战车的驾驭者。如果是那样，美国将会以比现在更为强大的工业能力而不是以军事霸权的面目出现在当代世界。

6　　早在 1944 年 2 月，罗斯福总统就委任总统经济顾问伯纳德·巴鲁克成立了军事合同终止委员会和再培训与再就业管理局，研究并出台与结束战争相关的经济与社会问题。同一年里，国会还通过了《退伍军人权利法案》，以及《合同清算法案》和《剩余财产法案》，以便于把战争时期包括军队在内的政府手里的财产移交给私人，其中包括 500 多个飞机场。艾拉·卡茨尼尔森：《恐惧本身：罗斯福"新政"与当今世界格局的起源》，山西出版传媒集团，2018 年，第 369 页。

7　　"……罗斯福还单独追求他自已的一些政治目的。他的无条件投降理论遭到怀疑，甚至连军方也不理解，但是他顽强地坚持——几乎是狂热地坚持。他不仅拒绝他们的询问，而且似乎认为军方没有权利提出询问。"詹姆斯·麦格雷戈·伯恩斯：《罗斯福：自由的战士（1940-1945）》，商务出版社，2015 年，第 559 页。

另一个可能是，按照当时美、英、苏三国的经济实力，如果接替丘吉尔执政的英国工党政府与斯大林友好合作，从而抵制美国民主党政府以苏联为假想敌人的冷战意识形态，因而英国常常能够与苏联联手，从而成为制衡美国"遏制"苏联的平衡器。如果是那样，也许战后的世界就没有那么多的火药味，各个国家也走不到军备竞赛的道路上，人类就会把更大的力量投入到物质文明和精神文明的建设上。那才是人类发展的康庄大道。可惜的是，英国工党和保守党都同样是大英帝国民族主义者，斯大林和沙皇同样都是大俄罗斯沙文主义者，他们都不能超越狭隘的民族主义，从而无论英国还是苏联都不能摆脱历史以来两个民族彼此警惕与戒备的心理情节，结果让美国轻易走上霸权主义的道路。

不过，我们也不能不为英国人遗憾。斯大林甚至在战时也夸奖说英国曾经是反法西斯的中流砥柱。可以设想，没有英国的坚持，欧洲战争就不是这样的结局。但是，由于战后英国缺少精明的政治家而没有选择与苏联联手抵制美国，在一定意义上也毁灭了它自己。因为一个显而易见的道理，如果英国与苏联经常联起手来抗衡美国霸边，它就成了决定战后世界秩序的三大国之一，是决定世界事务的大国。英国本该这么做，但却没有这样做。当它站在美国一方跟着美国压制苏联的时候，事实上也就沦落为美国的附庸国，甘心充当了美国的小跟班，从而不仅丢失了曾经为战争做出巨大贡献的大英帝国应该享有的利益和荣誉，也常常丧失了一个民族国家应有的主权和尊严。

当然还需要指出，即使实现的三大国协商的战后秩序，其实质也是大国联合称霸，那也只是一个过渡性的安排。[8] 当世界上绝大多数民族国家获得独立并且经过一个或长或短的时间的发展而能够主宰

8　　根据雅尔塔会议签署的公报和议定书，美、英、苏三国"将使自己的协调一致"，以援助被解放的欧洲各国人民"用民主的方式解决他们迫切的政治、经济问题"；"为和平而团结正如为战争而团结"，三国决心"在未来的和平时期将保持和加强联合国家在目标和行动上的团结一致"。转引自《毛泽东文集》第五卷，人民出版社，1996 年，第 149-150 页尾注［26］。

自己的命运的时候，几个大国按照它们的利益安排世界的国际秩序也将变得不可能了。1945 年 4 月，标志联合国诞生的旧金山会议上，只有 31 个国家。如果再加上战争的另一方和中立国家，那时候全世界的主权国家怎么也不超过 60 个，而现在联合国成员国和各类共同体已经 190 多个。随着昔日被西方殖民主义和帝国主义统治与压迫的民族得到解放，当它们成为国际社会的多数的时候，势必要对殖民主义、帝国主义和霸权主义采取比较一致的否定态度。当发展中国家获得一定发展，从而资本主义比较均衡地在世界各地得到进一步发展的时候，限制和制约大国的国际秩序才算成熟了。——不过这些都是后话，现在要介绍的是美国因何在战后走上了与罗斯福总统设计所不同的霸权主义道路。

美国作为西方较早一批民族国家与较迟才获得独立的落后民族之间的一个过渡，难免要夹带旧时代的烙印。早在 1943 年，罗斯福为了布局欧洲和亚洲战场，用了 20 多天的时间，长途跋涉，经过北非和西亚，先后在罗马和德黑兰会晤了丘吉尔、蒋介石和斯大林，回国以后，他感叹地说："……一路上，我感觉我访问过的国家那么可怕地缺乏文明——但是回国后，我也不敢肯定美国文明程度究竟有多高。"[9] 罗斯福的认识是很深刻的。美国社会的文明与进步，也都只具有相对的意义。美国是一个移民国家，民族多元化是它的一个基本的特征。但是，多民族的历史渊源不等于主流的文化遗产不具备某种基本民族特征。美国最早是英国殖民地，主要来自英国移民，实行英国政治经济制度，所以，美国文化主要是以继承和接受大英帝国的盎格鲁-萨克逊主义而得以形成与发展的，欧洲中心主义和白人至上的文化理念和伦理观念，以及殖民主义、帝国主义和霸权主义的政治思想，也都曾是该民族意识形态的主要成分。如果再加上美国殖民时代本土的民族矛盾，以及在此基础上所发生与滋长的种族主义，在美

9　詹姆士麦格雷戈伯恩斯：《罗斯福：自由的战士（1940-1945）》，商务印书馆，2015 年，472 页。

国文化中本来就存在着与资本主义的自由平等的价值观所决然对立的成份，当战后美国政府谋求世界霸权的时候，不仅张扬盎格鲁-萨克逊主义的民族优越感和种族歧视，而且还有充分条件发扬和放大当年大英帝国的殖民主义、帝国主义和霸权主义的成分。

6. 战后美国霸权的成本与代价

经过 500 多年的发展，资本主义已经把世界连接成为一体。战后一系列民族国家的产生，支撑世界贸易与国际市场的秩序，特别是罗斯福在战争期间总结世界历史发展的大势，提出以《大西洋宪章》为主的国际关系与国际政治的基本原则，发起成立了联合国与国际货币基金组织、世界银行等一系列政治协商与规范国际贸易的机构，为历史发展奠定了良好的基础。但是，战后美国政府常常要凭借其强大的经济能力和分布于世界各地的军事武装力量，凌驾于联合国这一类国际组织与世界其他所有国家之上，谋求作为一个民族国家以外的特殊权益。这就是美国霸权。

马克思所论述的世界市场，即是世界各民族国家之间的经济贸易关系。对于某一个民族国家来说，世界市场就是对外贸易，正常情况下就是国内市场的延伸或溢出；而对于全世界来说，世界市场就是各民族国家市场的综合。不言而喻，资本主义市场经济在一个国家内部与世界上所通行的就是同一个原则，即自由贸易与平等交换。所以，在一个国家内部，人不分贫富，一律平等。在国际舞台上，在世界市场里，国家不分大小，一律平等。但是，战后美国政府却要寻求"美国第一""美国优先"，"美国领导世界"。[1] 因为战后美国独大，一方面是由于美国政府继承罗斯福的政治遗产，消费美国人民在战

1　尽管二战期间，美国是以美、英、苏、中等联合国家（罗斯福不主张结盟，所以他不用同盟国家这个词汇）为一方的事实上起领导作用的核心国家，但是，笔者在罗斯福的文献里没有发现领导或主导这样的字样。杜鲁门担任总统以后，首先使用"世界领导地位"这样的词汇。1946 年 1 月 8 日，杜鲁门总统在一次制止士兵从海外迅速回国复员的声明中说："作为美国的总统，我的最高职责是整个国家的安全与幸福。作为一个占世界领导地位的国家，我们有义务为世界的未来和平建立一个巩固的基础。"《杜鲁门回忆录》（上卷），东方出版社，2007 年，第 496 页。

争期间所赢得的国际社会的崇高威望，十分自然地主导了世界上绝大多数国际政治与经济事务。另一方面，因为发展中国家在相当一段时期内还未能得到有效发展，从而没有足以制衡美国独大的力量，这都造成美国实行霸权的条件。

检点战后美国霸权的历史事实，几乎比比皆是。(1)联合国本来是美国政府倡议建立起来的，按照罗斯福总统的设计，战后世界的和平秩序是通过联合国实现的，所以反对结盟运动和行为。但是，罗斯福总统刚刚去世，美国政府就重新设计和修改了联合国宪章，提出在"集体自卫"的名义下，把拉美设置在美国的势力范围以内，缔结北大西洋公约组织，公然威胁苏联。在有关联合国问题上，美国政府历来的做法是，联合国能够成为它的工具，则利用之。否则，撇开联合国直接按照自己的主张处理国际事务。(2)二战以前，美国政府反对日本建立溥仪"满洲国"那样的"傀儡国"，但战后在东亚和世界各地到处插手设置这样的政权，甚至稍不如意还会像对待越南吴庭艳总统那样将其处死或者发动政变赶下台；(3)任意践踏国际公约，譬如美军战后是以履行日本投降协议，打着美、英、中、苏等"盟军"的旗号进驻日本的，但是，在对日事务上却排斥中国和苏联，所以在对日事务上有许多行为都是直接违背《波茨坦公告》和《开罗宣言》的。(4)现代民族国家主权和独立的原则要求任何国家的军事力量都必须部署在自己的国境线以内，但是，美国的主要军事力量却放置在别的国家，遍布于世界各地，随心所欲地在其所谓盟友的领土上设置军事基地。所以，与二战前比较而言，即使最早的一批民族国家，既包括英国法国在内的欧洲国家，已经不属于具有完全主权的民族国家。(5)不经联合国同意而任意出动军事武装，挑起战争。(6)出动军事武装颠覆联合成员国的合法政府，处死合法政府的首脑。等等，等等，不一而举。

回到美国霸权的初始概念上，那就是破坏国际秩序，寻求特别权益。1944 年 7 月，美国发起在普雷顿森林公园拟定出以美元与黄金固定挂钩（35 美元兑换 1 盎司黄金），其他国家货币则与美元挂钩的金融体系。美国承诺其他国家可以随时用美元向美国兑换黄金，从而奠定了战后国际货币体系和世界贸易秩序。最初参与普雷顿货币体系谈判与协商的国家有 20 多个，在其最初的文本上签字的国家有多个。但是，1971 年 8 月 15 日，美国政府突然单方面宣布，美元与黄金脱钩，实行自由浮动，并且不再承担用美元兑换黄金的义务。普雷顿森林体系自然解体。必须指出的是，战后世界货币体系是以美国政府为主设计的，世界货币基金组织是美国一手推动建立起来的，它却单方面抽掉美元与黄金固定挂钩这块基石，一方面拒绝承担它应该承担的责任和义务，一方面却继续收割美元充当世界货币的政治与经济利益。

同样的问题还有美国政府这次发动的贸易战。在美元充当世界货币的基础上，1947 年 10 月，在美国政府的促成下，23 个经济大国签订了“关税及贸易总协定”，基本形成了以美元为世界货币的战后世界贸易体系。90 年代，又在关贸总协定的基础上，形成世界贸易组织。现在，世界上 90%以上的贸易都是在世界贸易组织的规则下形成的。以世界贸易组织为规范的世界贸易秩序，推动了世界经济的发展，所以具有积极的作用和意义。战后世界经济的发展，特别是世界贸易组织成立以来，世界经济的较快发展，说明世界贸易组织基本规则是适应世界经济发展需要的。但是，美国政府在 2018 年突然宣布离开世界贸易组织的框架，提高几乎所有与它有贸易关系的国家和经济共同体的进口关税。

如此这般，当然都是霸权。

但是，毕竟时代不同了。具体分析美国战后的霸权，已经不同于以往。在曾经的历史上，老牌的殖民主义和帝国主义的霸权很简单，那就是用枪炮开路，打进落后民族世世代代繁衍生息的国土上，继续用武力维持统治就是了。但是，落后民族要求国家独立，民族解放与平等。另外，罗斯福的《大西洋宪章》也剥夺了殖民主义和帝国主义的合法性。所以，战后的世界潮流已经不可以继续用赤裸裸的手段实行侵略与统治了。1946 年 3 月 12 日，标志美国冷战政策和杜鲁门主义产生的总统国会演说，就是以 4 亿美元援助希腊和土耳其的面目出现的。美元还未到，杜鲁门就向海军作战部下达"紧急命令"，要求把地中海舰队开进希腊的港口。接着，替代英国占领军的美国军事顾问也进驻巴尔干半岛。[2] 历史学家只把"援助希腊和土耳其计划"解释为美国打进落后地区的外交模式，其实，美军重返英国和欧洲，也莫不是如此。1946 年至 1948 年，随着 130 多亿美元的"马歇尔计划"[3] 的实施，覆盖北美和欧洲的北大西洋公约组织应运而生，美国武装力量在和平时期堂而皇之地再次遍布二战期间的欧洲大陆。50年代以后，美国除了以相同的手法让军队继续赖在从日本、南朝鲜、台湾的东亚到东南亚诸国以外，进而把战火延伸到西亚、非洲。[4] 支撑战后美国霸权主义的军事基地之所以能够遍布世界各国，包括战舰和战机在内的各种美国武装力量能够在世界各地横冲直撞，莫不是用美元开路做铺垫的。

吃人嘴软，拿人手短。包括像英国和法国这样具有自由与独立传统的国家在内，其政府不是依靠自己的力量克服战争带来的困难，而是贪图美国的援助，主动吞食美国政府用马歇尔计划送过来的诱饵，接着答应美国可以继续使用战争期间的基地，让英国、法国成为美军重返欧洲的踏板。其他一些所谓美国的"盟国"莫不是为了得到一些

2　《杜鲁门回忆录》（下卷），东方出版社，2007 年，第 132 页。

3　1947 年 12 月杜鲁门总统提交国会的咨文和 1948 年 4 月 1 日国会通过的"欧洲复兴计划"即马歇尔计划，为 170 亿美元。《杜鲁门回忆录》下卷，第 144-146 页。

4　二战以前，美国总共只有 23 万武装力量。美国参战前，1940 年，陆军（含空军）和海军总共 45 万。1945 年战争结束时，陆军（含空军）820 万，海军 330 万，海军陆战队 47 万，总计接近 1200 万。1946 年年底，各种武装力量已经下降到 158 万。自后，军方停止了前线士兵复员工作。1947 年《国家安全法》出台以后，特别是 1949 年大西洋公约以后，陆、海、空三军再次加强，到 1955 年，美军已经增加到 292 万。1970 年，304 万。冷战结束以前，1985 年，215 万。2010 年，52 万。引文中数据主要取自阿伦·米利特、彼得·马斯洛斯基、威廉·费斯：《美国军事史（1607-2012）》，解放军出版社，2014 年，第 616 页附录 B《武装部队和国家扩张》，第 617 页附录 C《冷战时期及冷战以后的美国武装部队》，其中 1946 年年底数引自艾拉·卡茨尼尔森《恐惧本身：罗斯福"新政"与当今世界格局的起源》，第 557 页。

美元，而让美国在自己的国家建立军事基地。美国则以苏联要在全世界推行共产主义为欺骗，吓唬包括以欧洲发达国家为主的所谓的自由世界，而这些国家请美国派出军队在他们国土上建立基地“帮助”守卫他们的国防。笔者之所以用“欺骗”这一词汇，是因为有着强大情报能力的美国及其所有的盟国政府，直到苏东剧变后 30 年，仍然拿不出苏联曾向全世界扩张和侵略其他国家的计划或打算。[5] 所以，人们完全有理由说美国政府的苏联威胁论本身就是一个阴谋，它的目的就是要借此把它的军队部署在别的国家，从而可以维持庞大的军事武装力量和庞大的军事预算。

美国霸权对落后国家主权的践踏，是一目了然的。但是，对与它最亲近的盟国主权的伤害，却是连发达国家的政治家们都视而不见的。战后美军基地遍布世界各国，绝大多数人已经见怪不怪，甚至有些国家领导人还以别的国家已经设有美军基地为由，劝说自己的国民同意美军长期驻扎在自己的国家。1952 年日本首相吉田茂就在国会审议“日美安全条约”时，面对国会议员“依靠外国来维持国内治安，在世界上是没有先例的，是有丧失民族自主性的危险的”诘难时，就引用《大西洋安全条约》中美军在许多欧洲国家设立基地“为了维持国内的治安可以借助于外国的力量”的先例，同意让美军继续驻扎在日本。[6]

5　早在 1945 年 11 月，美国情报部门就向政府提出一份分析报告，其主要结论是由于苏联与美国在主要军事领域的巨大差距，没有 15 至 20 年的时间，苏联还无法弥补其不足，所以不可能主动向美国发起战争。沃尔特·拉费伯尔：《美国、俄国和冷战（1945-2006）》（第 10 版），世界图书出版社，2011 年，第 25 页。

6　吉田茂：《十年回忆》第三卷，世界知识出版社，1965 年，第 82 页。用“马歇尔计划”开路而形成的“大西洋公约”是美国政府和接受美国军事援助的国家的一个范本，吉田茂这位奠定了战后日本自民党政治的杰出政治家，在准备把战后美军驻日长期化与合法化的时候，为逃避国会与社会的非议，就曾有这样的计谋：“当时美国与西欧各国之间，即将根据 1949 年 4 月缔结的北大西洋公约互派军队驻扎，从而必须决定有关驻军的一切事宜，于是这些国家便在秘密中进行着交涉。因此，我们认为，与其急于单独同美国进行交涉，莫如等待美国同这些西欧国家缔结协定之后，看看它的内容

　　自从英国、法国和日本那么发达的国家都驻扎着美军以后，其他国家的一般国民就不再追究拿出一部分国土让外国军队驻扎究竟意味着什么。但是，特朗普总统回答了这个问题。2017年11月5日，特朗普总统访问日本，空军一号降落东京都，却没有通常的国家元首出国访问所享有的礼节，没有日本政府官员的迎接。特朗普如同在美国本土一般，仍由美军驻日基地司令迎接而直达横田基地。特朗普总统面对基地的美军发表演讲说："我们统治天空，我们统治海洋，我们统治陆地，也统治太空……没有人能做到像美国这样。"之所以如此，是由于美国在日本的军事基地如同美国使馆一样，相当于美国国土。所以，空军一号从美国本土起飞到东京都美军基地降落，相当于在本土起飞在本土降落，所以没有日本官员迎接。但是，东京都的美军基地毕竟不在美国本土，东京都是日本本土，美国总统在日本对美国军队叫嚣"我们统治天空、海洋、陆地"，不能不说这是对日本的一个绝大蔑视，对一个主权国家的绝大讽刺！

　　美军基地设立在哪个国家，军事基地及其周围的国土就都属于美国管辖。美军虽然驻扎在别的国家，但是，所有的驻外武装力量仍都属美国管理，它的一切活动所在国家的政府不仅不得干预，而且根据协议，所在国家的部队还需在美军驻军司令部的统一领导和指挥下，协助其执行任务。所在国的政府，还要为其提供所需的服务。按照这一原则，美国驻军的相关活动，譬如军舰、军机以及为军事服务的交通工具都可以以军事为由自由出入该国，而该国的政府不能、也无权过问。此外，由于美国驻外军队的一切行动都由美国政府领导和管理，所在国的一切安全问题当然是由美国政府掌管的，这就是说，美军驻扎在哪个国家，那个国家事实上就是在美国的军事管制之下，其安全和秩序也都掌握在美国政府的手里。

　　国土、人民、主权，即一块完整的国土，一个具有凝聚力而且内部团结的民族，一个由该民族自主决定和处理本民族事务的能力，这

如何再作决定。"《十年回忆》第三卷，第84、85页。

是构成一个完整的现代民族国家的 3 个基本要件。一个国家的领土被别的国家的武装力量所切割，所控制，所占领，那何谈领土完整！一个国家的领海领空由另外一个国家的军舰、飞机和武装力量自由出入，那还有什么主权！一个国家的安全掌握在别的国家的政府的手里，还奢谈什么国家安全！所以，美国制造的苏联共产主义威胁不管怎么说也都只是一个虚幻的阴影，但是，包括英国、法国、荷兰、西班牙、葡萄牙这些最早的民族国家在内的美国盟友把美国军队请到自己的国家，却实实在在地是把一个本来独立而自由的民主国家置于美国军事范围以内，自觉沦为美国的殖民地和附庸国，这却是一个十分现实的问题。[7]

必须认识到的是，美国的军事霸权主义不只是侵犯了别的国家主权，搅乱了世界的秩序和安全，同时还伤害了美国人民。首先，美国维持分布世界各地的庞大军事武装力量，加重了美国人民的经济负担。笔者没有具体计算过战后累计的像援助希腊、土耳其，以及马歇尔计划那一类的支出的总和，但是，根据剑桥美国经济史学家的计算，从杜鲁门政府发动的冷战起至苏联解体，美国的军费开支平均占到每年国民总收入（GNP）的 7.4%，其中朝鲜战争的 4 年占到 10.4%，

7　美国在欧洲的军事基地都是以《北大西洋公约》和北大西洋军事组织的名义布防的。因为对于最早一批的主权意识比较牢固的民族国家来说，让别的国家的军事武装直接进驻国土，是相当困难的。所以，狡黠的马歇尔国务卿和杜鲁门总统需要用“国际军事联盟”和“集体自我防卫”这一类的幌子，表面上是大西洋军事组织的武装力量防卫欧洲，而不是美军进驻到其他国家。其实，是欧洲国家的政府甘愿堕落成为美国政府的小跟班，所以没有人去戳穿那根本就骗不了人的把戏。既然是北大西洋军事组织的武装力量在大西洋地区的国家设防，为什么同样属于北大西洋地区的美国就不仅驻北大西洋军事组织的一兵一卒？其次，既然是大西洋地区 16 个国家组织的军事组织，为什么历届的被大西洋组织的武装司令都有美军人员担任，而不是用其它的方式让别的国家的军人也可以掌握指挥权？如果说欧洲还需要用“集体防卫”这块遮羞布的话，那么，亚洲和其他地方的落后民族就不需要了。美军长期占领日本且不说，当要离开的时候，是日本天皇和首相吉田茂主动要美国军队长期驻扎下去的。韩国政府以来自北方同族的威胁为借口，要求美军的保护的。

越南战争的 9 年占到 7.7%。[8] 苏联解体以后，美国军费有所降低，但至今每年仍然维持在国民总产值（GDP）4%左右。

其次是海外军人的伤亡。二战是不得不做出的牺牲。但是，美国政府却在和平年代向海外派出大量的军队，有的时候，还故意要发动战争，让士兵做出无谓的伤亡。譬如在朝鲜。现在的档案资料已经证明，那本来是南北朝鲜人自己的事情，美国政府却要出动军队支持一方打另一方。4 年朝鲜战争，美国死亡 3 万多军人，伤 10 多万。还有越南战争，那本来是越南人民反对法国殖民占领，是民族解放和民族独立运动，美国人却要充当法国人的"接盘侠"。9 年越南战争，美军死亡将近 6 万，伤 30 多万人。至于美国陷入其他地区的武装冲突和战争，根据特朗普总统 2019 年 2 月 5 日发表的国情咨文，美军在中东战斗近 19 年，其中在阿富汗和伊拉克，近 7000 名美国人死亡，52000 人重伤，花费超过 7 万亿美元。[9]

再其次，美国具有太平洋和大西洋天然屏障，所以并不需要庞大军事武装，1930 年，美国各种武装力量总计仅只有 26 万人。[10] 美国在第二次世界大战中赢得了胜利，却在战后常年维持数百万人的军队。本来应该直接从事生产劳动的数百万劳动力不仅不在创造财富的经济岗位上，反而要纳税人直接供养着。这一反一正究竟造成多大的损失，又有谁计算过呢？

还有，战后美国政府把国家安全这一词义的外延向外无限延伸，把国家利益的内涵尽最大限度地扩大化。美国已经走在资本主义工业技术的最前沿，成为人类社会生产力的带头人。但是，在无限宽泛的国家安全和国家利益的语境下，美国政府对许多新技术人为设限，动辄对敌对（实际是摩擦与纠纷）国家实行封锁，不许新技术投放国

8　《剑桥美国经济史（第三卷）：20 世纪》，第 240 页。

9　美国驻华大使馆 2019 年 2 月 7 日：《特朗普总统国情咨文演讲摘译》
https://mp.weixin.qq.com/s?src=11×tamp=1552875574&ver=1491&signature=6SW
BEgS6I-JqkXI3TqC9fqL1UKe2qL4myOQhH5go4wQc4*D-INHHF0f0*eZl5csAkJ Wbj6
Nwq6k51E6xgKT2lW6r2dysV95xHIIcT*sXhWbYoEXAPqqQ6qou-Ih*OOU&new=1。

10　《美国军事史（1607-2012）》，第 616 页。

际市场，甚至不许转化为民用消费，使得许多科学技术不能及时转变为生产力并获得市场效益，从而人为地限制了科学技术的推广和进步，阻碍生产力发展，致使经济增长越来越缺失活力，表明美国的政治上层建筑已经成为社会发展的障碍。

7. 战后美国政府沦为军工联合体的工具

不过，如果以为战后美国政府这一长期稳定的政策没有任何人得到利益，完全是因为认识模糊，从而是一种历史的误会，那也过于天真了。

二战以前，美国只拥有 20 多万的武装力量，基本上没有军火工业。二战期间，美国最高时期同时拥有 1200 万军队，同时在欧洲和太平洋上与世界工业生产力最强的德国和日本作战。事实上，欧洲战场上英国和苏联的军事武装力量也都是由美国的工业装备和供应的。1942 年战争刚爆发的时候，罗斯福向国会提出 1089 亿美元的军事预算，1945 年战争结束时，军事总开支实际达到 2450 亿。1939 年，美国国民生产总值（GNP）是 910 亿美元，五年时间，1945 年结束战争时则达到 2150 亿。[1] 战争结果当然不仅仅造就了这一组数据，它们一方面说明，战争呼唤出了巨大的生产力，另一方面表明，适应战争需要美国迅速形成了强大的军火工业，迅速强大起来的军火工业则意味着巨额的工业利润。战争是结束了。敌人是被战争消灭的，摧毁的。但是，战争所制造的和所形成的其他许多有形无形的社会现实，却不那么容易地随着战争的结束而消失。

由于战争需要，以陆军部和海军作战部为代表的军方，与军火工业资本家结成了牢固的联盟。同样因为战争需要，过去从不参与政府管理的公共事务，从不染指国家权力机构，甚至从不进入公众视野的陆、海、空三军参谋长，在战时作为军事专业人员成为罗斯福总统须臾不可离开的战略顾问，似乎成了决定国家战略与公共事务的政府组成人员。研究二战历史的人，不，就连当时的美国国务卿科德尔·赫

1　威廉·曼彻斯特：《1932-1972 年美国实录（光荣与梦想）》第二册，商务印书馆，1979 年，第 392、414 页。

尔当时也都纳闷，罗斯福的许多外交场合例如卡萨布兰卡、开罗、德黑兰等与丘吉尔、蒋介石、斯大林等国家元首的会晤，总统带领庞大的军事顾问团，而不许国务卿参与其间。[2] 除此以外，军事领袖还常常按照国会的要求出席会议，回答议员们的质询。军事领袖在战争期间似乎就是总统内阁成员，甚至比一般内阁成员还风头强劲，真实体验了国家权力的滋味和担当一个公众人物所享受的风光。所以，战争结束了，但是，以陆军部（含空军）与海军作战部为首代表军队和军火资本利益集团，以及战时已经密切参与到总统的日常政治事务之中的"战时内阁"，却自觉和不自觉地希望把他们在战时获得的暂时权利永久化、合法化，而军火商则希望政府订单和巨额利润能够不受战争结束的影响而持续下去。

也许对于罗斯福总统来说，这都不是问题。但是，战争还在激烈进行，罗斯福却突然去世。所以，对战争毫无了解的杜鲁门总统来说，依靠军事领袖，有意无意地跟着他们走，就是一个现实的，极大而又都十分自然的问题。根据杜鲁门传记的作者和他自己的说法，罗斯福什么都不对他这个副总统说。[3] 战后几乎所有的历史学家和政客们，都把原子弹的作用吹上了天。但是，杜鲁门第一次听说原子弹这件事，是他宣誓担任总统以后。就在那天他所主持的第一次内阁会议结束以后，陆军部长史汀生才向新总统做了简单介绍。[4] 杜鲁门虽然早就担任了副总统职务，但他都未听说过白宫还有一个总统作战室。副总统杜鲁门全靠《纽约时报》了解世界大战的情况。现在，副总统

2　《赫尔回忆录》，南京中央日报社，中华民国37年，第147页。

3　杜鲁门曾经对女儿玛格丽特说过，罗斯福"从未与我表示新任地谈过战争，或外交事务，或他对战后和平的想法"。戴维·麦卡洛：《杜鲁门传》上，世界知识出版社，1997年，第385页。

4　杜鲁门："内阁第一次会议开的时间不长，散会以后，阁员们都站起来，悄悄地走出房去——只剩下史汀生部长。史汀生说要同我谈一件极其重要的事。他告诉我，他想通知我一个正在进行中的巨大计划……这样一桩大事，居然能成功地对国会议员都保持秘密，真是奇迹。……关于这个秘密究竟是什么，直到史汀生部长在第一次内阁会议后告诉我为止，我始终毫无所知。"《杜鲁门回忆录》（上卷），东方出版社，2007年，第12-13页。

杜鲁门突然上位宣誓就职总统，担任了美国军事武装的总司令，美国派往欧洲和亚洲太平洋战场上的 800 万士兵都正在前线作战，一切都必须由他做决定。所以，杜鲁门总统别无选择地依靠战时内阁，一刻也离不开军事领袖。

杜鲁门与罗斯福真的不一样。战后美国政府中许多官员都表达了对罗斯福的不快，指责罗斯福的战时管理方式。[5] 其实，这正是罗斯福的高明和伟大。战时本来就只具有暂时性，一切都只为了赢得胜利。胜利了，一切就回归了常态，就不该是战时。战后的许多国际组织与机构，比如联合国、国际货币基金组织和世界银行，都是罗斯福在战争期间的设计。至于美国战后工作的协调与规划，早在 1944 年，罗斯福就已经做了许多安排，譬如成立合同终止委员会，解决战争突然结束而补偿军火一类的企业合同损失，成立职业培训与在就业局，确定士兵退役时的补偿办法。甚至国会也通过了相关法案，将监督战时政府所拥有的财产重新移交到私人手里，其中包括 500 多个飞机场将移交给地方政府，等等，[6] 说明在罗斯福总统的观念里，战争过后一切将回归常态。

战后历史学家和政治学、军事学都把现在的美国三军参谋长联席会议溯源到罗斯福的战时军事组织，似乎首先是罗斯福组建了参谋长联席会议。这是不准确的。威廉·丹尼尔·莱希（绝大多数都翻译为李海）是罗斯福的老朋友，第一次世界大战时曾经是位舰长，罗斯福是海军作战部副部长，两人建立了友谊。珍珠港事件以后，罗斯福把已经退役的莱希召集到身边，实际上就是要他在总统和其他的军事将领之间起个上情下达、下情上达的作用，"是个跑腿的，收集军事意见并做总结的人"。但是，记者们不懂，向总统提出问题，"他肯定要当参谋长吗？"罗斯福则回答说："总司令的"，"是总统的"。

5　　杰里尔·A.罗塞蒂：《美国对外政策的政治学》，世界知识出版社，1997 年，第 82、83 页。

6　　艾拉·卡茨尼尔森：《恐惧本身：罗斯福"新政"与当今世界格局的起源》，书海出版社，2018 年，第 369 页。

从此以后，人们就说莱希是总统的总参谋长。[7] 其实，莱希就是经常待在总统身边，在陆军的马歇尔、海军欧内斯特·金，以及空军亨利·阿诺德等军人之间起个联系人的作用。罗斯福从来没有说过他们是"参谋长"。[8] 事实上，二战时期，美国的空军还包括在陆军部里面，三军都还没有战后的所谓参谋长这个职务。海军中的后来被称之为参谋长的角色，仅只承担顾问的职能。只有陆军中的所谓"参谋长"，实际是个指挥员。要知道，当罗斯福启用马歇尔的时候，他才是一位陆军准将。在罗斯福跟前听差的 5 年里，一个军阶、一个军阶地提升，一颗星、一颗星地加起来，到 1944 年 12 月，马歇尔和莱希等一批将领，已经成为美国军史上从未有过的、永不退役的五星上将了。

如果了解罗斯福确定欧洲战场司令官的过程，就知道马歇尔在罗斯福那里的位置。1944 年 6 月的诺曼底登陆，是 1942 年根据斯大林的要求早就该决定的事情。但是，由谁坐镇伦敦指挥这一决定历史胜负的大战役，一直到 1943 年 11 月德黑兰会议以后才确定。谁都知道那是一个建立功勋、名垂史册的位置。关于这一点，罗斯福甚至对人说，历史会忘记谁当了总统，但连小学生都会知道那次战役的指挥官。马歇尔当然十分向往。早在去德黑兰之前，马歇尔夫人已经收拾行李，准备离开国内。但是，当总统与他谈话的时候，马歇尔对总统说："我将全心全意地服从总统做出的任何决定。"[9] 无论马歇尔还是罗斯福总统，都没有讨论这件事情的得失。罗斯福只是对他说："我觉得我会因为你不在国内而睡不着觉。"[10] 罗斯福与马歇尔的关系，无异于老板和雇员。

当罗斯福突然提出德军必须"无条件投降"的原则的时候，包括

7　《罗斯福：自由的战士（1940-1945）》，第 557-558 页。

8　威廉·李海：《我在现场》，华夏出版社，1988 年，第 100、101 页。

9　埃德·克雷：《陆军五星上将乔治·C. 马歇尔——军人和国务活动家》，军事谊文出版社，2004 年，第 496 页。

10　舍伍德：《罗斯福与霍布金斯——二次世界大战白宫实录》下册，商务印书馆，1980 年，第 448-449 页。

丘吉尔、斯大林对此有异议，美国军方也有不同的看法。但是，罗斯福不仅拒绝军事领袖们的询问，而且认为他们作为军人就"没有权利提出询问"。[11] 对战争的判断，只有罗斯福是心中有数的，而它的军事领袖们则只有局部的战争和战役，却没有全局。1945 年 4 月 13 日，杜鲁门宣誓就任总统职务。陆军部部长、海军作战部部长，以及三军参谋长一起走进总统办公室第一次觐见新总统，他们对总统说："打败德国人至少还需要六个月，打败日本则需要一年半。"[12] 而就在几天前，罗斯福总统对他身边的人说，"5 月底欧洲的战事就要结束 了"。[13] 果不其然，军事内阁向新总统预测战争结束的话之后的 18 天，希特勒自杀。24 天以后，德军全部投降。4 个月之后，日本投降。所以，罗斯福才是指挥战争的总司令，他心中才有战争的全局，而那些军事领袖们仅只是他的顾问和参谋（注意，是参谋，而不带长）。战时或者战后，罗斯福才是决定乾坤的人。

杜鲁门则不是这样。杜鲁门仓促上位，对战争一无所知的他，别无选择地必须依靠战时的军事内阁。需要向读者交代的是，为了叙述的方便，笔者在这里也沿用了部分历史学家的话，把战时罗斯福经常依靠的军方为主的一些人称之为"战时内阁"，但实际上，罗斯福从来没有这样称呼过，更没有一个依据法定的程序和决议所建立的这样的机构。但是，几年的战争造成了这样一种事实，一批军事领袖围绕在总统的周围。战争结束以后，这一批人事实上绑架了总统。譬如，在他们的影响下，杜鲁门总统停止了战后的复员工作。[14] 1947 年 3 月标志着杜鲁门主义产生的希腊和土耳其问题，完全是战时军事内

11　《罗斯福：自由的战士（1940-1945）》，第 559 页。

12　《杜鲁门回忆录》（上卷），第 21 页。

13　《罗斯福：自由的战士（1940-1945）》，第 671 页。

14　1945 年 10 月 26 日，在检查复员计划进程的内阁会议上，海军部部长福莱斯特尔和陆军部部长派特逊提出警告说："加速实行这个计划势必将损害我们在战后紧张局势中所处的战略地位，这种局势正在世界各地逐渐形成。"杜鲁门接着写到："我完全同意这种看法，并在那次会议上说，就我个人来看，我们所实行的计划已不再是复员计划，而是在瓦解我们的军队。"《杜鲁门回忆录》上卷，第 495-496 页。

阁成员马歇尔、福莱斯特尔等人促成的。[15] 1947 年 7 月国会通过的《国家安全法》，是在海军部部长福莱斯特尔深切参与下产生的。根据这个“安全法”，成立了一个前所未有的国防部；把空军从陆军部独立出来，成立 3 个独立的、与内阁各部平等级别的陆军部、海军部和空军部；把战时所建立的军事情报组织整合成立一个直属总统领导的中央情报局；把战时临时听从总统咨询的所谓陆军参谋长、海军参谋长和空军参谋长合法地组成一个参谋长联席会议，并像内阁各部部长那样由总统提名，国会任命的参谋长联席会议主席，等等。和平时期却要把这些军事力量永久化、合法化，由头是“国家安全”问题。但是，美国民主制度无法在国内寻找到其现实的依据，所以把安全的隐患转到国外，根据“安全法”成立一个由国务院、国防部、中央情报局和三军参谋长联席会议为主的总统国家安全委员会，其实是把国务院的外交职能转移到国家安全委员会。此时配合新的军事机构合法化的国务卿时马歇尔将军。当囊括陆军部、海军部和空军部的国防部运作不下去的时候，担任法定国防部长必须是文官的仍旧是马歇尔将军。所以，人们从未用这样的思维审视和研究这段历史，如果阅读这段历史，不难发现所有这些转变，都是战时军事内阁成员簇拥着总统杜鲁门，改变了建国以来美国人民一直坚守的政府性质。

美国源于英国政治传统，民众天生一种对政府武装和暴力所持有的警惕与戒备心理，对于《权利法案》中“除经国会同意外，平时在本王国内征募或维持常备军，皆属违法”[16]，耳熟能详。另一方面，美洲殖民地人民自始以来就保持自我防御的传统，各个州的治安和自治都是依靠武装的民众或者民兵维持的，所以反感政府保有常备军。宾夕法尼亚、北卡罗来纳、新罕布什尔、马萨诸塞、特拉华、马

15　当时的国务卿是战时陆军参谋长马歇尔。在处理希腊和土耳其问题的几乎每个环节，都可以见到海军作战部部长的身影，以至过后许多年，杜鲁门还说，“海军部长福莱斯特尔特别积极”。《杜鲁门传》下卷，第 126 页。

16　《权利法案》，高等学校法学教材参考资料《外国法制史资料选编》（上册），北京大学出版社，1982 年，第 321 页。

里兰和弗吉尼亚等州，甚至都明确"常备军危及自由，所以不应设置"[17]或"未经立法机关同意不得设置（常备军）"[18]。所以，美国宪法不仅严格限制常备军的规模，而且把包括常备军和民兵在内的一切军事武装招募（召集）、军需供给、统辖的条规等权利，都划归立法机构的国会，而作为政府行政分支的总统仅只有在战争或者国家陷入危急状态时才具有指挥的权利。[19]

但是，二战中获得声望的军事领袖和战时内阁通过影响以至左右了没有执政经验的杜鲁门总统，并通过国会固化了战争以来国会让渡给行政分支的招募、统领军事武装的权利，特别是当《美国国家安全法》出台以后，依据安全法把战时内阁包装为总统国家安全委员会、国防部（含与国防部等内阁各部相同的部级的陆军部、海军部和新组建的空军部）、中央情报局和参谋长联席会议等常设的总统内阁和总统办事机构，使得美国政府的组织架构发生了根本性的改变。[20]

17　汉密尔顿、杰伊、麦迪逊：《联邦党人文集》，商务出版社，1980 年，第 119 页脚注①。

18　《弗吉尼亚权利法案》："由受过军事训练的人民团体组成的、纪律良好的民兵是自由国家适当的、天然的、可靠的国防力量；在和平时期中不应设立常备军，因有害于自由；在一起情况下，军人均应服从民事当局，并受其管理。" 高等学校法学教材参考资料《外国法制史资料选编》（下册），北京大学出版社，1982 年，第 439 页。

19　《美利坚合众国宪法》"国会有下列各权"："……⑾宣战，颁发捕获敌船许可状，并制定关于陆海捕获的规则；⑿招募陆军并供给陆军军需，但充作该项用途的款项，其支拨期不得超过两年；⒀设立海军并供给海军军需；⒁制定关于统辖陆海军的条例；⒂规定召集民团，以及执行合众国的法律，镇压内乱，并抵御外侮；⒃规定民团的组织、武装与训练并指挥召集服务合众国兵役的民团，惟任命军官及依照国会所定军纪训练民团之权，由各州保留之"。《外国法制史资料选编》（下册），第 462-463 页。

20　"1947 年的《国家安全法案》对联邦政府的组织架构进行了根本性调整。""国会通过批准建立国家安全机构，保证国家的对外政策、军事战略的具体安排和制定程序符合国会本身的政治意图。……在处理国家安全问题时，国会却必须对自己由来已久的决策权限进行限制。它往往把权力授予行政部门，使自己成功地避开决策过程。这正是第二次世界大战期间国会处理很多重大决策问题时的做法。它严格限制了国会本身的调查权力，以满足职业军事家和罗斯福的一切权力要求。"《恐惧本身：罗斯福"新政"与当今世界格局的起源》，第 575、573 页。

政府招募军队不再通过国会，即使和平时期也仍旧像二战期间由各军总部直接征集。军事经费也改变了宪法所规定的每两年通过国会法案只拨一次，而是以国防经费的名义进入到政府的预算内按照财政年度统一经国会批准。国防部在和平时期每年的雇员超过 400 万（包括大约 300 万军人，100 万文职人员），占美国政府全部在职人数总数的 60%，以及 1/3 的联邦文职人员。[21] 个别年份，譬如 1953 年，共计 800 亿美元的国家预算中有 560 亿用于国防开支，远远超过 1/3 的比例。[22] 随着政府架构的变化，满足军工联合体资本家利益和为军工联合体资本家利益集团服务的美国政治制度形成了，"美国永久性战争经济从此诞生了"。[23]

所以，战后美国政府被战争期间迅速膨胀的军事武装力量和军事工业资本所联结成一体的军工联合体所绑架，让美国民众在和平时期继续维持高税率以维持强大的军事能力。[24] 但是，美国东西两面分别被大西洋和太平洋夹裹着所具有的自然屏障，并不需要那么强

21　《美国对外政策的政治学》，第 135-136 页。

22　《恐惧本身：罗斯福"新政"与当今世界格局的起源》，第 34 页尾注 70。

23　《恐惧本身：罗斯福"新政"与当今世界格局的起源》，第 621 页。

24　最早用军工联合体这样的话句表述并坦言对它的忧虑，是艾森豪威尔总统。1961 年 1 月 17 日，艾森豪威尔总统在他的告别演说中说："我们已被迫建立大规模的永久性军火工业。此外，三百五十万男人和女人直接列入了防务编制。我们每年花费在军事防御上的钱超过了美国所有公司的净收入。

"庞大的军事编制和巨大的军火工业的这种结合，在美国是前所未有的。它的整个影响——经济的、政治的甚至精神的——在每座城市、每个州政府、每个联邦政府机构里都能感受到。我们承认这种发展是绝对必要的。然而我们不可不看到它是牵连广远的。我们的劳动、资源和生计全都同它有牵连；我们的社会结构本身也是如此。

"在政府的各种会议上，我们必须防止军事-工业复合体有意无意地施加不正当的影响。促成这种大权旁落的有害现象的潜在势力，目前存在，今后也将继续存在。

"我们绝不可让这种结合的压力危及我们的自由和民主进程。我们不可掉以轻心。只有一个保持警惕和深明事理的公民集体，才能迫使巨大的工业和军事防务机器去紧密配合我们的和平方法和目标，这样，安全和自由才可能共存共亡。"《艾森豪威尔回忆录》（四），东方出版社，2007 年，第 479-480 页。

大的军事力量，所以，"苏联威胁论"产生了，精致的冷战意识形态形成了。一方面，由于贪图美国的援助，盟国的执政者也愿意牺牲国家主权，让美国的军事武装在自己的国土上建立基地。另一方面，冷战意识形态更是要糊弄美国人民，以合法的名义在海外维持强大的军事武装体系，以保持巨额的政府军事预算。由于延续二战期间高税收的时代，战后尽管一直维持较高的军事预算，毕竟要比战争期间的税率要低很多，所以也并没有引起人们多大的不满。但是，与历史时期比较，美国的税负还是高多了。第一次世界大战以前，美国国防开支在国民总产值（GNP）0.8%。两次世界大战之间，国防开支占GNP1.7%。冷战期间，美国国防开支上升到GNP的7.4%。[25]

经济学家重视产权关系当然是正确，但对二战以后由政府巨额财政经费采购所支持的企业变化却没有任何新的说法。1939年，美国的国民生产总值（GNP）910亿美元，4年的战争期间，政府以支持战争花出去了2450亿。除了军人的薪水占去很少一部分外，这个款项的绝大部分都是以政府采购的形式支付出去的。政府采购，其实主要是陆军部（含空军部队）、海军作战部与企业采购合同。战后，冷战期间，平均每年占到GNP的8%左右。冷战以后，平均每年占到GNP的4%，每年数千亿元（目前每年为7000亿元左右）持续地由国防部支付给相关企业。所以，虽然美国相关企业与政府的关系不同于苏联社会主义国家中的国有企业类型，即政府所属企业，但是，它无论如何也不是战前的美国自由的资本主义制度，甚至也不是西欧英国、法国和德国那样的资本主义经济。

政府财政支出在改变美国相关企业制度的同时，也改变了政府自身。1951年艾森豪威尔担任总统的时候，《新共和》杂志评论说："艾克（艾森豪威尔的爱称）挑选了八位百万富翁和一名管道工组成了内阁。"[26] 在8位大企业老总中，有3名都是通用汽车公司的人，

25　《剑桥美国经济史：20世纪》（第三卷），第332页。

26　斯蒂芬·安布罗斯：《艾森豪威尔传》，湖北长江出版集团长江文艺出版社，2011年，第164页。

其中通用汽车公司总裁查尔斯·威尔逊被艾森豪威尔总统任命为"领导世界上最大的雇佣部门和采购部门"的国防部长。那一年，通用汽车公司接受了国防部 7.8%的订单。威尔逊在接受记者采访时就毫不讳言地说："对我们国家有利的，对通用汽车公司也有利，反过来说，也是这样。"如是这样，政府与垄断企业的关系已经昭然若揭了。20年前，即 1932 年罗斯福当选总统以前，共和党执政的时候，联邦政府只有 63 万人，1952 年，艾森豪威尔帮助共和党重新入主白宫后，已经达到 256 万雇员，财政预算由 38 亿多增加到 854 亿美元。[27] 所以，说军工利益集团改变了美国工业企业的性质，改变了美国政府的性质，也左右了美国的政治取向，从而也改变了美国人向来引以为自豪的自由资本主义制度，绝非是笔者的危言耸听。读者可以查看罗斯福的文集，战前，罗斯福总统经常对着大企业喊话，叫板大资本家。战后，再也看不到总统挑战大资本家的场面了。论述至此，插一段话解释美国政府为什么要单挑华为？其实还是与华为有竞争关系的美国相关企业站在美国政府的背后，当它在市场上处在劣势地位的时候，就鼓动政府出面封锁华为在美国的市场，由美国政府出面鼓动盟国抵制与封锁华为。所以，美国政府已经由自由资本主义即自由市场的捍卫者，蜕化为个别大企业大资本家的看门人。

战后美国社会发生变化，尤其是大企业与政府联姻、政府朝向为军工联合体服务的方向发展的同时，也触动了政府与人民的关系。随着战后美国政府向军事化转变的同时，在国内曾经掀起一股侵犯人权和反民主的倒退逆流。1946 年，刚刚经受了世界大战的洗礼，在严酷的战争中已经交了一份完美答卷的美国人民，却需要政府调查他们对国家的"忠诚度"。在美国政府冷战意识形态的掩盖下，战后历史学和政治学都没有从战后美国政府转向和倒退的视角研究美国这一重要政治思潮，因为在美国政府发动的所谓忠诚度调查中，从参加共产党，到接受或倾向共产主义意识形态，扩散到"歇斯底里、感

---

27 《1932-1972 年美国实录（光荣与梦想）》第三册，第 917、918-919 页。

情用事和不负责任人"。[28] 所以，那是美国自由民主制度的一次反动和弥漫全国的白色恐怖。由于美国政府的误导，后来的人们仅知道臭名昭著的麦卡锡主义。其实，麦卡锡参议员反对共产主义仅只是由美国政府挑起的严重侵犯人权和对战后民主运动镇压活动中的一个极端。其实，麦卡锡主义不仅就受害的民众整体来说，仅只是冰山一角，而且就时间和因果关系来说，它仅只发生在 1950 年以后，是杜鲁门实行忠诚调查的白色恐怖政策的结果和延续，是共和党参议员麦卡锡把民主党总统杜鲁门的恐怖主义推到了极端。它只能说杜鲁门战后被军工联合体裹持而转向，实行反和平、反民主、反进步的政策，乃是美国政治精英的共识，从而得到了民主党和共和党两党共同的推动

读者都知道，信仰自由是美国宪法的一项基本原则，是美国民主制度的一块基石。所以，美国自建国以来，政府从不过问，更不敢冒天下之大不韪去调查那些非政党的公务员的政治与宗教信仰。但是，1946 年 11 月 25 日，1947 年 3 月 21 日，杜鲁门总统先后签署第 9806 号和第 9835 号行政命令，设置总统临时雇员忠诚委员会，对美国政府雇员和向政府申请执业的人员进行调查，"以保证他们对国家的绝对忠诚"。根据后一份行政命令，它鼓动美国民众探听自己的同事、朋友、邻居以至亲人的私事，揭发任何人的所谓不忠诚或者所谓颠覆国家的行为。[29] 从表面上看，这次大规模的调查活动主要是要从政府里清除具有共产主义思想倾向和对共产党、对苏联持有好感的人，而实际上只要有人被控参加或隶属颠覆性团体或者从事可以被称之为颠覆性或不忠诚的行动，就要经过部门的和地区的忠诚委员会审查。[30] 由忠诚委员会举行的审查，包括经联邦调查局取证的资料和忠诚委员会举行的质询、听证和审议。这等于推翻了未经法庭审判任何人不得视为有罪的美国司法制度。

28　《杜鲁门回忆录》（下卷），第 349 页。
29　《1932-1972 年美国实录（光荣与梦想）》第二册，第 702 页。
30　《杜鲁门回忆录》（下卷），第 351 页。

　　历史学家常常会提及斯大林的肃反运动，新中国的反右斗争。其实，战后美国的忠诚度调查在一个 1.3 亿人口的国度里所起到的作用，一点也不亚于那两次活动。就其改变政府构成与历史影响来说，甚至可说有过之而无不及。在忠诚调查活动的 5 年里，联邦调查局总计甄别了 300 万以上的美国人，对 10000 人做了调查，对 9077 人提出初步控告，其中 2961 人经忠诚委员会传讯，378 人被解职。[31] 虽然总统签署的法令说是对国家雇员和申请政府职位的人，但是，整个活动实际涉及到几乎所有领域的各个行业，包括国务院的外交人员，国防部的职业军人，以及国防生产部门，新闻媒体领域的就业者……直接受害者有在二战中为美国做出特殊贡献的人，[32] 在政府机密部门就业的人，[33] 甚至涉及到著名的科学家。[34] 这些直接受政府忠诚调查活动迫害的受害者，其所受迫害的程度一点都不比麦卡锡的诬陷轻微。特别是在对付那些有社会地位和有名望的人的时候，联邦调查局许多年前监视和跟踪的档案资料，都具有极大的杀伤力。譬如助理国务卿哈里·德克斯特·怀特与参与罗斯福的联合国机构的

31　美国国务院中国科的外交人员约翰·帕顿·戴维斯、约翰·S.谢伟思等等，几乎都受到不公正调查，有些人借机被赶出了国务院。约翰·帕顿·戴维斯：《未了中国缘：一部自传》，社会科学文献出版社，2016 年。约瑟夫·W. 埃谢里克：《在中国失掉的机会：美国前驻华外交官约翰·S.谢伟思第二次世界大战时期的报告》，国际文化出版社，1989 年。

32　助理国务卿哈里·德克斯特·怀特，即那位在普雷顿森林公园提出美元与黄金固定挂钩，英镑、法郎等其他国家货币与美元挂钩，从而奠定战后世界贸易中美元世界货币的杰出天才，在被联邦调查局指控为苏联间谍以后，因心脏病发作去世。阿尔杰·希斯，1944 年敦巴顿橡树园会议上设计联合国会议的执行秘书，1945 年旧金山联合国大会的会议秘书长，1946 年联合国大会美国代表团的首席顾问，也被联邦调查局证明为苏联间谍。《1932-1972 年美国实录（光荣与梦想）》第二册，第 713-728 页。

33　朱利叶斯和埃塞尔·罗森堡是因为苏联成功试爆原子弹以后，美国政府怀疑美国科学家泄密而制造的原案。朱利叶斯为一般工程师，虽然在试制原子弹的部门工作，但并非在核心部门。最后经过审判处以死刑。《艾森豪威尔回忆录》（二），第 287-291 页。

34　J.罗伯特·奥本海默博士是美国试制原子弹的主要科学家，由于他持之以恒地反对把核试验用于原子弹武器，遭到政府的迫害，最后被当作危险分子要求远离涉及国家机密的工作。《艾森豪威尔回忆录》（二），第 375-382 页。

设计者阿尔杰·希斯，都是在联邦调查局所提供的耿总情报的打击下被失去抵抗的。根据杜鲁门总统任命的审查委员会主任塞斯·理查森回答国会质询时说："（忠诚调查委员会的）记录中一个案件也没有发现，一个间谍案件的证据也没有发现。联邦调查局没有发现半点证据可以说明某一案件牵涉到间谍的问题。"[35] 由此说明，杜鲁门总统所发起的"忠诚度调查"，纯粹就是一次配合政府转向与倒退所进行的虚假和虚拟的政治运动，其目的就是为了制造恐怖的社会气氛，以减少国家机器转向时出现反对势力。

杜鲁门总统所发起的忠诚调查是一次恐怖活动，但它的影响却远非是一次白色恐怖，而是长久地改变了美国政府与人民的关系，改变了政府的执政方式和性质，从而也就在某种程度上改变以至动摇了美国民主自由的社会性质。以欧美为代表的资本主义国家向来以民主、自由和人权为其进步的特征，政府的公权力受到限制，人民享受有明确的自由生活空间。所以，当 1908 年西奥多·罗斯福在司法部的下面设立的联邦调查局仅只是为了调查西部非法的土地买卖活动，而对于其之后深入到公民生活领域的活动上属于非法。但在这次对政府雇员的忠诚调查活动中，调查案件使用了大量联邦调查局此前非法跟踪、监控和秘密深入到公民私生活中的活动证据，从而将联邦调查局非法深入公民生活领域的行为合理与合法化了。从此以后，以生来自由为荣耀的美国人再也兴奋不起来了，所有的人都是在联邦调查局和中央情报局的监视下生活着，每个人都无时无刻不被一个巨大的阴影笼罩着。政府大量筹建居民的信件，搜集民众的电子邮件、电话和互联网活动的秘密细节。根据美国安全局前官员爱德华·斯诺登的揭露，高科技令政府对民众的侵犯变得越来越令人惊骇，"每个人的通信都被监控，只要输入某人的基本信息，就能浏览他们的上网历史、电子邮件和通话记录等，分析人员利用政府的情报收集功能来阅读现任和前人恋人的电子邮件，并在网上跟踪它

---

35 《1932-1972 年美国实录（光荣与梦想）》第二册，第 707 页。

们。"[36] 联邦调查局和中央情报局成了不受约束的、凌驾于社会和政府之上的政治机关，它可以以国家安全的名义将其触觉深入到社会的所有领域和各个角落，以及每一位公民极为隐私的生活之中，而所有这一切恰好又都是政府为它提供了从法律到经费在内的各方面的工作条件，尤其是把对国民基本人权的侵犯合法化。在美国，政府的所有活动都是通过国会批准的预算展开的，可是，联邦调查局和中央情报局的活动经费是国会与总统都无法知道的。联邦调查局和美国中央情报局的工作内容也防范得十分严密，连总统也不知其内情。尼克松总统曾经感叹地说："中央情报局就像保险柜一样严密，我们找不到谁肯把开启它的号码组合告诉我们。"[37] 总统岂止不知其活动，甚至还是它们的受害者。肯尼迪总统死于非命，案件中不少情节扑朔迷离，矛头都指向联邦调查局，但半个多世纪过去了，虽经过成百上千次的调查，仍是不了了之。特朗普担任总统后，联邦调查局和中央情报局都参与了调查特朗普的"通俄门"，以至特朗普总统也说这是对他的"政治陷害"，是一次"未遂的政变"。[38] 总统尚且如此，何谈一般老百姓的人权和民主自由？

在第二次世界大战中，以美国、英国和苏联为核心形成了一个强大的反对殖民主义、帝国主义和霸权主义的进步阵营，所以，战后世界历史本来会继续朝着和平、民主和自由的方向发展。但是，由于美国政府被强大的军工集团所裹持，不仅把美国带到继续保持强大军事武装的"永久性战争经济"的轨道上，而且由于它要在海外实行霸权主义，不断在世界各地制造战争和不安宁，从而也就把世界各国推

---

36 2019 年 9 月 19 日《华商报》：《斯诺登回忆录自曝避难生活的秘密》。

37 《尼克松回忆录》中，世界知识出版社，2001 年，第 618 页。

38 美国总统特朗普在 2019 年 5 月 24 日对外发布消息说，有人针对他搞"未遂政变"。特朗普说，"通俄门"调查"是一次未遂政变，一个羞辱美国总统的未遂企图"。他说："有消息和传言说，联邦调查局和其他机构卷入了此事，中央情报局与英国也卷入了此事，这与'通俄门'骗局有关。"参考消息：《特朗普坚称遭"未遂政变" 外媒：恶性循环进入新阶段》，2019 年 5 月 26 日，http://news.ifeng.com/c/7mzL6FaOWn2。

到了一个军备竞赛的历史弯路上。

但是，战后美国霸权毕竟是与世界历史的潮流相违背的，包括美国在内的世界各民族国家的历史大势还是要按照自己应有的方向前进。战后 70 多年来，资本主义在全世界有了前所未有的发展，世界贸易、世界市场和世界经济的秩序雏形已基本形成。这是抵制美国霸权的客观和基本因素。另外，战后美国政府强制维持强大军事武装的理由是苏联的共产主义扩张，而上个世纪 80 年代末至 90 年代初，苏东剧变，围绕苏联的东欧社会主义国家倒向西方自由资本主义，苏联解体后的各个加盟共和国也都实行了自由资本主义。特别是进入新世纪以后，2004 年和 2009 年，一些原东欧社会主义阵营国家和有些前苏联的加盟共和国，诸如爱沙尼亚、拉脱维亚、立陶宛、斯洛伐克、斯洛文尼亚、罗马尼亚和保加利亚，以及阿尔巴尼亚和克罗地亚，还先后加入了以美国为首的北大西洋军事联盟，在这样的情况下，美国人民继续交纳较高的税以保持强大军事武装是否明智？

2016 年特朗普当选总统是战后美国政治风向的一个转折。在此以前的战后历届美国总统，都是从冷战意识形态教育出来的政治精英里挑选出来的，有着深厚的两党政治背景，有着国会参议员或者担任州长的从政经验。但是，2016 年大选中，最有民意基础的两位竞选人特朗普和伯尼·桑德斯，却都是以独立党的身份通过共和党或民主党"借壳上市"参选的。选民不支持传统的共和党和民主党政治精英，而支持独立党人，表明美国人民开始抛弃战后冷战意识形态和冷战意识形态所培育的政治精英。当然，特朗普执政还不是美国霸权的终结。但是，正如马克思和恩格斯都极力称颂的一位伟大诗人所说：如果冬天已经来了，春天还会远吗？[39]

39　英国诗人雪莱《西风歌》中的诗句。笔者所引用是常人普遍引述的译文，周煦良的雅致的译文是："严冬如来时，哦，西风哟/阳春宁尚迢遥？"周煦良主编：《外国文学作品选》第二卷，上海译文出版社，1979 年，第 472 页。

8. 中国何以发展而又不会称霸？

    中国的快步发展是从中国共产党执政的中华人民共和国开始的。特别是最近 40 多年，大陆实行了面向西方世界的政策以后，经济社会有了越来越快的增长和变化。与此同时，战后美国霸权愈来愈显得力不从心，以至于一些美国民族主义者与民粹派们心生紧张与焦躁，把中国的正常发展当作威胁。而任平等主流的理论家们缺乏正确的理论指导，虽然他们有时也声明说中国无意替代美国寻求霸权，甚至于求助于生物达尔文主义，说中华民族的基因中没有侵略的因子，但是，因为他们并不懂得中国的发展与美国霸权的衰落，乃是资本主义在全世界发展的同一过程中的两个不同主体所发生的不同表现。由于资本主义条件下的民族国家之间的关系，不同于自然经济中的截然对立的民族共同体，所以，中国的发展和美国霸权的衰落都是通向更高程度的世界市场的条件，而不是传统时代中你消我长和彼此取代的关系。相反，任平及其主旋律却是跟在西方政治理论的后面弹唱"大国兴衰规律"和"民族复兴"，反而令人感觉是欲盖弥彰。

    前面我们已经说明，美国霸权衰落乃是世界近代史以来殖民主义、帝国主义和霸权主义经昌盛到发展的历史趋势使然。其实细心的读者已经看到，战后美国的霸权已经与传统不同了，要用美国纳税人的钱支撑，表明人类从自然经济向资本主义转变的历史阶段已经接近尾声了。战后随着落后民族有如雨后春笋般地一个一个获得独立和解放，到 20 世纪 60 至 70 年代以后，发展中国家在国际舞台上的话语权已经形成一定气候，被西方民族一直当作正面的政治经济制度及其执政理念的殖民主义、帝国主义和霸权主义，已经被作为负面的意识形态予以批判和否定。1971 年 10 月 25 日，联合国大会以 76 票赞成、35 票反对、17 票弃权的表决结果，恢复中华人民共和国在联合国的合法席位，更可以算是取得话语权的诸多小国终于战胜美国霸权的一个具有标志性的事件。中国作为一个占世界人口最多的落后国家，是被小国和贫穷的国家簇拥着抬到联合国，从此开始走向国际社会的。——包括中国人自己在内，人们并没有思索中华人民共和国进入联合国这一事件的真实含义，而它在本质上已经说明了中国发展的原因和性质。

中国历史上因为其貌似强大帝国的外表，使得 400 年前西方国家从海上接触到它以后，就按照有主权的现代民族国家与其打交道，但是，由于明清朝廷所持中华帝国一贯的傲慢态度，以及所取的抵制和反对商品贸易的政策，自 1840 年鸦片战争以后，西方国家则又是用武装侵略和干涉的方式与中国交往的。所以，一个多世纪以后的中华民族，总是在一种屈辱的状态下渡过的。1949 年中国共产党在中国大陆的执政，标志着中国人民的独立和解放。"占人类总数四分之一的中国人从此站立起来了"。[1] 从中华人民共和国开始，中国才勉强够得上一个现代民族国家。

就一般的意义来说，一个统一的民族国家的产生，就已经具备了现代民族经济的发展条件。但是，当中华人民共和国成立的时候，美国政府所炮制的冷战意识形态与美苏对立的世界格局已经形成。在当时的国际环境下，作为一个贫穷落后的国家，无可选择地要么站在这边，要么站在那边。由于历史的和地缘政治的原因，以及包括当时十分现实的意识形态问题，中国共产党别无选择地倒向苏联一边，从而经受了以美国为首的西方国家长达30年的打压与封锁。在此期间，中国实行了苏联的经济政治制度，在比较封闭的状态里搞建设，虽然比传统的农业时代进步了不少，但无论与同期的西方资本主义的发展相比较，还是与后 40 年自己的发展相比较，都差多了。所以，中国真正的发展，是以 70 年代初期中华人民共和国替代台湾政权获得

1　毛泽东：《中国人民站起来了》，《毛泽东选集》第五卷，人民出版社，1977年，第 5 页。

联合国席位为开端，特别是自 2001 年加入世界贸易组织以后，才算走上了人间正道。

由于意识形态的原因，中国共产党十分忌讳资本主义，以为那是十恶不赦的一种制度。其实，所谓资本主义，那就是一种生产方式，一种由资本所主导的生产方式，一种从自然经济内部生成的经济形态。我们在这里暂且不过多地加以论述，只是简单地指出，人们并没有过深地理解中国加入世界贸易组织时承诺遵循世贸组织的基本规则意味着什么？从现象上来看，世界贸易组织的规则是在以美国为主要的发达国家的主持下制订并且逐步完善的，但它是规范资本主义生产和交易的法律和法规。那是美国的经济制度和交易规则，是西方人的经济制度，当然更是 600 年以来的资本主义在全世界发展的历史总结。加入世贸组织以来，不到 20 年的时间，中国得到了比历史以来总合的生产力还要多的发展。美国政府用两国贸易的逆差顺差说事，是由于中国对美国的贸易量特别大。毫无疑问，中国所有的进出口贸易都是在世界贸易框架下进行的，它们每一单经济合同的签订都是具体履行世界贸易组织的规则。所以，中国对外贸易大幅度增长，说明中国比较模范地遵循了世界贸易规则，这是中国贸易量增长与扩大的条件，也是中国迅速发展的原因。由此推而广之，既然西方发达国家实行那样的经济规则是实行资本主义，既然日本、菲律宾和世界所有的非西方国家实行那个规则也都是资本主义，那么，中国现在越来越多地遵守同一的规则，那就不可能是另外的前途。[2] 另一方面，实行不到 20 年的世界贸易规则，中国的经济已经有了历史以来从未有过的大发展，那么，这一制度显然是可以让中华民族富裕和强盛的经济制度，它也没有什么不好。

2　其实在制度经济学上，规则就是制度。柯武刚史漫飞在《制度经济学：社会秩序与公共政策》中说：“内在制度被定义为群体内随经验而演化的规则，而外在制度则被定义为外在地设计出来并靠政治行动由上面强加于社会的规则。……礼貌是内在规则的例子，它向人们传输了共同体成员所遵守的、正确而合乎伦理的准则。由议会或政府机构颁发的民法或交通规则则是外在制度的例子。”《制度经济学：社会秩序与公共政策》第 119 页。

　　由于中国自身的特点，当它一旦行走在接受资本主义经济的大道上，就会显现一种与众不同的情况。首先，中国地大物博，人口众多。这本来是中华民族长久以来的优越感之所在，但是，自从政府实行计划生育政策以后，特别是70年代末实行一胎化的极端政策以后，主流的意识形态反而否定与批判这一基本认识了。其实，丰富的自然资源和人力资源，乃是任何社会发展的物质基础。特别是资本主义制度乃是人力资源的一次大解放，所以在其萌芽和发展的早期阶段就有了对劳动的赞美与肯定。[3] 在其发展的初始阶段有了意识形态的启蒙和科学上的探讨，特别是有了政治经济学上的劳动价值理论，它把一切社会财富都归结为物化的劳动。中国有 960 万平方公里，这是接近欧洲大陆的国土面积。13 亿多人口，几乎达到欧洲总人口的 2 倍。所以，当中国开始融入世界市场的时候，它意味着一个相当于两个欧盟，或者四个美国那样的大市场加入到世界经济体，那将给世界经济注入多大的活力，该让世界发生多大的变化呀！

　　其次，中国是一个多民族国家，但是，中国多民族成分中，汉族人口占到了总人口的90%以上。也许因为中国自然地理的原因，大一统的王朝统治始终是中国数千年历史发展的主线，是中华民族传统文化中的主流与核心。新制度经济学有一个观点，即中国大一统的帝国文化和政治是中国不可能自发产生资本主义商品经济的制度根源。[4] 这是中国政治文化消极的一面。但是，它还有积极的一面。休谟就说过："在一个幅员广阔的国家中建立一个政府虽然比一个城邦中建立一个这样的政府更加困难，但这样的政府一旦建立却更易于保持稳定和统一，不易发生混乱和分裂。"[5] 根据列宁的观点，资本主义发展是与民族运动联系在一起的，而民族运动的结局则是形成

3　英国古典政治经济学创始人威廉·配第生活在 16 世纪早期，他在《赋税论》中说"劳动是财富之父，土地是财富之母"，一下子把资本主义商品生产方式归结到劳动上，为政治经济学的形成与发展奠定了基础。

4　柯武刚史漫飞《制度经济学：社会秩序与公共政策》，第 250-251 页。

5　转引自赫伯特·J.斯托林《反联邦党人赞成什么——宪法反对者的正是思想》，北京大学出版社，2006 年，第 6 页脚注(3)。

民族国家。列宁是这样论述的，他说：

> 在全世界上，资本主义战胜封建主义的时代，是同民族运动联系在一起的。这种运动的基础就是：为了使商品生产获得完全胜利，资产阶级必须夺得国内市场，必须使操着同一种语言的人所居住的地域用国家形式统一起来，同时清除阻碍这种语言发展和阻碍这种语言文字固定下来的一切障碍。语言是人类最重要的交际工具；语言的统一和语言的无阻碍的发展，是保证贸易周转能够适应现代资本主义而真正自由广泛发展的最重要的条件之一，是使居民自由地广泛地按各个阶级组合的最重要的条件之一，最后，是使市场同一切大大小小的业主、卖主和买主密切联系起来的条件。

> 因此，建立最能满足现代资本主义这些要求的民族国家，是一切民族运动的趋势（趋向）。最深刻的经济因素推动着人们来实现这一点，因此民族国家对与整个西欧，甚至对于整个文明世界，都是资本主义时期的典型的正常的国家形式。[6]

按照列宁的这一相关论述，中国自晚清以来的革命与改革，其实就已经是民族运动，所以是世界资本主义的一部分。从晚清王朝的士大夫，到孙中山、毛泽东，都是受到资本主义的刺激而发生的民族主义运动。所以，清王朝解体以后，中国的民族主义者就一直在为建立一个统一的国内市场而斗争。作为不同时期占据中国民主运动的主流，无论国民党还是共产党，都是与晚清以后的封建军阀的割据相对立，与各种分裂思想与思潮作斗争的，都是自觉不自觉地、有意无意地在追求一个统一的而不是零碎的、整体的而不是被分割的大市场、大共和国。这应该被看作是自鸦片战争以后一个多世纪的中国历史

6　列宁：《论民族自决权》，《列宁选集》第二卷，人民出版社，1972 年，第 508-509 页。引文中的着重号是原来就有的。

的潮流与大势，当然也是民意或人民的追求。进入新世纪以后，以中国加入世界贸易组织为标志，一个有 13 亿多人口的经济体开始注入到世界市场里，这无疑是世界近代史 500 年以来从未有过的一个大气象。

但是，因为世界仍旧处在存有霸权的历史时代，人们还只能用霸权主义的思维对待现实与未来。所以，中国大体量的统一市场所表现的快速增长，常常令一些人感到不安，以为中国的发展也将是霸权主义的结局。特别是中华人民共和国曾经一边倒地靠近过苏联共产主义，以及直到现在中国共产党仍然不断地申明它的"中国特色的社会主义"，不仅欧美发达国家，就连续多发展中国家在内，都担心中国强大以后不只实行霸权，还要在世界上发展共产主义制度。

我们且先不讨论共产主义意识形态问题，首先是中国已经不可能成为新的霸权主义国家了。我们这样说，主要还不是因为它自己的承诺与自我约束，而是世界经济的发展程度所导致的客观环境的改变，从而随着美国霸权主义在世界各地的没落，今后历史上不可能再出现新的霸权国家了。就目前来说，人们往往只看到了中国的迅速发展，而没有把它放在当前世界环境里。其实，即使中国因为融入世界市场而导致经济总量有了较快增长的时候，它仍然处在人类由传统到现代转变的大历史的落后阶段上。一方面，当它开始融入世界而实行资本主义的时候，几乎所有的民族国家都已经处在较高的阶段上了，——以亚洲东部地区为例，日本的先进且不去说了，其他绝大多数国家虽然也都是战后才获得独立的，但是，当中国一边倒地站在苏联一边，从而处在封闭的状态里的时候，周围这些国家即获得西方的支持和扶植，从而得到了较快的发展。读者都了解的"四小龙"，其实就是处在比中国大陆较高的发展阶段上。在近 600 年的世界历史上，霸权主义者从来都是当时世界的第一流国家，落后国家即使想称霸，但不具备实行霸权的条件，还不够格。

另一方面，世界经济已经发展到以各个民族国家为基础的统一世界市场阶段，这是限制和约束新老殖民主义、帝国主义和霸权主义的客观和基本的社会条件与制度保障。中国是一个后起的发展中国家，它只可能以发展中国家的资质和条件获得其他国家的认可，只有这样才可以进入世界市场，才可以得到发展。中国作为一个后来者，有如一个淳朴好学的乡下人来到城市，置身于一群文化素养较高的人群里，必须学习和遵守资本主义的社会规则才拥有光明。所以，后起的中国不可能走霸权主义道路。

马克思的劳动价值学说，资本自行增值的学说，都意味着像中国这一具有 13 多亿人口的大国一旦实行了资本主义生产，其巨大的发展即将是任何力量都无法阻止，无法改变的。中国众多的人口，广阔的国土面积，自然地理条件与悠久的历史文明，都决定了它在未来世界中的位置。回顾历史，即使在新中国最初的 20 多年里，连没有外交关系的日本和欧洲的一些国家，仍然保持与中国的民间贸易。70 年代初期，带头对中国实行封锁的美国政府竟比中国还要积极主动地要和中国建立外交关系。1989 年中国发生那场政治风波以后，又是美国提出对中国实行经济封锁和制裁，但是，日本与欧盟一些国家却积极与中国发生贸易关系。不长时间以后，美国也主动与中国进行贸易往来，那次声势浩大的政治制裁也就不了了之了。以上情况说明，资本自行增值与扩张的本能，是任何力量都抵挡不住的。这是资本主义能在 500 多年里，传播至全世界的根本原因。再深刻分析当前的世界形势，虽然中国才加入到世界贸易组织不到 20 年的时间，但它已经深刻地融入到世界经济之中，以至任何虚无的政治因素与意识形态都不可能阻止它的发展了。

自从苏联解体以后，就有一种观点，即正在崛起的中国将替代苏联成为美国下一个冷战的对象。所以，中国读者里担心美国新的冷战的人，不在少数。在此，笔者可以十分肯定地说，新的冷战根本不可能发生了。为什么？时代不同了。战后美国之所以能够很快把世界带到一个冷战的政治格局上，其根本性的原因还是由于当时世界的发展程度不够高，苏联与外部世界的经济联系不广泛，甚至可以说基本上没有东欧以外的经济联系（战后苏联与东欧各国的联系也还是由反击德国侵略而导致的红军占领形成的），限于自然地理的障碍（美国与苏联在 1933 年才建立外交关系），特别是美苏之间很少有贸易交往。当然还有当年苏联势头强劲的共产主义意识形态，造成了苏联与西方世界的对立和对抗。所以，说到底，杜鲁门政府能够无中生有地指责苏联共产主义扩张，成功炮制冷战意识形态，主要还在于苏联与资本主义世界没有实实在在的经济贸易关系。[7]

今天的中国已经走向世界。一方面，中国已经与世界上几乎所有的民族国家建立了外交关系。另一方面，更为重要的是中国加入世界贸易组织以后，已经与世界上几乎所有的国家有了经济贸易关系，特别是与美国、日本、欧盟等世界主要经济体的贸易量还很大。市场经济的基本性质就在于，一旦建立贸易关系就标志着相互连接成了一体，彼此都只是同一个统一体的一部分，谁也离不开谁了。所以，如果说当年的冷战是因为苏联与世界的隔绝，尤其是因为与经济大国美国还很少有经济关系，以至美国政府可以用行政手段割断与苏联的联系，那么，今天的中国已经占到世界货物贸易总量的 12% 以上，美国贸易量的 22% 以上，[8] 美国政府作为资本的代表与化身，它最终

7　苏联解体以后，西方一些学者也注意到了战后冷战发生的经济贸易基础，从自由主义理论提出经济依赖能够降低军事冲突这一重要观点。其中美国戴尔·科普兰《经济互相依赖与战争》（社会科学文献出版社，2018 年）是这一方面研究的一本有影响的代表作。该书研究了 1790 年至 1945 年的世界主要战争爆发的经济因素，用以说明战争的贸易基础。但是，作者的核心理论是贸易预期。这就又把客观过程引导到精神领域里，不是资本发展的物质需求即国际贸易而是政府的预期。而实际上，政府的贸易预期还是建立在实际发生的物质贸易基础上的。因为美国与苏联基本上没有贸易关系，这才导致杜鲁门总统张口可以把苏联描绘为恶魔。如果苏联和美国存在大量货物贸易，政府对苏联的冷战断绝了美国进出口商的财路，断绝了美国居民的消费，那在一个民主社会里，无论如何是无法想象的。所以，是实际发生的资本贸易决定政府的外交政策，而不是预期或者别的什么。

8　美国与中国有比较大的贸易而与比中国发展程度还高的苏联（俄罗斯）却极少有贸易，根本性的原因还是由于自然地理的条件决定的。中国与美国仅有太平洋相隔，而海洋却是资本主义从其发生的起点上开始就最为擅长的领域，海洋交通是几百年来资本主义生产持续攻克与发展的对象。商船货载量大、快捷、成本小，成为资本主义经济交往的重要工具与载体。二战以前，中国就已经成为美国潜在的重要市场，并由此引发了与日本的冲突。

要以资本增值为要务，已经无法像当年对待苏联那样轻易用虚假的冷战意识形态对付中国了。

为此，中国加入世界贸易组织仅只有 10 多年，就能上升为美国的主要贸易伙伴。

9. 如何应对美国贸易战?

特朗普为了赢得 2018 年中期选举，在国内选项不多的情况下，不惜践踏世界贸易规则，祸及池鱼，向所有与其发生货物贸易的国家征收高额关税，挑起摩擦。虽然说在战后的国际事务中，美国政府从来都是这样做的，但是，必须指出，惟其如此，我们才说这是战后美国极具典型的霸权主义。美国政府的贸易摩擦沿袭传统，普遍提高进口货物关税，虽不只针对中国，可毕竟由于中国和美国的贸易量最大，所以首当其冲，深受其害。中国不主动挑战美国的霸权，但是，美国的霸权主义已经伤害到中国人民的切身利益，损及到民族的尊严和国家主权，从而必须站立起来，认真应对。

首先，美国政府的贸易摩擦主要是提高关税，搞贸易壁垒。所以，中国政府也要以牙还牙，同样用高的甚至比美国还高的关税对付美国。战后以美元为世界货币的国际贸易体制虽不尽合理，但世界经济的巨大发展，特别是世界贸易能够得到巨大增长，说明以美国为领头羊的世界经济基本上还是健康的、正常的。美国能够在战后 70 多年里得到巨大的发展，并且始终保持了世界领先的地位，说明它是从现行的世界贸易体制里获得了经济利益的。所以，特朗普总统出于国内政治斗争的需要，不惜伤害世界经济发动贸易战，除了美国政府以一贯之的霸权主义以外，是不具有任何合理与合法性的，而当其不合理性得到一定程度的暴露的时候，是会得到包括美国人民在内的所有人的反对的。

有的读者害怕贸易战影响经济发展，企图以妥协的方式换取正常化的贸易环境，乃是政治幼稚。美国政治人物以政治为生命而追求政治利益最大化，为此敢于冒天下之大不韪，牺牲与伤害包括美国在内的世界经济的发展，其原因是鉴于美国政治制度的约束，他们往往在国内问题的选项不很多，所以常常需要把民众的视线转移到国外。这是战后美国政治的主要特点，也是美国政府经常性的策略。特朗普挑起贸易战以后，世界各国的经济将遭受不同程度的损害，这是一个无可奈何的事情。美国政府主动制造贸易摩擦，它是施害者，我们是受害者，这是不可改变的事实。因为它的目的并不是现实中的贸易纠纷，而是索取选票。为此，一个简单的道理，就是选举日未到，特朗普主动挑起的战争只可能升级，而不会结束。所以，即使我们愿意妥协，它还是要不断地制造贸易摩擦。

其次，出身于商人的特朗普把国家事务与国际事务都庸俗化，一边肆意诬陷中国，一边又吹捧其和中国领导人的私人情谊。中国政府应该丢掉幻想，严正申明，中美间的贸易是两个国家，两个民族，以及两国人民友好关系的基础，中美两国贸易在最近 20 年有着巨大的增长，相互成为最大的贸易伙伴，正是两国人民健康友好关系的见证。损害健康发展的两国贸易，无异抽掉了两国友好往来的物质基础。另外，在现代民族国家的政治架构下，人民主权是通过政府行使的，国家元首和政府首脑是代表人民行使主权的。所以，离开人民主权，政府首脑与国家元首就都失去了合法性。两国人民之间的友好关系，才是两国元首关系的基础，而不是相反。特朗普完全推翻数千年以来，人类文明所肯定的自由贸易和等价交换的原则，否定中美贸易实践，污蔑中国贸易中所取得的顺差是中国对美国的剥削，中国人占了美国人民的便宜，等于抽取了中美两国人民友好关系的经济基础。这不仅是对中国人民的不恭，而且也是对美国的伤害。一个简单的道理就是，建立在剥削和不公正前提下的两国贸易，是谈不上友谊的。失去人民友好关系，两国元首自然就失去了友好的基础。所以，中国政府及其国家元首都应该申明不接受这样的“私人情谊”。

特朗普打贸易战，反而在国内赢得较高的民调，其原因就是对外制造摩擦容易激发一致对外的民族主义情绪。特朗普一面诋毁和诬陷中美贸易，一面笼络中国元首，为的是既可以捞取国内政治资本，又不至使中美关系恶化到失去控制的程度。但是，用民族主义情绪激发起来的民族关系往往有点像跷跷板，这边起来了，那边就下去了；那边得分，这边就失分。所以，中国一方必须义正言辞，向美国政府说明，既然与中国国家元首有着十分铁的私谊，那就不能做任何伤害中国人民的事情。否则，如果中了特朗普的圈套，承认与其有着"深厚的朋友"关系，让他一味地表演下去，就势必在中美关系上缩手缩脚。无论历史中还是现实的世界里，从来都没有一个国家无端攻击和发起战争向另一个国家进攻，而交战的两个国家元首却是"好朋友"。特别是当强盛的国家对弱国实行霸权主义的时候，对受害国及其领导人的侮辱当然是欺凌，对国家的侮辱和对领导人的奉承当然也都是欺凌，甚至是十足的霸权主义和流氓嘴脸。

第三，拒绝美国政府的单边主义行为，坚持要在世界贸易组织内解决贸易问题，坚决不和美国政府在世界贸易组织以外进行一对一的贸易谈判。提高关税，打贸易战，那都是世界贸易还不很普遍的情况下，特别是在没有世界贸易组织之类的国际机构的情况下，相关国家在处理贸易摩擦时不得已而为之的做法。但是，战后以美国为主的发达国家在普雷顿体系的架构里，设计了关税和贸易总协定，以及在此基础上终于建立起世界贸易组织，从而把各个不同政治形态的民族国家的对外贸易都已经囊括在统一的体系以内了，再离开世贸组织而实行单边主义就是倒退。任何国家同意美国政府离开世界贸易组织与其进行一对一的政府谈判，其实就是同意和鼓励它的霸权主义。

之所以如此，一方面是由于世贸组织所通行的规则比较符合市场经济原则，从而已经相对降低了各个国家的关税，减少了摩擦。另一方面，即使发生纠纷，而世贸组织内部也已经设计有解决摩擦和纠纷的机制，通过各国政府派驻世界贸易组织的代表的谈判都可以得到解决。美国作为关贸总协定和世界贸易组织的主要发起国家，属于"建制派"，本该承担较大责任，但却往往以拆台的方式抛开世界货币基金组织和关贸总协定，抛开世贸组织，实行单边主义，乃是因为受极端的民族主义支配，总是企图在公平贸易以外凭借其强大的国家实力在一对一的谈判中再获取额外的利益。特朗普是精明的商人，他从历史经验出发，发现战后美国单挑各个民族国家，总都能够达到目的。

1971 年 8 月 15 日，尼克松总统抛开世界货币基金组织，单方面宣布美元与黄金脱钩，以及停止履行外国政府或中央银行用美元向美国自由兑换黄金的义务，这就摧毁了由它所倡导的普雷顿森林体系并极大地伤害了由它一手促成的关贸总协定。在这样的情况下，美国政府又单个与法国、英国、德国、日本等重要伙伴谈判，达成了一系列对美国单方面有利的协议。在这一轮谈判中，美国主攻法国，先有了尼克松总统和法国蓬皮杜总统的亚速尔群岛的会见和法国承认美元的贬值，然后有了十国集团认可的华盛顿协议。从此以后，美国政府既不承担美元保值和自由兑换的义务，又维持了美元是世界货币的地位。所以，美国成为继美元实行固定汇率的普雷顿森林体系之后又实行自由浮动的最大赢家。

事实上，战后美国政府常常撇开联合国和其他重要国际组织，与单个的政府举行谈判，而每当一对一的政府谈判中，面临实力强弱如此显著的现状，美国政府或者稍施高压手段，或者稍给甜头，其目的总能达到，所以屡屡得手，百试不爽。这次的贸易摩擦，美国政府所走的仍是这个套路。

既然中国在世界按经济总量排队达到第二位，进出口在全世界排第一二为，其中对美国的进出口贸易占到美国对外贸易的 14%以上，[1] 成为美国最大的进出口国家，那么，中国就应该在对付美国的贸易摩擦中起带头和表率作用。中美贸易都是在世界贸易组织的框架下进行的，中国所有对美贸易，无论出口或者进口，都是按照世界

1　根据国家统计局《中国统计年鉴（2017）》的数据。其中中美比较的数据来源，根据国家统计局《中国统计年鉴（2017）》，2016 年，我国与美国进出口货物为 5197 亿美元。同年《世界统计年鉴（2017）》，2016 年，美国货物进出口总额为 37060 亿美元。需要指出，两个数据并非同一统计口径，故仅只有相对意义。

贸易组织的规则签订商贸合同的，它们能够成交，是双方执行相关协议和遵守世界贸易规则的结果。所以，即使美国政府对两国贸易有新的看法和诉求，中国政府也有充分的理由和权利要求美国政府回到世界贸易组织的框架内，通过两国政府派驻世界贸易组织的商贸代表的谈判解决，从而拒绝在世界贸易组织以外接触。

中国以强硬姿态要求美国政府必须回到世贸组织内解决争端，义正言辞，大义凛然，就是对其霸权主义的有力回击。

第四，坚持自由贸易，买卖公平的原则，拒绝美国政府扩大购买美国产品的无理要求。美国政府是以贸易逆差为由发动贸易战的。但是，战后美元充当世界货币以后的世界贸易，已经不同于历史时期的金银货币。一方面，在以美元为世界货币的世界贸易体制下，美国以外的各个民族国家别无选择地必须追求"顺差"，而顺差即对美国出口大于进口，表明向美国出口了较多的劳动产品，是用自己的货物换取的。何况，无论顺差、逆差，都是双方自由买卖，公平交易的结果，是自愿发生的。另一方面，美国一直在收获美元作为世界货币的好处，因为美元实行自由浮动而美国政府却不再承担用美元兑换黄金的义务以后，事实上是世界上所有持有美元的国家都在为美国的货币贬值承担风险。

另外，美国政府还必须为巨大的贸易逆差负责。前面我们已经指出，世界市场不过是国内市场的继续与延伸，各个国家都必须依据市场的需要实行生产，按照需要从市场上购买。与一般发展中国家相比较而言，美国的优势在其先进的技术产品。落后国家与美国的贸易，往往是卖出劳动密集型产品或土特产品，以换取只有美国才有的科学技术产品。但是，战后美国政府被军工联合体夹裹着走向扩军备战的道路以后，人为地放大了国家安全与国家利益的含义，把许多先进技术和产品罗列为限制国际贸易的范围，从而改变了发达国家本该向世界市场投放先进技术的历史现实，缩小了落后国家希望购买的商品比例。所以，美国不改变限制向国际市场上投放商品的政策，却用霸权手段向贸易伙伴施压强制增加购买美国一般产品，依据自由贸易的原则，中国当然有权说"不"。

中国是 2001 年加入世界贸易组织的。世界贸易组织是以美国为首的西方国家发起成立的。世界贸易组织的规则首先体现了以美国为首的西方国家的意愿，代表了它们的利益。中国加入世界贸易组织，能在短时期内使得其对外贸易有了巨大的增长，特别是与美国的贸易有了巨大的增长，毫无疑问是遵守了世界贸易组织的规则，顺从了西方人的贸易制度。即使美国认为中美贸易不平衡，有问题，需要解决，那也首先必须承认所有这些问题都是在世界贸易组织的现行制度与规则下产生的，贸易双方履行了公平交易的规则，然后再讨论所提问题的性质，以及寻求解决分歧的办法，或者双方在现行贸易规则的基础上彼此分别调整贸易政策，或者修改和完善贸易规则。

但是，现在不是这样。美国离开世界贸易组织高单边主义，首先是对世界贸易规则的否定，对中国和它自己贸易实践的否定，对中国的无理指责。因为它本没有什么站得住的理由，所以只有靠霸权耍无赖，胡说八道，抹黑中国。中国接受美国的邀请，与它进行双边会谈，势必需要面对其毫无根据的指责。如果义正言辞，据理反驳，谈判则很难进行下去；若有妥协，即是把自己放在了受审判的位置上，自受其辱。所以，中国政府手攥 14 亿人大市场这一张王牌，自信"东方不亮西方亮"的道理，特别是既然中国已经成为世界贸易组织的成员，那就做一名忠实的建制派，拒绝与美国在世界贸易组织以外接触。——要么不谈，要谈就在世界贸易组织的谈判桌上谈，逼美国回到世界贸易组织里来。

中国政府不及时"接盘"与美国政府谈判，不妥协对美国增加进口货物，贸易战会不会无限期地拖延下去？我们可以肯定地回答说：不会。一个情况是中国与美国具有那么大的贸易额，因为贸易摩擦致使贸易中断的时间太长，势必影响两国经济的正常发展，影响人民的正常生活，美国人民必将对其政府施加压力要求其改变政策。第二个情况是，因为美国的贸易摩擦是针对世界上所有的国家，而中国在对美国实施报复的同时进一步降低了其他国家进入中国的成本，所以，当美国对中国贸易受到障碍时，日本、欧盟、加拿大和新加坡等比较发达的国家就会乘机而入，其他民族国家的资本在中国的发展势必会触动美国资本的神经，美国资本也不允许政府长期打贸易战。另外，中国之所以在美国制造的贸易摩擦中首当其冲，就是因为中国对美国的贸易比重过高，恰好需要利用这次贸易摩擦的机遇调整和改善贸易结构，适当减小对美贸易的比重，拓宽并扩大其他国家和地区的贸易比重。

第五，在大幅度提高对美国产品进口关税的同时，设置零关税的计划目标，逐步降低中国整体关税水平。早在竞选活动期间，特朗普就用中国与美国的不同关税水平说事，说美国的商品卖给中国要缴纳较高的关税，而中国进入美国的商品却只有很低的税收，这是中国剥削美国。这一说法当然是荒谬的。

首先，关税的高低，主要是由一个国家的发展程度和历史决定的。1947 年形成的"关税和贸易总协定"，以及在此基础上形成的世界贸易组织，对于协调各个国家的关税水平，从而降低关税税率，起到非常积极的历史作用。从总体上来说，发达国家的关税就比较低一些，发展中国家的税率则要高一些。中国是一个发展中国家，2001 年才加入世界贸易组织，所以，关税比美国和其他发达国家都高，是有历史原因的。

其次，商品交易是公平的买卖关系，用关税高低说明是否受到剥削，是不正确的。任何商人都懂得，赚钱有两个途径，一个是维持一定的价格水平，一个是降低价格而从多销中获取更多利润。更何况，决定商品利润高低的因素是多方面的，美国的生产力水平高，同样一个商品，美国的平均成本低，中国的生产成本高，即使对美国收税高，但它的商品量大，覆盖的市场大，销量大，在中国所赚的钱并不一定就少。所以，中国关税高并不意味着美国商人从中国少赚了钱，而美国的关税低也不意味着中国从美国赚了更多的钱。

其实，关税的直接作用是排外，相对提高了外国商品的价格，从而保护了民族资本的市场份额。至于关税收入，作为卖出去的商品，其成本都还是由本国的消费者承担的。因为外资商品被加收了较高的税收以后，外商还是要把关税摊加到入关后的商品里，相当于提高了商品销售成本，从而提高了商品的销售价格。加价的商品由于价格高了，市场份额降低了，销路少了，可能减少了进口商品量，甚至可以说让进口商和进口国少赚了钱。但是，缴纳了高额关税的商品毕竟是由进口国的消费者购买的，对于已经出售的商品来说，卖出去的商品，最终还是消费者为高关税买单。当然，进口商从销售策略考虑，也可能会让利，譬如某产品进口关税增加了 25%，而该商品零售价却增长了 20%，显然是商家让利 5%。不过这一类营销策略在不发生关税变化的情况下也是有的，不该计算在关税影响的必然变化方面。所以，虽然整个提高关税后个别被加税商家会让利，但也有商家不让利甚至还会加价高于增税的比例，所以它并不是增加关税后的必然的经济现象。相反，增加关税后普遍的和必然的经济现象是提高了所有加税商品的价格，所以，关税变化的直接受益或者负担，主要还是购买该商品的消费者。中国的消费者当然记忆犹新，过去高关税的情况下，买一部现在很普通的汽车动辄要 40 万、50 万，现在不到 20 万就开走了。在进口高关税的影响下，现在 10 万元的普桑，过去也是 20 多、30 万元。如果考虑到通货膨胀的影响，那时的消费者对高额关税的支付就更多了。所以，高关税当然是国内市场的消费者埋单。特朗普总统说中国为美国支付了高关税，美国稳赚了中国多少亿关税，是不正确的，是有意误导民众的。[2]

当然，高关税的影响还不止这些。提高关税以后，进口商就要提高他的商品的价格。随着进口商品价格的提升，生产同类产品的国内

2　根据央视财经 2019 年 6 月 1 日的消息，美国对中国加征关税后，第一艘被征收新关税的中国货船已经正式到达美国港口。美国 CNBC 记者简·威尔逊在现场报道说：在那艘船上，装载着 7.2 万包在中国制造的牙线棒。在关税加征之前，每包售价 42 美分，而现在每包超过 48 美分。仅这艘船上的牙线棒就比之前提高了 4000 美元。转引自凤凰资讯：《美加征关税后中国第一艘货轮抵港　看到底谁为关税成本买单》，https://news.ifeng.com/c/7n8TlJkjBdA。

企业必然抬高国内商品的价格。这带来一连串的后果，一是提高了国内的物价水平，增加消费者负担，抑制了消费，导致经济运行乏力。二是保护了国内落后企业，妨碍了生产进步和经济构成的升级。

所以，高关税是损害经济发展的，是社会落后阶段的经济政策。与关税壁垒对立的自由贸易是推动生产力进步的，而自由贸易即意味着低关税、零关税。加入世界贸易组织以后，中国已经加快了降低关税的步伐。但是，与发达国家相比，中国确实还有较高的关税。加入世界贸易组织以来的将近20年的实践已经证明，加快开放的步伐，大幅度削减关税并没有出现入关以前人们普遍担忧的"狼来了"。由于入关所带来的巨大进步，在中国经济体量已经很大的情况下，更没有必要担心由于降低关税将造成外部经济的冲击。特别是中国政府在与美国打贸易战过程中，已经知道了美国政府提高关税其实是由美国的消费者买单，是阻碍生产技术的进步与发展的，那么，中国也应在提高美国进口货物关税的同时，制定出不断降低关税的时间表，更大幅度降低关税，让人民及时享受到自由贸易和开放的好处，促进市场公平竞争，促进生产力进步和发展。

第六，调整中国的对外贸易结构。一是调整地区贸易结构，减轻中国对美贸易的依赖，特别是提高日本、欧盟、俄罗斯和东盟及亚洲相邻国家的进口贸易项目和贸易额度。美国是一个经济与科学技术发达的国家，但是，中国在与美国的贸易中许多希望购买的产品，美国都以技术保护的名义实行封锁。所以，中国绝不屈服于美国政府压力而多购买美国产品。由于现在从美国进口的绝大多数商品都不过是一些大路货，在其他发达国家也都可以买到。中国每年从美国进口3000亿美元的货物，即使其中的一个较小部分转移到世界其他任何国家或地区，都是一个相当大的市场份额，对其他国家都具有相当强的吸引力。中国把从美国进口的商品永久性地转移到其他国家或地区，这本身就是对美国霸权的一个很大的打击。

二是调整对美国的进出口货物贸易和服务贸易的结构与水平。美国政府出尔反尔，是一个不可靠的贸易伙伴。但是，贸易伙伴是支持一个民族国家经济生活健康发展的基本条件。所以，需要重新评估把经济关系建立在稳步、可靠的经济关系上。需要进口的大宗产品譬如农副产品，转移到其他的国家。另外，考虑限制诸如美国需要的稀土等产品出口，价格再高也不愿意卖给美国。还有，过去几十年中国留学美国的人数急剧增加，除了美国的科学教育发达以外，美国政府对中国的友好政策也是重要原因，现在不友好不可靠，就可以把绝大多数学科的留学生转移到可靠的国家去。基于同样的道理，鼓励和发展欧洲和其他地方的旅游业。

三是调整外汇储备构成，减少美元外汇储备承诺，增加黄金和欧元、日元的储备。适当减持美国国债，可以考虑投资其他国家的一些债务。

四是鼓励资本输出，把对美出口的一些企业生产转移到劳动力或者资源成本相对低的东南亚或者印度，减少中美贸易顺差，减小贸易风险。由于资本主义发展不平衡规律的作用，在我国总体发展还比较落后的情况下，某些方面，某些企业，已经发展到向海外谋求发展的程度。这在经济学上叫做资本输出。资本主义经济的一个基本原则就是追逐利润最大化。所以，当设立在中国的生产企业出口美国受到阻碍的情况下，当经过比较资本投资在别的国家可以得到更高的回报的情况下，将一部分资本转移到国外生产，这都是资本主义经济发展的正常做法。所以，既然美国政府按照海关统计的中美贸易逆差说事，把有些产业转移到越南、东南亚等国家去，利用那里的劳动力和其他自然条件的优势，就不仅是因为贸易战，而是经济规律的使然。[3]

3　最近联想集团因为资本结构调整问题陷入舆论漩涡，表明无论对于那些没有全球化视野的一般民众，还是已经走向世界的跨国公司的老总，中国社会仍属于不发展状态。2019 年 5 月美国当地时间 23 日，联想集团 CFO 黄伟明接受 CNBC 新闻网采访时也表示，"我们绝对有能力将一部分生产制造，从受（关税）影响的国家中转移至别的不受影响的区域"，结果引起中国网民大量吐槽。24 日，联想又发布黄伟明"致歉"声明，称"由于我的相关表述不准确，造成媒体和公众的误读"，云云。2019 年 5 月 24 日新浪

　　第七，把中美贸易闲置的生产力转向国内市场，尤其转向中西部市场，积极引导、培育和提高国内市场的消费水平，促进中国经济结构的提升与发展。我国对外贸易增长，尤其是出口贸易的快速增长，一方面是因为中国政府自20世纪80年代初期所制订的"出口导向"的发展战略，另一方面是90年代以来接手美国和其他发达国家所输出的高耗能、高污染，以及劳动密集型和低端生产企业的结果。中国经济这样的发展历史，使其必然地在一定阶段的发展与一般资本主义经济有所不同，而具有了殖民地和买办经济的色彩。[4] 在早期资本主义国家，正如恩格斯曾经论述过的，对外贸易一般都是国内市场的发展与成长后所形成的自然的溢出。[5] 如果按照正常的自由资本主义

新闻：《联想 CFO 就"制造移出中国"致歉：表述不恰致误读》，https://news.sina.cn/ 2019-05-24/detail-ihvhiews4369588.d.html?pos=3&vt=4。本来，作为一个跨国公司，理所当然地根据变化的条件不断在全球范围内调整其生产，否则，那还不轻易就在竞争激烈的国际市场上被击垮？相反，中国民众如此反应，那与特朗普总统指责美国企业流向中国和其他不发展中国家，造成美国工人失业的看法和做法，有什么不同？

4　殖民地在政治上依附与宗主国同时，形成了依附于宗主国的殖民地经济。殖民地经济适应宗主国的市场需要发展起来的，从而是宗主国家市场体系的一部分。所以，对于殖民地自身来说，其经济构成反而是不完整的，畸形的。中国对美国的贸易，在很大程度上是20世纪90年代中期美国的"全球化"政策指引下，把美国的一部分工业迁移到中国形成的。中国的这部分"两头在外"的生产力，本来就是因为中国一定阶段内的劳动力资源优势，而在中国设厂，为美国生产的。这部分生产力基本上与中国国内市场没有关系，它本质上就是美国市场体系的一部分。当然不止这部分。譬如中国的粗钢的生产占据世界最大比例，也是由于上个世纪60至70年代，包括澳大利亚铁矿业的开发，日本钢铁生产技术效益大幅度提高，美国经过生产成本的比较以后放缓了钢铁生产业的速度和步伐。80年代以后，日本也开始把高耗能的钢铁生产业转移出去。上海宝钢就是在这个背景下引进日本的企业。所以，90年代以来中国形成的钢铁生产业，已经成为包括美国和日本在内的发达国家的粗钢供应地。
　　另外，根据美国贸易代表办公室的数据，墨西哥是2018年美国第二大商品进口国，美国自该国进口商品总额达到3465亿美元，同比增长10.3%，占当年美国进口总额的13.6%。墨西哥作为一个发展中国家，可以仅次于中国成为美国货物贸易的大国，显然也都是利用地缘政治的优越条件，90年代中期以来接受美国生产企业的转移而形成的，也成了美国污染、高耗能和劳动密集产业的货物生产地。

5　恩格斯在论述英德等西方国家的自由贸易政策时说："民族工业的某一个部

经济的发展，国内经济构成还远未成熟到现在海外贸易那么高的程度。中国的对外经济贸易是瞄准了国外的市场生产的，即使说中国目前出口的产品在美国市场上大都属于中低端商品，但如果投放到国内市场，则都属于中上乘消费品。大多数读者都具有的一个常识，即出口转内销的商品大都属于上乘产品，它实际反映了我国国内市场要比国际市场的商品档次要低。所以，借助美国贸易摩擦将出口美国而受到障碍的一些企业面向国内市场生产，则可以积极推动和提高我国整体经济的发展水平。

把出口产品转向国内市场，势必会减少外汇收入。这当然是美国贸易战的损失。不过，中国的外汇储备已经够多，一个时期内减少外汇收入，甚至动用以至降低外汇储备，以促进经济发展，都是该有的。外汇储备，本来就是准备在出现不正常状态的时候使用的。所以，根据自己的发展需要，减持中国政府手上的美国国债，以支持民族资本渡过难关，是无可厚非的。另外，由出口美国转向国内市场，还将带来价格和税收的问题。不过，既然是"战争"时期，中国政府对转向国内市场的原外贸企业实行财政补贴和减免税收的特殊政策，也都不该致遭非议。更何况，美国政府已经对相关的外贸企业实行包括政府补贴和减免税收的政策了。可以预料，实行部分外贸企业转向国内市场的政策，有如 20 世纪 80 年代政府将相当一批军工企业调整面向民生，大大提升国内经济结构，促进经济发展一样，相信借助美国的贸易战的机遇，一批外贸企业转向国内市场，也必将促进国民经济的提升与发展。

门一旦彻底占领了国内市场，出口便成了它的必然要求。"恩格斯：《保护关税和自由贸易》，《马克思恩格斯全集》第 21 卷，人民出版社，1965 年，第 422 页。

10. 改变与改革中国现行的基本制度

必须认识到，与美国的贸易摩擦，是任何发展中国家成长与发展过程中都可能出现的问题。所以，中美贸易战，仅只是前进中的中国所遇到的一个小波折、小插曲，这一页很快就会翻过去的。而根本的问题，还是要未雨绸缪，把握时代发展的脉搏，主动推进中国改革开放的步伐，让社会无较大震荡地过渡到自由资本主义状态。

按照马克思的历史三阶段学说，人类正处在由自然经济向资本主义市场形态转变的大时代。而新制度经济学用内生性和嵌入式两种类型，把世界各国接受资本主义经济形态作了划分。[1] 资本主义市场经济最早从西欧几个民族国家内部自然生成，然后再把它传送给世界其他古老民族。资本主义在前后两种类型的各民族国家里，其发生与发展的表现是不同的。作为内生性的经济制度，新经济成分是依据经验自然生成的，至少在其长期的量的增长与变化阶段里，会较少地遇到人为的障碍和抵制。后一类民族国家里，往往把资本主义新制度当作是西方民族固有的文化而夹杂了民族主义的对立和对抗因素，引进与实行就较为艰难一些。不过即使如此，因为资本主义本来就是在自然经济基础上产生的，自然经济所具有的私有制，自由交换制度，其实都是资本主义得以成长和发展的条件，从而与自然经济具有天然的自然亲和力。所以，世界上绝大多数国家都能够平静而顺利地实行资本主义生产，从而西方国家把大多数国家都称之为自由资本主义，而把苏联和中国这一类国家归结为与资本主义对立类别的主要原因。

读者都知道新中国的经济政治制度是照搬苏联的，那么苏联又

1　也有人将其称之为"内在制度"和"外在制度"。柯武刚史漫飞《制度经济学：社会秩序与公共政策》，商务印书馆，2000 年，第 36 页。

是从哪里来的呢？一个人不能自由选择社会关系，一个民族也无法自由选择它的生产方式。早在苏联之前的沙皇时代，俄国就已经学习西欧的资本主义了。所以，苏联所没收的沙皇政府和其他资本家的企业当然是资本主义生产。苏联所发展的工业生产力与西方资本主义国家并没有什么不同。按照马克思的唯物历史观，生产力决定生产关系，经济基础决定上层建筑，苏联的现代工业生产方式也都是资本主义的。所不同的是，苏联的所有工业企业都是政府所有，马克思的《资本论》是以英国作为研究对象的，当然没有研究过政府持有资本的经济形态。但是，资本主义生产方式的本质在于，它是由资本所推动的一种经济制度，至于谁是资本的所有人，在关乎资本的基本性质的问题上，并不重要。相反，无论谁，无论自然人还是其他社会法人，由于他（她、它）掌握了资本，成为资本的所有人，就都可以概括为资本家，承担马克思所说的资本增殖的执行人的角色，出于本能要急切让资本扩大和增值，从而发展资本主义。所以，虽然列宁斯大林自称社会主义，其实因为使用资本主义生产力，通过资本投资与管理的方式生产，它还只能是资本主义。所不同的是，由于政府占有一切社会资源，以保证政府自己的资本增值，所以它是一种政府资本主义或国家资本主义。国家资本主义凭借国家暴力垄断资源，虽然在一个时期能够快速得到发展，但是，由于政府的必然的垄断而否定和排斥私有产权，拒绝竞争，从而窒息了政府以外的各种社会经济成分，违背了商品经济所奉行的平等和自由的原则，致使其缺乏活力而成为不可持续的经济制度。

中国从上个世纪 70 年代后期开始实行改革开放的路线，本就是要解决照搬苏联的社会主义制度而与自由资本主义不衔接问题的。一个简单的事实是，70 年代末，中央高层所面对的榜样就是西欧和日本，频繁的代表团出访和中央最高层面兴奋地讨论与规划，经济目标都是很明确的。只是人们天真地以为，西方人用那样的生产力走资本主义，自己可以把人家的生产设备成套引进过来建设社会主义。如果说 40 年前还不明确的话，现在除非是不愿意面对，但在认识上应该说已经没有障碍了。改革，即改变和革新原有的经济政治制度。开放，即打开国门面向西方，面向世界，让外国人与外国资本可以无障碍地进来，国人与民族资本无障碍地走出去。改革而不是革命，就是希望不经过强烈的社会震荡而实现资本主义市场经济制度，融入到世界经济体系内。但是，由于意识形态和旧体制所造就的利益集团的障碍，40 多年来，执政者都是选择了一条"收紧体制核心，适当放开边缘"的改革路径，而从不触碰应该解决的基本体制问题。

所谓"收紧体制核心，适当放开边缘"，即政府对国土资源、对国家发展具有命脉性作用的工业企业、金融业、能源、交通和电信等服务行业，[2] 对社会舆论具有影响作用的出版传媒领域，文化教育等意识形态领域，以及对国家政权中枢的政府机构、军队、政法等国家上层建筑，都加强了控制与管制。对于旧体制的边缘部分则适当放开，适当放开了农业和农村，把原来严重束缚农民的所谓"三级所有，队为基础"的人民公社制度，改变为国家最基层一级的政权组织，对农民实行联产承包责任制，让农民有了土地使用权；放松对农村人口流动的控制，允许农民进城打工。在城市经济体制方面，则许可民营资本和部分外国资本进入商业及商贸零售和服务业领域。另外，加大了引进先进技术的力度，特别是国有大企业引进成套的生产设备，极大地提高了生产能力。在沿海城市设置特别行政区、自贸区、高新技术开发区，许可包括外国资本在内的政府以外资本在那里设厂生产对外贸易产品，对一些产业实行特别优惠性措施而孤立投资和发展。等等。

现在必须解释的一个问题是，40 多年来，中国没有对传统的社会主义制度的核心层面实行改革，但是，中国也还是取得了巨大的发

2　1922 年 11 月 13 日，列宁在共产国际第四次代表大会上的演讲（这是列宁生前最后一次演讲）中，把土地、交通及生产资料收归国家所有，称之为掌握"经济命脉"。《列宁全集》中文第二版第 43 卷，第 283、423、427 页。列宁的演讲提纲是用德文写的，美国人则把它翻译为"制高点"。丹尼尔•耶金　约瑟夫•斯坦尼斯罗《制高点：重建现代世界的政府与市场之争》，外文出版社，2000 年，第 7 页。

展。究其原因，一是充分发挥传统体制的优势，政府集中使用有限的资源，优先发展东南沿海地区。二是利用外资和现代管理制度，提高了经济效益。三是大规模引进生产技术，特别是国有企业引进成套技术，譬如各地引进汽车生产线，刺激了我国钢铁等行业的生产能力，推动了全国公路规划和城市道路的升级与发展。四是政府推动诸如电讯、互联网和高铁、航空运输等各项公共设施建设，带动并刺激了生产和消费。五是传统体制的边缘领域放开以后，非政府经济成分得以生成与发展。"边缘领域"是相对于"体制核心"来说的，在我国具体环境中，那也是一个很大的经济份额。

我们讲了几十年的中国国情，其实这也是中国的国情，即只有我国得天独厚的具体条件，才使得中国没有触动应该改变的经济政治制度，却仍然可以得到很大的"发展"。资本主义是这样一种生产方式，只要有资本、有市场，就得以发展。中国有 10 多亿人口，基本上还都处在自然经济状态下，过去不许可农民离乡离土，现在允许农民进城打工，他们既是丰富的劳动力资源，又是支撑中国不断增长与发展的潜在市场。仅以劳动力资源来说，在目前我国 8 亿多劳动年龄人口中，1963-1978 年 16 个年龄组的人口就接近 4 亿人口。这意味着 80 年代中后期到新世纪初，每年有 2000 万人口进入劳动年龄。读者都熟悉城市化这个概念，那么，城市化的本质是什么？从现象看，它就是农村人口转向城市的过程。近些年有一个说法，说大清帝国所创造的 GDP 曾经居于世界第一。那是混淆概念。GDP 是一定的货币量，是对商品价值的量化，所以是市场经济的范畴。农民的自然经济生产自然产品，虽然也是劳动产品，但没有通过市场实现与体现为一定的货币量，从而就不具有价值，或者说这些自然产品并没有凝聚一定的劳动价值。马克思考察英国的这一历史过程，说它"全部过程的基础是对农民的剥夺"。[3] 农民离开自然经济状态的农村来到城市，本身就是市场经济的壮大，就是经济增长。中国 10 多亿农村人

3　　马克思《资本论》，中国社会科学出版社，1983 年，第 770 页。

口不断涌向城市，在城市劳动与生活，其本身就是经济增长。如果读者愿意，可以对照我国 GDP 增长的曲线，1981 年至 2011 年，期间 30 年，是我国经济每年平均增长 10%的一段时间，大约是从 1962 年至 1976 年每年大约 2000 万以上出生人口进入劳动年龄，以及这一个大约 3 亿多人口的大群体处在 20 至 50 这一最佳劳动年龄段的时期。笔者不大喜欢"人口红利"的说法，是因为拐了个弯，搞复杂了，似乎它有多大的奥妙，其实就是大批量出生的人口进入到劳动年龄，只要社会没有设置障碍，就自然会出现一个社会繁荣的时期。特别是在我国传统的自然经济向市场经济转变的阶段里，一下子从农村跑出几亿人口依靠市场生活，能不刺激出过去从未有过的经济增长速度？中国农业人口众多，政府放松管制，仅仅由于农村人口转变为城市生活，即使属于农民工，还不是转变为永久性的市民，"半市民"或者低于市民的城市生活，那也是与自给自足的农业经济绝然不同的市场经济，就足以让中国经济有了巨大的增长。

但是，必须认识到，"收紧体制核心，适当放开边缘"的改革路径，是一条回避制度改革的机会主义路线。资本主义时代的国家上层建筑适应市场经济的需要，政府权力不直接干预经济运行，而所谓的社会主义计划体制即国家资本主义，则是为发展政府所属资本服务，直接借用国家暴力排斥非政府经济，垄断一切社会资源为政府企业的发展服务。计划经济是政府决定资源配置，市场经济是市场自发配置资源。这一回避改变计划经济制度的改革路径，40 多年来一点都没有触动政府决定资源配置的基本制度。历史不可以假设。中国经济发展所表现的巨大发展，是从总量上来说的，这一点没有参照物。但是，从人均 GDP 和农民的收入，以及一般国民所得到的收入，都还是很低的。资本主义市场经济是一种效率很高的社会制度，如果从一开始政府就很庆幸地从制度的核心层面实行改革，中国的经济社会无疑会发展得更为迅速与均衡，特别是社会将显得更为公平、正义与和谐。

所以，要实现市场经济，那就必须改变和改革我国现行的基本制度。

前面已经述及，由自然经济转向资本主义市场经济，这是人类自 16 世纪以来所面临的大时代。中国没有从传统的自然经济中生长出资本主义，所以也是要接受西方的经济制度，实行由农业文明向资本主义工业文明的转变。

如果仅仅这些，那也像其他发展中国家接受自由资本主义那样，无需要提出改革，因为自由资本主义市场经济本来就是在西欧的自然经济中自发地生成的，所以在那里的替代与生成都有如杜甫的诗句，“随风潜入夜，润物细无声”，一切都自然缓慢地发生。但中国现行的经济社会基本制度已经不是原来的自然经济，它是被人为地塑造与改造过了，已经成为和自然经济，以及和资本主义商品经济决然对立与对抗的经济形态。关于这个问题，我们无须说很多的语言，因为苏联和中国的社会主义计划经济的产生与出现，其目的声明就是为了改造自然经济和反对资本主义的。所以，现在说改革，其实就是要改变和改革新中国由政府人为地设置的，与自然经济和资本主义商品经济相对立的现行的经济政治等基本制度。

但是，至少从官方意识形态来说，中国的改革恰好在这个问题上走进了死胡同，甚至形成了一个死结。因为自改革以来，政府就反复说中国现行的基本制度是“中国特色”，不能改。谁如果要改变它就是“西化”，或者是“全盘西化”“自由化”。其实，这里存在很大的误区。

中华历史文明是农业文明，它是建立在自然经济基础上的。中国数千年的基本经济制度是个体农业，是小农。所以，个体农民或小农经济才是中国的传统与基本制度，是中国的特色。而现行的经济社会制度，如邓小平所说，“基本上是从苏联来的”。[4] 早在 20 世纪 50 年

4　邓小平：“我们国家的体制，包括机构体制等，基本上是从苏联来的”。中共中央研究室编：《邓小平年谱：一九七五——一九九七》（上），中央文献出版社，2004 年，第 376 页。

代，新中国"一边倒"地学习苏联，[5] 照搬苏联的基本制度，没收了农民的土地，把农村个体经济改变为所谓集体经济。没收了外资和民国政府及民国政府官员的资产，用公私合营和赎买的办法把民族资本家及个体工商业者的资产转变成为国营，即实行政府所有。在政治制度上，新中国把原本就没有很好实行《共同纲领》的多党联合执政，迅速转变成为共产党一党执政。[6] 这是中国基本制度的由来。它是在建国前后极短的几年里实现的。即使从苏联移植过来到 70 年代末 80 年代初提出改革，前后还不到 30 年。如果计算到现在，那也不过才 70 年。与延续中国数千年的自然经济和农业文明相比较，说它是"中国特色"，不符合事实。毫无疑问，要说特色，自然经济才是中国特色。

另外，把反对苏联的计划经济体制说成是"西化"，也不正确。要说西化，当初新中国的"一边倒"和"照搬苏联"，才是西化，甚至是"全盘的西化"。因为我们所照搬的苏联就在我们西边。因为属于"一边倒"地照搬，也就是全盘西化。如果再进一步追究，列宁斯大林的苏联社会主义来自于他们所总结的马克思主义，而马克思主义的故乡却不在俄国或苏联，是在德国。德国在苏联的西边。如果再进一步索源，马克思虽然是德国人，但他的学说的理论来源却是整个欧洲的传统文化，特别是对于马克思至关重要的政治经济学说，是批判地吸收和继承了以英国和法国为主的古典政治经济学和两个国家的传统的社会主义思想，是马克思对英国几百年的资本主义发展的

5　毛泽东："'你们一边倒。' 正是这样。一边倒，是孙中山四十年的经验和共产党的二十八年经验教给我们的，深知欲达到胜利和巩固胜利，必须一边。"毛泽东：《论人民民主专政》，载《毛泽东选集》第四卷，人民出版社，1960 年，第 1477 页。

6　列宁在十月革命中组织苏维埃政府的时候，曾经谋求与左派社会革命党人合作，吸收该党领袖卡姆柯夫、斯皮罗、卡列林参加新政府，但遭到了拒绝。所以，列宁的布尔什维克一党执政在最初也许是无可奈何的选择。列宁：《俄国社会革命工党（布尔什维克）中央委员会宣言：告全体党员和一切劳动阶级书》，《列宁全集》中文第二版第 33 卷，人民出版社，1985 年，第 67 页。

历史研究和总结。而法国和英国又在德国的西边，所以，马克思的学说也是由西边来的，是西化。列宁和斯大林的马克思主义更无需说是西化了。另外，列宁和斯大林对马克思学说都无限忠诚，甚至达到言必称马克思的程度，说他们“西化”，甚至“全盘西化”也都不为过。中国的马克思主义源于苏联，[7] 基本制度照搬苏联，当然也是西化，甚至是“全盘西化”。

笔者所以要如此这般地论证和分析，一方面因为这都是历史事实，另一方面是要反驳“西化论”，说明在社会发展的转折期间，“西化”或者“东化”，本都不该是问题。因为尽管说早期的人类相互隔绝，但人类自进化以来，本就是在全世界的范围内相互受到影响而发展进步的。只不过早期的影响，可能是在数百年甚至千年以上，才有了譬如记数、制陶、青铜等等无数的对于人类的进步产生过重大影响的文化交流。资本主义以来，世界越来越连接成为一体，甚至都成为一个有机的世界市场的一部分，各民族的交流更为方便，从而经常化了。所以，只要不是持有种族优越感或者抱有种族歧视的人，就都应该懂得，无论西方或者东方民族，他们的一些实践活动，都是其生存的需要和历史发展过程中产生的，用“西化”或者“东化”否定它们，是不恰当，不正确的。

问题的核心当然不在于“东化”或者“西化”，而是列宁斯大林的社会主义作为一种意识形态，虽然适应当时革命时代背景的需要，成功与成就了列宁的革命事业，但是，毕竟由于它违背了马克思的历史唯物主义的基本原理，从而经不起历史时代的检验而已经成为一个荒谬的思想体系。一个民族，一个国家，在它还未达到资本主义生产力水平的时候，却要建设一个比资本主义还高级的共产主义社会

7　　毛泽东：“中国人找到马克思主义，是经过俄国人介绍的。在十月革命以前，中国人不但不知道列宁、斯大林，也不知道马克思、恩格斯。十月革命一声炮响，给我们送来了马克思列宁主义。十月革命帮助了全世界的也帮助了中国的知识分子，用无产阶级的宇宙观作为观察国家命运的工具，重新考虑自己的问题。走俄国人的路——这就是结论。”毛泽东：《论人民民主专政》，《毛泽东选集》第四卷，人民出版社，第 1475——1476 页。

形态。那岂不是空想？这是列宁所塑造的马克思列宁主义最为致命的地方。经过 70 多年的运行，前苏联以及所有东欧的社会主义国家，都已经平静而理性地选择了西方自由资本主义制度。特别重要的是，从 15 世纪末至 16 世纪初期西欧几个民族国家诞生以来，凡是走上资本主义的西方国家都很少发生过较大的动荡，从而走上稳定而持续发展的大道。所以，中国也应该走那条道路。

但是，即使笔者今天有这样的认识，但也不认为当年新中国选择苏联基本制度是一场历史的误会。相反，列宁主义对于当年沙皇俄国和就中国这样的大陆型的农业国家，具有其一定的必然与合理性。一方面，20 世纪初期的中国与沙皇俄国都属于自然农业国家，个体农民犹如汪洋大海一般，占据社会的多数。在这种阶级构成的国家里，一旦发生资产阶级革命，就必然会出现法国大革命中的雅各宾现象，即当革命形势不断高涨，农民阶级得到充分动员和发动以后，社会又没有其他的力量足以抑制一波更比一波激进的革命，以至当最为激进的雅各宾派得势的时候，其结局必然是把传统时代里的农民革命"均贫富，等贵贱"，[8] 与时俱进地转变为没收有产者的资本和土地以实现社会主义，即那个已经弥漫与徘徊在欧洲数百年的"共产主义的幽灵"。[9]

另一方面，从中国革命的策略和当时的国际背景来看，上个世纪的 40 年代末到 50 年代初，在已经被美国政府的冷战意识形态影响

8　"均贫富，等贵贱"是世世代代的中国农民的追求，但其要旨却是法国、俄国和中国这一类农业国家中所爆发的农民革命运动的共同追求。斯塔尔夫人在记述其亲历的法国大革命的不朽著作《法国大革命》中，描写雅各宾派得势以后一浪高过一浪的革命浪潮时说："我们就像但丁一样，从天堂一层一层地跌落，一直沉沦到地狱的最深处。在对贵族和教士发起迫害之后，人们愤怒的矛头又瞄向了有钱人，然后是有才华的人，最后连美本身也不能幸免。"而关于雅各宾的领袖人物罗伯斯庇尔，斯塔尔夫人则一语中的地说："他是真心实意地接受了财产均分和地位平等的思想"。斯塔尔夫人：《法国大革命》上册，吉林出版集团责任有限公司，2015 年，第 307、319 页。

9　马克思恩格斯：《共产党宣言》，《马克思恩格斯选集》第一卷，人民出版社，1972 年，第 250 页。

下的国际大格局中，毛泽东也属于无可选择地"一边倒"向苏联。不过，也正是由于站在苏联一边，才获得了中国历史上最大的一笔援助，开启了中国工业化道路。50 年代初期，在刚刚结束战争的情况下，新中国以苏联援助的 156 项大型项目为基础，实际施工 921 项工业项目的经济建设，[10] 从而奠定了中国现代工业的基础。从这个意义来说，这也是毛泽东的一个大手笔。所以，历史地评价，毛泽东在这个问题上没有错。只是随着时代的发展，当历史已经证明否定私有产权的社会主义是束缚社会生产力和不利于历史发展的时候，当实践已经证明现行的基本制度是无效率的不可持续的时候，仍像中国历代的统治者那样抱守残缺，坚持"祖宗之法不可变"，那才是错误的。

那么，中国目前改革的目标和任务是什么，需要改什么，以及如何改？首先，在经济领域实行私有化改革。一是恢复农村自然生态，取消农业集体所有制，归还农民的土地私有权。在一个农业国家里，土地本来就是农民的。这是历史和自然。早在远古时期，在传统时代里，劳动者在土地上劳作。人们自然占有土地，劳动者与土地自然结合，生产自然产品，所以是自然经济。在自然经济里，一个民族不过是每个个体农民的总和，是一个民族自然地占有一片土地，在这片土地上世世代代地生产和繁衍。传统的自然经济是资本主义生产方式发生的基础和前提，连列宁也多次说小生产每日每时产生资本主义。所以，恢复个体农民的自然生产状态，是发展资本主义经济的最适合的社会条件。

检讨苏联和新中国的社会主义所犯的基本错误，就是对农民土地的剥夺从而粗暴地抽去了商品交换借以发生的客观条件与自然基础。80 年代初期，中国政府对农民集体经济实行了改革，允许农民有宅基地、口粮田和责任田的使用权，使得农民在生产上拥有了一定

10　薄一波：《若干重大决策与事件的回顾》上卷，中共中央党校出版社，1991年，第 296 页。

的决定权，提高了农民的生产积极性。但是，因为农民对土地还是没有所有权，不能任意处置土地，而且政府也确实以农民还有土地为由，制定一系列政策限制农民离开农村而融入城市。这是中国城市化不彻底和我国市场化改革至今没有起步、没有破题，以及经济增长速度不断降低的一个重要原因。只有彻底归还农民的土地私有权，让农民成为土地私有者，农民才算有了私产，资本才可以和农民的自然经济发生关系。一方面，农民和农民的土地才可以转化为土地和劳动力两个资本要素市场，并在此基础上形成由市场自发配置资源的市场经济制度。另一方面，让农民拥有自己的土地，农民把土地当作自己天经地义的私产，政府就不再有拒绝农民成为城市市民的理由，城乡的市场就可以自然结合，消费拉动经济的市场经济也将自然形成。否则，中国社会将长久地被人为地划分出互不兼容的城市与农村两个板块。

二是改变政府直接掌握"经济命脉"的计划体制，把包括国有企业在内的各类国有经济的资本股份变现，让政府退出生产领域，不再控制和占有生产资源，建设由市场自发配置资源的市场化的经济制度。

计划经济自建立后仅经过 20 多年的运行，至上个世纪 70 年代后期，就已经走进死胡同而不能照常运转了。"国民经济一度濒于崩溃的边缘"。[11] 所以，中央政府才提出了改革。在典型的计划经济体制下，经济结构简单，农业属于人民公社集体经济，工商业除了各级政府所属的国营经济以外，也只有占比例很小的城镇手工业合作社。新中国的财政实行毛泽东的"统筹兼顾，适当安排"，[12] 其实就是政府包办一切。国有企业的财务原则是，盈利全部上缴，亏损则由财政兜底，统一由中央财政大包大揽。

11　邓小平《在全国科学大会开幕式上的讲话》，《邓小平文选》第二卷，人民出版社，1983 年第 86 页。

12　毛泽东：《关于正确处理人民内部矛盾的问题》，《毛泽东选集》第五卷，人民出版社，1977 年，第 387 页。

在这样简单的经济体制下，有些问题倒是看得很清楚，集体经济和国有企业都是没有效益的。在"收紧体制核心，适当放开边缘"的改革策略指导下，国有企业在80年代实行了承包责任制的管理办法。即使如此，国有企业的效益仍然令国家财政无法负荷，又经过10多年的惨淡经营，实在没有别的出路，这才有了90年代初期的"抓大放小"即把众多亏损的中小企业从政府手里甩了出去，转为民营，从而在财政体制上动了大手脚，实行中央与地方"分灶吃饭"的财政改革。对于90年代来说，可能尤为重要的是，中央政府在意识形态上撕裂了一个口子，肯定了市场经济的合理与合法性，在一定程度上承认了非政府经济的地位，鼓励非政府经济的发展。如此一来，中国才有了持续至今的经济发展。

但是，正是在繁荣的经济现象面前，人们有意无意地看走了眼，把昔日没有经济效益的国有企业当作最为有效益的企业，继续紧紧抓在政府的手里，认为不再需要改革了。笔者之所以说"人们有意无意地看走了眼"，是因为事实如此。70年代末至90年代初期，在结构极为简单的经济结构里，人们已经发现国有和集体经济是没有效益的，也就是说，资本是不适宜于政府所有或者集体公有。但是，20多年后，在非政府经济有了较大发展的情况下，国有企业摇身一变，成了最有效益的、最能赚钱的企业了。

我们不妨分析一下，国有企业在最近30年的嬗变过程。

90年代以前，尤其是80年代以前，中国处于封闭状态，经济社会构成都十分简单，银行的资金基本上来源于居民的存款。也就是说，银行资本金都是老百姓的积蓄。经过几十年的运营，几乎所有的国有企业都拖欠了大笔的银行债务，有不少企业甚至资不抵债。90年代初，政府对国有企业的管理策略是抓两头，即甩掉了绝大多数中小企业，而对那些足以垄断行业的所谓"命脉性"大企业，则实行股份制改造。不过，中国的股份制不同于西方资本主义市场制度，那里是注册制，即愿意上市筹资的企业在交易所里注册登记就可以了，但是否有人买你的股票，完全由市场决定。中国的上市制度则不是这样，是审批，——政府看到了90年代初期社会已经有了一定的闲散资金，要帮助国有企业以股份制形式从市场筹措资本金。虽然后来也有民营企业上市，但那是等主要的国有企业已经上市以后的事情。即使到目前，中国有了股票市场将近30年之后，政府对于国有企业和民营企业的上市比例，仍有一定的拿捏的。

分析国有企业"改制"上市的过程，第一步，政府先将国有企业改组为两个部分，一部分为资产公司，把国有企业所欠银行的债务和离退休的老职工，以及冗员划拨至其名下，即名义上承担了银行的债务。另一部分即生产部分改为股份有限公司，申请上市。第二步，在上市筹集股份的设计中，政府有意做大企业的资产股份，并且预留出30%至51%作为政府的股份，究竟要多大，根据具体情况确定，总之要保证政府控制和决定企业的董事会。第三步，批准企业挂牌上市，政府不只是通过审批制令企业溢价发行筹措到大量发展资金，而且在预留的股份中溢价发了大财。

读者日常生活中都听过"空手套白狼"和"一头牛身上剥下两张皮"的说法，中国国有企业改制上市过程则全都实现了。首先，在市场经济里，股票上市即是把股份公开拍卖，上市公司意味着随着股份的易手而变更了股权，也就是资本易人。中国国有企业上市，政府同样从股票市场获得一大笔资本金，却继续控制着企业，岂不是活脱脱地上演一幕幕的"空手套白狼"？

另外，国有企业本来欠银行大笔债务，甚至有些已经达到资不抵债的程度，但上市公司并不清偿债务，而是上演一出"金蝉脱壳"喜剧，把债务甩给不生产的债务公司，让拖欠银行的债务继续挂在账上。在市场条件下，既然出售原来老企业的生产部分股份筹到的资金，首先是用来归还债务的，但我们的国有企业却没事一样把筹措的资金当作正常融资使用了。要知道，我国银行的资金主要是老百姓的存款，股市上的钱是老百姓的闲散资金。所以，90年代的国有企业改制，岂不是从一头牛身上剥下两张皮？

岂止是两张牛皮。在市场经济里，股价主要由股息的回报率随市场行情涨落，没有效益的公司会因为股价跌落被破产清算，从而退出股市。在中国政府的庇护下，股票市场基本上不存在退市制度，股价和股息基本上与企业的效益没有关系。所以，中国的股市在早年基本上不分红，近些年实际上都是比照银行存款利息象征性给一些股息。国有企业几乎不付代价地使用股民的资本金，被套牢的股民岂不是一茬又一茬地被"薅羊毛"？

问题当然还不止于此。尽管 2001 年加入世贸组织承诺了加快开放的步伐，但是，政府对于许多领域仍然持保守的态度，无论外商还是民族资本，都很难进入计划体制的核心领域。所以，分布于各个领域里的国有企业往往都处在本行业的龙头老大位置上，事实上就都有着决定市场价格的特权。即使如此，政府还时不时地走到前台，譬如国家发改委多次举行的石油燃料的价格听证会，其实就是在为"两桶油"站台。国有企业的垄断价格，是国有企业永远立于不败之地的保障。

也许读者会说，国有企业的垄断价格是对全社会的，就像其他所有的商品价格对全社会一样，不能说明我们所提出的观点。价格反映了企业与社会的关系。垄断价格是在不完全竞争的条件下发生的。在政府的保护下，国有企业决定市场的供应，消费者别无选择地只能购买它的商品。所以，国有企业对价格具有决定权，它总会把市场的价格确定到高于生产成本的水平。而在其他的领域里，由于自由竞争的影响，商品的价格总是供求平衡的结果，企业希望得到效益，只有依靠生产技术的进步，拿出价廉物美的产品。垄断和自由竞争，是不一样的。

虽然国有企业的垄断价格是对全社会的，但是，国有企业的员工的收入依靠垄断价格获得保障，公务员和政府机构的员工由政府财政发放，这两个方面的人与非政府经济成分里的人们必须依靠经济效益获得报酬是不相同的。垄断价格直接导致社会生产成本上升，而国有企业和政府人员可以将上升的成本转嫁到垄断价格和提高财政收入上，这都导致非政府经济成分负担加重从而让社会越来越失去发展的活力。这该是自 90 年代中后期以来国民经济运行乏力，增长速度持续下滑的一个重要原因。但是，政府运用经济的和行政手段，通过分配与再分配的方式让国有企业表现出一种盈利和企业效益良好的外表，从而不再提企业改革。这是把祸端掩藏起来，实际上比当年直接表现亏损更可怕。

由于论及人民生活，而民众深受通货膨胀的祸害。

所谓通货膨胀，简单理解，就是发行的货币太多了，从而导致购买力下降，钱不值钱了。70 年代初期，一斤猪肉 4 毛 5 分钱，现在要 20 多元，30 元。过去的猪肉是依靠农村家庭妇女饲养，市场价格低，尚有利可图。现在是大型养殖场，生产力提高多了，照理猪肉的价格相对低些才是。但是，为什么猪肉价格不降反而大幅度提高了？读者都知道，市场经济里，商品的流通需要货币做中介。在真金白银充当货币的时候，由于黄金白银本身都有价值，它可以当作支付手段，是因为它是商品的等价物。市场商品多，需要流通的货币就多，相反则少。如果需要流通的商品少，货币多了，黄金白银则显得不值钱，一部分黄金白银会退出流通领域而储藏起来；相反，需要的货币多，货币购买力强，部分储藏的黄金白银就会被投放到流通领域。所以，在黄金白银直接充当支付手段的时代里，黄金白银会自动调节货币供应量，一般不会发生很显著的通货膨胀问题。

政府用纸币取代黄金白银充当货币支付手段以后，由于纸币可以大量地印制和投放，通货膨胀就容易发生了。人们总是从负面理解市场经济体制下的企业破产、银行倒闭和经济危机，其实，它们还是具有积极意义的。在一个市场体系内，由于企业经营不善，资不抵债；银行坏账大于良性资产，则意味着储户的存款少了，提不出来了。当市场出现较多这样的现象的时候，就是经济危机了。市场制度下，它们都只能通过破产清算来处理。所谓破产清算，就是落实资不抵债的坏账，把它们正式从市场里清理出去。所谓清理，就是落实债权人和债务人的真实的债务关系，其实质问题是把大量不能兑现的购买力从市场中清除掉。当然，决定通货膨胀的因素还很多，仅仅靠经济自然运行还不能完全拟制通货膨胀，但按其自然法则来说，经济危机是通过震荡和强制使得商品与货币量取得平衡的。

但是，在计划制度下，政府拒绝对于自己的所属企业和银行实行清算和破产，企业资不抵债既需要银行贷款，银行坏账超过存款，政府则通过多发钞票支持银行运营。如此下来，市场运作失败的资本和债权都还继续运营，本来不具有实际购买力的钞票仍然活跃在流通领域，货币量大于商品价值量，就是钱不值钱，通货膨胀了。

所以，经济危机是拟制通货膨胀的一种手段。但是，在我国现行体制下，政府不愿意让自己所属的经营不善的企业破产，从而没有企业和银行倒闭，似乎也没有经济危机，但总是解决不了通货膨胀，经济运行质量也越来越低。把国有银行在内的所有的政府所属企业推到市场，让政府不再有企业，是实现由市场配置资源的市场化的经济改革根本之路。政府只要不实施把国有企业推向市场的举措，就表明中国的改革还没有破题。

三是把包括国有企业股份和其他各种形式的国有经济变现资金，用于充实社会保障金，从而推动社会保障制度建设。80年代以来的改革被称之为"摸着石头过河"，其实是一种没有理论指导，没有明确目标和行动步骤的无序改革，只好走一步看一步。90年代初期，随着中央"抓大放小"政策的实施，大量国有企业将转为民营，大批的国家职工也离开了国有单位。这是两种体制的转换。笔者曾向中央建议设立两项基金，一个是当国有企业转为民营时归还企业所欠银行的债务，一个是当职工离开计划体制时应该带走依据其工龄、工种等条件计算的社会保障金。[13] 但是，90年代以来的国有经济的改革概不考虑这两个衔接问题。仅仅经过10多年的运营，已经发生

13　张翼："山西省社会科学院副院长梁中堂委员建议，设立企业职工去职社会保障补偿和清理债务两项基金，规范和推动国有企业改革"。《十位政协委员就重大问题作大会发言》，光明日报，1998年3月10日，第四版；《在参政议政的讲坛上 ——全国政协九届一次会议大会发言侧记（之一）》，《人民日报》，1998年3月10日，第三版。

了社会保障金严重不足的问题。2017 年 11 月 9 日，国务院推出《划转部分国有资本充实社保基金实施方案》，决定将国有企业 10%股权化转为企业职工基本养老保险金。虽然这样做不能弥补原国有企业职工个人的损失，但已经朝着有序改革迈出了一步。据国务院国有资产监督管理委员会的资料，2017 年，仅中央企业资产总额达到 54.5 万亿元。[14] 另据其它资料来源，同年国资净值为 87 万亿。[15] 对照同年中国 GDP 总额 82.7 万亿元，可知国有经济已经是相当大的一个规模，用国有资产保障国民的社会保障制度的建设，也算来自于民，用于人民吧。

其次，在政治生活方面推行民主化改革。一是改变政党拥有军队的党军体制，理顺军政关系，实现军事武装力量国家化，一切军令归于政府首脑，军队、警察和其他所有武装力量概不参与政治。二是改变党凌驾于国家政权之上的以党代政、党政不分的国家权力结构，实行立法、司法和行政三大系统的权力分置、分立与相互制约的国家制度，保障人民主权，保护人权。三是规范和确定政党的群团性质与活动范围，制订政党法和公平竞选法，政党群众化，政治民主化。把政党的作用与活动范围限制在竞选领域，保障公民"一人一票"的神圣权利。

其实，以欧美为代表的自由市场经济制度，都是在自然经济基础上自然发生的。俄国和中国都属于大陆型的农业大国，占据人口绝大多数的农民要跨越建立比西方资本主义更为先进的社会制度，这才有了政府干预市场的经济制度。在资本主义经济还十分脆弱的俄国和中国通过农民革命实现统一的民族国家，也属天经地义，甚至也可以说是自然发生的，从而是合理的，正确的。但是，世上没有免费的

14　国务院国有资产监督管理委员会官方网站：《沈莹：去年 98 家央企利润首破 1.4 万亿 增长 15.2%》，2018 年 1 月 17 日，
　　http://www.sasac.gov.cn/n2588025/n2643314/c8492129/content.html。

15　南方周末评论员：《划转国资为人民》，2019 年 5 月 23 日《南方周末》，第一版。

午餐。人类历史的现时代是实行市场化的经济制度。市场经济是一种自由竞争的制度，是由市场自发配置资源，它本质上就是欧美自然发生的经济制度。俄国和中国也要融入到这个大市场，就必须实行与欧美相同的经济政治制度。所以，所谓的中国改革，就是改变新中国初期人为设立的计划经济体制，恢复到自然经济足以自然发生的自由资本主义。既然自然发生的，阻力本就是很小的。中国改革迟迟不能上路，一是理论认识不清，缺少改革思维。二是既得利益集团自觉维护既得利益，有意误导甚至反对改革。但是，说到底，还是因为至今的中国资本主义经济薄弱，还不够发达。当资本主义发展到一定程度，改革和改变现行的制度就是必然的了。所不同的仅仅是，如果现代执政者有一个清晰的改革思维支撑，主动引导改革，社会就会少走弯路。相反，如果执政者拼命维护现行体制，拒不改革，所积累的问题越来越多，中华民族不仅要走弯路，甚至只有经过革命与流血才走到正道上。

11.　恩格斯：民主共和是国家的最高形式

中国共产党是现阶段中华人民共和国的执政党，所以，中国近期的发展与进步，在很大程度上取决于共产党的认识与做法。作为执政党，如果首先从自身做起，积极主动地把中国引导到自新中国诞生时就应该走的自由与民主的道路，中华民族就有可能避免大的动荡而走上持续发展的轨道。否则，灾难深重的中华民族就还有一段腥风血雨的路程要走。

简单否定中国共产党的观点以为，"一党执政"或"一党专政"，都是从毛泽东及其共产党执政开始的。这是不符合历史事实的。当中国共产党在大陆获得执政权的时候，中国距离封建专制集权的历史还不长。满清以前的封建时代当然不是"一党执政"和"一党专政"，那是家族统治。从满清王朝手上接替政权的北洋政府，仅只是由传统向现代的一个短暂的过渡，其实就是"一党专政"了。因为北洋政府，就是由北洋派系的人执政。北洋，是与南洋相对而言，原本是清朝政府里以直隶内阁为主负责黄河以北的中国洋务的政治派系，岂不就是一党？从20世纪20年代末，国民党取代北洋军阀而建立起的民国政府开始，中国政治制度则就改为蒋介石及其国民党一党执政了。所以，最多可以说，共产党的新中国是与国民党一脉相承的。因为无论国民党还是共产党，都是拜列宁斯大林为师，从前苏联那里学来的。所以从表面上来看，俄国和中国推翻了封建皇帝以后，也像西方民族国家那样，改由政党管理国家事务了。但是，它们与西方民主国家的政治制度却还不是一回事，其政党、执政党的概念虽然都是现时代的了，但执政的方式却还是继承了自己的历史。

政党就其最为宽泛的意义来说，就是从事政治活动的组织。但是，政治的核心还是国家政权问题。所以，西方政治学所说的政党，是一个现代化概念，指民主国家中按照相关法律角逐政府领导职务，从事竞选活动的政治组织。所以，政党即是谋求国家政权的组织。[1] 而这个意义上的政党组织和政治制度起源于美国。1787 年通过的美国宪法，是人类历史上第一部成文宪法。移民北美的人们摆脱了王权的统治，牢记《大宪章》与光荣革命中对王权统治约束的传统，对政府侵犯民众利益保持了高度警惕。所以，北美人是要用一部成文的法典规定政府与人民的关系，约束政府的权力范围。这是现代国家宪法的核心。美国宪法规定，美国总统和国会议员都必须每隔法定的年限由人民重新投票选举产生。经过 3 届总统选举以后，1800 年大选过程中又形成了以政党具体运作总统候选人的选举制度。至此以后，随着新的民族国家的产生，成文宪法以及由政党所推荐的候选人角逐政府首脑的政治制度，也逐渐遍及其他国家。

虽然由于自然与历史的原因，各民族国家的情况各有不同。但是，民主国家中的政党组织在以下各点上则是相通相近的。(1)公民有自由组党的权利，所有政党都是合法的，各个政党之间都是平等的；(2)追逐执政是各政党的唯一目标和目的，所以，各个政党都具有自己的执政纲领、路线和方针政策；(3)在竞选活动中胜出的政党依据相关法律提名竞选政府首脑的候选人，并且围绕政党竞选人的竞选活动提供帮助；(4)虽然政府首脑和国会议员都具有不同政党背景，但是，除了政府极个别的一些职位由竞选成功的执政党分配以外，从总体上来说，民主国家的政府及其公务员是没有政党的政治背景和不允许有政治倾向的；(5)政党仅只是一个松散的群众性团体，不具有威权性质，任何政党的组织纪律都不得违反基本人权，不得与信仰自由等相关国家法律发生冲突，党员之间一律平等；(6)各个政党的中心工作是帮助本党候选人在竞选活动中赢得多数选票，所以除了少量的职

1　列宁对于政党的本质具有深刻剔透的领悟。他说：“我仍然坚持这样的观点：一般政党，如果在可能取得政权的时候拒绝掌握政权，那它就没有权利存在下去，就不配称为政党，就是一块地道的废料。”列宁《布尔什维克能保持政权吗？》，《列宁选集》第三卷，人民出版社，1960 年，第 295 页。

业政客以外，并不注重党员的数量；(7)政党活动经费来自党员和社会上的捐助与捐献。

但是，前苏联和中国的执政党与上述情况并不相同。首先，在苏联与新中国，国民没有自由组党的权利。其次，共产党是唯一合法的政党。第三，因为共产党垄断国家的执政权，再没有别的政党组织，也不存在竞选和与竞选相关的政治事务。第四，共产党是一个严密的社会组织，其组织纪律严格的程度有过于军队，除了党的政治和思想意识形态以外，党员没有别的政治诉求、信仰自由和与党的纪律有所冲突的民主权利。第五，共产党拥有庞大的党员队伍。第六，共产党的执政是通过党对国家事务的领导，通过党员掌握国家权力，直接占据政府机构的职位实现的。第七，共产党员需要缴纳党费。但是，虽然共产党因为党员众多从而有着巨额的党费，但其真正的开支却都来自于国家财政，庞大的党务系统和政府系统双重架构都要由国民的税收开支。

所以，在苏联和新中国，执政党的含义与西方民主国家是不一样的。在苏联和新中国，当凌驾于政府之上，党是领导一切的。共产党执政就是国家一切政治事务都要体现党的政治理念，它的党员占据包括军队、警察和国家权力机关在内的一切政府的重要岗位，由党直接控制国家权力。而在民主国家里，执政党是相对于在野党和反对党而言的，即相对于未能赢得政府的行政分支大选的政党而言的，甚至主要是区分国会里各个不同党团而以赢得政府行政首脑职位划线，从而分别称之为执政党和在野党。因为后者在国会讨论与总统或总理等政府施政者相关的议题中，往往持反对的态度和立场，所以又被称之为反对党。

读者必须知道，在民主国家里，执政党也只具有极为有限的含义。首先，与苏联和中国共产党垄断一切国家权力的执政方式不同，民主国家的中军队、警察和政府其他执法性质的机关和岗位，都没有政治信仰的约束，与竞选获胜的总统或总理同步需要改变的仅只有包括内阁成员在内的少数一些政府职位，国家机关和政府公务员总体上不接受政党竞争，不受政党更迭的影响。所以，执政党仅只是在包括总统在内数量有限的一些政府岗位上执政，虽然说总统的权力是很大的，但毕竟还是有一定约束，而不是一切和无限。其次，苏联和中国也每隔一定时间发生换届选举，但只是党内的人员更选，从而实际上是由共产党垄断国家政权。民主国家的竞选制度则不同，那是不同的政党之间的竞争。第三，民主国家里，政府权力分割为立法、司法和行政三个部分，其中法院不受政治影响，国会的工作原则是由多数党决定国家事务，通过简单多数票决定支持或者反对行政分支的政府政策。所以，国会往往制约行政分支的政府首脑，使其不致走得太远。第四，民主国家的国会不只是立法机关，因为对总统或总理为首的行政分支有着很大的监督和约束权力，所以，即使是在野党、反对党，也是执政者。

过去，马克思列宁主义批判资本主义的自由和民主具有虚伪性，其实，因为总统和议员都必须经过竞选，是获得了人民中的多数票决定的。各个政党要通过竞争角逐选票，其纲领和执政的方针和政策，就需要符合民意。所以，至少在人类历史发展的现阶段，民主国家每经过 4 年、5 年不长的一段时间，就有一次按照全民公投的方式遴选执政者，由于各个政党需要迎合绝大多数公民的意愿，这就保证了执政者处理的公共事务基本符合绝大多数人的意愿，从而也就保证了民主国家宪法中所说的人民主权和民主。

由于中国的读者比较多地听到马克思列宁主义对资本主义民主制度的批评，所以，我们有必要介绍晚年的马克思和恩格斯对欧美国家发展至民主共和制的评价。也许读者还记得，笔者把 5、600 年前西欧发生资本主义以来的历史当作一个大的社会转变的时代，这一个时代还远没有完成。即使对于欧美国家来说，至少在马克思和恩格斯所处的时代里，无论其经济还是国家政治制度，都还没有成熟。美国的成文宪法和用政党竞选的方式让人民选择政府的执政者，还刚刚开始。经过将近一个世纪的磨合，1891 年，恩格斯在所发表的《1891 年社会民主党纲领草案批判》中就开始以极为肯定的语气评价民主共和制度。恩格斯说：

> 如果说有什么是勿庸置疑的，那就是，我们的党和工人阶级只有在民主共和国这种政治形式下，才能取得统治。民主共和国甚至是无产阶级专政的特殊形式，法国大革命已经证明了这一点。……有一点在我看来应该而且能够写到纲领里去，这就是**把一切政治权力集中于人民代议机关之手**的要求。如果我们不能再多走一步，暂时做到这一点也够了。[2]

"人民代议机关"即民主共和国。马克思曾经把自己的贡献归结到提出和强调无产阶级主政，列宁也把无产阶级专政看作是真假马克思主义的试金石。而恩格斯则把民主共和看作是"无产阶级专政的特殊形式"，可见其在人类发展史上的地位之高。

读者都知道马克思恩格斯青年时代都邑极大激情投身于革命运动中，主张用暴力推翻资产阶级的统治。但是，在发表德国社会民主党 1891 年纲领草案的意见时，恩格斯却没有建议德国工人党举行起义，用武装斗争以反抗德意志帝国的铁血统治。相反，恩格斯从英国、法国和美国的代议制共和国看到了以和平的方式进入新社会的可能性。所以，他又说：

> 可以设想，在人民代议机关把一切权力集中在自己手里、只要取得大多数人民的支持就能够按照宪法随意办事的国家里，旧社会可能和平地长入新社会，比如在法国和美国那样的民主共和国，在英国那样的君主国，英国报纸上每天都在谈论即将赎买王朝的问题，这个王朝在人民的意志面前是软弱无力的。[3]

不难理解，恩格斯认为民主共和制体现了民族国家中人民的意

2　恩格斯：《1891 年社会民主党纲领草案批判》，《马克思恩格斯全集》第 22 卷，人民出版社，1965 年，第 274-275 页。文中的着重符号的原文就有的。
3　《马克思恩格斯全集》第 22 卷，第 273 页。

志。所以，传统的价值观念常常空对空地批判西方民主制度，是不全面，不正确的。如果我们细心体会民主共和制度，一方面，由于每隔几年的竞选制度，参加竞选的各个政党至少在竞选过程中要认真听取民众的意见，制订出迎合民众意愿的执政纲领。另一方面，作为国家立法机关的国会中的党团包括在政府的行政分支取得执政权利的执政党在内的各个政党的议员，执政党和在野党，也都能够在每项立法过程中公开表达自己的意见，在政府的行政分支日常执政过程中及时发表声音，以及在每经过一个或长或短的执政期而必须经过竞选活动来由人民投票决定执政者。所以，民主共和制不仅意味着多数人的统治，而且是这样一种制度，在这一制度下，每一个人都有参加或组建政党的合法权利，而每个政党又都有通过平等的竞争而获得执政的机会。如果说这样的政治制度还不是人民主权和人民民主，那还能是什么？

相反，前苏联和新中国的政党制度则与以上都不相同，执政党就是掌握国家权力的共产党。由于它凭借国家暴力，不允许其他政党的存在，是唯一的"政党"，所以不存在在野党或反对党。所以，在这里，执政党即是执政的党团组织，由它凌驾于国家政权之上，占有、控制和垄断国家权力，何谈民主？

在这里有必要说明新中国的几个所谓地民主党，包括中国国民党革命委员会、中国民主同盟、中国民主建国会、中国民主促进会、中国农工民主党、中国致公党、九三学社和台湾民主自治同盟等8个所谓民主党派。它们都是中华人民共和国以前组建，与共产党并肩反对国民党政府的革命政党，也是响应中国共产党的倡议参加1949年催生中华人民共和国的第一届全国政治协商会议的主要成员。1954年第一届全国人民代表大会以后，这8个民主党派在人民代表大会中也不同的份额。从表面看，新中国是以中国共产党和其他几个民主党联合执政的形式存在的，是继承和继续了国民党政府从1945年承诺实行但根本就没有实行的"政治协商"。其实，无论内容还是形式，都不是这样。

首先，之所以发生 1945 年国民政府的"政治协商"，哪怕是短暂的一个阶段，国民政府是以合法的方式承认中国共产党和民盟等民主党派的，共产党和民盟等党派则是以反对党和在野党的身份谋求联合执政的。谈判破裂后，中国共产党则是以革命党的姿态，用战争和暴力反对并推翻了国民政府。由于新生的政权是中国产党所领导的人民武装力量从国民党那里夺来的，而作为国家主要成分的武装力量始终掌握在共产党手里，所以，这时的国家机器并不同于民主国家。在民主国家里，国家机器犹如一部汽车，始终是公器，不属于任何党派所私有，无论谁依法获得了执政权，就都可以坐在驾驶员的位置上开着车行驶。新中国诞生前夕的中国，只是国民党和共产党互换了一下位置，虽然第一届中国人民政治协商会议通过的《共同纲领》说"中国人民政治协商会议代表全国人民的意志"，而中国人民政治协商会议由"中国共产党、各民主党派、各人民团体、各地区、人民解放军、各少数民族、国外华侨及其他爱国民主分子的代表们所组成"，而这时由中国共产党所领导的中国人民解放军已经占领了几乎整个中国，而上述团体及其代表并非自由选举产生，概都是由中国共产党决定了。

其次，在毛泽东及其共产党通过武装斗争所形成的新中国，虽然也有不同党派参与国家政权，但因为以上所谓民主党派与中国共产党的力量过于悬殊，甚至从一开始本就是由中国共产党所挑选的党派和代表，所以就其性质来说，从第一届全国政协及其所产生的中华人民共和国开始，它就不是民主共和制。第一，极为简单的道理是，新中国的国家制度不允许出现与共产党竞争竞选的政党组织。第二，在新中国，除了中国共产党所承认的几个党团组织以外，人民没有组建党团的自由，党团活动不合法。第三，没有竞选和普选制度，只有执政的共产党提名的候选人由人民别无选择地投票通过。第四，从 1954 年以及以后几次全国人民代表大会制订的《中华人民共和国宪法》，都十分明确而且突出地强调中国共产党对人民和国家的领导，而各民主党派反复申明服从中国共产党的领导，那么，各个政党就不

是平等的关系，而是领导与被领导的关系，上下级关系。尤其是 50
年代以后，上述所谓各民主党派事实上都是在中国共产党的领导下，
其领导人与组织规模，包括各地的建制、每年发展新党员数量，都需
要由共产党来决定的。在这样的情况下，与其说他们是与共产党平行
的政党组织，不如说它们是中国共产党所属的机构和组织。

笔者指出新中国的民主共和存在的弊端，并非无理指责，而是指
出它远不是恩格斯所肯定的民主共和制。恩格斯所指出的美国、法
国，甚至英国那样的君主制，都是在资本主义已经有了 500 年以上
历史的国度里发生的，而新中国是在一个基本上没有资本主义生产
的农业大国里产生的。如果承认民主共和国是资本主义的产物，那就
必须承认 1949 年所诞生的新中国虽然也叫民主共和国，但它还不具
备建立民主共和制度的客观题阿健。

其实，如果考察世界历史，就不难发现，即使目前的西方民主国
家，也都是从专制的、不民主的历史阶段走过来的。也就是说，大凡
历史发展到国家文明的阶段，各个民族都历经过专制集权。西方民主
国家也是在历经了数百年的资本主义成长以后，自由、平等、人权观
念才有了较为广泛的普及，才有了体现民主政治的政党制度。而苏联
与中国的党国制度，说到底，还是资本主义经济不发展的表现。

中国是一个内陆型的农业大国。当中国接触到西来的资本主义
的时候，首先要成为统一的民族国家，然后才可以较快地发展资本主
义。但是，一方面是由于晚清政府没有像日本天皇那样肩负起自觉领
导中华民族学习与实行西方资本主义的使命，另一方面，中国引进资
本主义的历史还很短，当中国共产党夺取政权的时候还没有出现一
个有力量的资产阶级，特别是由于晚清时代的农民运动导致地方民
团崛起，即使中国发生了资产阶级性质的辛亥革命，仍因地方封建与
军阀的割据，既不能形成政令统一的民族国家，又因积弱而无力抵抗
外来侵略。中国共产党就是在这样的背景下出现的。过去说中国共产
党所信奉的马克思主义代表了工人阶级的利益，其实是反映了农民
阶级"等富贵，均田地"的平均主义思想，所以能充分动员占据社会

绝大多数的农民，武装统一新中国。

共产党用武力推翻国民党的统治，建立中华人民共和国，是中国历史上一件具有划时代意义的大事情。它标志着中华民族的统一、独立和主权，从而为中国实行资本主义奠定了基本条件。70 年来，作为一个民族国家，无论相对于美国，相对于苏联，中国政府在对外事务上总是捍卫了民族的尊严，维护了国家主权的。就这一点来说，它作为一个现代民族国家，是够格的。

但是，在国家内部事务上，按照现代民主国家的要求，用比较成熟的西方民主共和国的原则来要求，则做得是很不够的。一方面，作为一个贫穷落后的国家，发展资本主义生产为其第一要务，虽然中国共产党也总是把经济发展作为它的中心工作，但是，由于它凭借国家暴力破坏了资本主义发展的自然基础，变相没收了农民的土地所有权，把一家一户的个体农民组织成为集体性质的农业组织，否定城市个体所有者和民族资本家的财产所有权，变个体所有者为城镇集体所有，赎买资本家的产权变资本主义私有制为政府所有，从而人为地扰乱了社会经济的构成，实际上是在发展资本主义的道路上走了一段弯路。尽管几乎所有的人都肯定了中国最近 30 多年的经济成就，但要害在于中国共产党和由它所控制的政府至今都没有认识到新中国的基本制度的危害性，从而并未解决 70 年前中国所面临的走上资本主义民主化的道路问题，以至中华民族未来的发展究竟还有多长的弯路要走，仍是不明朗的，暗淡的。

另一方面，作为落后的民族国家，随着经济的发展，国家必须在民主政治建设方面有所提高和改善，让中国人民跟上时代的步伐，享受到与经济社会发展相适应的自由与民主权利。实事求是地说，在建设保障国人的自由、人权与民主政治方面，中国共产党则做得不够。有的时候，甚至做得很不够。譬如前 30 年，无视私有产权，没收外国在华资本，没收农民的土地，没收民族资本家与个体工商业者的资本与财产，以及对知识分子实行改造的政策……，都是与历史的发展部吻合的。最近 40 年，当中国经济有了较大的发展，人们本该享受更高标准的自由、人权和其他一系列的民主权利的时候，政府却令人匪夷所思地对自由与人权理念更为敏感，对包括公民言论与出版自由权利在内的基本人权的限制，甚至于对于学校讲坛的言论与思想自由的限制，都较以前的管制更为严厉了。

从总体上来说，新中国以来的 70 年，中国大陆民众不仅没有享受到西方民主国家公民所达到的自由和民主程度，甚至还没有达到台湾和香港同胞很长一个时期以来所享受的自由与民主阶段，这是需要所有中华民族和炎黄子孙，特别是中国共产党应该深刻反省和认真对待的大问题。

国家是文明社会的概括。[4] 但是，现代国家与传统时代的国家在人们所认同的理念上还是有本质区别的。传统时代的国家是建立在自然经济基础上的，各个经济体都是建立在自然条件的基础上，各自生产自然产品，相互之间基本上没有经济往来，所以，各个经济体经常为土地、水源等自然资源发生战争。实力是不同经济体之间资源分配的原则。而在自然条件下，就连各经济体的实力即部族的繁衍昌盛的原因，都是自然地发生的。但是，那时的人们并不懂得这些道理，所以把一切归结为天意或上帝、神。依靠武装实力获得国家政权的统治者，更要将统治的合法性归结为天，宣传君权神授。但是，为什么神授某些人而不授其他人？这就发生了人与人的不同，人种就有贵贱之分，人与人从其来源、从根子上就不平等。

现代国家是建立在资本主义经济基础之上的。资本主义与自然经济所不同的是，其财富形式不再是自然产品，而是一定劳动量所凝结的价值量。所以，资本主义的经济基础是人的劳动的同质性，只要是人的劳动，无论大人、小孩，男人、女人，或者黑人、白人、黄种人，其劳动都具有质的同一性，都能创造价值。所以，资本主义生产具有无限开放性，作为一个民族国家，其主体是同一民族的人，就更

4　恩格斯：《家庭、私有制和国家的起源》，《马克思恩格斯选集》第四卷，人民出版社，1972 年，第 172 页。

都是平等的，同质的。国家权力来自人民的委托，人与人平等，人民主权也都容易理解了。

除此以外，在技术层面上，在决定哪些人可以组成政府的时候，民主共和制国家仍然是从资本主义自由交易和买卖公平的原则出发，把选择权交给了人民，即通过政党和政客的竞争，按照人民"一人一票"，让获得多数票的人分别当选政府行政分支的首脑和国会议员。这样当选和执政，虽然不是有如马克思和列宁所说的"随时可以撤换"，但像美国那样，国会众议员任期2年，每隔2年重新选举一次。参议员任期6年，每2年有三分之一的席位要重新选举。总统每隔4年重新选举一次。所以，主动权毕竟还是掌握在人民的手上。也就是在这个意义上，晚年的恩格斯才说，民主共和国是国家的最高形式。为了努力挣脱列宁所总结的传统的马克思列宁主义历史观的影响，我们有必要认真阅读晚年的恩格斯这段有关资本主义国家的论述。恩格斯说：

> 对财产差别的这种政治上的承认，绝不是本质上的东西。相反地，它标志着国家发展的低级阶段。国家的最高形式，民主共和国，在我们现代的社会条件下正日益成为一种不可避免的必然性，它是无产阶级和资产阶级之间的最后决定性斗争只能在其中进行到底的国家形式，——这种民主共和国已经不再正式讲什么财产差别了。[5]

建议读者再向前翻几页，重新阅读我们引述恩格斯在《1891年社会民主党纲领草案》中的两段有关民主共和制的论述，这几段话如果不是直接颠覆列宁所总结的马克思和恩格斯的国家学说，也是向我们提供了一种与列宁的论述有所不同的另外一种国家学说。过去我们批判"全民国家""全民党"，但是，根据恩格斯的这几段有关民主共和制的论述，显然与列宁所总结的马克思主义国家观已经有了很大的不同。按照列宁《国家与革命》中的结论，阶级是国家产生的

5　《马克思恩格斯选集》第四卷，第169页。

基础。"国家是阶级矛盾不可调和的产物","是剥削被压迫阶级的工具"。[6] 以上固然可以说它们都来自于马克思和恩格斯,但是,恩格斯这句"民主共和国已经不再正式讲什么财产差别了"则已经否定国家是阶级的产物的观点了。至少,根据财产状况划分阶级并由此产生阶级和政治区分的社会阶段,应该是"国家发展的低级阶段"。而在国家文明的高级阶段上,在民主制度下,由于政府必须迎合选票,它已经或者正在改变着国家的性质。同质的民族人口组成民族国家,民族国家体现人民的意志,以及人民的普选制度,这是认识与把握现代民主国家是否真正实现民主共和的枢纽。

恩格斯的这段话是在 1884 年 3、4 月份写的。考虑到马克思刚去世了一年,而且正如恩格斯在其序言中所说,写作《家庭、私有制和国家的起源》一书,在某种程度上是执行马克思的遗言。所以,有理由认为,恩格斯的这一有关国家问题的论述,也是代表马克思的。如果仔细研究马克思恩格斯的思想发展脉络,就不难发现,与马克思的革命暴力学说并行的,还有另外一个思想。1872 年,马克思在海牙的一次集会演说中,就对荷兰人说:

> 必须考虑到各国的制度、风俗和传统;我们也不否认,像美国、英国——如果我对你们的制度有更好的了解,也许还可以加上荷兰,——工人可能用和平手段达到自己的目的。[7]

所以,如果说 19 世纪以前的民族国家具有显著与浓厚的资产阶级暴力色彩的话,那么,"一人一票"的普选制度正在逐步地改变民族国家的性质。这是一方面。

另一方面,虽然说都属于民主共和国,但是,美国与英国还是不一样,英国与法国不一样,法国与西班牙、荷兰、德国、意大利、加

6　列宁《国家与革命》,《列宁选集》第三卷,第 174、180 页。

7　马克思:《关于海牙代表大会》,《马克思恩格斯全集》第 18 卷,人民出版社,1964 年,第 179 页。

拿大、澳大利亚、新西兰，等等，都不一样。自然与历史各不相同的国家都先后实行了民主共和制，表明从传统的国家形式向民主共和的发展，是一个自然规律，反过来又证明了恩格斯的重要命题，即民主共和制是国家发展的最高形式，人类即将在这一国家形式里生活一个很长的历史时代。

必须认识到，政治上层建筑的发展与变化是比较缓慢的，即使距离恩格斯的评价 100 多年之后，西方民主共和制也还未能发展到很成熟的阶段，包括美国、英国和法国在内的西方各民主国家中，政府对人民的基本诉求并不是总能处理得很好。特别细微与久远的事件且不去说，2011 年的美国"占领华尔街"，2018 年持续到 2019 年的法国"黄背心运动"，以及已经持续数年而至今仍僵持不下的英国脱欧问题，都说明无论内政或者外交，西方民主制度也并不都能充分与及时地反映人民的意愿和解决它们的问题。笔者这样说，绝对不是说民主制度不好，而是说即使它有如恩格斯所说是国家的最高形式，是截止目前人类历史发展中最好的政治制度，但它仍处在发展的低级阶段上。特别是战后美国在世界上奉行欺凌弱小国家的霸权主义外交政策，而各民主国家或者尾随其后，助纣为虐，或者自作矜持，保持沉默，都未能表现出一个资本主义时代的人们所应有的自由、平等、博爱的情怀，也未有一个民族国家本该具有的公平与正义，说明不仅作为资本主义上层建筑的民主制度还处在发展的较低阶段，而且作为整体性的人民也还没有成熟到资本主义经济所锻造成熟的，从而也是资本主义历史时代的人所应具备的政治觉悟与思想意识。

但是，即使从第一部成文宪法的产生时候算起，民主共和也已经有了 200 多年的历史了。所以，根据以往的历史实践，再加上按照民族国家与民主共和制政治逻辑的分析与推导，我们至少可以提取出以下几项基本原则。

（一）民主共和制是民族国家的最高形式，其政府仅只是人民托付的办事机构；

（二）由于政府是经过全体人民公推选举出来的，是为全民族服务的，所以，一切政府机构就都只有全民的超阶级超党派的性质；

（三）虽然包括总统在内的许多政府职位是由政党推荐所产生的，所有公务人员在其未就任以前也可以有政治立场和党派倾向，但是，即使竞选获胜而执政的总统通常都是执政党的领袖，但他进入政府职位以后，则是为整个国家和全民族服务的，职业道德和相关法律都要求其工作中不徇私牟利，不得有政治与党派立场；

（四）包括总统在内的所有公务人员都是本民族的一分子，与所有同胞同质、同根、同族，相互平等，既不能是传统时代的帝王，也不是革命时代的群众领袖，而只是人民的公仆和办事员；

（五）民族国家只体现人民的意志，没有包括总统在内的政府公务人员的个人意志，所以，政府公务活动都要公开化，在人民的监督下进行；

（六）经过竞选获得任职的总统与人民的关系，虽说在一定程度上类似于公司中雇主与雇员的关系，但毕竟是国家上层建筑，所以也有不同之处。现代企业中老板聘用 CEO 打点公司，希望其开拓经营和谋利，而民族国家中的人民并不要政府"经营"国家，人民都有自己的生活，他们不希望政府干预他们的生活，而只是委托政府工作人员承办一些必须是经他们授权委托的公共事务。所以，包括总统在内的所有公职人员都只是在人民授权的范围内处理问题；

（七）由于政府要向全民负责，而社会不同集团会有不同的利益，所以，且不说政府做错了什么，即使正确的做法也会遭致非议。包括总统在内的一切政府雇员和公务人员，面对人民的批评，可以解释，可以申辩，也许可主动辞职或引咎辞职，但不得反对人民的批评，更不许运用国家暴力机器采取与人民对抗与对立的立场对待人民的批评；

（八）在民主共和制度下，政府只是人民的办事机构，人民不仅有每隔几年选择的机会，而且具有随时撤换，以及保留用包括武装起义等革命暴力手段改变政府的权利。

不需要有很深的专业知识，读者都能够发现，即使对于美国、英国和法国这些高度民主制国家里，其政府按照所罗列的各项原则来要求，至少都还未能成为自觉的原则。不过，客观必然性的魅力恰恰在于它常常是通过盲目性予以实现的。譬如我们所总结的第三条款，民族国家要求政府的执政路线和方针政策必须符合全民族的利益，但是，美国的政党遴选又常常使得上台的总统总是要执行只是符合本党利益的政策，这是与政府原则相违背的。所以，执政者总是受到国会中反对党的制约与抗衡，结果不是总统的施政政策流产，就是大打了折扣。读者可以仔细分析美国的两党制度，竞选中两党都基本认可的方面，这是美国政府的基本政策，是决定其社会稳定的基石。而党派性极为明显的问题，它往往最大化地符合某个集团的利益或意志，对立党派一定会极力反对，由此而保障政府主体的部分符合全民族的政策。这些问题对于极权政府，对于前苏联和中国政府来说，则认为是一种社会摩擦和内耗，是社会资源的一种无谓的浪费，是资本主义腐朽的表现。其实是不正确的。美国国会经常发生争吵，这是社会进步的表现。要知道，作为现代国家的一个基本的原则，社会公共政策没有正确与错误之分，而是多大程度地体现了人民的意志。那些党派剧烈争吵的问题，往往是在社会不同集团之间的利益上有了冲突和矛盾，它必须通过充分的辩论和争吵，然后经过妥协而达成一致。中国大陆的民众往往看不惯民主制国家里国会不同党派之间，以及国会与政府首脑之间的争吵，以为那是一种落后与腐朽的表现。其实，那是国家发展的较高阶段中才有的现象。一方面，党派的争吵与竞争，那是权力的制衡，是社会纠错。不错，西方民主制度是有许多的弊端，但生活在这种制度里的民族享受着比较充分的民主生活，既不会发生像斯大林时代数百万农民消失和几十万上百万布尔什维克被肃反的悲剧，也不会发生像中国的反右斗争、大跃进和因为征过头粮而导致和平年代竟发生大批人被饿死那样的错误和悲剧。

12. 毛泽东的民主共和思想

20 世纪初，民主共和思想经孙中山那一代人的传播，就已经深入到中国民众的心里。19 世纪末，经过甲午风潮而逐步高涨的戊戌运动，本是以君主立宪为目标的，但仅只是 10 多年的发展，辛亥革命的浪潮已经将这一政体抛到九霄云外了。中华民国取代清王朝的统治，袁世凯 83 天的称帝闹剧，以及孙中山领导的国民党反对北洋政府和北伐战争，都反映了中国民众民主共和思想的决绝。

本来，为了民主共和，孙中山才在广州建立政权以反对和抵制北洋政府，但是，蒋介石在北伐战争基础上建立的国民政府，仅只是把军阀统治换成了一党专政，仍然不是民主制度，所以才发生了中国共产党为领导的中国人民反对国民党的革命。毫无疑问，孙中山是国民党，毛泽东是共产党。孙中山信奉民族主义、民权主义和民生主义，俗称三民主义。毛泽东信奉马克思列宁主义。但是，如果把毛泽东放在他成长的历史阶段，毛泽东比孙中山小 27 岁，其成长的青少年时期正是孙中山思想成熟，革命生涯最富有政治魅力的时候。所以，毛泽东是受孙中山思想教育和革命事迹的熏陶而成长起来的。毛泽东先是孙中山的信徒，是从孙中山又走到列宁和斯大林一边，民主共和曾在其思想生打下了深深的烙印。

1937 年 4 月 5 日，中国共产党代表参加祭黄帝陵，毛泽东为其所写四言诗祭文中就有"民主共和，改革内政"。[1] 事实上，中国共产党与国民党的斗争实质，就是争取民主共和。因为有从国民党到共产党的领导换位，毛泽东才把它称之为新民主主义。1949 年革命成功，毛泽东就把新中国起名叫"中华人民共和国"。在此前的中国人

---

[1]　逢先知主编：《毛泽东年谱（1893-1949）》（上），中央文献出版社，2005 年，第 668 页。

民政治协商会议筹备会期间，毛泽东叫它为"中华人民民主共和国"。1949 年 6 月 15 日，毛泽东在筹备会上讲话的时候，还带头呼喊了"中华人民民主共和国万岁！"的口号。[2] 之所以发生改变，是在此之前，1948 年 9 月 8 日，毛泽东在中共中央政治局会议的报告中，提出人民专政的概念，当是时，中国共产党在全国的胜利已经指日可待，要突出中国共产党的无产阶级性质，提出新政权的各级政府都要加上"人民"二字，各种政权机关都要加上"人民"二字。"如法院叫人民法院，军队叫人民军队，以示和蒋介石政权不同"。[3] 毛泽东所领导的中国共产党所要建立的民主政权的信念，以及随着夺得政权以后所发生的嬗变，有一个发展过程。客观地分析和研究它，是一篇大文章。我们在这里所要研究的，是毛泽东的信念，他虽然在延安时代快速递接受了列宁和斯大林的马克思列宁主义，但他的世界观的深处不仅受到孙中山民主主义的影响，而且在长期的革命中发挥与发展了孙中山的民主观念，而且形成了自己的有关人民群众运动的思想。

1945 年的中国共产党第七次代表大会，标志毛泽东思想已经统一了全党。毛泽东在其所作的开幕词《两个中国之命运》，正式的政治报告《论联合政府》，以及在代表大会上所作的口头政治报告中，都反复地申明和解释了这一原则立场。毛泽东说：

> 我们的任务不是别的，就是放手发动群众，壮大人民力量，团结全国一切可能团结的力量，在我们党的领导之下，为着打败日本侵略者，建设一个光明的新中国，建设一个独立的、自由的、民主的、统一的、富强的新中国而奋斗。[4]

2　《毛主席等七人在新的政治协商会议筹备会上的讲词》，1949 年 6 月 20 日，人民日报，第一版。毛泽东的这篇讲话收入《毛泽东选集》第四卷的时候，"民主"这一词汇略去了。

3　毛泽东：《在中共中央政治局会议上的报告和总结》，《毛泽东文集》第五卷，人民出版社，1996 年，第 135–136 页。

4　毛泽东：《两个中国之命运》，《论联合政府》，《毛泽东选集》第三卷，人民在中国共产党第七次代表大会所做的口头政治报告，即内部所做的长篇政治报告中，毛泽东把这段话表述为"我们党的路线，我们党的政治路线"。[5] 鉴于新中国后来的实际走向与前苏联的体制相合相近，也许有的人会把毛泽东的这段话理解为中国共产党在那个时代就是要走苏联的"一党执政"和"一党专政"。不是这样，文中"独立的、自由的、民主的、统一的、富强的" 5 个副词，惟有从毛泽东有关"民主的"含义说明，至少在 1948 年 9 月中共中央政治局会议之前，毛泽东的民主共和理念与西方还没有根本性的差别。有的时候可以发现，毛泽东甚至向往美国式的民主。

请读者跟着我们挖掘的材料慢慢梳理，历史资料显示出一个完全不同于人们印象中的毛泽东。

最能够颠覆人们思想观念的材料，是上个世纪 70 年代美国人根据国务院的档案材料所写一本书，披露了 1944 年至 1945 年 3 月，毛泽东与美国外交官的几次谈话，表现出毛泽东不仅具有自由主义的一面，而且他甚至还公开承认中国共产党就是自由主义者。特别是 1945 年 3 月 13 日的谈话，正是中国共产党即将召开第七次全国代表大会之际。毛泽东一个很明确的观点，希望罗斯福总统向蒋介石施压，干预国共两党的关系，帮助中国的民主化进程，以期建立起一个与美国友好的联合政府。

太平洋战争爆发以后，美国的在华军人和外交官对中国共产党的抗战表现予以了很高的评价，而对蒋介石的国民政府的消极抗战表示了极大的不满。很早以来，美国政府及向国民政府提出在延安设置领事馆一类的外交机构，一直遭到蒋介石的拒绝。1944 年，罗斯福委派副总统华莱士方为重庆，再次以罗斯福本人的要求，再次向蒋介石提出。国民政府遂同意美军向延安派驻美军观察组。1945 年 7

出版社，1953 年，第 1048、1051-1052 页。《在中国共产党第七次全国代表大会上的口头政治报告》，《毛泽东文集》第三卷，人民出版社，1996 年，第 303-302 页。

5　《毛泽东文集》第三卷，第 303 页。

月22日，8月7日，美军观察组分两架次飞机总共18人抵达延安，美国驻华使馆二等秘书、中缅印战区司令部政治顾问约翰•S•谢伟思和雷蒙德•P•卢登分别以军事观察组的名义出现。1945年3月，谢伟思再次访问了延安。1974年，约瑟夫•W•埃谢里克借助国务院的档案材料出版的《在中国失掉的机会：美国前驻华外交官约翰•S•谢伟思第二次世界大战时期的报告》，原文发表了谢伟思两次在延安和毛泽东等中共领导人的谈话。

1945年3月13日，毛泽东对美国外交官说：

> 当半个中国被敌人切断了或被占领时，当除了国民党以外所有的党派的合法性都得不到承认时，不能召开国民大会。形势所需要的，和能够挽救它的唯一的一件事，就是成立一个联合政府。我们希望美国将运用它的影响帮助实现它。没有它，美国一直为之努力的一切都会化为乌有。[6]

实行民主，建立联合政府，这是毛泽东的基本观点。而且，谢伟思认为，这是去年将近一年来，他与毛泽东及其中国共产党人接触所留有的印象。谢伟思说：

> 同我去年同毛谈话一样，美国的政策是影响中国共产党以及国民党的行动的一个决定因素。就建立一个真正的联合政府而言，共产党人是愿意合作的。但是，一味支持中央政府和蒋，而把共产党人排除在外，将会促进不统一，而且后果将会是悲惨的。[7]

在与谢伟思的几次谈话中，毛泽东曾多次表达了对民主的渴望与祈求（以下引文均取自于《在中国失掉的机会：美国前驻华外交官约翰•S.谢伟思第二次世界大战时期的报告》，只注明页码）。

6　约瑟夫•W.埃谢里克：《在中国失掉的机会：美国前驻华外交官约翰•S.谢伟思第二次世界大战时期的报告》，国际文化出版社，1989年，第332页。

7　《在中国失掉的机会：美国前驻华外交官约翰•S.谢伟思第二次世界大战时期的报告》，第326页。

1944 年 8 月 3 日，毛泽东会见谢伟思时说：

> 美国的对华政策已不仅仅是一个关系到美国人的问题，它也是对民主的中国人有最大利害关系的问题……
>
> 美国政府是否关心民主，关心民主世界上的前途？举例来说，它是否认为民主在占世界人口四分之一的中国是重要的？它是否想要使中国政府成为真正代表中国人民的政府？它是否关心，它所承认的中国现政府没有任何法律为依据的合法地位，因而，绝不能代表中国人民？蒋介石是由一个政党、国民党的仅仅 90 个党员选举为主席的，这些人自己也不能有效地宣称代表该党即使是为数不多的党员。甚至希特勒更有理由宣称是民主国家。他是人民选出来的。并且他有一个国会。美国是否认识到目前国民党已经失掉了中国人民群众的信任和支持这一明显的事实？然而重要问题是，不在于美国政府是否认识到这个事实，而是它是否愿意设法帮助在中国实现民主，从而改进这种形势……
>
> 显而易见，国民党必须革除自身弊端并改组它的政府。在它目前的基础上，不可能希望它去打一次有效的战争。即使借助于美国使战争获胜，接踵而至的肯定是混乱。
>
> 政府必须扩大其基础，包容一切重要的人民集团。（第 251、252 页）

谢伟思还说，毛主席（这是谢伟思的称呼）还向他提议说，这件事很重大，甚至值得他（毛泽东）特意去重庆向美国大使提出。（第 253 页）

8 月 27 日，谢伟思给国务院所写的备忘录，题目是《访问毛主席》。这份备忘录是 8 月 23 日，毛泽东与谢伟思做了持续 6 个小时的访谈，26 日又与周恩来做过较长的谈话之后写的。谢伟思在备忘录中说，毛主席相信，美国对中国的影响，如果现在就运用起来会是决定性的，而且美国政策也相应对中国人民有极其重大的关系。所以他想知道那个政策是什么，或者看来将会是怎样一种政策。他提出了美国对中国民主问题的政策，对中国共产党的政策，和对中国内战的政策等问题。他认为，如果战争时期不能实现民主，内战将不可避免。（第 246 页）

太平洋战争以后，美国向中国派去很多士兵。毛泽东甚至认为这些士兵都赋有向中国人宣传民主的责任。他说：

> 在华的每个士兵应当是民主的一个活广告。他（美国士兵——引者）应该同他所遇见的每个中国人谈民主。美国官员或军官应跟中国官员或军官谈民主。最后，我们中国人就会考虑你们美国人的民主概念。（第 256 页）

当谢伟思提醒毛泽东说，美国宪法不容许把军队用作政治宣传力量，而且美国军队也没有像中共的军队里有对部队进行思想灌输和指导的政治部组织时，毛泽东还说：

> 但是，即令你们美国士兵不积极宣传，仅仅他们的到来并与中国人接触就有一种很大的影响力。因此我们欢迎他们（美国军队——引者）留在中国。国民党并不如此。它想隔离他们，使他们不了解真实情况。现在在前线有多少美国观察人员？我们乐意把你们的人带到任何地方去。国民党害怕大批美国人在华会产生影响。他们惧怕美军登陆仅次于他们惧怕俄国人作战。
>
> 美国人的存在从消极方面说也有好处。如果美国人分布在广泛的地方，他们对国民党会有一种约束力，会使国民党更难挑起事端。昆明就是一个例子。昆明已经成为自由主义思想和学生争取自由的一个中心，因为国民党不敢在这样多的美国人众目睽睽之下，逮捕学生并把他们投入集中营。相比之下，西安美国人很少，秘密警察就不受约束。
>
> 美国期刊上对国民党做的批评是很好的。其影响不会立即显现出来。有些时候，批评甚至可能暂时产生不好的反作用。但是，如果这是公平的话（国民党将会知道是否公

平），它会引起国民党踌躇不决和思索——因为他们需要美国的援助。

最后，你们美国人和我们共产党人的任何一次接触都是愉快的。当然，我们高兴美军观察组的到来，因为它会帮助打败日本。但是，至少到目前为止，说你们的到来的首要重大意义是（或者不是）其对国民党的政治影响，是没有好处的。（第 256-257 页）

如果不是美国国务院的档案，任何人不会相信以上是毛泽东对一位美国的外交官所说的话。当时，美国海军已经彻底摧毁了日本海军，把日本干出了太平洋，麦克阿瑟将军所领导的陆军正在夺取菲律宾和东南亚其他岛屿，对日本本土具有战略性意义的冲绳争夺战也基本结束。在这样的形势下，毛泽东仍然强调美军在中国登陆的重要性，而谢伟思则向他暗示说，对日战争可能用其他的方式取得胜利，在中国登陆的是不必要的。毛泽东却坚持说：

我们认为，美军必须在中国登陆。自然，它取决于日军的力量和战争的发展。但是日军主力在长江流域和华北——更不用说满洲了。

假设美军不在中国登陆，对中国说那将是不幸的事。国民党作为政府——没有能力成其为政府的政府——将继续存在下去。

如果实行登陆，美军就必须和中国双方——国民党和共产党——部队合作。我们的部队目前包围着汉口、上海、南京和其他大城市。我们是内线；国民党在更远的后方。（第257 页）

毛泽东认为，中国的内战是不可避免的，而内战的实质在于中国老百姓要保卫他们的民主权利。他说："如果国民党破坏我们在各边区已经取得的进步，如果他们夺走人民新取得的民主权利，人民会起来抵抗并要求我们的援助。"（第 258 页）在与美国外交官的谈话时，毛泽东发表了长篇、长篇的有关民主，以及认为美国会帮助中国向民主方向发展的谈话。他说：

> 事实是清楚的，甚至对国民党也一样，即中国的政治倾向是有利于我们的。我们坚持国民党第一次全国代表大会宣言。这是真正伟大、民主的文献。孙中山不是共产党员。宣言今天仍然是站得住脚的。它不会很快就过时的。既是国民党真的陷于崩溃，我们仍愿意坚持它，因为它的总的政策是好的，适合中国国情。我们做过的每桩事情，我们纲领的每个条款，在这一文献中都可找到……
>
> 我们的经验证明：中国人民理解民主并且要求民主。它无需经过长期实验，或者教育，或者"监护"。中国农民并不愚蠢；和每个人一样，他很精明地关心于他的权利和利益。（第 259 页）

毛泽东甚至认为，美国人对中国人的帮助是现实的，而指望俄国人的帮助则是不现实的。毛泽东说："俄国人在战争期间损失惨重，战后会全力忙于自己的重建工作。我们不指望得到俄国人的帮助。"（第 259 页）毛泽东说：

> 不仅如此，国民党由于其反共顽症，是反对俄国人的。因此国民党——苏联合作是不可能的。而且对我们来说，寻求俄国援助只会使中国局势更糟。中国已经够混乱了！不管怎样，即使国民党要求，苏联的援助也是不大可能的。
>
> 而且俄国不会反对美国在中国的影响，只要这些影响是建设性的和民主性的。苏美在中国不会有可能的冲突点。俄国只要求有一个友好的、民主的中国。美国和中国共产党之间的合作，将会使一切有关方面都有利和满意。（第 259-260 页）

在谈话中，谢伟思说，共产党这个名称会让美国商人害怕。毛泽东笑着回答说，他们曾经想到改变名称。毛泽东还说：

> 中国共产党的政策只是自由主义的政策……
>
> 即使最保守的美国商人，也不会在我们的纲领中发现可持异议的东西……
>
> 美国会发现我们比国民党更容易合作。我们不怕民主的美国影响——我们愿意欢迎它。（第 260 页）

1945 年 3 月，当谢伟思从重庆的中国共产党那里获悉，中国共产党将于近日在延安召开第七次全国代表大会的消息后，立即向美国国务院请求重返延安。但是，中国共产党的七大因故延砦。在此期间，罗斯福新任命的驻华大使赫尔利发现谢伟思等驻华使馆的外交人员向国务院递交了反对自己的长篇备忘录，则在华盛顿向国务院施压，坚决要求召回谢伟思。于是，驻华使馆通知谢伟思立即返回重庆。3 月 13 日下午及晚上，赶在第二天即将离开前，毛泽东特别会见了已经接到紧急回国指令的谢伟思。毛泽东在谈话中说：

> 美国会终于认识到，只支持中央政府，并不是进行这场战争、加快中国民主进程、或保证远东战后安定的最佳途径。（第 326 页）
>
> 国民党害怕真正的民主，因而成为法西斯的党。因此，今天就有了这个奇特的封建法西斯联合体——国民党。这是国民党无力摆脱的背景和特征。（第 328 页）
>
> 和平过渡到宪政的唯一希望就是成立一个联合政府，这个宪政将民主地包括、并代表全国各方面。（第 330 页）
>
> 中国需要和平。但是她更需要民主，因为对和平来说民主是根本的。（第 339 页）

谢伟思在写给国务院的备忘录里，还特别报告了毛泽东给他谈到的农民问题。

> 中国人民实际上是农村居民，农民。在中国的 4 亿 5 千万人中，他们至少占 3 亿 6 千万。知识分子、文职官员、商人、资本家仅仅是上层的少数。农民就是中国。（第 327 页）

　　因此，中国农民的问题是中国未来的基本问题。（第 327
页）

　　中国共产党是中国农民的党。（第 329 页）

　　总结以上内容，（一）毛泽东和中国共产党在抗战即将结束的时
候，是在争取一个民主自由的新中国；（二）毛泽东把建立联合政府
的希望，寄托在美国政府对蒋介石的国民政府施加压力和影响上；
（三）为了影响与改变国民党的专制，毛泽东不惜选择欢迎美军在中
国登陆和美军占领中国；（四）毛泽东认为，战后中国的前途是与美
国的合作，而不是跟着苏联和斯大林；（五）毛泽东认为，中国共产
党是继承和发展了孙中山的三民主义精髓的，是孙中山的继承者；
（六）毛泽东承认，中国共产党的政策是自由主义的。

　　也许有读者会说，这是毛泽东对美国人说的。不错，这是对美国
人说的。但是，这也是同一时期毛泽东在党的会议上以及指导党的工
作的基本思想。1944 年 5 月 21 日，毛泽东在党的六届七中全会的工
作报告中，用国民党河南调查室给中统局的一个调查报告的实例说
明，抗战中国共产党和国民党各自不同的方针所带来的不同结果：
不民主的方针必然使抗战失败，只有民主的方针才能战胜敌人。毛泽
东说：

> 　　我们的八路军、新四军实行民族主义与民主主义地教
> 育，我们充分发动了人民的力量，在敌后建立了十几个根据
> 地，曾经停止了敌人在正面战场的战略进攻达五年半之
> 久。……实行民主则胜，不实行民主则败，以前这还只是我
> 们的一种理想，现在开始变为现实了。[8]

　　在抗战中实行民主，通过民主政治赢得抗战的胜利，这是毛泽东
的一种理想。1945 年 3 月 31 日，毛泽东在六届七中全会上对中央委
员们解释他即将提交第七次全国代表大会上的政治报告《论联合政

8　　毛泽东：《在中共六届七中全会上的工作报告》，《毛泽东文集》第三卷，人
　　民出版社，1996 年，第 137 页。

府》时，一开始就说：

> 为了达到建设新中国之目的，我们的原则是放手发动群众。抗战以来我们一贯如此，而另一条路线则是束缚群众。蒋介石就是束缚群众，他在柳州会议上讲所谓精神征服。我们对同志与人民是诚诚恳恳，无所谓精神征服，对敌人则是武力征服。……还在一九三七年我就提出只有民主才能救中国，当时有同志不赞成，他们不知道抗日的问题是已经定了的，当时的问题是如何抗日。……要三民主义是一个原则问题，一定要坚持。[9]

毛泽东关于只有民主才能救中国的政治命题，是在 1937 年 5 月 10 日接受美国记者尼姆·威尔斯的谈话中，第一次比较完整地表述的。他说：

> 以抗战求国内和平团结，没有民主不能巩固和平与真正团结，抗日要求全国人民参加，没有民主则老百姓不能参加，无和平团结，无人民参加，抗战成为不可能，即战亦不能保证胜利。所以民主制度为抗日战争胜利之必要条件，非它不可。[10]

毛泽东在这次谈话中还进一步阐述说：

> 国民党过去的准备论是先安内后攘外，是无止境的内战，是消耗抗日力量；而今天所做的准备是停止内战，巩固国内和平，实现民主政治，开放人民救国的一切自由，组织民众，训练民众，武装民众，同时加速完成军事、政治、财政、经济、文化、教育各方面的抗敌准备工作。

毛泽东说：

9　毛泽东：《对〈论联合政府〉的说明》，《毛泽东文集》第三卷，第 272-273 页。

10　毛泽东：《抗日民主与北方青年》，《毛泽东文集》第一卷，人民出版社，1993 年，第 500 页。

　　　　我们要在正与国民党进行谈判中的共同政治纲领里提
出，给工农以集会、结社、言论的自由，普遍的选举权，对
工人必须改良待遇，改善劳动条件，对农民应减租减税，关
于土地问题，应以立法及其他适当手段解决之。[11]

毛泽东"民主制度为抗日战争胜利之必要条件，非它不可"的主
张，其实是中国共产党在抗战期间指导共产党与国民政府关系的纲
领和政策。"当时有同志不赞成"，但历史事实教育了党内同志。中央
红军从井冈山突围后没有一块立足之地，完全是在一个偶然的机会
下才至陕北落脚。抗战前，中国共产党由全国不到 30 万党员减少到
3 万多，红军由大约 30 万减到不足 3 万。经过 8 年抗战，中国共产
党有了 17 块抗日根据地，合计近 1 亿的人口，50 万军队和全国 120
万党员。[12] 实践证明了毛泽东实行民主政治，放手发动群众的路线是
正确的。

但是，即使大敌当前，在抗战时期，国民党也不愿意团结一切政
党，共同抵御外辱。1939 年，国民党颁布《限制异党活动办法》，"将
抗战初期人民和各抗日党派争得的某些权利，一概取消"。[13] 中国共
产党就此也与国民党不断开展斗争，争取合法权利。1942 年 10 月至
1943 年 6 月，中国共产党委派林彪在重庆与国民党谈判，所提 4 条
要求中，第一条即为要求中共的合法地位，在这一前提下，"可允许
国民党在陕甘宁边区和敌后抗日根据地办党"。[14]

1944 年 5 月 15 日，中国共产党又向国民党政府提出 20 条谈判
意见，其中有关政府的 3 条，全都是民主问题的内容。"（一）请政府
实行民主政治与言论、出版、集会、结社及人身之自由。（二）请政
府开放党禁，承认中共及各爱国党派的合法地位，释放爱国政治犯。
（三）请政府允许实行名副其实的人民地方自治。"另外，在有关两

11　《毛泽东文集》第一卷，第 501、499 页。
12　《毛泽东文集》第三卷，第 139、303 页。《毛泽东选集》第四卷，第 1121 页。
13　《毛泽东选集》第三卷，第 1065 页。
14　《毛泽东文集》第三卷，第 135 页尾注 [4]。

党关系之 17 条中，仍有杜绝特务活动、地方自治、释放政治犯、言论和办报自由等 8 条也都是民主问题。[15]

同年 9 月 27 日，毛泽东在为中共谈判代表林伯渠起草的批驳国民党谈判代表王世杰、张治中的信件中，毛泽东更是深刻揭露了国民党政府反民主反自由的倒行逆施和颠倒黑白的恶劣行径，指出目前抗战形势之危急，而“造成这些严重危机的最根本原因，就是由于在一党独裁制度下完全没有民主”。“现在唯一挽救时局的办法，就是要求国民政府与国民党立即结束一党专政的局面”。毛泽东进一步分析说：“如果一党专政的局面继续维持不变，则无法取得人民的信任，各种危机只会增大，人民不能动员，抗战不能胜利……”。一段 800多字的话，毛泽东 4 次用“一党专政”批判国民党，可见对其之痛恨、之厌恶。惟其如此，是因为毛泽东相信，“实行民主（是）一项关系国家兴亡之大问题”。[16]

1945 年 8 月 15 日，日本政府宣布投降。28 日，毛泽东飞赴重庆与蒋介石谈判。30 日，毛泽东给在延安主持中共中央日常工作的刘少奇发送电报，告诉在重庆的国共谈判中，中共所提的 11 条意见，其中有必须结束国民党的独裁统治，提出“在结束党治过程中，迅速采取必要办法，达到政治民主化、军队国家化、党派平等合法化”。[17]

根据谢伟思的谈话记录，毛泽东与他在 1944 年谈话时高度评价了孙中山，指出了中国共产党与孙中山的渊源。似乎在 1945 年的谈话中没有提到孙中山。其实，毛泽东在与谢伟思谈话的前后，毛泽东在党的会议上，更频繁地论述孙中山。4 月 24 日，毛泽东提交给党的第七次全国代表大会的政治报告《论联合政府》，总计 4 万多字的

15　毛泽东:《向国民党提出的二十条谈判意见》,《毛泽东文集》第三卷，第 132-134 页。

16　毛泽东:《为林伯渠起草的复王世杰、张治中的信》,《毛泽东文集》第三卷，第 214-215 页。

17　毛泽东:《同国民党谈判的十一条意见》,《毛泽东文集》第四卷，人民出版社，1996 年，第 20 页。

文章，"孙中山先生"出现了 15 次，"孙先生"出现了 18 次。3 月 31 日，在七大召开前的六届七中全会上，毛泽东在向中央委员说明即将向代表大会提交的政治报告时说：

> 对孙中山讲得是否太多了？不多。我们要善于引用他，这没有害处，只有好处，列宁也要我们发挥他。他的遗嘱中唤起民众、联合世界上以平等待我之民族这两条是基本策略，他关于民主讲得最好，要为一般平民所共有。[18]

毛泽东说"我们要善于引用他，这没有害处，只有好处"是从策略上说的，但说"他关于民主讲得最好"，则是从革命的实质，以及革命过程所遵循的逻辑和发展的次序，从事物发展的必然性来讲的。20 多天以后，4 月 24 日，毛泽东在中国共产党第七次全国代表大会上的口头政治报告里又说：

> 关于孙中山。在我的报告里很说了几句好话。孙中山这位先生，要把他讲完全。我们是马克思主义者，是讲历史辩证法的。孙中山的确是做过些好事，说过些好话，我在报告里尽量把这些好东西抓出来了。这是我们应该抓住死也不放的，就是我们死了，还要交给我们的儿子、孙子。但是我们和孙中山还有区别，孙中山的三民主义比我们的新民主主义差，新民主主义的确比三民主义更进步，更发展，更完整。我们党内有一种情绪，不喜欢孙中山，这种情绪在相当广大的党员中存在着。认真说，这种情绪是不大健全的，是

---

18 毛泽东：《对〈论联合政府〉的说明》，《毛泽东文集》第三卷，第 272 页。引文中说"列宁也要我们发挥它"，是指列宁 1912 年 7 月 15 日发表的文章《中国民族主义和民粹主义》。列宁在这篇文章中高度评价了孙中山，称其为"已经争得了共和制度的、战斗的和胜利的中国民主派的代表"，说"孙中山纲领的每一行都渗透了战斗的、真诚的民主主义"。列宁在文章的最后说，当中国无产阶级政党在将来出现以后，"这个党在批判孙中山的小资产阶级空想和反动观点时，一定会细心地辨别、保存和发展它的政治纲领和土地纲领的革命民主主义内核"。《列宁选集》第二卷，人民出版社，1972 年，第 423、424、428 页。

还没有真正觉悟的表现。……将来我们的力量越大，我们就越要孙中山，就越有好处，没有坏处。我们应该有清醒的头脑来举起孙中山这面旗帜。[19]

毛泽东说"我们党内有一种情绪，不喜欢孙中山，这种情绪在相当广大的党员中存在着"，主要因为两方面的原因，一个是由于蒋介石和国民党以孙中山的正统的继承人自居，总是打着孙中山的旗号，他们高一党专政，不允许其他正当存在，反民主，损坏了孙中山的名誉。所以，当人们与国民党反动派作斗争的时候，反对国民党的独裁统治的过程中，自然也会反对国民党所打的这面旗帜。这一点，毛泽东在讲话中说清楚了。

但是，还有一个重要原因，是连毛泽东自己也未能意识到的，那就是马克思列宁主义。我们所引述的列宁对孙中山的评价里，已经隐含了列宁主义对孙中山批评与批判的必然逻辑。列宁所构造的马克思列宁主义，是一种脱离具体国情与现实的虚幻的意识形态，当它现身的时候，总是以人类历史上最先进、最科学、最革命、最正确的面目以示人，一定要占领道德的最高位置，一定要厚此薄彼，蔑视一切。所以，中国共产党人中自以为远比孙中山更革命与进步的，不在少数。毛泽东说"这种情绪是不大健全的，是还没有真正觉悟的表现"，模糊地意识到它不同于上面所说的因为蒋介石打着孙中山的旗号而不喜欢孙中山，——如果仅仅这个原因，只需要向党内阐述要把蒋介石和孙中山分开，也就可以了。毛泽东认为是"情绪不健全""没有真正觉悟"，所以不是简单地把孙中山和蒋介石混淆了得问题，而是思想理论上的认识问题。在这一方面，其实也包括毛泽东自己在内，由于信奉列宁主义而追求离开中国具体国情的社会主义，所也自认为是比孙中山高明，所以在推翻了国民党的"一党独占政府"的制度以后，本该在任职实现孙中山的民主共和制理想的时候，却又走向

19　毛泽东：《在中国共产党第七次全国代表大会上的口头报告》，《毛泽东文集》第三卷，第 321-322 页。

了歧途。——这是另外一个大问题，我们在适当的时候再予以讨论。

毛泽东作为一个信奉马克思列宁主义的中国共产党领袖，能够带领共产党取得打败国民党的巨大胜利，就在于即使共产党，却又从中国的现实出发，从中国革命过程的逻辑次序出发接受了孙中山的民主思想，将虚无缥缈的社会主义和共产主义放在了民主革命以后的将来再去解决。他在和谢伟思谈话中就说：

> 不管是农民还是全体中国人民，都没有为实现社会主义而做好准备。在未来的很长时间内，他们不会准备好的。必须经历漫长的、民主管理的私人企业时期。侈谈立即进入社会主义是"反革命思想"，因为它不现实，而想实行它总会自招失败。[20]

抓住农民问题，解决中国在由传统的自然经济向资本主义转变过程中的民主与民生问题，这就是毛泽东成功的秘诀。在抗战时期，毛泽东要求中国共产党人深入日本帝国主义占领区的广大农村，实行减租减息，发动群众，依靠群众，壮大了抗日力量，也即壮大了中国共产党，壮大了共产党所领导的八路军、新四军和敌后抗日游击队，壮大了共产党所领导的革命抗日根据地。1945 年，抗日战争即将结束的时候，毛泽东在中国共产党第七次全国代表大会上，则将以上政策和策略总结为党的最高纲领和最低纲领。最高纲领也即中国共产党的将来纲领，共产党终极的奋斗目标。最低纲领或一半纲领，是各个阶段中的具体纲领，也即现在的奋斗纲领，共产党在现阶段的革命任务和奋斗目标。

毛泽东在《论联合政府》中说：

> 我们共产党人从来不隐瞒自己的政治主张。我们的将来纲领或最高纲领，是要将中国推进到社会主义社会和共产主义社会去的，这是确定的和毫无疑义的。我们的党的名

---

20 《在中国失掉的机会：美国前驻华外交官约翰·S.谢伟思第二次世界大战时期的报告》，第 328 页。

称和我们的马克思主义的宇宙观，明确地指明了这个将来的、无限光明的、无限美妙的最高理想……

但是，一切中国共产党人，一切中国共产主义的同情者，必须为着现阶段的目标而奋斗，为着反对民族压迫和封建压迫，为着使中国人民脱离殖民地、半殖民地、半封建的悲惨命运，和建立一个在无产阶级领导下的以农民解放为主要内容的新民主主义性质的，亦即孙中山先生革命三民主义性质的独立、自由、民主、统一和富强的中国而奋斗。[21]

如果说抗战前的中国共产党还不是很成熟，它的领导集团还未能形成，还没有一个明确的奋斗目标，全党也不是那么统一的话，那么，经过抗日战争的考验与成长，特别是在抗战过程中在政治上已经成熟的毛泽东，把中国共产党从其产生一开始就无条件接受了的列宁和斯大林的共产主义这一虚幻的奋斗目标推到了很远的将来，而要求全党为现实的民主联合政府而奋斗。不到 5 年的时间，中国共产党就从国民党手里夺得了政权。

21　毛泽东：《论联合政府》，《毛泽东选集》第三卷，第 1028-1029 页。

13. 中国共产党人应有的现代意识与历史担当

中国共产党和毛泽东是以马克思列宁主义为其指导思想的。指导思想，历史观，世界观，都是具有同等意义的词语，是要回答人类历史是如何发展的，这个世界究竟是什么样子的？对它们的看法和解释，会影响到人们对客观世界的认识，甚至决定人们对一些具体问题如何去做，所以又说是历史观、世界观，总之都是具有指导意义和属于指导思想范畴的事情。但是，必须知道，马克思列宁主义是列宁和斯大林从马克思的论著出发所总结的革命学说，它主张工人阶级（无产阶级）通过暴力革命推翻资产阶级国家机器，建立自己的政权，实行社会主义。而列宁特别强调无产阶级革命与无产阶级专政的重要性，说它是马克思学说的精髓。[1]

毫无疑问，列宁的这一学说来源于马克思。但是，马克思和恩格斯在阐述这些问题时有一个前提，即资本主义把世界连接在一起，无产阶级的革命运动是一项世界性的事业。所以，马克思和恩格斯认为，无产阶级的革命运动具有共同性、世界性，要同时爆发和进行。至少，也是当时所有的发达国家英国、美国、法国、德国同时发生。[2] 为此，他们在《共产党宣言》里还发出著名的呼吁："全世界

---

[1] 列宁："谁要是仅仅承认阶级斗争，那他还不是马克思主义者，他可能还没有走出资产阶级思想和资产阶级政治的圈子。用阶级斗争学说来限制马克思主义，就是割裂和歪曲马克思主义，把马克思主义变为资产阶级可以接受的东西。只有承认阶级斗争、同时也承认无产阶级专政的人，才是马克思主义者。马克思主义者同庸俗小资产者（以及大资产者）之间的最大区别就在这里。必须用这块试金石来测验是否真正了解和承认马克思主义。"列宁：《国家与革命》，《列宁选集》第三卷，第 199 页。引文中的着重号是原文就有的。

[2] 恩格斯《共产主义原理》，《马克思恩格斯选集》第一卷，第 221 页。

无产者联合起来！”³ 所以，即使说无产阶级革命与无产阶级专政是马克思主义的精髓，那也都是建立在资本主义高度发展的基础之上的，是以资本主义社会为条件的。

但是，列宁所总结的革命学说又来源于落后的俄国。列宁把俄国革命当作是全世界的无产阶级革命的一个部分，认为帝国主义进行的世界战争为欧洲各主要资本主义国家的无产阶级革命提供了机遇，而俄国革命是在资本主义世界的链条上的薄弱环节首先爆发，是先走了一步。遗憾地是，俄国革命成功以后，列宁所预言的世界革命并没有发生，甚至欧洲各主要资本主义国家根本就没有出现过他所设想的革命，而发生革命的却都是与俄国同样没有经历过资本主义的落后国家。

所以，我们且不评论马克思有关无产阶级革命与无产阶级专政的学说是否科学，而先确定一个无疑的事实是，自以为用马克思列宁主义武装起来的苏联共产党和中国共产党所建立的国家既不是无产阶级专政，也不是社会主义。因为苏联共产党和中国共产党都说它是无产阶级先锋队组织，所以，它所领导和统治下的国家政权的性质毫无意义就是无产阶级专政了。但是，这里恰恰就埋伏了一个很大的问题。由于俄国和中国根本就未经历过资本主义制度，所以，在这两个国家里，根本就不可能存在一个无产阶级。在一个没有无产阶级的国度里，当然不可能发生无产阶级性质的政党，也不可能有无产阶级的政权或者所谓的无产阶级专政。

关于这一点，晚年的列宁和毛泽东都有论述。1922 年 3 月，列宁在俄共（布）中央委员会所做的最后一次政治报告中说：

> 谈到“工人”，常常以为指的就是工厂无产阶级。根本不是那么一回事。从战争开始以来，我们这里进工厂的根本不是无产者，而是逃避打仗的人。难道在我国目前的社会经济条件下，能说进工厂的是真正的无产者吗？这样说是不

3　马克思恩格斯《共产党宣言》，《马克思恩格斯选集》第一卷，第 286 页。

对的。这符合马克思的说法，但是马克思说的不是俄国，而是 15 世纪以来的整个资本主义。对过去的 600 年，这是正确的，而对现在的俄国不适用。[4]

再来看中国共产党。1956 年，毛泽东在八大会议上讲话说：

> 关于中央委员会的名单，……这个名单里头，工人少，上海工人差不多没有，天津工人也没有，武汉、重庆、广州、沈阳、鞍山、大连、青岛的工人也没有，北京工人也没有。……我们这个中央历来就是无产阶级成分很少。……也许到九大、十大，都不可能有很多工人选到中央委员会里头来。……世界无产阶级的领袖马克思、恩格斯、列宁、斯大林这几位也都不是工人出身。[5]

自以为无产阶级性质的苏联共产党也从来是把中国共产党当作农民党看待的。1948 年至 1949 年，斯大林给中国共产党派去的代表，其一项重要的工作就是建议中国共产党注意吸收工人阶级代表参加党和国家的领导层，"使工人阶级确实感到自己是统治阶级并处于执政地位"。但是，根据苏联代表写给斯大林的报告，"中共中央在这方面并没有采取任何根本措施"，"中共领导层仍然不能充分估计到工人阶级在国家革命改造中的作用"。所以，"无论在党内还是国家管理的领导岗位上其实都没有中国工人阶级的代表。"[6] 其实，不是中国共产党不重视或不愿意发展工人党员，以及在党和新政权里安排工人党党员，而是直接的工人中具有领导和组织能力的，适合战争与革命形势需要的工人太少了。

---

4 列宁《俄共（布）第十一次代表大会文献》，《列宁全集》中文第二版第 43 卷，第 104 页。

5 毛泽东《关于第八届中央委员会的选举问题》，《毛泽东文集》第七卷，人民出版社，1999 年，第 103 页。

6 安·梅·列多夫斯基：《关于斯大林向中共领导人提出的 12 点建议》，中共中央编译局马列部：《马克思恩格斯列宁斯大林研究》2005 年第 2 期，第 60、58 页。

但是，无论什么原因，对于苏联共产党和中国共产党来说，没有无产阶级，无产阶级在该组织中不占据主体成分，特别是不在领导集团占据主体地位，当然也就谈不上具有无产阶级性质，不能说是无产阶级的政党，它所领导和建立的国家政权也不该说是“无产阶级专政”。

另外，按照马克思的论述，社会主义和共产主义都是建立在资本主义高度发达基础上的，其主体性的因素都是在资本主义母体里孕育和形成的，俄国和中国根本就没有经历过资本主义，那么，一个勿庸置疑的结论就是，无论共产党或者什么政党也就不可能在落后的社会形态里建立起比资本主义还要高级的社会主义和共产主义。所以，我们说，苏联与中国共产党的马克思列宁主义纯粹就是一种虚幻的思想意识形态。

那么，苏联共产党和中国共产党是如何取得成功的呢？如果我们认真分析的话，这两个国家共产党的所谓胜利，恰好在于它们指导思想的虚幻性。——以中国共产党来说，每当它执行马克思列宁主义的无产阶级革命和无产阶级专政学说的时候，革命就受挫折和失败，而当回避或者所谓变通执行这一学说的时候，就收获了成功与发展。

假使我们以中国共产党确立毛泽东的领导地位为线，在此以前，特别是在以留苏学生王明、李立三等为代表的领导时代，中国共产党忠实执行苏联共产党的革命路线（所以中国共产党的党史上称之为“教条主义”），要求用革命手段直接反抗资产阶级国家和建立工人阶级领导的无产阶级专政即“共产主义苏维埃国家”的路线，革命则不断遭受挫折和失败。而毛泽东的成功领导恰好是把中国革命“分为两步走”，先完成孙中山提出的民主主义革命，第二步即在完成资产阶级应该完成的革命任务以后，再进行社会主义革命。这一策略实际上是推迟和回避了马克思列宁主义，为中国共产党制订了满足中国人口最大多数的农民实际需要的革命路线，这才有了中国共产党的大发展。

抗战结束的前夕，1945 年 4 月，中国共产党第七次全国代表大会上，毛泽东为党制订了为争取"孙中山先生革命三民主义性质的独立、自由、民主、统一和富强的中国"的政治纲领。毛泽东解释按照这一革命蓝图所得到的新中国，将是"一个以全国绝对大多数人民为基础而在工人阶级领导之下的统一战线的民主联盟的国家制度，我们把这样的国家制度称之为新民主主义的国家制度"。[7] 蒋介石的国民党是打着孙中山的三民主义旗号的，毛泽东也要打相同的旗号，说明中国共产党当时要做的事业、完成的任务，虽然在解释上与国民党不同，但根本的与实质性的问题仍然是孙中山想要做的，而不是列宁斯大林的无产阶级革命和无产阶级专政，这是毛泽东取得成功的主要原因。

但是，虽然毛泽东反对蒋介石及其国民党的一党专政，可毛泽东所信仰的马克思列宁主义在其本质上也是那一套。所以，当与国民党的内战稍微显示出优势，有望夺取全中国的时候，毛泽东的愿景就是一党执政和一党制。1939 年毛泽东取得党的领导地位以后，斯大林曾经给延安派了一位少将军医作为毛泽东及其家庭的私人医生，该军医有一个专用的电台负责斯大林和毛泽东之间的联系。1947 年 11 月 30 日，毛泽东给斯大林的信中说，鉴于"目前的局势表明，蒋介石制度将在 4 年内灭亡。中国已开始新的革命高潮"。为此，毛泽东说：

> 按照苏联和南斯拉夫的成例，中国革命彻底胜利之后，除中国共产党外，其他一切政党都应退出政治舞台，以使中国革命更加巩固。[8]

从 1948 年 4 月 20 日斯大林给毛泽东的回复中知道，毛泽东在 3 月 15 日给斯大林的信里，已经修正了上述观点，提出"成立中央

7　毛泽东：《论联合政府》，《毛泽东选集》第三卷，第 1079 页。

8　《毛泽东给斯大林的电报》，中共中央马恩列斯编译局：《马克思恩格斯列宁斯大林研究》2001 年 3，第 131、130 页。

政府并吸收自由派资产阶级代表参加政府的意见"。[9] 但是，可以清楚地反映，在毛泽东的思想深处究竟是什么。当中国共产党基本打败了国民党以后，毛泽东就开始向马克思列宁主义历史观方向靠拢，提出人民民主专政的概念。1948 年 9 月，毛泽东在政治局会议上讲话说："我们政权的阶级性是这样：无产阶级领导的，以工农联盟为基础，但不仅仅是工农，还有资产阶级民主分子参加的人民民主专政。"[10] 他说：

> 我们采用民主集中制，而不采用资产阶级议会制。议会制，袁世凯，曹锟都搞过，已经臭了。在中国采取民主制是很合适的。我们提出开人民代表大会，孙中山遗嘱还写着要开国民会议，国民党天天念遗嘱，他们是不能反对的。外国资产阶级也不能反对，蒋介石开过两次"国大"它们也没有反对。德国、北朝鲜也是这样搞的。我看我们可以这样决定，不必搞资产阶级的议会制和三权鼎立等。[11]

民主集中制概念是由列宁提出来的。不过，最早他是用这一原则框定俄国社会民主党的。他说，党的地方性活动必须完全自由，而作为统一的党则需要贯彻集中制。[12] 在革命后的一次论述中，列宁则说："民主集中制只是说，各地代表在一起开会并选出负责任机关来进行管理。……由代表大会检查中央的工作，免除中央的职务并任命新的中央。"[13] 毛泽东这里讲"我看我们可以这样决定，不必搞资产阶级的议会制和三权鼎立"，其实还是列宁的无产阶级专政思想。我

9　《斯大林给毛泽东的电报》，《马克思恩格斯列宁斯大林研究》2001 年 3，第 132-133 页。

10　毛泽东：《在中共中央政治局会议上的报告和结论》，《毛泽东文献》第五卷，人民出版社，1996 年，第 135 页。

11　同上，第 136 页。

12　列宁：《我们的当前人物》，《列宁全集》中文第二版第 4 卷，人民出版社，1984 年，第 167 页。

13　列宁：《俄共（布）第九次代表大会文献》，《列宁全集》中文第二版第 38 卷，人民出版社，1986 年，第 290 页。

们知道，列宁把工人代表苏维埃看作是马克思所肯定过的巴黎公社式的无产阶级专政形式，所以，他在 1917 年的《四月提纲》里就说：

> 不要议会制共和国（从工人代表苏维埃回到议会制共和国，是倒退了一步），而要从下到上由全国的工人、雇农和农民代表苏维埃组成共和国。[14]

但是，与议会制共和国决然不同，而是与中世纪以来的政教合一得国家文明一致的是，从上到下的国家政权机构都由"民主集中制"的布尔什维克党所构成，所以，在列宁的所谓民主集中制原则基础上的布尔什维克控制下的国家前途只能是一党专政的国家制度。这样的国家制度中国并不是没有，毛泽东与之斗争的国民政府就是由苏联帮助国民党在 1924 年建立的。剑桥史学家叙述这段历史时说：

> 具有更重大意义的是，苏联和以广州为中心的国民革命运动建立了密切的关系。在俄国的顾问的帮助下，国民党进行了改组。它效仿俄国共产党的样子，采取了一个极权主义的结构；它发展了给工农大规模灌输信仰的方法……[15]

其实，毛泽东作为参加国民党的共产党代表，是亲历这段历史的，但是他可能以为国民党的一党制是反动的，而斯大林的和他所领导的一党制则是革命的。总之，随着胜利的完全到来，毛泽东关于阶级斗争，无产阶级革命和无产阶级专政的味道越来越浓。中华人民共和国诞生前 2 个多月，在为 1949 年 7 月 1 日党的生日所写的纪念文章里，毛泽东说：

> 中国人民在几十年中积累起来的一切经验，都叫我们

14　列宁：《论无产阶级在这次革命中的任务》，《列宁选集》第三卷，第 15 页。

15　在叙述 1924 年孙中山在广州建立的国民政府与苏联的关系时，剑桥的历史学家说："具有更重大意义的是，苏联和以广州为中心的国民革命运动建立了密切的关系。在俄国的顾问的帮助下，国民党进行了改组。它效仿俄国共产党的样子，采取了一个极权主义的结构；它发展了给工农大规模灌输信仰的方法……"《新编剑桥世界近代史》第十二卷，中国社会科学出版社，1987 年，第 498 页。

实行人民民主专政，或曰人民民主独裁，总之是一样，就是剥夺反动派的发言权，只让人民有发言权。

人民是什么？在中国，在现阶段，是工人阶级，农民阶级，城市小资产阶级和民族资产阶级。这些阶级在工人阶级和共产党的领导之下，团结起来，组成自己的国家，选举自己的政府，向着帝国主义的走狗即地主阶级和官僚资产阶级以及代表这些阶级的国民党反动派及其帮凶们实行专政，实行独裁，压迫这些人，只许他们规规矩矩，不许他们乱说乱动。如要乱说乱动，立即取缔，予以制裁。对于人民内部，则实行民主制度，人民有言论集会结社等项的自由权。选举权，只给人民，不给反动派。这两方面，对人民内部的民主方面和对反动派的专政方面，互相结合起来，就是人民民主专政。[16]

中国共产党自己的总结和评价，常常认为会犯左的错误。邓小平就多次说："中国要警惕右，但主要是防止'左'。"[17] 但是，这是为什么？人们却回答不上来。在邓小平倡议和主持下形成的《中国共产党中央委员会关于建国以来党的若干历史问题的决议》中说："中国共产党是马克思列宁主义同中国工人运动相结合的产物，是在俄国十月革命和我国五四运动的影响下，在列宁领导的共产国际帮助下诞生的。"[18] 这就是中国共产党总是犯左的和极左的错误的思想根源。既然马克思列宁主义是关于无产阶级革命和无产阶级专政的学说，那当然是工人（无产阶级）运动的产物。可是，中国在解放前基本上没有现代产业，特别是中国共产党被国民党打到乡下的 20 多年里，基本上就没有在城市待过，哪来的工人运动？新中国以后，中国

---

16 同上，第 1480 页。

17 中共中央文献研究室编：《邓小平年谱：1975-1997》（下），中央文献出版社，2004 年，第 1343 页。

18 《中国共产党中央委员会关于建国以来党的若干历史问题的决议》，《三中全会以来重要文献选编》上，人民出版社，1982 年，第 788 页。

有了不少的工业，也有了工人队伍，可是中国共产党至今也还是少有工人出身的党员，既谈不上主体成分是工人阶级，更没有工人出身并且按照"民主集中制"原则足以决定党和国家大政方针的中央领导人。但是，在这样的历史与现实面前，却不影响它的数百位中央委员们通过"中国共产党是马克思列宁主义同中国工人运动相结合的产物"这样明显荒唐的结论，足以说明中国共产党的思想观念已经虚幻到何等荒诞的程度。

随着毛泽东所领导的革命逐步走向胜利，他的指导思想也越来越靠近马克思列宁主义。当取得国家政权的时候，毛泽东的"人民民主专政"虽不直接说是无产阶级专政，但因为把一部分本民族的人排斥在国家之外，这些人既没有行动自由，又没有政治权利，当然这个国家也不属于他们。所以，中华人民共和国还不是整个中华民族的国家，严格说来它也算不上是现代民族国家，其政体也够不上恩格斯所说的民主共和制。

不过，由于新中国的中央政府还表现出各民主党派联合掌握政权的样子，而且确曾因工、农、小资产阶级和民族资产阶级等绝大多数人口跟着共产党卷入内战，参与了中国共产党夺取政权的斗争，40年代末至50年代初，不少的农民获得土地，工人参加到基层新政权里成为国家干部。所以，在一个短暂的时间里，许多农民和城市一般市民确实有一种"当家做主人"的感觉与激昂的情绪，从而城乡也浮现过欣欣向荣的景象。

但是，从1954年第一次全国人民代表大会以后，特别是1956年苏联共产党开始批判斯大林和反省斯大林主义以后，以毛泽东为首的中国共产党却要坚持马克思列宁主义，先后撰写了《论无产阶级专政的历史经验》和《再论无产阶级的历史经验》，以及与苏联共产党展开反修防修论战的一系列文章，所以在全党不断强化了马克思列宁主义政治思想意识形态和无产阶级专政意识，党和国家直接把自己的权利等同于无产阶级专政。人们常常批评与反省说新中国没有法治，岂不知法制社会是以法律划线，法律为准绳的社会制度。它只讲法律的公正，而不论穷人、富人，无论阶级出身和成分，也不管多数与少数，可以有客观、公正，有正义。所以，法治社会只有民族国家里的民主共和制可以得到实现。因为只有民族国家里的民主共和制度下，每个人都有相同的民族特质，人人平等，所以才可以讲求法治。无产阶级专政是建立在阶级对立的基础上的，这一制度所存在的前提就是各个阶级的不平等，——经济与政治地位的不平等。由于工农劳动者是多数，所以提出人民民主专政，它实行的原则就是多数人对少数人的统治，工农劳动人民对少数资本家和地主阶级的专政，工农大众对知识分子的改造，以及新中国历史中的所有群众运动，都是符合“多数人对少数人的统治”这一原则的。如果按照无产阶级专政理论来说，这都是公平的，也是合乎正义的。所以，无产阶级专政本来就不是法制社会。在无产阶级专政条件下要法治，无异于缘木求鱼。20 世纪 70 年代末以来，在毛泽东以后，历史发展总的趋势是，中国共产党什么时候淡化马克思列宁主义意识形态，不再强调无产阶级专政和社会主义了，社会关系就缓和，经济也得到较快地发展。相反，大凡突出马克思列宁主义、无产阶级专政和社会主义的时候，社会关系就紧张，出现的困难和问题相对也就要多一些。

比照中国的历史与现实，一个简单的，却是毋庸置疑的问题是，虽然就笔者所论述观点来说，我们的根本制度还与资本主义有很大的不同，但是，按照毛泽东所坚持的马克思列宁主义和社会主义的标准，中国现行的经济制度就已经是资本主义了。那么，中国究竟应该走什么样的道路？如果实行毛泽东的社会主义，那一定是一个越来越贫穷的国家。40 年来，由于我们与毛泽东的无产阶级专政和社会主义渐行渐远，这才有了中国有史以来所没有过的巨大发展。其实，由于政府还是在毛泽东的马克思列宁主义历史观的笼罩下，社会主义的计划经济制度改革还未过大关，过去的经济进步与发展仅只是传统体制外的非政府经济的出现和扩张，如果彻底丢弃马克思列宁主义那一套虚幻的历史观，坚定地实行市场化改革，中国还将有更快的发展。

　　不过，读者也莫要以为，列宁所构建的马克思列宁主义纯粹是一个虚构或虚幻，是个偶然，既没有作用，也没有历史意虚幻性。但是，它毕竟起源于俄国这个在当时的西方世界里人口最多，国土面积最大的国家，而且成为成功推动以苏联和中国为主的占有世界大约三分之一人口的落后国家的革命理论，一度风靡20世纪世界各个角落的一种社会潮流，既是一种思想意识形态，又是一种现实的物质运动。采用简单否定或历史虚无主义的方法看待它，都是不正确的，解决不了任何问题的。

　　马克思的学说是关于资本主义与现时代的理论。以西欧几个民族国家的形成为开端，人类从15世纪末至16世纪初开始了由传统的自然经济向资本主义的转变。自然经济是以劳动者占有土地等劳动资料，生产自然物为特点的生产方式，而资本主义生产则是人们对自然产品的进一步加工，它是以那种以自己的劳动为基础的私有制的消灭为前提的，对农业生产者即农民的土地的剥夺为基础的。马克思说：

> 这种剥夺的历史在不同的国家带有不同的色彩，按不同的顺序、在不同的历史时代通过不同的阶段。[19]

　　总体来说，西欧最早的一批民族国家，其资本主义就是从其自然经济内部自然并且缓慢发生的，而其他的地区是在西欧资本主义向世界各地扩张与发展的时期开始的。比较而言，西欧各主要国家的这一历史过程尽管也是血腥与肮脏的，但相对和缓，甚至可以说是非暴力的。而世界各地从外部嵌入资本主义的各个民族国家，则因为各民族的具体社会构成等时机状况的不同，接受资本主义文明的程度不同，这一历史过程则往往会伴随着革命和暴力。

　　俄国地处欧洲最东部，属于较晚接受资本主义的地区，也是欧洲资本主义最为落后的地区之一。19世纪末至20世纪初，沙皇俄国不

19　马克思：《资本论》第一卷，第784页。

仅国土面积在世界上最大，人口也属于资本主义世界最多的国家。19世纪60年代，沙皇政府启动的农奴制改革，进一步扩大了个体农民的数量。虽然早从18世纪开始，俄罗斯即已开始学习西欧的资本主义，特别是沙皇宫廷和贵族都以效仿法国等西欧国家的资本主义化了的生活方式，但是，按照经济构成来说，至1917年革命前，它仍旧是一个以个体农民为主的农业社会。

正统的世界历史研究普遍不大重视宗教意识形态的社会作用。其实，简单罗列个古老民族，在其走向现代以前都曾长久地历经宗教活动说明，宗教是伴随人类文明过程中的一个重要阶段。而在欧洲宗教的历史研究中，学者普遍把欧洲神学家提出的圣父、圣子、圣灵三位一体，往往当作纯粹的经院哲学或虚无主义的神学问题。不错，它是神学。但是，神学家的三位一体神学却像棱镜中的成像一样折射了欧洲中世纪世俗的农业社会的现实，无论是把世俗的权力拿在手中的政教合一的国家，其教皇、教会与国家，是三位一体。那些依靠宗教维系统治的世俗国家，其国王、国教与国家，也是三位一体。事实上，没有世俗世界的三位一体，就没有中世纪农业社会的稳定和秩序。三位一体，一荣俱荣，一损俱损。这是研究近代历史以来，理解一些古老民族在由传统向现代转变过程中发生暴力的钥匙。

如果从生产力和科学技术发展的程度来衡量，沙皇俄国的200年是一个奇迹。沙皇俄国横跨欧亚大陆，不仅地域之广阔，而且想一想直到现在其西伯利亚和东亚广大地区仍未开发，其自然地理条件恶劣、复杂，至少200多个不同民族，远远超过了一个中央政府得以统治的地理空间与社会条件的极限。这其间的奥秘全在于沙皇、东正教、俄罗斯帝国的三位一体。自然经济所锻造的农民，从自然崇拜和祖宗崇拜的阶段一路走来，自然信仰一种神学体系，而有别于罗马教廷的东正教，正是成为沙皇政府征服以俄罗斯人为主的各民族的强大思想武器和维系沙皇世俗政权的精神支柱。但是，主动发起第一次世界大战的沙皇让战争耗尽了本就不坚固的大厦。随着长期居住在皇宫里过着荒淫无耻生活的格里高利·拉斯普京神父被刺身亡和紧接着的沙皇退位，维系沙皇俄国将近两个世纪的沙皇、东正教、俄罗斯帝国三位一体从空旷的俄罗斯田野上飞逝而去。

但是，个体农民暂时没有皇帝，没有国家也许还可以继续劳作过日子，但一日都不能让大脑空虚而没有信仰。列宁主义就是在这样的背景下填补空缺的。列宁主义是列宁所总结和建构的马克思的学说。俄国人接触马克思的学说，是从 19 世纪 70 年代开始的。沙皇政府把反对它的知识分子流放到西伯利亚，驱逐到国外。70 年代，流亡到欧洲的知识分子从马克思的革命理论中吸取反对沙皇政府的营养。列宁是继格奥尔基·瓦连廷诺维奇·普列汉诺夫研究和介绍马克思学说最著名的思想家。

1917 年二月，彼得格勒爆发革命时，几乎还没有包括布尔什维克在内的社会民主党和其他各个政党的身影。十月，当全俄苏维埃第二次代表大会召开的时候，由于布尔什维克获得多数列宁乘机发动首都工兵代表苏维埃举行起义，不失时机地宣布组成工农政府，取得了国家政权。检点列宁成功的秘诀，就在于马克思列宁主义的思想意识形态。普列汉诺夫和列宁从 1900 年筹办《火星报》和社会民主党之初起，就不加任何证明地把自己和党当作用马克思主义武装和指导的无产阶级政党。1903 年党的第二次代表大会上，由于列宁坚持无产阶级革命和无产阶级专政，而在社会民主党内形成布尔什维克派别。二月革命以后，列宁把彼得格勒和各地自发组织起来的苏维埃总结为巴黎公社式的无产阶级专政形式，并敏锐地觉察到沙皇退位后，俄国出现临时政府与苏维埃两个政权并存的特殊政治态势，不失时机地提出"一切权力归苏维埃！"的口号，从而造成一方面布尔什维克党员队伍有了巨大发展，[20] 另一方面布尔什维克在全国各地苏维埃中占有的席位迅速扩大。

一般读者以为，历史书说列宁的十月革命夺得政权，就以为列宁

20　1917 年 7 月 26 日至 8 月 3 日，布尔什维克第六次代表会议确认党员 17.7 万，比 3 个月前召开全俄布尔什维克四月代表会议时增加了一倍。克鲁普斯卡娅：《列宁回忆录》，人民出版社，1971 年，第 328-329 页。

宣布成立工农政府，布尔什维克也就得到整个俄罗斯。不是这样。检点俄国革命，它与后来毛泽东的中国革命正好走了相反的道路。毛泽东先建立了武装部队，占领了广大农村，用农村包围城市，最后武装夺取城市，然后得到全国政权。列宁正好相反。二月革命以后，沙皇退位，各民族地区自行宣布独立自治，俄罗斯帝国已经四分五裂。当列宁宣布成立工农政府的时候，他连一支卫队的武装部队也没有。所以，当时的胜利仅仅靠彼得格勒工兵代表苏维埃的力量控制了首都圣彼得堡，原来沙皇的精锐部队还在与德国对垒的前线，前线大本营虽然与德国处于停战状态，但它声明听命于临时政府。列宁与全国各个省份和地区的联系只能依靠少量的布尔什维克党员和党组织。

说到布尔什维克党，它并不是经过斯大林及其之后的苏联共产党反复修改的党史所宣传的那样，从其一开始就独立、坚强、壮大。二月革命以前，布尔什维克仅只是俄国社会民主党里的一个派别。一直到二月革命爆发，社会革命党的各个派别的领导人都急于回国，列宁与普列汉诺夫、马尔代夫等等的关系都还未破裂。至此以后的几个月里，布尔什维克依靠列宁极为激进的革命纲领和策略，推动革命浪潮一个比一个高涨，党员队伍也随之急剧膨胀和扩大。2月间，布尔什维克总数还不到3万人，四月会议达到了76000人，[21] 7月旋即达到176000人。到1918年3月6日，党的第七次代表大会上的统计，党员已经达到30万人。[22] 列宁在革命中所呼唤的党员去哪里了？一个是充实到自上而下夺取的全国政权机关里，一个是派到了武装部队里。

与依靠血缘关系维系的氏族社会不同，国家是以从中央到地方的政权机构为枢纽借以运转的。十月革命建立的以列宁为人民委员会主席的工农政府，其初期并不是一声喝到底的。列宁的中央政府在其初期因为没有根基，危机四伏，摇摇欲坠，所以才有不惜割地赔款

21　《新编剑桥世界史》第12卷，中国社会科学出版社，1987年，第574页。
22　《苏联共产党党史》上册，第286页。

地同意与德国签署布列斯特和约，就是为了去除外部战争压力，集中力量解决国内政权问题的战略意图。列宁多全活，采取的策略是承认沙皇的地方政府工作人员的合法性，延聘或重新雇佣了50万前沙皇官员。[23] 但主要的开始依靠布尔什维克党员参加到各级政府的政权机关，保障中央政府对国家的控制和领导。

军队是国家的重要组成部分。尽管列宁在为党夺取政权所制订的《四月提纲》里曾经提出"废除警察、军队和官吏"，但是，当布尔什维克在首都起义成功第二天，列宁即同前线的士兵苏维埃建立了联系，两周以后，鉴于大本营司令官拒不服从工农政府的指令，列宁直接向前线部队的士兵苏维埃发出号召，撤换原司令官杜鹤宁将军的职务，任命克雷连柯准尉担任大本营司令。就这样，列宁通过二月革命以后旧军队普遍建立起来的士兵苏维埃，控制了原沙皇政府的旧军队。[24] 2个月后，1918年1月1日，一支新的军队已经诞生（后来取名为红军）。[25] 列宁的武装部队不同于历史上任何军事武装，包括元沙皇的旧军队在内，所有部队都配备一名或者若干名由布尔什维克党员担任的政治委员（基层连队叫指导员），保障了军队严格控制在布尔什维克的手里。

我们已经知道，列宁的布尔什维克党是以列宁主义为其指导思想的党员组织起来的，民主集中制使其基本的组织原则。所谓民主集中制，它承认党员和下级组织在党内享有民主权利，上级党委领导机构是由下级党组织的代表所选举产生的，中央委员会是由全党所推举的代表选举产生的。但是，这一原则同样强调铁一般的组织纪律，要求下级服从上级，全党服从中央，党员个人或下级党组织的意见在上级未经采纳以前，必须无条件执行党的已有的决议。二月革命以后，布尔什维克适应十月革命的需要，有如魔术般地从地下呼唤出足

23　艾略克·多依彻:《斯大林政治传记》，四川人民出版社，1982年，第276页。
24　《列宁全集》中文第二版第33卷，第26、30、76页。
25　同上，第321页。

够数量的党员来，让列宁在极短的时间里建立起一个新型国家。[26]

　　所谓新型国家是相对于旧国家来说，与沙皇俄国作比较，这是一个新型国家。沙皇、东正教、俄罗斯帝国的三位一体，不只是政府专制极权，人民贫穷、识字率低、愚昧和迷信，而且庞大帝国仅只属于沙皇家族个人私有。新国家仍属于三位一体：列宁、列宁主义、无产阶级专政（苏维埃国家）。但是，列宁只是人民领袖，已经不是圣子、圣父、圣灵统于一体的皇帝，列宁主义不仅不是宗教迷信，而且是建立在反对宗教迷信的唯物辩证法基础之上，共产党所领导的无产阶级专政国家仅只是通向社会主义和共产主义的一个过渡状态。

　　不过这样的新国家和现代民族国家的民主共和国作比较，一点也不新。列宁、列宁主义、苏维埃国家三位一体，即使说是绝大多数人对少数人的专政，那也说明这个国家还不是民族国家，而民主共和国是一个民族国家，它包括本民族的全部人口，属于全体人民。列宁提出“废除警察、军队和管理”，却组成了一个由共产党严密控制的警察、军队和由人民共产党党员担任官吏的国家。即使按照列宁的论述，这样类型的所谓的无产阶级专政是多数人对少数人的专政，那这些被专政的少数人也还是被他们的祖国排斥在外，成为自己国家的一类人。而民族国家可不是这样。警察、军队、官吏即政府机构的工作人员，承担国家的不同职能。民族国家要求为全民族服务，不管本民族的人们持有什么样的政治态度，国家都要一视同仁地为其服务。在民族国家里，每一个人都可以有政治观点，但作为国家重要组成部

26　笔者使用这样的语言来描述这一事件，是由于事情的发生经过确实如此。要知道，1917 年二月革命前后，列宁的布尔什维克仅只有 2 万左右的党员，十月革命以后，1918 年 3 月第七次代表大会，党员已经达到 30 万。1921 年 3 月，党的第十次代表大会时，已经达到 70 万党员。列宁对于急剧发展的形势感到忧虑，立即叫停党员的发展，在全党范围实行重新登记和清理。由此至 1924 年 4 月党的第十二次代表大会期间，党员队伍降低到不足 40 万。1925 年 1 月列宁逝世后，斯大林以纪念列宁发展党员，至 5 月党的第十三次代表大会上党员已经达到 736000 人，预备党员 127000 人。之第二次世界大战前的 1939 年 3 月联共（布）第十八次代表大会时，党员已有 1589000 人，预备党员 888000 人。

分的警察、军队和官吏不可以有政治观点和政治立场。每个人在自己
的祖国享受着与其他所有的人完全相同的权利，从而可以说每个人
生而自由，有着自生即有的权利，也就是基本的人权。所以，在民主
共和制的民族国家里，人权就是一个客观的范畴，说天赋人权也不是
一种虚构。相反，在列宁的苏维埃社会里，作为政治派别的共产党垄
断国家政权，控制警察和军队，由它的党员组成政府，这个国家只为
部分人（哪怕说绝大多数人，那也是部分）服务，为部分人之所属，
那就表明它还没有达到恩格斯所说的国家的较高阶段上，还不是民
族国家。[27] 所以，一点也都不新。

无论怎么说，列宁的革命是成功的。列宁为什么能够取得成功？
剑桥历史学家这样评价说：

> 他把渊博的学识、热情的革命家气质、策略天才以及巨
> 大的行政才能这样一些不同的特质统统集中于一身。他宁
> 可用他自己的说服力和道德品质的威信去左右他的党，而
> 不是依靠那种后来成为布尔什维克特色的机械似的纪律。[28]

不只是列宁，列宁那个时代的布尔什维克整体上都有着与列宁
相近的优秀品质，崇高的思想境界，顽强与坚忍不拔的品格，为祖国
和人民的献身精神，等等。而列宁可以在极短的时间里可以召唤出他
所需要的党员队伍，就是由于当时俄国社会所存在着一个人口庞大
的农民阶级。这是列宁进行革命的舞台与阶级基础，列宁所建构的列
宁主义适应了当时俄国农民的需要，成为农民革命的强大思想武器。
所以，尽管说列宁主义是一种思想意识形态。但是，它可不是一般的

27　这也终于回答了笔者在 2015 年提出的"斯大林的苏联为什么没有人权？"
　　这一问题。在那篇后来以《论苏联：为什么斯大林的社会主义没有人权？》
　　未署名的小册子里，作者的研究也只是进展到人权是资本主义经济的客观
　　范畴，从沙皇俄国到斯大林的社会主义，资本主义都很不发展，所以，人权
　　范畴和概念也就都未能充分增长。本文扩展到民族国家的成长，以及国家
　　制度的形式方面。人权是民族国家的法权范畴，苏联社会主义还未成长到
　　民族国家的阶段，所以使然。

28　《新编剑桥世界近代史》第 12 卷，第 566 页。

思想意识形态。一个是它属于人口占绝对多数的个体农民，受到农民阶级的崇拜。二是特别适合时代的需要，具有适时性。由于沙皇政府参加世界战争，把本来分散的个体农民集中在前线，以及长期的战争造成的饥饿和贫困，把本并不是一体的城乡社会连成了一体。在这样的背景下，突然爆发的二月革命，一下子打碎了已经让农民适应了足足 200 年的东正教，列宁主义则适时地填补了这一空白。三是列宁主义自身所具有的革命性和适用性，推动了俄国农民的革命。与东正教所宣扬的仁慈、仁爱和忍耐等等人性论所不同，列宁主义恰好宣传反抗和斗争，再加上列宁高超的斗争策略，以及亲自领导由他的理论所武装起来的党员队伍和崇拜他的工农大众，所以能取得成功。

那么，什么是列宁主义？斯大林总结说是关于无产阶级革命与无产阶级专政的学说。笔者很赞同这一经典的定义。如果进一步阐述，它主张无产阶级通过暴力革命夺取政权，建立起无产阶级和农民等劳动阶级联合对资产阶级专政的形式，把工厂等资本收归国家所有，以实现让绝大多数人都可以享有广泛民主权利的社会主义和共产主义。

可以看到，这一思想意识形态与历史上绝大多数宗教一样首先都有一个充满诱惑的未来前途和理想目标，但它又不像天主教（东正教）千年王国那样虚无缥缈，遥远和不可企及。相反，它就近在眼前，特别具有现实性与可操作性，——1914 年爆发的第一次世界大战已经把沙皇政府拖得气息奄奄，这为革命提供了机遇——无产阶级革命的条件已经成熟。另外，无产阶级革命和无产阶级专政都是通过无产阶级先锋队组织布尔什维克即共产党的领导实现的，这本身就具有极大的动员性和号召力。

列宁主义也是一种思想意识形态，但是，与东正教教导农民仁爱、仁慈，不抢劫、不杀生，忍耐和等待，为上帝荣耀等等的教义不同，它号召为绝大多数人享有最广泛的民主权利而斗争，是为国家和民族的前途与未来斗争，这样的目标和理想当然崇高与高尚多了，让革命者一下子就占领了最高的道德阵地。尽管说落后的俄国并不存在一个无产阶级，但列宁把布尔什维克称之为无产阶级的先锋队，是工人阶级广大群众的先进部队和领导者，[29] 所以，凡是加入共产党的人无疑都认为自己已经属于先进阶级的代表，无形中为自己增添了极强的历史使命感、责任感和社会荣耀感，每一个成员都富有极强的积极性和主动性，整支队伍永远显得具有活力和坚忍不拔，以及顽强的战斗精神。

还有，列宁主义所具有的唯物历史观也助长了列宁的成功。马克思的唯物历史观把人类历史也当作一种物质运动，认为它是在生产力的推动下，客观、自然地发展着。斯大林在 1938 年核定的《联共（布）党史简明教程》中，把人类历史归结为依次经过原始社会、奴隶制社会、封建社会、资本主义和社会主义（共产主义的低级阶段）5 大形态，应该是布尔什维克广泛宣传的基本观点。这一历史观无疑具有现代性，它极大地开阔了人们的历史视野，也是东正教被毁灭以后，俄罗斯农民中有强烈革命意识的人们自愿选择列宁主义的重要原因。

除此以外，作为俄罗斯农民的一种革命思想意识形态，列宁主义所主张的没收资本家的工厂和财产这一项内容，隐含着极强的诱惑和动力，其实是推动俄国革命与社会发展的根本原因。一方面，对资本家的剥夺符合自古以来农民革命的共同性。"等贵贱，均贫富"，这是数千年以来自然经济造就的个体农民的基本意识，没收资本家和富人的财产，符合农民意识。另一方面，没收和保留生产力，在此基础上的发展，是对资本主义生产力的欣赏、接纳和接受。也就是说，俄罗斯农民只要资本主义的先进生产力，而不要资本主义的不平等和绝大多数人无法享受的民主。笔者不断地提醒读者，我们所讨论的社会是处在由自然经济向资本主义转变的历史时代。这就是在一个

29　列宁：《全额农民代表苏维埃非常代表大会：关于土地问题的讲话》，《列宁全集》中文第二版第 33 卷，第 88 页；《俄国社会民主工党第二次代表大会文献》，《列宁全集》中文第二版第 7 卷，人民出版社，1986 年，第 270-271 页。

从未经过资本资本主义经济的农业大国里，农民阶级突然遭遇到资本主义以后所做的对资本主义的应对，即列宁在《四月提纲》中所说的，实行资本主义生产，但不要资本家，"由工人代表苏维埃监督社会的产品生产和分配"。[30]

所以，尽管说人们的思想意识可以是虚幻的，但历史的发展进程却是不以人们的意识为转移的。人类正处在由自然经济向资本主义转变的历史过程里。由于资本主义生产方式更符合人性，无论哪个民族一旦接触到资本主义，就都会自觉不自觉、有意无意地接受而选择它。俄国广泛存在的个体农民是列宁主义和布尔什维克得以产生、存在与发展的基础，但是，列宁及其布尔什维克却是从其开始就拒绝是农民阶级，而称其为是俄国根本就不存在的，以及包括列宁在内的几乎所有布尔什维克根本就与其没有任何联系的所谓工人阶级的先进组织。这一问题本身就足以说明，在西方资本主义生产的大背景下，列宁的布尔什维克从其一开始就不满足于落后的俄国农业经济的现实，而是要争取一个比西方资本主义生产还要进步的前景。但是，当列宁取得国家政权以后，把一切资本收归国家所有，政府就成了资本的所有人。这是决定俄国社会关系发生根本性转变的一个带有根本性的社会因素。

资本家即是持有资本的人，或者资本的所有人。因为资本的来源不同，就某一个人来说，成为资本家完全具有偶然性。所以，作为人来说，也许资本家除了拥有资本以外，与其他所有的人并没有更多的不同。但是，作为资本家，他们却有一个共同之处，那就是马克思所说，资本家只是人格化的资本。他的灵魂就是资本的灵魂。[31] 发展资本主义，尽可能地使资本增殖，实现利润最大化，是一切资本所有人

30　列宁：《论无产阶级在这次革命中的任务》，《列宁选集》第三卷，第 15-16 页。

31　马克思："作为资本家，他只是人格化的资本。他的灵魂就是资本的灵魂。而资本只有一种生活本能，这就是增殖自身，获取剩余价值，用自己的不变部分即生产资料吮吸尽可能多的剩余劳动。资本是死劳动，它像吸血鬼一样，只有吮吸活劳动才有生命，吮吸的活劳动越多，它的生命就越旺盛。"《资本论》第一卷，第 260 页。

的天生的职责和使命。[32] 马克思还说：

> 资本家之所以是资本家，并不是因为他是工业的领导人，相反，他所以成为工业的司令官，因为他是资本家。工业上的最高权力成了资本的属性，正像封建时代，战争中和法庭裁判中的最高权力成了资本的属性一样。[33]

政府成为资本的所有人，它就是国格化的资本，承担让资本增值的使命。但政府成为资本的代理人以后，却不是简单地像一般资本家那样仅仅获得了某个工厂或某个工业方面的生产上的最高权力，仅仅成为工业资本主义生产上的司令官，而是全社会的司令官，让整个社会为资本的增值服务，从而要把国家权力即政府职能也用于生产与资本的增值上。所以，当列宁及其布尔什维克从其取得政权并把资本拿到手上的那一时刻开始，资本的增值，或者发展生产，就成为它的使命。但是，在"一个只有无产阶级和农民这两个阶级的国家"里，[34] 除了农民以外，俄国社会再也没有什么可以共产和剥夺，可以依靠和压榨的了。所以，列宁及其布尔什维克的苏维埃政权的历史，只能是剥夺农民的历史。由于连年的战争耗尽了俄罗斯，彼得格勒等城市早就陷入了饥荒。革命刚刚取得成功，为了保持彼得格勒等城市市民的最低的生活供应，布尔什维克组织征粮的武装队下乡"征集余粮"，——其实常常收缴（或者是抢走）了农民的所有粮食，拷打农民以让其交出粮食，是最常见的手段。而斯大林的工业化则是以没收农民的土地，把农民组织成为集体农庄为前提条件的，这一做法的唯一目的就是减小政府在发展资本主义过程中与农民谈判的成本。苏联实行集体农庄的初期，政府工作队带着警察和军队下乡。由于抵

32　马克思："资本主义生产过程的动机和决定目的，是资本尽可能多地自行增殖，也就是尽可能多地生产剩余价值，因而也就是资本家尽可能多地剥削劳动力。"《资本论》第一卷，第 368 页。

33　同上，第 369 页。

34　列宁：《共产国际第三次代表大会文献》，《列宁全集》中文第二版第 42 卷，人民出版社，1987 年，第 45 页。

抗，大约有 100 万的“富农”及其家庭成员共计 500 万人消失了。
此外，1929 年到 1933 年，苏联的马匹从 3400 万减少到 1660 万匹，
耕牛从 6810 万头减少到 3860 头，绵羊和山羊从 14720 万只减少到
5060 万只，生猪由 2090 万头减少到 1220 万。按照有些学者的资料，
整个集体化过程大约 500 万个家庭共计 2400 万人背乡离井。[35] 俄罗
斯本来是粮食出口国，十月革命以后，以粮食生产为主的农业一直成
为困扰苏联政府的大问题。1948 年，毛泽东在全国解放前有意访问
苏联，斯大林给毛泽东的电报说：“由于粮食收购工作已经开始，从
8 月份起负责同志将陆续分赴各地，一直逗留到 11 月份。”因此，斯
大林要求毛泽东把访问推迟到 11 月份以后。毛泽东就很不理解。他
说：“难道粮食收购工作就这么重要，以至党中央的领导人全都忙这
项工作了？”[36] 尽管马克思说处在转变时期的资本主义发展的实质
都是对农民的剥夺，都是以把劳动者在自己土地上的劳动转变成为
资本劳动的经济形式，但是，在西欧，那是在几百年里自然发生的，
而在斯大林的苏维埃制度下，这一过程却是在政府的主导下仅用了
几年就完成了。

那还是一个容易出现虚幻意识和荒诞怪相丛生的年代。他们出
身于落后的沙皇俄国，在这个国家里，除了以沙皇为代表的贵族和地
主阶级以外，其余绝大多数人口都是需要终生在田地里侍弄庄稼的
农民。但是，包括普列汉诺夫和列宁这样的优秀的马克思主义学者却
一点也都不怀疑，竟然在一个农业社会的国度里，仅只是指着大城市
里很少一些工厂里的工人，就要创建一个无产阶级的先进政党，并且
依靠他们建立无产阶级专政的国家，在不具备生产力条件的情况下
建设一个经济高度发达的和绝大多数人可以充分享有民主生活的社

35　尼古拉·梁赞诺夫斯基 马克·斯坦伯格：《俄罗斯史》（第七版），上海人民
　　出版社，2007 年，第 480、481、483 页。

36　A. 列多夫斯基：《1949 年 1-2 月阿·伊·米高扬中国之行的秘密使命》，中
　　共中央马恩列斯编译局：《马克思恩格斯列宁斯大林研究》1996 年第 1 辑，
　　第 227 页。

会主义。但是，社会发展规律是不以人们的意志为转移的。人类处在资本主义时代，资本主义的发展才是一条不可抗拒的和无条件的绝对规律。苏维埃国家把一切资本都收归为国家所有，政府就成了资本的所有人，自然承担其资本增值的责任。所以，尽管列宁说无产阶级专政的"最高原则就是维护无产阶级同农民的联盟"，[37] 但在一个只有政府和农民的国家里，不仅农民是政府资本增殖的唯一源泉，而且既然执政党反复声明国家政权的性质还是阶级专政，那么专政的对象也只能是农民。

这是一个具有悲剧性的历史时代。当传统的沙皇、东正教、俄罗斯帝国突然毁灭以后，处在急剧变化环境中的农民又不仅是自然经济所切割的个体，他们或者以士兵的面貌集中到前线，或者以工人的身份集中到城市，革命浪潮激活了千千万万个穿着士兵或者工人服装的农民，自发组织起来，成立了工人或者士兵苏维埃，走上街头要求作为社会最低层的人过去从未有过的经济与政治权利。沙皇已经退出历史舞台了，临时政府却无力执政，反而是新出现的工人和士兵苏维埃突出地表现其立法和行政的能力，——它们发布公告，维持瘫痪的社会秩序，发放面包和市民须臾不可缺少的食品。也就在这以特别的形势下，列宁提出了"一切政权归苏维埃！"，再加上列宁所勾画出来的社会主义而实际的平均主义理想境界和暴力革命路径，都特别适合农民的胃口。这是列宁及其布尔什维克像魔术般总可以在极短时间里呼唤出所需要的强大革命力量的秘密。——革命前，仅只有几个月的时间里，工人、士兵和农民苏维埃就席卷了俄罗斯大地。革命以后，还是这些农民，迅速扩大了布尔什维克队伍，组建武装部队，占领沙皇所遗留的各级政权机关。一般的读者以为，十月革命仅仅是 1917 年 10 月 24 日晚上，彼得格勒苏维埃发动起义，列宁振臂一呼，革命就成功了。其实，列宁的革命是经过了 7 年多的艰苦斗

37　列宁：《共产国际第三次代表大会文献》，《列宁全集》中文第二版第 42 卷，第 49 页。

争，至 1924 年 12 月苏维埃社会主义共和国联盟的建立，才标志着列宁和斯大林的布尔什维克继承并基本保全了沙皇政府的遗产。[38] 至此，除了波兰、芬兰和其他波罗的海沿岸以外，苏联几乎拥有了沙皇其他广阔的辖区。毫无疑问，列宁及其布尔什维克是依靠农民取得成功的。但是，苏维埃政权稍有稳定，20 年代末，斯大林就出于工业化（工业化即资本主义工业化）的需要，开始农业集体化运动。没有几年的时间，个体农民就从苏联的国土上消失了。所以，俄罗斯农民无论如何都没有想到，他们在列宁主义意识形态支配下所进行的一场革命，却是挖掘了一条加快埋葬自己的坟墓。

当历史已经翻过一个世纪以后，不仅运用列宁所主张的马克思的辩证唯物主义历史观分析，它的离开生产力条件所进行的社会主义革命是一种具有空想与虚幻性质的运动，而且更为重要的是，东欧剧变和苏联解体明确意味着广大人民已经抛弃了社会主义，回归到自然经济向资本主义发展与过渡的大历史潮流中。但是，列宁所开创的事业曾经动员了欧洲、亚洲和非洲数十亿不同民族的人民，风靡 20 世纪中超过了半个多世纪的时间。时至今日，还有朝鲜、中国等一些国家仍奉其为目标，坚持所谓社会主义。所以，我们不应该采取简单否定的态度，而应该深刻研究它因何能够征服那么多的人民为之服务和献身？

为了理解列宁主义的虚幻性质，也许需要把产生它的俄国与其

38　严格来说，列宁和斯大林在十月革命期间并没有完全接受到沙皇政府的遗产。二月革命前，沙皇是波兰王国的国王，实际统治着波兰。沙皇退位以后，波兰也就独立了。1918 年 6 月 3 日，协约国也公开声明承认波兰的独立。期间，波兰民族主义者乘列宁的政权还不够强大的机会，不顾协约国为波兰东部所划的边界即寇松线，乘势夺去乌克兰和白俄罗斯西部的大片土地。另外，芬兰和立陶宛、拉脱维亚、爱沙尼亚等波罗的海沿岸民族也都乘机宣布独立。后面的问题，都是由斯大林通过第二次世界大战获得解决的。斯大林除了夺回了被波兰占有的寇松线以东的乌克兰和白俄罗斯领土以外，还让立陶宛、拉脱维亚、爱沙尼亚重新回归到大俄罗斯的怀抱。至此，除了波兰和芬兰以外，苏联基本上拥有了沙皇时代的疆域。所以，从大俄罗斯民族主义意义上来说，列宁和斯大林才不愧俄罗斯民族英雄的称号。

他早走几步的国家做一些比较。在西欧最早的几个国家里，其中荷兰王国、葡萄牙王国、西班牙王国和大英不列颠帝国，以及现在的法兰西共和国，其资本主义的萌芽与发展，都是在其母体里自然发生的。早在 15 世纪至 16 世纪形成民族国家以前，国王、天主教、王国三位一体在这些国家里都已经浑然一体。没有中世纪以来的三位一体，就没有资本主义，也没有现在这几个先进的民族国家。事实上，欧洲的各个不同的民族，都是在各个不同的三位一体的共同体内逐步形成的。特别是前面所说的这几个国家，将近 600 年以来，资本主义继续在其体内发生、成长和壮大。至少从表面上看，与那些通过革命暴力和内战获得自由与民主生活的后起民族不同的是，西欧各个王国的人民世代都是在遮罩着他们的古老王室的阳光雨露下平静地度过的。但是，即使如此之说，如果细致追究起来，这些国家的国王、教会、王国，也都不同以往了。昔日的国王曾是王国的主宰。国王不与任何人分享权力，他（她）对权力的使用也不为任何人负责。国家事务都是他们的私人领域。国王的意志即是国家的意志。但是看现在，国王在各个王国的世俗权力中，仅只是一个荣誉，一个象征，而国家的权力已属人民，由人民普选出来的政府行使权力。另外，检视这几个王国，特别是以英国为代表，其国王在与中世纪形成的罗马教廷的斗争中都为民族主权的统一做出了贡献，教权与政权的统一是这几个民族国家的主要特征。但是，当王权完成了把罗马教廷通过教会占有各个国家的土地、财产和相应事务权利收归王国以后，宗教在人们生活中的作用越来越微弱了，王权也相应地式微了。但是，要说国家能力，除了"霸权兴衰论"所传播的陈词滥调硬要说这些国家已经衰退和衰落以外，其实按人均的经济力和经济社会发展水平排名，这些国家大都位于世界各国的前列。

即使笔者作了这样的叙述，但是，如果真正理解天主教意识形态的虚幻性以及在中世纪以来的欧洲社会中所起到的稳定性历史作用，还是要从地处西欧的主体部分的法国，特别是从那个导致了法兰西王国解体的法国大革命谈起。因为英国、荷兰、西班牙和葡萄牙几个王国得以延续，是从正面说明宗教对社会的稳定所起到的历史作用，而法国大革命则是从相反的方面说明，宗教被破坏而导致传统共同体即法兰西王国破裂的例证。

中国的读者经过前几年据说是一位大人物推荐的托克维尔《旧制度与大革命》以后，就都以为旧制度是引起法国大革命的原因。旧制度是托克维尔对大革命前以国王为代表的法国政治制度的概括。事实上，自大革命以来，按照这样的思想认识所写出来的历史著作，可说是汗牛充栋。可是必须说，这是不正确的。

首先要说明的是，旧制度这个词汇可不是托克维尔的发明。托克维尔的著作是大革命以后半个多世纪出版的，而旧制度这一个词汇早在大革命时期就像今天的中国人说"中国特色"一样，是一个当时的法国人日常所说的词汇。譬如，曾在大革命中担任过国民议会主席的米拉波，在私下给国王路易十六的信中说：

> 请把新形势与旧制度加以比较，从中会得到慰藉和希望。国民议会有一部分法令，而且是最重要的一部分法令，显然对君主政府有利。取消高等法院，取消三级议会省份，取消教士、特权阶级和贵族集团，难道这是区区小事吗？只组成一个单一的公民阶级，这个想法会使黎世留欣悦，因为这种平等的表面便于权力的执行。多少届专制政府都致力加强国王权威，但他们所做的还不如革命在这短短一年所做的多。[39]

这段话从大革命的发动者的口里说出来，一个是说明旧制度这个词汇并非是后来人的概括，而是当世人们的语言。二是大革命的发动者并不反感和反对国王的专制，而是当有了直接与国王发生联系的时候，往往就会表现得很亲近。三是从大革命的发动者极为私密的信件中透露出，大革命的本意就是为了加强王国的专制制度的。[40]

39　转引自托克维尔《旧制度与大革命》，商务印书馆，1992年，第47-48页。
40　据阿克顿爵士的引述，当国王拒绝了网球场会议的要求以后，司仪官布雷

一个半世纪以后，剑桥的历史学家也说：

> 法国的旧制度——一种在中世纪社会残余中运行的君主官僚制度和一个享有传统权力的庞然大物——往往显露出虚弱和不稳定的迹象。但是对于同时代人来说，这些缺点并不意味着这种旧制度已经濒于瓦解。保守的和革命的思想家们都把君主制度视为理所当然，都以不同的方式称赞它有着田园诗般的历史。[41]

剑桥历史学家的观点有依据吗？有。19 世纪法国著名历史学家伊波利特·泰纳出生在大革命以后不久，曾经撰写过 5 卷本讨论法国大革命的起源问题，第一个因缘就归结为旧制度。但是，他却十分欣赏大革命所破坏了的旧制度，因为当法国经过大革命的激烈动荡而实行共和的时候，周围的国家仍然都平静地生活在王国时代。所以，泰纳认为法国大革命破坏了自己十分宝贵的东西。他说：

> 18 世纪，法国经过了一个变体过程，如昆虫蜕皮一般。它昔日的构造解体了，它自己扯碎了最珍贵的组织，堕入致命的痉挛中。接着，在几经抽搐和一阵难以忍受的麻木之后，它开始恢复。[42]

所以，需要纠正法国大革命以后占据主流的一种认识，说大革命是要反对王权，反对法国革命前的旧制度。其实相反，当时的人们，以及之后很长时期的法国人不仅不反对王国制度，而且认为那还是一个"最珍贵的组织"，把效忠于国王当作爱国，因为"国王在一切

泽传达完国王的旨意，而代表吵吵闹闹，要他向代表脱帽致敬。而布雷泽却拒绝重复，问代表们是否听清国王要他们离开的命令？米拉波大声喊道："是的，但如果这是在强迫我们，那就请用暴力把我们赶走。"当米拉波一旦可以在国会里呼风唤雨的时候，就开始与国王和官内私通。《法国大革命讲稿》，第 78 页。

41　《新编剑桥近代史》第 8 卷，第 763 页。

42　伊波利特泰纳：《〈现代法国的起源：旧制度〉作者序》，吉林出版集团有限责任公司，第 003 页。

意义上仍然就是国家。君主制是绝对的、神授的，也是家长式的。国王是他的百姓的父亲，永远生活在他可爱的臣民眼前。法国的社会生活集中地体现在国王个人身上和他的宫廷中"。[43] 另外必须知道，国王、天主教、王国三位一体的旧制度，不只是大革命以前的法国，它甚至是 18 世纪以来的欧洲各个民族共同实行的十分相同与相近的国家制度。[44] 如果深入分析，这个三位一体还真不像人们通常对总交所理解的那样，以为纯粹属于虚无缥缈的东西，而是有其相当实际的合理性。因为当罗马天主教在欧洲还十分盛行的情况下，天主教就是各个民族中最大的社会力量，无论谁继承了王位，都需要罗马教皇的恩典与垂顾，而这样做的最好的体现就是表明信奉天主教和服从罗马教廷的管理。即使内心并不信仰天主教，但表面面上仍然要信奉它。譬如波旁王朝的先祖亨利·德·波旁在继位为纳瓦拉王的时候，其本人实际是随母信奉法国胡格诺派，但由于统治的需要却不得不做出改信大多数法国人信奉天主教的样子。从宗教信仰的视角来说，无论信奉哪种宗教都可以讲得通君权神授的道理，可从世俗的意义来说，取得被统治者同一的身份是得到被统治者认可的基本条件，是统治合法性的基本条件。

另外，在法国大革命史的研究中，还有一个相当有影响的观点，认为大革命是反对教会和反对宗教的，以及作为这一认识所变通的一个观点，认为是通过反对教会而要获得教会的财产，以解决法国政府的财政亏空。[45] 这些观点似乎都有道理，但都没有触及问题的实质，从而都不完全，不正确。拿破仑是法国大革命的终结者和维护者，所以从拿破仑的身上可以找到答案。首先，1804 年，法国人民

---

43 《新编剑桥世界近代史》第 7 卷，中国社会科学出版社，1999 年，第 281 页。

44 钱乘旦 徐洁明：《英国通史》，上海社会科学院出版社，2001 年，第 232 页。

45 托克维尔："基督教之所以激起这样强烈的仇恨，并非因为它是一种宗教教义，而是因为它是一种政治制度；并非因为教士们自命要治理来世的事务，而是因为他们是尘世的地主、领主、什一税征收者、行政官吏……"。《旧制度与大革命》，第 46 页。

投票通过宪法，[46] 将法兰西共和国改为法兰西帝国，拿破仑加冕成为"法国人的皇帝"[47]，说明法国人并不反对国王或皇帝。其次，拿破仑在与罗马教皇庇护七世的博弈过程中，曾经以效法英王亨利八世为胁迫，[48] 道明了问题的实质，即反对罗马教廷的目的是要一个法国人的天主教。拿破仑出兵埃及，占领欧洲，法国人把拿破仑当作自己的民族英雄，所以即使拿破仑失败，但法国人心目中的英雄却永远没有倒下。这就是民族主义，这就是爱国情愫。法国大革命才激起了民族主义，爱国主义，以及民族和民族主义，是 19 世纪欧洲政治运动的主题。所以，理解民族主义的兴起与民族国家的形成，这是理解 18 世纪以来欧洲和世界历史的钥匙。

拿破仑要效法亨利八世，亨利八世做了什么？原来，在中世纪里，罗马教皇在欧洲有极大的统治权。早期的政教合一是教会直接垄断着世权，那就不用说了。在民族共同体有所发展的阶段，由于教民和教会的统治都源于罗马教廷，各个王国的国王只有得到罗马教皇的承认，从而才能得到势力强大的教会和教民的认可，从而才具有统治的合法性。就这一点来说，国王的君权神授源于罗马。不过，教皇的统治在欧洲所有的地区也并不都是一样严密的。相对于欧洲大陆，它在大不列颠群岛的影响就比较薄弱，再加上 15 世纪以来宗教改革对教会的冲击，都促成了亨利八世能在 16 世纪初期与罗马教廷分割，完成宗教英国化。自 1529 年至 1536 年，亨利八世与议会联起手来，通过一系列法令，宣布英国教会不再效忠罗马教皇，主教和一般教士就任新职的首税（即新任教士的第一年薪水全部作为税上缴）及其什

46　拿破仑多次以共和主义的姿态让国家朝着非共和主义的方向发展，但民众投票都以压倒多数支持拿破仑。1799 年到 1800 年，有 3011107 票赞成拿破仑宪法，1562 票反对。1803 年，3568885 票赞成，8374 票反对。1804 年，3572329 票赞成，2579 票反对。《牛津欧洲史》II，吉林出版集团有限责任公司，2009 年，第 255 页。

47　"法国人的皇帝"是套用 1791 年法国宪法中"国王的唯一尊称就是法国人的国王"。

48　《新编剑桥世界近代史》第 9 卷，中国社会科学出版社，1999 年，第 205 页。

一税不再交付罗马教廷；教民的遗产和婚姻诉讼不再经罗马教会法庭审理；国王及其继承者是英国教会的唯一最高首脑，所有教会及其教士都必须向国王宣誓效忠，凡对国王及其王后的不忠即视为叛国罪；把教会的财产转交给王国政府，实现了教会的土地及财产英国化，等等，从而清除了罗马教廷在英国的各种权利。这样，英国比法国早300年有了自己的国教。

所以，虽然我们说法国与英国一样自中世纪以来都属于国王、天主教、王国三位一体，但英国国王的“王权神授”来自于自己所管理的国教，而法王的王权属于罗马教皇。主要还是地缘位置的原因，法国自中世纪以来一直都是罗马教会统治的中心地区之一，直到大革命前，罗马教会在法国有着比国王的政府还细密的机构和人员深入到国民的日常生活里。包括主教在内的高级教士和基层社区的神父，不仅受聘和提职都由罗马教廷决定，而且也由它发放薪俸，所有神职人员直接接受罗马教廷的领导和指引。另外，罗马教廷对法国的广泛影响不仅仅是由它的神父在教堂举行弥撒，而且它还在法国设有教会法庭，受理法国教民的财产和婚姻等各种民事纠纷，分享法国的国家和民间事务。

另一方面，罗马教会和高级教士在法国都享有包括占有大量土地和其他各类财产，教皇在法国领土上就有阿维尼翁和弗内森两块飞地。[49] 教士和教会接受法国教民的馈赠，也征收教民的什一税，但它们却享有包括不纳税在内的一系列特权，都说明法国作为一个民族国家其发展程度还很不成熟。

托克维尔认为，法国大革命那一代人是要在“各自领域努力摧毁豁免权，废除特权。他们融合不同等级，使不同社会地位趋于平等，用官吏取代贵族，用统一的规章制度取代地方特权，用统一的政府代替五花八门的权力机构”。[50] 作为距离大革命还不太久远的人来说，

---

49 《新编剑桥世界近代史》第 8 卷，第 887 页。
50 《旧制度与大革命》，第 48 页。

托克维尔的这一观点无疑是相当正确而敏锐的。但是，正如他在同一本书里所说的，像法国那样几乎在欧洲都有完全相同的旧制度，何以英国早在 17 世纪已经是一个现代国家，在那里，新事物一点一滴巧妙地渗入这个古老的躯体，是指复苏和免于瓦解，并在保持古老形式的同时，灌输新鲜活力。而法国却采取了大革命的方式，撕毁旧的躯体，必须在新的外衣包裹中重生？

这其中的奥秘，就是指世纪以来传统历史所构建的神授的王权、天主教、王国三位一体的旧制度，其基本的特性就是一荣俱荣，一损俱损，而国王路易十六亲自毁坏了这一"最珍贵的组织"。

研究法国大革命，无论具体观点如何，但几乎有所共识的一点是，1791 年 6 月 20 日至 25 日，路易十六出逃瓦伦失败，又被押回巴黎，"一向理所当然地看成是法国大革命历史的转折点"。[51] 国王出逃以前，法国革命还是在王国的旧秩序中进行的。国王的出逃，打碎了旧体制。那么，国王为什么要出逃呢？

在此之前，法国议会的改革举措，也常都会涉及到教会和教士，比如 1789 年 8 月 4 日的法令，取消贵族特权和没收流亡贵族和教士的财产，取消什一税，教士的薪俸改由政府发放。9 月 29 日关于将法国划分为 83 个省和有关省、市、区建立有选举产生的各级政府的法案，都多少涉及教区和教士的利益。但是，还都不是深层的。1790 年 7 月 12 日，议会通过《教士公民组织法》，则是一个特别关于教会和教士的法案。这项法律的要害包括两点，一个是僧侣彻底世俗与公民化，一个是把法国的教会和教士与罗马教廷做了切割。而且在这个问题上具有不可回避性质的是，11 月 20 日，议会要求所有的神职人员必须公开向民众宣誓拥护《教士公民组织法》，否则将取消年薪。由于在前一年的法令中已经取消了什一税，取消政府的年薪也就意味着失去经济来源。所以，革命已经把教会逼迫到没有选择的地步。

也许路易十六出于有史以来君权神授而对罗马教皇的畏惧，也

---

51 《新编剑桥世界近代史》第 8 卷，第 891 页。

许出于世代波旁王朝与罗马教廷的牢固关系（他所言听计从的皇后即是教皇的亲妹妹），总之他没有像亨利八世那样与议会联手把罗马教会伸向自己国家的无形之手斩断，而是消极对待议会的法案。1791年春天，一个让国民越来越看得清楚的问题是，国王总是回避同意《教士公民组织法》高级教士举行的圣礼。不满和抗议路易十六的示威游行开始出现在皇宫周围，而且随着国王的暧昧态度越来越明显，民众的不满情绪也越来越高涨。国王事实上已经被巴黎民众包围和软禁。国王与国会议员米拉波，以及亲近大臣商议出逃。6月20日，国王及王后等王室主要成员经过化妆和伪装出逃，以便和已经流亡国外的贵族和僧侣会合。

现在的历史把法国大革命描写为人民一开始就是反对国王的封建专制，建立民主共和。这不是事实。要知道，国民在一开始都是拥护国王的。如果阅读这段历史，就可以发现，不仅贵族和僧侣阶层拥护那个制度，就连几届国会新当选的议员即从平民阶层拾阶而上有了亲近国王和王室的机会，则都自觉地流露出对国王亲近的昵态。直到最后一刻，1792年8月10日，巴黎民众开始进攻皇宫时，上层人士还都是倾向于国王的。一个十分显著而得力的证据是，当国王无处躲藏时，检察官主张国王一家奔向议会避难。王后表示过会不可靠，而检察官所给出的理由是700多名议员中，有400多人在两天前都是支持拉法耶特的。[52] 拉法耶特侯爵是法国支持美国独立战争的代表，曾经率领法国志愿军参加北美人民对英国的斗争，战争期间担任过华盛顿的副官，所以在法国极富有声望。大革命爆发后，拉法耶特于1789年7月11日向国王提交了《人权和公民权利宣言》。即使发生国王逃走的事件，拉法耶特仍然坚定地主张一个有宪法的王权制度。1791年7月17日，当巴黎的人民走上街头要求罢黜国王的时候，担任国民卫队司令的拉法耶特下令镇压了马尔斯广场的请愿活

52　《法国革命史》，第137页。

动。[53] 直到 1792 年 8 月 10 日，巴黎人民举行起义，成立公社接管了政权以后，已经解除国民卫队司令职务的拉法耶特还组织了武装，"仍然企图维护已不存在的宪法和已被推翻的王位"，[54] 可见国王和王权制度在法国的社会基础。

所以，1789 年几乎还谈不上共和主义。[55] 特别是国王和议会都从凡尔赛迁回到巴黎办公以后，"人民由于有国王在自己面前，很觉满意，使他们激愤的原因已经没有了"。[56] 说明即使爆发了革命，但是，法国的未来并不一定是一个共和国的前景。

历史学中一个很重要的学派认为，法国大革命就是由雅各宾派推动的，尤其是极端的废除专制，建立共和的思想，是雅各宾派鼓吹的结果。这个观点也不符合历史事实。法国大革命前后，巴黎社会盛行聚会清谈，小规模谓之沙龙，大点的谓之俱乐部。沙龙和俱乐部都是一些议论政府的施政得失、国家大事和议会法律的私人场所。"俱乐部的讨论没有任何权力，但是有一定影响。"[57] 雅各宾俱乐部得名于在雅各宾修道院的集会，早期仅只限于参加三级议会的议员们在议会之外讨论宪法问题，曾命名为宪法之友社，1789 年 10 月迁到巴黎后又有一批巴黎的非制宪议会成员加入，所以，都是一批有名望或者新进的名流和新贵。事实上，法国大革命时期的主要派别，至少是在国会里起到重要作用的党派，如斐扬派、吉伦特派的主要成员，许多都曾是雅各宾派的骨干与中坚。譬如上述介绍的拉法耶特侯爵，以

53　《新编剑桥世界近代史》第 8 卷，第 871、892 页。

54　《法国革命史》，第 143 页。

55　《法国大革命》，第 48 页。

56　米涅：《法国革命史》，商务印书馆，1977 年，第 71 页。

57　《法国革命史》，第 88 页。威廉·多伊尔所描写的罗亚尔宫俱乐部："政治激进主义的温床是罗亚尔宫的咖啡馆。罗亚尔宫是奥尔良公爵在巴黎的官邸，1780 年，这里的花园和长廊对公众开放，很快就成了巴黎的中心。此地干净整洁的咖啡馆和书店为公众提供了一个公开宣讲、交流信息、散布谣言的场所，因为这些都是奥尔良公爵的私产，警察依法不得干涉。结果，罗亚尔宫也成了逃亡者、扒手和妓女的乐园。这里离工人聚集的东区很远，因此工人很少来这儿，但是放假的时候他们也常来此地休息娱乐……"威廉·多伊尔：《法国大革命的起源》，上海人民出版社，2009 年，第 187 页。

及巴伊、巴纳夫、拉默特兄弟等，都是早期雅各宾俱乐部的主要成员。当拉法耶特活跃于雅各宾讲坛的时候，罗伯斯庇尔还是无名之辈。如果说后者实属是前者的学生或者徒弟，也不是无稽之谈。因为当罗伯斯庇尔这位藉藉无名的年轻人从外省来到首都，至少对于巴黎上层人的生活还是不很熟悉的。国王出走瓦伦以后，人民要求罢免的呼声越来越强，雅各宾俱乐部里呼应社会民众的人也越来越多，以拉法耶特为代表的大多数议员退出又到斐扬修道院集会，故称之为斐扬派。[58]

由于雅各宾俱乐部不像其他俱乐部和沙龙那样单纯而属于相同身份的同仁小圈子，[59] 它接纳不同阶段人民革命中新涌现出来的领袖、名流或新贵，所以很接地气，成为连接人民革命和议会的纽带。在每个革命重要阶段，雅各宾派所汇集的群众运动中新涌现出来的一些革命领袖与国会中具有相同观点的议员，从而成就了雅各宾的名声。但是，必须注意的是，在不同的阶段，雅各宾派的代表人物和主张并不是相同的。事实上，法国大革命不同于毛泽东及其中国共产党领导的民主革命，甚至也不同于列宁及其布尔什维克所领导的十月革命，已经有了一个比较成熟的革命思想体系和一个稳定的政党组织。相反，当历史以来人们所接受的国王、罗马天主教、王国三位一体突然崩溃以后，除了像拉法耶特那个来自于贵族阶层有教养的改革派，甚至包括像米拉波那样虽然也来自于社会的下层，但由于有文化，也有经历的知识分子们，可能还都有自己的较为成熟的政治理念，其他绝大多数法国人，特别是中下层的没有文化和没有经济条件的人民是没有成熟的思想以应付社会变故的，就连最受反对派诟病的罗伯斯庇尔在参加三级会议的时候，也是跟随于拉法耶特的。“如果路易十六没有逃走，那么罗伯斯庇尔也许会安于自己在君主立宪

---

58 《法国大革命讲稿》，第 210 页。

59 “（斐扬）俱乐部的规则是，不接纳别的人，只接纳那些向国家纳税并拥有选举权（这个词也有“特许经营权”的意思——译者注）的人”。《法国大革命讲稿》，第 210 页。

制下巴黎检察官的工作。"[60]

所以，罗伯斯庇尔和雅各宾派并非是一开始就有共和思想的。国王逃走的消息传来，君主立宪的幻想破灭，人民才开始有了废黜国王和建立共和的想法。但是，罗伯斯庇尔显然在此以前对共和毫无所闻。据后来被誉为"吉伦特派的无冕女王"的罗兰夫人[61]回忆，国王出走后，罗伯斯庇尔依然如往常一样，带着一副愁苦的表情，咬着手指甲，然后问道："共和国是什么？"[62]

罗兰夫人的回忆也并非是孤证。国王逃走的事件发生将近一个月以后，1791年7月14日，巴黎人民攻占巴士底监狱2周年纪念活动仪式上，战神广场上的祭坛将前一年的周年纪念日所书写的巨大题词"国家、法律、国王"的后两个字遮盖了，成了"国家、法律、（）"。15日，议会根据各种包装和歪曲了的事实，把国王的出走说成是受到胁迫和受骗，所以做出对国王宽大处理的决定，让其继续履行国王的职责。科德利埃俱乐部在驯马场召开会议拟写要求罢黜国王陈情书，本来雅各宾俱乐部与其联署，由于其中有了要求在宪法颁布前停止国王职务的内容，与国会刚颁布的法律有所抵触，雅各宾俱乐部则马上退出。7月17日，以科德利埃俱乐部为首，再次聚集祭坛，要求审判国王。在陈情书上签署名字的多达6000多人。集会受到拉法耶特的镇压，50多个签名者被击毙在祭坛的台阶下。同一时间，在维勒酒店聚会的请愿，也受到弹压。但是，联署的名单上并没有罗伯斯庇尔、丹东等雅各宾主要成员。[63] 连阿克顿爵士也说："雅各宾党人当即被震慑住了，罗伯斯庇尔、马拉甚至丹东，都不敢抛头

60　露丝·斯科尔：《罗伯斯庇尔与法国大革命》，商务印书馆，2015年，第196页。

61　米涅："罗兰夫人成了吉伦特党的灵魂。那些杰出的、勇敢的人物是以她为中心来讨论祖国的需要和危难的；她确知谁善于行动就鼓励谁去行动，她确知谁有辩才就把谁推上讲坛。"《法国革命史》，第119页。

62　《罗伯斯庇尔与法国大革命》，第196页。

63　《罗伯斯庇尔与法国大革命》，第197、198-199页。

露面了……"[64] 但是这些情况说明，雅各宾俱乐部在人民革命尚未高涨的时期，并不是一个走在共和运动前列的革命派，把法国大革命说成是雅各宾派股东的结果，不是历史是事实。相反，是人民革命运动发展到一定阶段后才把雅各宾推到了革命的前沿，是人民大革命影响和造就了罗伯斯庇尔和雅各宾派。[65]

但是，人民如何就能造就大革命？当然是客观历史的发展。

波旁王朝的法国本是中世纪国王、罗马天主教、法兰西王国三位一体。中世纪的欧洲是罗马天主教的势力范围，几乎所有的民族都信仰天主教。在一个时期，神权与世俗的权力都来自于罗马教会。由于社会生产力的发展，世俗的事务不断增长，民族共同体终于发展起来了。但是，由于人们自始以来的信仰和教会组织的力量，各民族王室对世俗的统治仍然需要得到罗马教廷的同意才没有障碍。这就是君权神授。国王的统治与罗马教会取得一致，民族共同体才有稳定。当然，所谓稳定，也是一个相对的概念。因为历史时期所有的民族都是依靠自然条件生存的，自然灾害和某些社会原因都会影响稳定。但是，通常在遭受一段时期的社会波动，甚至农民起义和战争以后，随着自然灾害的结束和好的年景的到来，以及一些政治措施的改善，社会仍然会沿着原来的结构及其形式运行下去。因为传统时代的社会波动不在我们这里所讨论的范围，所以说它是稳定的。事实上，1780年代，法国类似的社会现象也都不少，但是，人们并不以为1788年一些地方的叛乱和1789年春夏的巴黎面包涨价所引起的骚乱，会导致法国大革命。那么，如何在传统社会发生大革命？

原来，由于西欧的自然和历史的特殊条件，商品经济不知不觉地在几个民族共同体内逐渐生长起来。所谓商品经济，就是资本主义生产。当资本主义成分在传统的共同体内占有一定比例的时候，资本主义的原则就要起作用了。商品经济的自由买卖和等价交原则，必然要

64　《法国大革命讲稿》，第 210 页。

65　"不论是祸是福，民众的介入便是法国大革命的特点。"《法国大革命的起源》，第 191 页。

求人的自由和平等，这就与封建的等级和特权制度发生冲突。与自然经济比较而言，资本主义的发展是一个绝对的规律。它要求社会从传统的政治形式转变成为适合资本主义市场体系需要的民族国家。所谓民族国家，就是适应资本主义经济需要的国家政治形态，它是由相同历史、语言和生活习惯的人们所形成的，具有统一的和同质的货币市场，以及享有独立和主权的民族共同体。按照列宁的研究，民族国家是一个民族发展资本主义的基础和前提，它是通过民族运动完成的。法国大革命按其本质来说，就是法兰西民族运动。它一方面要求废除中世纪以来的封建等级，让包括国王在内的贵族和僧侣等级（在教会神职人员中，高级教士都是由贵族担任的）平民化，使得整个法兰西人成为同质的现代民族。那个时代有个十分流行的词语称公民，即国家内部彼此都完全等同从而在权利和义务上具有完全平等身份的人。另一方面，一个民族国家要有清晰、完整的国土，国家事务完全由本民族的人自己决定，也即现代国际关系和国际政治中所说的主权。

18 世纪的历史状况是，除了英国以外，欧洲大陆上所有的国家还都未能发育成为现代民族国家。根据传统，一方面，欧洲的许多古老王室在许多个民族相互间都享有王位继承权，也即这些民族的主权并不属于本民族，更不属于人民。大革命以后的几部宪法里，都明确强调"法国人的国王""法国人的皇帝"，就是针对欧洲的这一历史状况的，首先从王室和民族代表、国家象征，与其他的民族实行切割。另一方面，欧洲绝大多数国家仍然承袭王权体制，国王的权力来自于神授，特别西欧和中欧基本上都属于罗马天主教区，各个王室的继承权则需要得到罗马教皇的认可。譬如上帝同意国王对法国的统治，是经过罗马教皇实现的。罗马教皇是连接所有欧洲各民族及其信徒与上帝之间的传导者，在许多事务上，各个国家的王权是与罗马教廷分享的。另外，比国王政府还要细致严密而遍布于法国各地的教会和教士，也都隶属于罗马教廷，教会通过教士和教堂几乎控制了所有法国人。还有，教会法庭插手教民从遗产到婚姻等等各类民事事务，其实也是分享国王政府的事权。还有，教会拥有法国 10%以上的土地和财产，[66] 它不向国王的政府纳税，却收取教民的什一税和各种捐献。所以，中世纪以来的王国是与民族国家的要求不合的，有冲突的，法国三级议会从其一开始的法案就冲击了教会与教士制度。国王、教会、国家三位一体，本来就有一荣俱荣，一损俱损的特点。当教会和教士受到冲击以后，维系个体农民许多个世纪以来的信仰体系动摇了，连接人与上帝的中介断裂了，君权神授的世俗权力也必然地出现危机，[67] 法兰西共同体也再不能像以往那样维持下去了。

当教会与国家发生危机的时候，如果作为民族与国家象征的国王能够肩负起历史的责任，坚定地站在发展资本主义立场的三级议会一边，也许法国可以平稳地完成从传统到现代的转变与过渡。本来，如果站在民族利益的立场上，国会所通过的与罗马教廷切割关系的革命法案，要求贵族和僧侣阶层平民化、世俗化的法案，都是符合民族利益的，甚至符合国王的政府利益的。但是，国王路易十六及其王室不愿意跟随历史做一个与自己民族所有人原则上一律平等的、有职无权的资本主义时代的国王，所以采取抵制以至反对革命，这才引发了人民革命，出现了人类历史进程中影响深远的法国大革命。特别是作为标志性事件的，是路易十六的出逃。国王出走撕裂了尚能够称之为统一体的法国。它毁灭了一直以来人民心目中的那个代表世界上最伟大民族的光辉形象，特别是毁灭了底层人民一段时期以来依靠国王带领他们实现自由与平等的幸福生活的希望。从国王出走这一天开始，传统的法国已不再存在。法国已经陷入分裂。由此开

66　斯塔尔夫人认为教会有多大法国三分之一的财产。斯塔尔夫人《法国大革命》上，第 193 页。笔者所取 10%的说法，来源于本书译者在第 193 页脚注②。

67　"路易十六已被剥夺了终止或解散立法机构的权力和提出立法的权力。他拥有的暂停某项法案实施的否决权也仅仅限于一般的而不是'与宪法有关的'法令。尽管保留了世袭的和神圣的不可侵犯的君权，但现在他的王位是根据宪法所规定的条款来保持的，已不是天授的权利。"《新编剑桥世界近代史》第 8 卷，第 877 页。

始，法国人才创造了波澜壮阔的、堪称为大革命的伟大壮举。

说到路易十六，直到今天，还有一个传播广泛的观点，说他本是一个好国王，由于实行改革，这才有了大革命。如果他不改革，安守其成，还不至于发生革命。这个观点颠倒了历史，是不正确的。

关于路易十六，再也没有他的辩护律师德赛兹说得更好的了。当年，在国会审判路易十六的时候，德赛兹慷慨激昂地对着议员们说：

> 路易于20岁即王位，在位时，其品行堪称楷模，公正廉洁，没有任何缺失，没有贪污腐化；他一贯爱护百姓。百姓要取消一项重税，路易把它蠲免了；百姓要废除苦役，路易把它停止了；百姓要求改革，路易实行了改革；百姓希望修改法律，路易同意了；百姓要恢复千百万法国人的权利，路易把权利还给了他们；百姓要自由，路易给了他们自由。[68]

但是，应该说，德赛兹所说的话基本上不符合事实。1789 年 5 月 5 日召开三级议会，但国王所确定的基调是维护传统的特权等级制度。而且，国王首先要求国会里贵族和僧侣等级的特权。毫无疑问，没有三级议会中代表们的平等，根本就没有国民的平等。所以，6 月 17 日，国民议会首先通过三级议会议员平等的联席会议法令。6 月 23 日，国王御前会议宣布撤销国民议会的法令，维持第一、二等级的各种特权与豁免权，要求三级会议分别审议；维持旧秩序的社会结构不需改动，维持什一税、封建义务和庄园的税赋权利，等等[69]。也就在这个时候，米拉波不无预见地说："国王已经走上了通往断头台之路。"[70]

国王对三级议会 6 月 17 日法令的态度，充分体现了国王在以后革命中的立场。7 月 11 日，议会向国王提交了由拉法耶特起草的《人

---

68 《法国革命史》，第 172-173 页。

69 《新编剑桥世界近代史》第 8 卷，第 862-863 页。

70 《法国大革命讲稿》，第 79 页。

权和公民权利宣言》，国王否决了。8月4日夜，议会通过了由一些贵族和教士提出的放弃封建权利和免税权的法案，国王拒绝了。[71] 1790年7月12日，议会颁布《教士公民组织法》，国王经过10天的犹豫虽然表示"接受"，其实却是抵制的。读者已经知道，国王的出逃就是由这个法案引起的。所以，路易十六是反对这个法案的。

1791年9月13日，国王接受了国会通过的宪法，随后我们将会看到，那不仅是出逃失败后面对举国上下人民的反对形势，而且还有罗马皇帝在背后的建议，是斗争策略的一种考量。[72] 事实上，国王十分倚重而被历史学家称之为国王的"幕后主使"[73]的王后玛丽·安托瓦内托，是神圣罗马教皇利奥波德二世皇帝的妹妹，就极端仇视宪法。"王后拒绝与拉法耶特有任何接触，她视宪法，即使是修改后的宪法为'怪物'。"[74]

11月9日，国会通过了镇压流亡分子的法令。国王否决了。11月29日，国会通过了镇压反抗神父的法令。国王又否决了。[75]

1792年8月10日，在巴黎起义民众的逼迫下，国王寻求国会的保护而仓促离开了王宫。由此，人们在王室里先后发现一个铁柜和一个保险柜，里面藏有国王收买米拉波的经费账单，有里通外国和与逃亡的两位亲王和其他内臣贵族在国外给路易十六的来往信件。路易十六在1791年4月16日给克莱蒙的主教说，一旦他重新掌权，就要恢复旧政权并且要使僧侣恢复原有地位。而路易十六在国会发表讲话，对威胁法国国会和革命政权的罗马宣战，只是为了加速他的救兵早日到来。那些在国外寻求救兵和组织反革命队伍的人给路易十六写信说：

战争将迫使所有国家联合起来共同打击那些在法国施

---

71 《新编剑桥世界近代史》第8卷，第871页。
72 《法国大革命讲稿》，第212页。
73 《法国大革命讲稿》，第151页。
74 《新编剑桥世界近代史》第8卷，第894页。
75 《新编剑桥世界近代史》第8卷，第897-898页。

行暴政的乱党和极恶分子，使对于他们的惩罚不久即成为一切企图扰乱各帝国治安者之儆戒。……你可以依靠的有15 万大军，包括普军、奥军和［德意志］帝国军队，以及一支两万逃亡的队伍。[76]

所以，路易十六从根子上来说，是反对革命的，特别是死命反对宗教改革的。虽说国王"接受"了《教士公民组织法》，但他一直回避参加宣誓教士圣礼的态度激怒了人民，所以，从瓦伦回到巴黎并且重新履行国王职责以后，以拉法耶特为代表的斐扬派以及后来的吉伦特派，都是千方百计帮助路易十六树立一个维护革命的形象，以减轻人民反对他的压力。大臣们建议国王接见宣过誓的教士，作出赞成"教士法"的样子，以消除制造混乱的口实。"国王坚持不同意，他决心不再在宗教方面做任何让步。"[77] 所以，与那种认为国王路易十六实行改革引起革命的观点恰好相反，是当国家已经发展到必须对旧制度实行改革的时候，国王不革命和反对革命的态度和立场，才导致了人民大革命的发生。

还有一个观点，是那些有教养的阶级 200 年来耿耿于怀的，认为按照 1791 年宪法，"如国王率领军队并指挥武力来反对国家，或对于用其名义实行这一企图而他不以正式手续表示反对时，即视为放弃王位。"[78] 路易十六并没有以武力反对国家，所以，路易十六本不该丢失王位。即使失去王位了，也不该受审判，更不至于极刑。都是雅各宾派的激烈革命，才把国王送上了断头台。是的，罗伯斯庇尔坚决主张处死路易十六，说过"路易应当死，因为祖国必须生"。[79] 但是，罗伯斯比尔所说的话，是当时法国人民的要求，是人民的意志。

---

76 《法国革命史》，第 166 页。

77 《法国革命史》，第 124 页。

78 《1791 年宪法》，法学教材编辑部 《外国法制史》编写组：《高等学校法学教材参考资料：外国法制史资料选编》（下册），北京大学出版社，1982 年，第 547 页。

79 罗伯斯庇尔：《路易应当死，因为祖国必须生》，王养冲 陈崇武选编：《罗伯斯庇尔选集》，华东师范大学出版社，1989 年，第 120 页。

从法国大革命爆发时开始，许多政治家和史学家就用政治学、社会学和谋略学的眼光解构这段历史，说罗伯斯庇尔提出处死路易十六是从打击吉伦特派的策略考量的，是罗伯斯庇尔的野心所驱使，从而把一场革命运动的历史正剧歪曲为野心家河阴谋家得计谋和伎俩。毫无疑问，政治斗争和革命过程中包括战略与策略问题，但政治斗争和革命过程首先不是战略学和策略学。[80] 处死路易十六是当时法国革命中人民呼声最高的一件事，这是革命政党不能绕过去的一个急迫问题。法国大革命的一个十分重要的特点，那就是人民运动推动国会和政府实行改革，尽管有的时候人民的作用大一点、强一点，有的时候作用小一点、弱一点，但都是人民革命的推动。这是理解它的一个很重要的因素。路易十六曾经是国王，但是，从 1789 年大革命开始，国王就已经是与所有人平等的国民。当不满国王的人看见国王的时候，就已经高呼"国民万岁！"而区别于以往的"国王万岁！"。国王出走实际上是要逃往国外，投向要用军事侵略和威胁法国革命的敌对国家。在那个时代里，凡是投敌叛变、里通外国，就是死罪。所以，路易十六的问题，从其出走时性质就已经发生了根本性的转变。人民眼中的路易十六，背叛祖国，投靠敌人。这样的事情放在一般人身上，无需审判即行处死。而在国会审判国王的日子里，人们又在王宫的铁柜里发现了国王与流亡分子结交寻求外国政府干涉的证据，所以，一切辩护就都归于徒劳了。[81]

其实，即使国王坚持反革命立场，当时的法国也不一定要走向后来的极端的人民大革命的结局，因为当瓦伦逃亡，人民心中那个代表法兰西民族的偶像彻底撕碎以后，人们对国会还是抱有希望的。但是，国会却对人民意愿的枉顾与漠视、消极和抵触，甚至不惜与王室勾结编造谎言，为国王的出逃行为弄虚作假，欺骗人民，保护国王，强行拥立那个已经被自己撕为碎片的偶像为君主，以圆他们的立宪

80　《新编剑桥世界近代史》第 8 卷，第 905-906 页。
81　《新编剑桥世界近代史》第 8 卷，第 910-911 页。

梦，从而一步一步推高了人民的革命浪潮。

那是一个从传统向现代的转变与过渡的时期。一个很重要却常常被历史学家所忽视的问题，那就是一切有教养的人们从内心所发出的对国王与王室的敬仰。且先不说被选入国会的出身贵族和僧侣阶层的议员，在其骨子里就有对国王的崇敬与爱戴，即使那些对路易十六和他的外国皇后有意见的人，但对王制却是深信不疑的。即使对于像奥尔良公爵和拉法耶特侯爵那样有着平等思想和改革理念的人士，也只是把英国的君主立宪当作他们的理想和目标。三级议会是按照贵族、僧侣和第三等级分别遴选代表的，所以，早期国会里君主立宪的力量很强大，这可以理解。从 1789 年 5 月 5 日三级议会开幕到 1793 年 1 月 21 日把国王送上断头台，期间无论名称如何改动，国会有过数次更迭，而且按照当时的选举法，议员不得连续当选，所以，新的议员成份越来越贴近人民的中下层。但是，重要的是，国王的光环仍然笼罩着那个时代，且不说每届国会里仍有不少的贵族当选议员，即使出身于中下层，本属于革命前的无名望和无身份的人，可是一旦进入国会，到达了国家政权的最高层面，有可能与国王在一个层面交往了，绝大多数就都显示出喜欢并且接受王制的倾向。[82] 就连"那些曾经挫败了米拉波的胜利者，在米拉波死后，却立刻开始秘密地支持国王的事业"。[83] 这是引发人民革命不断高涨的重要社会因素。

所以，也许法国也曾有过可以不发生以后确曾发生过的那些流血的和恐怖事件的机会，那就是 1791 年 6 月 20 日，当国会已经替

---

82 国王出逃失败后，国会委派巴纳夫、拉图尔·莫布尔和佩蒂翁三人前往迎接和保护国王返回巴黎，仅在不到 4 天的路途上，前两个人都与国王和王后建立了深厚的关系。"巴纳夫敬重皇后，也同情她的命运，从那以后，他就和迪波尔、拉梅特、雷尼奥·德·圣-让·当热利、夏佩里埃、图雷及拉法耶特一道，为王室复辟而努力不断。"斯塔尔夫人《法国大革命》上，第 225 页。从国王出逃后，巴纳夫的地位开始上升，9 月，与迪波尔、拉梅特组成决定法国事务中最有影响的三人集团。《新编剑桥世界近代史》第 8 卷，第 888 页。

83 《法国大革命讲稿》，第 209 页。

代国王而成为国家立法和行政的权力机关以后，它本能与人民站在一起，探索国家未来发展的道路与方式了。而且，最初的情况也已经证明，人民信赖国会，是服从国会的。当国王被押送回到巴黎的时候，国会给巴黎人民发布命令，不得对国王表现出憎恨或是崇敬的情绪。于是，一幕有如"葬礼般"的奇特景象出现了。[84] 当国王的马车穿行在挤满市民的街道上的时候，"人们既不鼓掌欢迎，也没有责难，只是以一种长久的沉默表示不满"。[85] 虽然人民还是以一种特殊的方式表达了自己的愤怒情绪，但总是服从国会的法令的。遗憾的是，1791 年的"制宪议会"跟着拉法耶特压制和镇压人民反对国王和王制，坚持拥立国王以通过君主宪法；1792 年 9 月以后的"立法议会"则跟着与国王走到一起的巴纳夫，不惜修改宪法，"以便使之能为国王所接受"。两届国会的共同点是欺骗人民，编织出一个国王是被人"拐带"出走的谎言。[86] 所以，法国大革命是人民被政府一步步推高而发生的。——1791 年 6 月 25 日，当国王及其王室被押回巴黎的时候，人民是以可怕地沉默对待的。7 月 15 日，纪念攻占巴士底监狱两周年的第二天，国会向社会宣布让路易十六继续履行国王的职务的时候。[87] 人民开始行动了。7 月 16 日，巴黎人民发起请愿活动。17 日，声势浩大的请愿签名遭到拉法耶特的国民卫队的血腥镇压。1792 年 8 月 3 日，在国家遭受外国联军威胁的情况下，巴黎 48 个区中 47 个区联署成立公社，向国会通牒要求废黜国王。10 日，当国会无视巴黎公社的最后通牒以后，实行起义。当巴黎公社拥有首都巴黎以后，法兰西共和国，以及 1793 年到 1794 年雅各宾派掌权和弥漫全国的红色恐怖，就都是必然发生的了。

　　法国大革命以来，有教养的阶级一直在指责法兰西和巴黎的骚

84　《法国大革命讲稿》，第 205 页。
85　《法国革命史》，第 97 页。
86　《新编剑桥世界近代史》第 8 卷，第 893、891-892 页。"大部分议员吓坏了，
　　赶忙放出一个明显的官方谎言：作为他们宪政之石的国王是被人拐走的。"
　　《法国大革命》，第 50 页。
87　《罗伯斯庇尔与法国大革命》，第 198 页。

乱、恐怖和暴力。但是，必须要说的，是千百年来统治阶级对被统治和被压迫人民的暴力，让人民学会了恐怖和暴力。在任何时代里，统治阶级镇压人民从来就没有手软过。更何况，为了保护已经背叛了法国人民的国王和实现自己心目中的那个君主立宪，拉法耶特在革命中还血腥镇压了和平请愿的人民。所以，像一个家庭内部孩子的暴躁脾气是学习家长的，在一个民族共同体内，如果发生人民残酷镇压反对派，那一定是向统治者学习的。

另外，那个时代的社会文明还未发展到现在的国际社会所达到的文明高度，历史学家所说的思想启蒙仅只是在法国有知识有教养从而是富裕阶级和阶层之间的一个有限的圈子里出现和传播的，不仅从知识体系来说还不够深入和系统，接受的群体也不广泛。想一想直到现在的人们往往还片面理解和认识现代人文理念和精神，对资本主义的自由、平等、人权等核心价值观存有巨大的误解，即使像美国这样发达国家的政府和人民还只把它作为本民族或者本阶层本党派所应该享有的特权，公然提出美国第一、党派优先等等口号，把本民族利益凌驾于其他民族之上，甚至不惜牺牲其他民族的利益和生命维持其党派和利益集团的统治，就应该理解在那个人们还不会文明处理资本主义社会冲突的时代所发生的野蛮恐怖事件了。要知道，那时的法国还处在社会较低的发展阶段。

现在我们可以总结有关国王路易十六的话题。资本主义早在 15 世纪以前就开始在包括法国在内的西欧萌芽，它的发展或迟或早都一定要求国家政治形态适合其生产的需要。18 世纪后半期，法国已经发展到这样的程度，即传统的王国制度已经不适应经济社会的发展，历史要求建立起以人权为核心的资产阶级法权制度和具有独立主权的民族国家，废除封建等级与特权，国王主权转变为人民主权，建立起维护自由平等和保护人权的法律关系，以及实现民族统一、领土完整、主权独立，都是这一历史时代所提出的历史使命。按照许多历史学家的说法，不少问题都是路易十四以前的时代，尤其路易十四应该去做的事情，以至路易十六遭遇到太多的历史上应该解决却没有解决而累积起来的社会问题。也许这都是事实。但是，问题的实质与核心却不在这里。18 世纪末期，法国已经发展到传统的王国向现代民族国家转化的历史关节点上。路易十六是按照 16 世纪末期以来的波旁王朝对法国统治的传统继承王位的，所以，他对法国的统治具有历史合法与正当性。不过，对于 18 世纪的法国来说，路易十六统治的合法性与正当性至少还应该包括这样两个内容，一个是他所接受的遗产中本来就包含有前任几届国王早该实行的改革而因为各种原因延宕所未做的，另一个更为重要的是适应历史的要求实现革命转变。

所谓历史要求，就是国家从传统向现代转化。路易十六是合法继承的国王，他享有国家主权。如果国王路易十六顺应时代的要求，主动站在历史和人民一边实行改革，那就是一场温和的改革与革命。因为在 1791 年 6 月 20 日出逃瓦伦以前，人们几乎还未提出过共和的要求，虽然自历史以来法国人对英国的抵制而不可能在名义上效仿英国，但无论国会还是人民心目里的目标却都还是英国那样的君主立宪。事实上，恩格斯后来所高度评价的民主共和制，包含有三个实质性的原则问题，即中央政府层面的立法、司法和行政三种权力的分割，政党合法化，以及人民普选权。当 1789 年法国召开三级议会的时候，这个三原则民主共和制度在美利坚合众国和大不列颠王国都已经实现了。更何况，那时的法国人民普遍对"法兰西人的国王"还抱有好感。毫无疑问，如果路易十六顺应时代潮流，主动与人民站在一起实行改革，不流血完成革命大业，不仅其光辉世纪汇流芳百世，而且波旁王朝在法国的这一分支也许会像维多利亚女王的后人现在还住在白金汉宫一样，路易十六的后人也还住在凡尔赛宫。问题发生在路易十六顽固地站在与人民对立的立场上，处处反对改革，这才发生了暴力革命，不仅最终把自己和王室送上了断头台，而且引发了巴黎和全国的暴动与骚乱，导致 1792 年 7 月的流血事件，1793 年 9 月的屠杀事件和雅各宾专政，该都是由于路易十六没有承担起虽经千年历史也难有一遇的机缘所赋予他的伟大历史使命，不仅对不起国家和民族，而且也对不起自己和他的王室。

法国大革命是一场悲喜剧。无论死去的革命者或者反对者，都算是死得其所，——以罗伯斯比尔及其雅各宾派为代表的革命者，是为了争取一个法兰西民族和人类美好未来流血牺牲的，是为共和国，为新的社会制度贡献出自己宝贵的生命；以国王路易十六为代表而被革命者送上断头台的封建贵族，以及包括九月屠杀事件中被革命者处死的大批反革命分子，也是用生命捍卫他们所理想的社会制度，为自己所喜爱的旧社会、旧制度殉葬。

我们当然没有忘记，研究法国大革命的本意是要说明法国农民自中世纪以来所强烈信仰的罗马天主教体系被毁坏以后所造成的影响，从而证明意识形态对于农民的重要性。大革命前，法国仍是一个农民占据多数的国家。法国大革命前，1780 年，在全国 2600 万人口中[88]，80%是农民。[89] 当旧制度结束的时候，农民拥有法国一半的耕地，而资产阶级仅占有 1/6 的耕地。[90] 所以，即使说早在 300 年前法国也已经发生资本主义的萌芽，但是，它仍然还是一个以农民为绝大多数人口的国家。这是一个方面。

从另一个方面来说，在传统的个体农民仍占据较大多数的国家里，当原来的稳定的共同体破裂的时候，如果没有一个足以能够把绝大多数农民的思想信仰统一起来的意识形态，则是谈不上社会稳定的。实际上，即使在法国革命把罗马天主教当作革命的对象予以打击的时候，法国人也不是缺失了信仰，——罗马天主教只是在政治与经济上受到了国家政权的打击，如果与原来作为占据统治地位的主流的意识形态比较的话，当然受到了巨大的损害。但是，它并非由此而从法国消失。罗马教派在人民中仍具有很大的影响。另外，从 16 世纪以来，作为一种新教的胡格诺派一直受到罗马天主教的打击和迫害，但它始终是法国本土的一个仅次于罗马教派的重要派别。大革命

---

88 《新编剑桥世界近代史》第 8 卷，第 776 页。
89 《法国大革命的起源》，第 193 页。
90 《新编剑桥世界近代史》第 8 卷，第 776 页。

事实上反对和抑制了罗马天主教，客观上促成了胡格诺派的发展。大革命后期，1892 年，国家终于承认胡格诺派的合法性，表明法国的宗教在革命期间的增长和进步。另外，无神论在法国一直就占有较大的市场，特别是 18 世纪启蒙运动，本来在法国的知识分子阶层就有较大的影响。革命以后，无神论者的力量更强了。

早在 1791 年春季，由科尔德利埃俱乐部为代表的一些民间俱乐部及其会社组织，据说是卢梭的直接民主理论第一批鼓吹者。[91] 6 月 20 日，逃亡瓦伦的事件发生以后迅速发展的共和主义者，则主要是从卢梭的学说里吸取营养的。雅各宾派兴盛的时期，以罗伯斯庇尔为首曾经把卢梭当做精神支柱，甚至他上升到宗教的高度有如上帝一般予以膜拜。在雅各宾派执政期间，国会通过法案，卢梭的尸体被移到法国人供奉崇拜者的先贤祠。1793 年 5 月 7 日，罗伯斯庇尔在国民议会上提出，国家应该承认有一个"超验的存在"。[92] 这一主张也体现在 1793 年的宪法中，它承认客观世界里存在一个"最高主宰"。[93]

卢梭无疑是 18 世纪灿烂星空中最为耀眼的那颗星。卢梭出身卑贱，其身心一生都在毫不停地颠簸流离，但他在思想、文学、音乐、艺术和教育许多人文领域，都有建树，为人类留下了不朽的精神财富，以至于 200 多年以后，人们在以上许多个领域深入研究的时候，仍然无法回避他，而需要在他所开启的基础上继续前行。尤其是"卢梭《社会契约论》问世，则形同社会政治革命的宪章"。[94] 一句"每个人都生而自由、平等……"[95]，启迪了 1776 年美国《独立宣言》和 1789 法国的《人权宣言》，成为照亮人类前进的灯塔。恩格斯也高度评价了卢梭。他说，卢梭的平等观念"在大革命的时候以及在大革命

---

91 《新编剑桥世界近代史》第 8 卷，第 889 页。
92 《法国大革命讲稿》，第 308 页。
93 《法国革命史》，第 158 页。
94　约翰·麦克里兰：《西方政治思想史》，海南出版社，2003 年，第 217 页。
95　卢梭：《社会契约论》，商务印书馆，1980 年，第 9 页。

之后起到了实际的政治的作用，而今天差不多在一切国家的社会主义运动中仍然起着很大的鼓动作用。"[96]

罗伯斯庇尔以卢梭为自己的宗教，但他却未能巩固自己的统治。但是，按照普列汉诺夫和许多人的说法，列宁是罗伯斯庇尔式的人物，[97] 却取得了成功。为什么？比较列宁与罗伯斯庇尔，两个人的最大差别在与列宁构建了一个精致完美的思想意识形态马克思列宁主义。罗伯斯庇尔不是没有思想，阅读他的文集，也是有思想有理念的。但是，罗伯斯庇尔比列宁的逊色多了。一方面，罗伯斯庇尔的思想观念庞杂，宗教的色彩过于浓厚。另一方面，罗伯斯庇尔的理论来源是 18 世纪的思想启蒙的那一批人，他们的思想与其说是理论研究与探索的结果，还不如说是身临伟大思潮期之中的伟大天才的感悟。虽然仅过去了半个多世纪，但经过德国伟大哲学的思想提炼，特别是马克思对英国和法国等西欧的古典经济学的批判阐述，使得列宁构建它的思想体系的时候，丰富而且深刻多了。

此外，当法国大革命突然降临的时候，罗伯斯庇尔一点准备都没有。列宁可不是这样。为了参加和推动十月社会主义革命，列宁准备了 20 多年。列宁主义就其本质来说，是一个落后的农业国家里的农民阶级应对资本主义历史挑战的思想体系，它精致而完美，相当吻合落后国家农民的心理预期，所以极赋有自然魅力，只要这些求变的农民一旦接触到它，就会不由自主地迷恋上它而跟着它走。所以，在沙皇俄国专制和恐怖时期，列宁已经造就了一支用列宁主义武装了的布尔什维克革命党。当沙皇的专制和恐怖消失而革命浪潮突然降临的时候，由于列宁主义的强大思想魅力，一方面在于它自身所展现出来的合理性，另一方面自然呼唤出列宁所需要的、以列宁主义为旗帜的革命队伍及其拥护者，从而推动列宁所发动的革命运动不断走向高涨。这是列宁成功的原因，——列宁主义思想意识形态在革命时期

96　恩格斯：《反杜林论》，《马克思恩格斯选集》第三卷，第 142 页

97　列夫·托洛茨基：《我的生平》，上海人民出版社，2007 年，第 142 页。

的作用和意义。

那么，列宁的成功意味着什么？列宁取得国家政权，建立起几乎与沙皇俄国同样大小的苏维埃社会主义联盟共和国。这个共和国是一个以列宁、列宁主义、苏联新的三位一体的大俄罗斯民族共同体。所以，它是以一个新的民族共同体取代原来的沙皇、东正教、沙俄帝国。在新的三位一体的民族共同体内，列宁主义也同样占据国家权力机构的核心与重要位置，——由于列宁主义才有了以列宁主义为指导思想的布尔什维克执政党，而这个执政党的作用在于党所领导的、作为国家主要成分的武装部队（红军、克格勃、警察），党所领导的和由党员担任政府权力部门主要职务的国家机关，以及从中央到地方政府部门和武装部队（红军、克格勃、警察）中的布尔什维克党组织。事实上，布尔什维克、武装部队（红军、克格勃、警察）、政府机构三位一体的苏联国家权力，而列宁主义则通过布尔什维克党组织贯通三个位格。没有列宁主义，就没有布尔什维克、苏联的武装部队（红军、克格勃、警察）、苏维埃政府机关。这是列宁的社会主义成功的原因，——列宁主义意识形态在苏联社会主义时期的作用和意义。

即使我在这里强调列宁主义意识形态的重要作用，但是，那也不同意一些人把社会重大变革当作是意识形态实行革命的结果。法国大革命发生以后，立即就有人把它归结为，或者首先把它当作意识形态的革命。[98] 其实，任何社会变化或者变革，都会夹杂有意识形态的因素。就像社会变化，一定有经济因素，特别是法国大革命的起因本就是从财政危机开始的，三级议会的召开是国王的政府试图解决财政危机，国民议会罚没教会的土地和财产，废除什一税，等等法案也

---

98 《西方政治思想史》："柏克直指卢梭为革命祸首，其实点出自 1789 年以来人人得见但当时尚未显露的一个道理：法国大革命是以一个意识形态之名发动的……""伯克是极为敏锐的未来学家。他比谁都先明白，法国大革命由于以一种新世界观的名义进行，这革命就不会限囿于法国国界以内。"（第285 页）。"我们指出法国大革命所以成其为近代革命之首例，是因为它是以一个意识形态为名进行的。"（第 310 页）

都直接涉及经济问题。但是，决不可以用经济主义的观点解构法国大革命。意识形态问题也是如此，无论法国大革命，列宁的十月革命，还是中国共产党的武装斗争，其中的意识形态成分都十分浓烈。但是，如同早年的战争人们总把自己打扮成"替天行道"担世俗的战争绝然与天意无关一样，法国、俄国（苏联）和中国都是处在马克思所揭示的人类由自然经济向资本主义转变的历史阶段，都是实实在在的社会的转变和转型，而不是或者至少不是意识形态问题。强调意识形态，或者直接将其归结为意识形态问题，是把人们引向斜路。

18 世纪后半期的法国、19 世纪末至 20 世纪初期的沙皇俄国，以及晚清至民国时代的中国，具有相同与相近的社会背景，那就是它们基本上都还是一个农业国家，自然经济的农业成份还占社会较高的比例，农民还是国家总人口中的大多数。但是，在这样的背景下，国家突然遭遇到资本主义的冲击，社会各个阶层都必须对它做出反应，特别是千百年以来农民赖以生活其中的稳定的共同体突然坍塌以后，一下子把这么众多的具有相同经济社会地位的人们同时推到社会变革浪潮的前列，当然就会显示出与西欧其他古老王国缓慢变革所完全不同的形式与路径。

法国是地处西欧大陆的国家，本身所具有的一些自然和历史的基本条件，譬如法国虽然也紧靠大西洋和地中海，而且海岸线似乎还都算很长，但相对于同期生长出资本主义的荷兰、葡萄牙、西班牙和英国来说，内地以种植业为生的传统经济比例还是要高很多。法国是一个人口大国，虽经过了 300 多年的资本主义发展，但是，到 1780 年代，法国的农业人口仍旧达到 80%，自耕农民的力量仍然非常强大。而相同的历史阶段里，后面一些国家商品化即资本主义经济程度就要高很多，个体农民的比例也要小，这是当 18 世纪末 19 世纪初欧洲兴起民族主义思潮的时候，其他西欧国家没有而法国却爆发了激烈大革命的一个很重要的原因。

另一方面，法国地处西欧的中心地带，不只是三面与资本主义发展较早并且程度较高的荷兰、英国、葡萄牙和西班牙相邻，甚至还在过去几百年里与其在海上竞争，资本主义毕竟在法国有了长期的萌芽与发展，尽管绝大多数农民尚未完成由个体经济向市场的转化，但或多或少与市场还是有所联系，这都是与十月革命以前的沙皇俄国、民国时代的中国所不同的。一方面，由于多多少少与市场的联系，法国的农民已经不那么封闭了。另一方面，法国城市资本主义和资产阶级的力量虽然不算很强大，但毕竟经过了几百年的积累，所以革命中虽然一度发生雅各宾群众专政的政治形式，但还是由于社会具备足以抑制和制衡过于激进革命的基本力量。这是自大革命以后，法国经共和、督政府、帝制、王朝复辟、共和等等的制度反复，[99] 人民还是维护了大革命的成果，[100] 选择了与西欧其他几个王国政府具有相同性质的民主共和制度，而避免了列宁斯大林和毛泽东那种群众专政的政治前途。

虽然我们说法国。沙皇俄国和民国时期的中国具有相同相近的背景，但毕竟还是存在决定各自不同发展道路的条件和因素。我们先说列宁的十月社会主义革命。

俄罗斯地跨欧亚大陆，但决定其社会发展的主要部分还是在欧洲。由于资本主义起源于西欧，当 19 世纪欧洲民族主义兴起的时候，沙皇俄国基本上还是一个农奴国家。克里米亚战败，刺激沙皇从 60 年代开始实行以解放农奴为主要内容的社会改革。现在的历史学家几乎众口一词地批评沙皇改革迟缓，成效不大。其实与西欧的资本主

99　泰纳："1800 年以来，经过八个政治体制的更迭，整个社会仍得以保留，几乎丝纹未动。"《现代法国的起源：新秩序》Ⅴ，吉林出版集团有限责任公司，2015 年，第 001 页。

100　笔者所以说拿破仑是法国大革命的终结者、完成者，是由于他终结了大革命。1799 年雾月十八日，从埃及突然偷偷回国的拿破仑与督政官西耶斯合作解散了立法委员会，接着通过公投，成为共和国第一执政。掌握了无限的权力的拿破仑，要做的第一件事就是向法国人民宣布说："公民们，大革命已经奠基于其开始时的原则之上。革命结束了。" 1801 年，拿破仑逼迫罗马教皇承认法国大革命对罗马教廷所做的革命举措，包括承认 1789 年以后被没收和出售的教会地产，从而保护了大革命的成果，使得法国作为一个现代民族国家具有了完整的主权。

义发展速度比较而言，沙皇的改革还是很有成就的。根据人口普查的数据，1877年地主贵族拥有7310万俄亩土地，到1905年极爱烧到5320万亩。按照一些学者的数据，1911年又下降到4320万亩。俄国人口由1861年的7300多万增加到1917年的1.7亿。[101] 如果如此发展下去，本来不会发生剧烈的革命运动的。1905年日俄战争中俄国战败后，虽然彼得格勒发生了历史学家所说的革命，但最终未能波及全国，说明俄国的资本主义化基本上还是在沙皇政府的控制下顺利发展的。

问题发生在沙皇政府主动发动了第一次世界大战，实际上是自己把自己推到了死亡的边缘。在长达4年的战争中，政府先后将1550万士兵送到了前线。[102] 如果考虑到为上千万在前线作战的士兵提供补给，以及工厂里的工人，这等于沙皇是把1亿多千百年来各自独立和封闭的农民，集中起来推到了现代资本主义面前。我们说过，沙皇时代的俄国是沙皇、东正教、俄罗斯帝国三位一体。但是，在1917年二月革命中，当疲敝的沙皇和他的宠臣拉斯普京先后倒台的时候，沙皇制度、东正教的影响、大俄罗斯帝国也都犹如一阵风般随之而去。列宁主义作为一种特别适合个体农民需要的思想意识形态，集中反映了占据社会绝大多数的农民，特别是反映了刚刚睁开眼睛看世界的中下层农民应对资本主义的意愿和诉求。再加上一句"一切权力归苏维埃！"，用国家权力调动起世世代代被统治者掌握权力的欲望与革命的积极性，从而不断推高革命的实际进程。如果不带有感情色彩而客观分析当时的历史变动，是因为列宁主义适应了1917年二月革命后的俄国社会发展的需要，所以能够迅速积聚本来分散的农民并把其思想统一起来转变成为资产阶级革命力量，从而以绝对优势夺得国家政权，整合了已经四分五裂的俄国社会。

列宁主义的历史作用还不仅体现在填补因沙皇政府垮台而造成

---

101 尼古拉・梁赞诺夫 马克・斯坦伯格：《俄罗斯史》（第七版），上海人民出版社，2007年，第395、401页。
102 《俄罗斯史》（第七版），第434页。

的权力真空，更重要的是保障了俄国在之后半个多世纪里的国家稳定并以一种特殊的方式发展了资本主义，以至于有力量在第二次世界大战中能够打败工业生产能力极强的德国法西斯，保卫和维护了苏联的国家利益，以及为世界和平作出了巨大的贡献。讲到后一个问题，笔者有必要再强调一下，斯大林所领导的苏联社会主义在第二次世界大战中的作用，无论怎样强调和高度评价，都不过分的。正是因为斯大林及其所领导的苏联国家力量，才能够力挽狂澜，打败德国，决定了战后世界发展的格局。

马克思列宁主义的历史意义还不止于此。截止写这几段文字以前，由于受战后思想意识形态的影响，笔者也总都是从负面评价冷战的。其实，冷战乃是战后国际关系的一种特殊形态，是有其现实意义的。读者可以冷静想一想，由于美国的经济与技术实力最强大，所以人们是把美国当作资本主义的先进代表对待的。自 80 年代以来，包括中国的改革和苏联东欧的剧变在内，全世界越来越多的国家加入世界贸易组织，其实是越来越靠近美国，用美国和西方发达资本主义的规则与世界各国进行贸易，世界朝着全球化与一体化的方向发展，其可以预见和想象得到的世界和平前景，无疑是有利于全世界和人类的。但是，美国政府竟然用“美国再次强大”“美国优先”之类的毫不掩饰的帝国主义和霸权主义口号动员群众，说明美国民众中极端的民族主义势力还很强大，幻想美国会在战后自觉向全世界输出自由民主制度，全世界在美国一家独大的背景下会得到和平与安逸的想法，是不切实际的。所以，尽管说马克思列宁主义是一种不切实际的虚幻，战后苏联的经济与科学技术的实际能力也根本无法与美国抗衡，但是，包括美国政府在内的反对苏联的势力过高估计它的力量，苏联和以苏联为代表的所谓社会主义阵营也由于意识形态的虚假性也帮助自己提高盲目的自信心，从而敢于和美国对抗。这都在实际上起到了抑制和制衡美国的作用。否则，在美国的军工集团推动下，战后的世界完全有可能成为美国帝国主义和霸权主义的天下。

所以，读者切莫以为虚幻的、空想主义的，就完全是不好的，无用和无意义的。马克思列宁主义作为一种受到当时俄国基本劳动群众欢迎的思想意识形态，在动员分散和封闭的人民群众，整合已经处于四分五裂的民族国家的过程中，是起到了积极的历史作用的。要认识这一点，我们可以把视觉转移到人类发展的更早的阶段上，在古老的历史时期，人类普遍地具有迷信的思想，祖宗崇拜或相信一个主宰世界的神。现在的人们尽可以说那是迷信，但它在历史上是有进步意义的。因为人这种动物不像凶猛的野兽那样，既有雄壮的体魄，又自其出生就带着进攻性的武器，所以单个的生存能力差，在猛兽盛行的环境里明显处于弱势。人必须作为群体才可以弥补个体的不足，所以，一方面是每个个人都潜意识地需要病依赖祖宗和神灵的庇护，以提高生活与生存的信心和信念。另一方面，单个的人没有力量，那就必须依靠社会组织，而君权神授之类的思想意识形态及其政治伦理观念则有利于把人们组合到一起，以连接成为具有共同利益的社会或共同体并在一定秩序下获得生存与发展。

但是，即使进步的思想意识形态也会由于其一定的虚假性质，经过或长或短的历史发展而暴露出仅有的时效性。传统时代的社会运行缓慢，一天一天，一年一年，一代人又一代人，无论自然还是社会都几乎看不见有什么变化。天不变道亦不变，此之谓也。人类进入资本主义时代以后，社会运行似乎是在以加速度的方式展开的。尽管列宁斯大林及其布尔什维克以为自己是按照列宁主义所揭示的道路与方式建立起社会主义社会，但是，社会历程却是按照它自身的规律运行的。一方面，斯大林的社会主义工业化作为一种现代经济的生产方式，不仅使用了和西方发达国家相同的生产技术，而且也必然地要采取与其相同的经济与组织。特别是现代生产力按照其本性就是世界的，它需要在市场经济中，甚至在国际间的层面里交流与交换才能得到发展。而无论国内市场还是国际间的交换，最终都是与西方发达的资本主义国家实行相同与相近的经济规则。另一方面，用列宁主义武装起来的苏联共产党和苏联政府，尽可以把苏联的社会制度描述得如何先进和富有极大的优越性，但是，苏联人民无论其物质生活还是精神层面所能享受得到的自由空间，还是无法摆脱从自然经济起步向资本主义转变的初级阶段发展过程中摆脱不了的黑暗与磨难。特别令人窒息的是，在苏联社会主义制度下的人们享受不到西方民主国家往往可以做到的与社会进步相适应的自由和平等。这些都是 20 世纪 70 至 80 年代，苏联社会越来越没有朝气，没有发展活力的根本原因。所以，历史要求改变那种用列宁主义原则所建立的社会制度，回归到与世界上其他的民族国家相同的发展路径上。

分析到这里，也许我们可以打个比喻。去过北京的读者都知道有个天坛公园，以天坛为主的建筑群体辉煌、大气，整个园林自然而然神秘，游览过程中不仅给人感官以美的享受，而且还传承一种深厚的文化内涵。1998 年被联合国教科文组织列为世界文化遗产。它是明清两代皇帝每年向上天祷告祈求风调雨顺的场所。那个时代里，从政府到老百姓，所有的人都相信有一个神在掌管着包括风、雷、雨、电在内的气候变化。因为传统的农业社会收获几乎完全仰赖气候变化。所以，那个时代的人们都是以十分虔诚的心情对待老天爷的，每个朝代都有一套制度与老天爷打交道，举国上下都以十分敬仰的心情向老天祈求风雨保平安。

其实，那个年代距离我们今天也不算长久，充其量也不过刚刚过去了 100 年。但是，现在如果有哪个人还去天坛向老天祈求风雨，特别是政府如果有模有样地恢复天坛的那一套程序，那一定会被人们笑掉大牙。为什么？就是因为时代发展了，人们已经知道了气候变化是一种自然现象，有它自身所遵循的一个规律，与人们自己对它的愿望和作为都不相干。所以，有关祈求老天爷的一套国家制度都废除了。列宁主义也是这样。资本主义不仅是全人类都将共同历经的时代，而且是一个长期的社会形态，那种建立在跨越资本主义基础上的社会主义和共产主义，是一种不切实际的空想。尽管它的产生有其合理性，它在一个仍然以农业为基础的社会里也有一定的积极意义，但是，因为它集中反映了未历经资本主义的小农应对资本主义的思想意愿，所以是不符合资本主义发展规律的，——不仅不切合实际，而且对社会还是有害的，所以必须改变它。

在即将结束这个段落的时候，有必要就列宁和列宁主义再说几句话。有如法国大革命一样，十月革命是农民的革命。人类数千年来所总结和书写的文明史，都是站在统治者的立场上，以统治阶级为主导形成的，所以，统治阶级一直掌握着记录、解释和宣传的话语权。即使资本主义时代里，社会利益多元化，被统治的底层人民在法律上也有了话语权，但是，由于政府和富有者一方还是掌握着较多的话语权。所以，当发生法国大革命和十月革命这一类由社会中下层人民所推动的革命以后，以文字为传播媒介的社会舆论对于革命运动的评介往往都是负面的，特别会把它解释为暴徒骚乱。并且，因为阶级的立场、社会利益、思想感情和文化的传承作用，否定法国大革命和十月社会主义革命的观点从其发生的那一刻开始至今，都从未停止过。不过我要说的是，即使革命中发生的恐怖事件，那也不是哪个人的罪过。那是处在当时历史阶段里的阶级斗争，是每个取得政权的阶级都会去做的，所以是历史的必然。在传统的时代里，有哪一次改朝换代不是在残酷镇压反对派的基础上完成的？更何况这次的革命是占据社会多数的劳动群众的狂欢，也是要以反对者的人头落地才能换取他们的胜利。100 年以来，反对者总是谩骂列宁所开创的事业，其实，要说列宁及其他那一代的布尔什维克，那才都是一批有才能，有理想，为民族为国家抛头颅、洒热血，道德高尚和不计个人得失而努力奋斗的英雄志士。列宁能够提出列宁主义思想理论体系，是他几十年努力学习以西方文化为主体的人类优秀思想，尤其是联系俄国的社会现实刻苦学习马克思理论著作的结果。列宁及其他的那一批革命家，并不是有如许多人简单否定的那么简单，而是每一个人都具有极其丰富的个人魅力，绝不是我们这些生活在和平时期的平庸之辈所想象的那样。那是一批有情操有追求的人。我们且不说别的，现在中文第二版的《列宁全集》60 多册的巨著，即使舍去国务活动和言行方面的文字记录，作为一个只活了 50 岁的读书、笔记、写作者，有多少时间是在看书学习和苦苦求索啊！所以，尽管现在可以说列宁主义作为一种思想意思形态具有虚假性，但在列宁的时代里却是现实的阶级斗争，一点都不具有虚假性。列宁是用一种虔诚和坚定的信仰为自己刻苦学习所总结的真理而奋斗，这和今天的历史已经证明了社会主义是虚假的以后，仍然要坚持列宁主义的人决然不同，而这种不同有如皇帝虔诚地去天坛祈求上苍和欺弄民众的江湖术士有所不同的一样。

14. 列宁主义历史观在中国革命中的历史地位

中国历史上既没有欧洲天主教那样的教会组织，也没有西亚、非洲各个穆斯林民族的那类宗教，——尽管世界各种宗教在中国历史上，尤其是在近代历史上都曾有所传播，但他们都没有在中国历史上占据过主流和主导的的地位，普通民众也没有接受过西方神学有关三位一体的高深理论和学说。但是，这不等于说中国的传统社会没有类似于欧洲社会的三位一体的结构与构成。100多年以前，李鸿章面对西方列强越来越严重的强势和压迫，给清廷上书言及此乃中国三千年未有之大变局。[1] 虽然本意是要向皇上述及中国所面临的西方列强进逼之态势，但也道出了中国历史历经3000年而没有发生根本变化这一基本状态，足见中国传统社会之稳定。——3000年，大致是自西周逐渐萌芽而至秦汉所基本定型以来的这一特殊社会形态，它从汉武帝"罢黜百家，独尊儒术"开始，至辛亥革命结束，是一个"皇帝、儒家政治伦理、中华帝国"三位一体的社会。期间佛教、道教也曾在个别朝代有过盛行，譬如汉唐之际，朝廷不时崇尚东来的佛教，明朝的个别皇帝还相信中国道士的养生和炼丹术，但总的来说都未能替代儒家学说成为中国主流的思想意识形态。历史时期，即使像元代和满清少数民族入主中原成为统治者，像朱元璋这样的农民打倒皇帝做皇帝，却也是一旦取得政权即行推崇儒术。作为中国农业社会

1 　李鸿章："仰见圣主力图自强，规划远大，钦佩莫名。臣窃维欧洲诸国百十年来由印度而南洋，由南洋而东北，闯入中国边界、腹地，几前史之所未载，亘古之所谓通，无不款关而求互市。我皇上如天之度，概与立约通商，以牢笼之。合地球东西南朔九万里之遥，胥聚于中国，此三千余年一大变局也。"李鸿章：《筹议制造轮船未可裁撤折》，转引自雷颐《从刀笔小吏到第一重臣：李鸿章与晚清四十年》，山西出版集团山西人民出版社，2011年，第244页。自后，"三千年未有之大变局"被梁启超等人充分肯定以后，成为中国政治与历史学上一个重要命题。

基本元素的个体农民，本来是各自封闭与分裂的，但是，自西周至春秋战国逐步产生，以至自后越来越精细、严密的儒家学说，让“三纲五常”[2]“三从四德”[3]之类的政治和道德伦理成为人们共同接受了的思想意识形态，帮助统治集团整合了分散的个体农民，从而使其帝国大多数情况下都能成为一个稳定的共同体。这是李鸿章说“三千年未有之大变局”的奥秘之所在，也是中华民族得以形成与延续的历史或文化根源。因为中国传统社会的“皇帝、儒家政治伦理、中华帝国”三位一体，也都具有一荣俱荣，一损俱损的特点与特征，所以，当清末至民国时代的中国先是出现了皇帝逊位，继而儒家学说被抛弃，从而传统时代的三位一体被突然破坏以后，中华帝国也就陷入到混乱与分裂的状态。这一状态从 1911 年 10 月 10 日革命党人发动的武昌起义开始，至 1949 年 10 月 1 日毛泽东在北京天安门上宣告中华人民共和国中央政府成立为止。

中国社会从清帝逊位开始，表明“皇帝、儒家政治伦理、中华帝国”三位一体的“三千年未变之大格局”的结束，到中国共产党及其毛泽东所领导的中华人民共和国的诞生，期间 38 年，中国共产党和毛泽东为之奋斗的时间长达 28 年。1949 年新中国建立前夕，毛泽东就毫不讳言地“一边倒”向苏联。[4] 新中国能够稳定发展 70 年，也有赖于毛泽东学习苏联的“列宁、列宁主义、苏维埃社会主义共和国

2　“三纲五常”是儒家的政治理论。它最早是由董仲舒在《春秋繁露》中对孔子的学说予以的阐述，自后经过了历代儒家学者长期的打磨和完善。三纲是指君为臣纲、父为子纲、夫为妻纲，五常是指仁、义、礼、智、信。三纲五常中的“三纲”内容简单、明晰、易行，维护以皇帝为中心的政治制度的目的明确，是儒学的核心。所以，历代的儒家学者在“三纲”的解释上都没有原则性的歧义，只是在“五常”的各个方面做了越来越深奥的理论阐释。

3　“三从四德”也是儒家自周开始所总结的有关妇女必须遵从的道德规范。三从来自于《仪礼》，要妇女未嫁从父，既嫁从夫，夫死从子，集中体现了农业社会里的家长制和男权主义。四德来自于《周礼》，规范妇女需要遵守妇德、妇言、妇容、妇功。《周礼》、《议礼》不只是针对妇女，而是对社会所有人群所制订的服从君权和男权的社会规范。

4　毛泽东:《论人民民主专政——纪念中国共产党二十八周年》，人民日报 1949 年 7 月 1 日，第一版。《毛泽东选集》第四卷，第 1477 页。

联盟"体制，建立了一个"毛泽东、毛泽东思想（中国的马克思列宁主义）、中华人民共和国"的新三位一体。

不过公正地说来，1920 年孙中山倒向苏联的时候，也是学习列宁斯大林的三位一体的。1924 年 1 月，孙中山接受苏联顾问鲍罗廷的建议和资助，改组国民党，并"建立一支忠于党的军队"，称之为"党军"；由国民党控制南方政府的所有机构，称之为"国民政府"。[5] 中国的读者不熟悉这段历史，其实斯大林一直对国民党抱有深厚的感情。1925 年 3 月 12 日，孙中山逝世。13 日，斯大林代表俄共（布）中央并以自己署名的方式，立即给中国国民党中央执行委员会发送了慰问电。电报说：

国民党中央执行委员会：

俄国共产党中央委员会和你们一起哀悼国民党的领袖的逝世，哀悼争取中国人民的自由和自主，争取中国的统一和独立的中国工农民族解放斗争的组织者的逝世。

俄国共产党中央委员会毫不怀疑，孙中山的伟大事业是不会和孙中山一同死去的，孙中山的事业将活在中国的工人和农民的心里，而使中国人民的敌人发抖。

俄国共产党中央委员会相信，国民党一定会在争取摆脱帝国主义桎梏的伟大斗争中高举起孙中山的旗帜，国民党一定会光荣地举着这面旗帜，直到彻底战胜帝国主义和它在中国的代理人。

孙中山逝世了，——孙中山的事业万岁！孙中山的遗训永垂不朽！

俄国共产党中央书记　约·斯大林[6]

阅读这段电文，不难体会斯大林对中国国民党的深挚感情，甚至

5　《剑桥中华民国史（1912-1949 年）》上卷，第 607、609、620 页。
6　斯大林：《俄共（布）中央致国民党中央执行委员会》，《斯大林全集》第七卷，人民出版社，1958 年，第 45 页。

是对中国共产党也很少有的一种深挚的感情。孙中山去世以后，斯大林是支持蒋介石的，——应该说，斯大林及其苏联共产党在蒋介石反苏反共以前，一直是支持他的。孙中山任命蒋介石为黄埔军校校长，但经费是由苏联提供的。1924 年的北伐战争，蒋介石为总司令，苏联资助了大部分的经费和军火。1926 年 11 月，斯大林在共产国际的演说中称蒋介石领导的北伐军为"常胜军"，对蒋介石给予了极大的期望。[7] 国民党与苏联共产党的"密月"时期，为给国民党培养干部，苏联还在莫斯科为其建立了一所中山大学。1926 年刚开学，蒋介石就把蒋经国送去上学了。1927 年以后，蒋介石反苏反共，但是，对国民党已经实行的苏式党国党军的根本制度，却没有改动。所以，1928 年，蒋介石获得了北京政府的支持以后，把国民党统治的中国称之为"党国"，其基本特征就是苏联一类的"一党专政"。

但是，国民党和蒋介石所统治的中国却既未统一过也未稳定过。检讨其根源，还在于处在由传统的农业时代向资本主义转变期间，蒋介石及其国民党没有处理好农民这一根本问题。一方面，蒋介石和国民党没有站在占据人口大多数的劳动农民的立场上，满足他们的经济利益。另一方面，没能够提出一个取代儒家传统文化的思想意识形态，以引导农民完成现代民族运动。而这两个问题，中国共产党和毛泽东都做到了。

在讨论这个问题以前，需要对农民这一概念有一个深刻地了解。

农民是人们经常提起的一个词语，但是，它又是一个相当模糊，很富有歧义的概念。其中最广泛和流行的说法是指长期从事农业生产的劳动者。但是，在不同的语境和背景下，人们所指往往还是有较大的差别的。在革命时期，人们往往会从阶级分析入手，把农民当作是与地主阶级对立、对抗的，直接从事农业生产劳动的阶级，——地主占有大量的土地，依靠土地出租剥削农民，而农民阶级很少有土

7　中国社会科学院近代史研究所翻译室编译：《共产国际有关中国革命的文献资料（1919-1928）》第一辑，中国社会科学出版社，1981 年，第 266 页。《斯大林全集》第八卷，人民出版社，1954 年，第 325 页。

地，或者完全没有土地，依靠租种地主的土地生活，承受地主阶级的剥削和压迫。新中国以后，农民这个概念通常是相对于城市人来说的，指那些没有获得城市户口的人，以及无需要政府供应他们商品粮的农村居民。所以，改革开放前，农民即是在乡下依靠土地耕作才能生活的人。现在即使已经不在乡下生活，也不种地了，但还可能是农民。因为相当多的人们长期居住城市里，在那里打工和生活，却没有城市户口，所以还不是城里人，充其量是个"农民工"。农民工也是农民。——所有这些认识当然不能说不正确，但都不全面。

其实，农民有两个概念。就广义来说，农民就是生活在农业社会里的人。或者说，农民是自然经济时代的人。自然状态的人都以农为生，属于农业经济、农业社会，所以都是农民。当然，这里是指大农业。因为自然阶段的人们都是靠山吃山，靠水吃水，不同居住地的自然条件不同，所从事的自然经济的形式也都各不相同，种植、渔、林、牧，等等。不论从事什么生产劳动，却都是为了获取自然产品，谷物、鱼虾、禽兽，等等。当然，在农业社会的较高阶段里，除了直接从事农业生产劳动的者以外，还有衍生的农民。之所以说衍生，是由于他们从事一些附属于农业生产的劳动，譬如手工业者，从事商品买卖的商贩，以及脱离生产劳动和交换活动的脑力劳动者如医生、私塾先生，官宦人家往往也是大土地所有者，以及类似于马克思所说的只负责消费的"寄生虫""专事享乐的雄蜂""老爷"，[8] 即那个社会里的有闲阶层和腐化的食利者，以及无产者流民或无业游民，等等。因为整个社会都需依靠自然农业，生产和消费自然产品，属于农业时代，所以都叫农民。

如果从狭义来理解，农民就是直接从事农业生产劳动的人。恩格斯说："农业是整个古代世界的决定性的生产部门"。[9] 晚清和民国时期的中国，属于农业社会的高级阶段，从事农业生产劳动即狭义的农

8　马克思：《剩余价值理论》第三册，人民出版社，1975 年，第 51 页。

9　恩格斯：《家庭、私有制和国家的起源》，《马克思恩格斯选集》第四卷，第 145 页。

民包括这样几个部分：(1)超过家庭需要的土地所有者，即中小地主阶层。他们一部分土地留作自己耕种，一部分出租。(2)基本上自给自足的农民，即典型的个体农民。(3)土地不足的农民，虽然自己也占有土地，但不足以供应家庭需要，还要租种地主的一部分土地，或者以短工形式弥补家庭生活不足。(4)完全没有土地，需要租种地主的土地，或者依靠给地主当长工养家糊口。以上第二、第三部分合计，属于农民人口中的大部分。在整个农业时代，生产率还极为低下的时候，即使所有的人都在土地上打弄也难以温饱。当生产力提高后，由于要承担那些从农业劳动领域分离出来的"衍生农民"的生活资料，所以，直接从事于农业生产劳动即狭义的农民总是占绝大多数。

必须强调的是，我们所说的农民，无论广义还是狭义，它都是一个农业时代的范畴。在资本主义经济形态里，由于农业生产的工业化，即使直接从事于农业生产的劳动者，也都已经不同于自然经济，与其说他们是农民还不如说是农业工人。在传统的历史时代里，典型的农民是自己拥有土地的个体农民，其生产目的是为了获取自然生产物，为了他和他的家庭的生存与生活需要，即自给自足。自然经济里也有商品交换，但总体上比例不高，绝大多数农民与它没有多大的联系。农民上缴给政府的税负是实物，即一定量的谷物，所以叫纳粮。租种地主的土地，上缴的租子也大都是土地生产物，还有一部分可能是劳动地租，即用一定劳动量偿付地租。这与在农业社会基础上终于成长起来的资本主义形态是不同的。在资本主义形态里，即使从事农业生产的人也都不是为了自己和家庭的需要，而是为市场生产的。无论拥有土地的资本家还是租地农场主，其投资于农业生产不是为了打粮食，而是为了赚钱。至于农业工人，其实与工厂里的工人并没有多少区别，也是为工资而劳动。

由于讨论转型期的农民，这就需要深入分析"转型期"的含义。事实上，在此以前，我们一直是在比较狭窄的含义上理解马克思的原始积累理论的。马克思把自然经济向资本主义的转化，归结为资本主义对农民的剥夺，即"剥夺大量人手中的传统的生产资料和生存资料并把它们突然抛向劳动市场的变革"。[10] 这一结果就是个体农民破产，其中土地被资本家收购，进入土地市场，破产的农民一无所有而成为劳动力商品，进入劳动市场。这是资本主义的发展历史，即马克思说的对"对农民的剥夺"。马克思研究了英国的这一个转变，说"这种剥夺只是在英国彻底完成了"。但是，我们知道，资本主义是世界性的，从本质上来说是全人类或全世界的。某个国家里基本完成了，还不能说资本主义的历史转变完成了。就世界范围来说，某些国家完成甚至基本完成了传统向现代的转化，也只是相当于某个国家里某个地区或某些城市里的人完成了从自然经济向市场的转化，而人类历史还没有走完这一阶段。

通过这次美国贸易战让我们发现，即使完成了自然经济形态向资本主义市场经济转变的国家，也不能简单说那里已经完成了由传统向资本主义的转化。150 年以前，马克思说西欧，政治经济学的故乡，已经完成了传统的经济向现代的转变[11]，而美国作为英国衍生国家[12]，因为从 16 世纪移民北美开始就是为英国和欧洲生产粮食，所以有着比英国还要发达的市场形态。但是，特朗普政府突然摆出一副受害的嘴脸，直接否认和推翻自二战结束以来由它所积极倡导和建构的世界贸易体系，向所有的贸易伙伴发动贸易战。要知道美国是现行世界贸易制度的最大受益者，它这样做的目的无非是要向其他民族的贸易伙伴讹诈以求得到自由贸易和公平交易以外的利益。这一行为显然不符合千百年来人类所承认的自由交易和买卖公平的经济规则，不符合资本主义自由、平等和先进的人权理念，而十足地表现了自然经济所造就的人性中贪婪的一面。特别是需要反思的是，美国政府的做法显然是得到美国人民广泛支持和默许的。所以，一个民族

10　马克思《资本论》法文版，第 770 页。

11　《资本论》第一卷，第 833 页。

12　衍生国是英国从事国际收入和生产率比较研究的国际著名经济学家安格斯·麦迪森提出的概念，他把澳大利亚、新西兰、加拿大和美国称之为"4个西方衍生国"。安格斯·麦迪森：《世界经济千年史》，北京大学出版社，2003 年。

国家即使像美国那样完成了自然经济向资本主义经济形态的转变，那也仅只是生产关系和经济基础方面的制度转变，而人类秉性还处在自然阶段上，或者距离那个时代还不够久远，人们能否说他们已经完成转变了？看来还是很成问题的。所以，从自然经济向资本主义的转变还应该有一个人类秉性接受资本主义经济锻造的过程，包括法律制度、社会文化、道德观念和各类思想意识形态在内的上层建筑诸方面的转变，那将是更为漫长的一个历史阶段。

毫无疑问，从西欧发生资本主义经济萌芽时期开始，我们已经进入由自然经济向资本主义转变的历史时代。但是，就经济形态来说，联系我们所讨论的农民这一概念，可以说自然经济向资本主义市场经济的转变仅只是狭义的农民转化为现代人，而资本主义对人性的改造，把自然经济所创造的人类转变成为资本主义的人，即历史上广义的农民向资本主义现时代的人的转变。——只有到了那个时代，农民这一范畴才算从历史上消失了。

我们所讨论的晚清到中国共产党执政前这一阶段，尤其是共产党和毛泽东的革命，类似于法国大革命和俄国的列宁十月社会主义革命，它们都发生在自然经济向资本主义转变的阶段上，但是，却又处在转变的不同程度和不同的阶段上。当 18 世纪末的法国发生大革命时，资本主义已经有了几百年的发展，且不说已经完成从农村到城市转变的人口已经占有较高的比例，即使还属于个体农民的绝大多数，其实也都和市场有了或多或少的联系。关于这一点，无论是 1917 年的俄国，还是 20 世纪前半叶的中国，都是所没有达到的。所以，当后两个国家突然把根本就没有接触过资本主义，却又占据社会绝大多数的农民突然卷入到革命浪潮里的时候，最激进的革命和变革也就发生了。

人是环境的产物。传统时代的人类是经过千百万年的自然状态和数十万年的自然经济的熏陶与改造，从个体的生理、思想观念，到社会组织结构、制度和意识形态，都已经与自然融为一体了。不要说让在农业社会里的人去认识资本主义，他们就连就连怎样评价自己所处的农业社会都不可能深刻和全面。这是未经过资本主义的那些俄国和中国的革命者，自以为发动了社会主义革命的根本原因。实际上，人类只是在进入到资本主义生产阶段以后，才逐渐具备了分析以自然经济为基础的农业社会的条件，才能较为深刻地认识那个已经走过去的时代的问题。自然经济的一个显著的特点，就是生产规模与社会聚集的范围都十分狭小，几乎所有的人都是生活在一个有限的圈子里面。即使处在农业时代的国家文明的较高阶段上，个体家庭也只是农业社会的基本单位，绝大多数农民也是被封闭在一家一户的小圈子里面，终其一生也就在几里或者几十里路程的范围里劳作，邻居和隔壁之间也基本上没有生产与经济上的联系。

资本主义则不同，它是由人们的生产需要而编织的一种社会形态，人人相互依附，相互依赖。当然，资本主义也不是由哪个人有意识编织的，它是建立在自然经济高度发展的基础上，是数千年来生长在自然经济形态里的自由交换关系的基础上逐步生长而成的。一方面，是人们共同生活在同一个市场体系，相互之间的依赖性。另一方面，当资本主义在传统的农业经济形态内自然而缓慢成长的时候，自然经济所锻造的人会逐渐学习和运用资本主义经济规则，通过谈判，用和平而不是非此即彼的革命的方式解决争端。这是西欧早期几个民族国家都没有爆发法国和俄国那样规模的大革命的根本原因。

相反，当法国、俄国和中国这样的农业大国，在资本主义还没有充分发展的情况下，原本还处在封闭的自然经济中的农民突然被卷入到资本主义浪潮里面，终于能够对自己切身利害问题表达意见的时候，由于这样几个因素，一是属于人口的最大多数，二是相同相近的生产条件和社会地位，从而就有着共同的经济和政治利益诉求，三是由于自从私有制和阶级存在以来一直处于社会的最底层，从来都是被社会主流所看不起的、受歧视和受压迫的阶级，一直稍有差错或者稍有不符合统治者的利益即被统治者残酷迫害和血腥镇压的阶级，所以，当他们终于有了可以自由表达意志的时候，最惨烈的革命就爆发了。

　　中国由传统的农业社会向资本主义转变，是从 1840 年的鸦片战争开始的。在清朝最后的 70 年里，西方列强与中国的战争，以及列强之间发生在中国的战争，几乎没有中断过。战争激活了一部分晚清社会的官僚、士大夫和开明绅士，特别是唤醒了那些接受了西方教育和受到西方文化影响的青年知识分子。所以，呼吁清廷实行改革和学习西方资本主义的声音越来越强烈。但是，晚清政府自恃中华帝国数千年以来的傲慢与偏见，最初是看不起西方民族，接着是对西方的抵制，总之是不愿意或者不积极引领中华民族学习资本主义。——这是辛亥革命得以发生的主要原因。

　　历史学家一直所说的辛亥革命，是有问题的。因为历史不能仅把皇帝逊位或没有了皇帝，就叫做革命。实际上，清帝是退位了，但清朝政府所代表的封建制度却几乎是原封不动地保留着。以袁世凯为代表取代清廷统治的北洋政权，本来就是清政府中愿意接受资本主义的洋务派，或曰改革派。或者更确切地说，是改良派。所以，与其说辛亥革命推翻了清朝的统治，不如说清廷把政权和平移交给了它的内阁大臣。中国社会结构不仅没有变化，就连从中央到地方的清廷原有政权架构也几乎没有改变。所以，中国究竟是像西欧王国那样在传统的中华帝国的形式里发展资本主义，还是要经过革命改变旧的形态，还都取决于未来历史的发展。

　　100 年以后分析那段历史，就不难理解，仅只是由于 20 世纪上半叶先后爆发的两次世界大战，才使得中国再也不可能在传统的形式下走缓慢发展的道路了。

　　第一次世界大战只是发生在欧洲，所以，严格来说，它是一场欧洲的战争，本与中国无涉。但是，一方面是德国战败涉及到它在中国的遗产的处理，包括德国在山东的租界、铁路、矿权，等等。日本作为参战国家，要求继承德国在中国的特权。另一方面，中国在一开始也未参战，但旷日持久的战争，造成欧洲经济凋敝，物质困乏，劳动力短缺，英、法和美国等国家就极力鼓动和劝说中国政府参加战争。虽然中国宣战已经很晚了，并没有参加过前线的战斗，但它毕竟以民工等形式在后方支持了协约国，这也是参与了战争。所以，中国算是战胜国，也就有权利、有理由要求收回战败的德国在中国的一切特权。

问题是英、法和美国等在战胜国分赃问题上具有决定权的西方国家，共同袒护日本，同意把德国在中国的部分特权移交给日本。情绪亢奋的知识分子和青年学生认为北洋政府依附日本，有卖国的嫌疑。1919 年五四运动最响亮的两个口号，一个是"外争国权，内惩国贼"，一个是"打倒孔家店"。作为一个具体的社会运动和思潮，这似乎是两个不搭界的问题。其实不然。虽然从表面上看，北洋政府取代了清朝的统治，已经没有皇帝了。但是，因为袁世凯是清廷的内阁总理大臣，政治权力的和平移交并未触及中国传统时代以来的"皇帝、儒家政治伦理、中华帝国"三位一体。所以，尽管期间发生"二次革命"，一些省份举事，但袁世凯所继承的清廷大统的统治根基还是很牢固的。1915 年 12 月，袁世凯自称皇帝，改国号为中华帝国，就是因为支撑皇权的儒家伦理还没有被否定和打倒。五四运动所呼喊的这两个口号，前一个是从民族意义上否定了袁世凯以后的北洋政权的合法性，而"打倒孔家店"则是从思想意识形态上抽去了中国传统社会与皇权政治的理论基础，是对 3000 年历史以来的国家政治形态的彻底否定。所以，只有当皇帝已经没有了之后，接着又把支撑其存在的儒家学说清除了，3000 年未变之大局的末日才算真正降临了。

即使说第一次世界大战促成了五四运动和国共两党的产生，促成了 1924 年至 1926 年轰轰烈烈的南方大革命和北伐战争，但是，当 1928 年蒋介石及其国民党实现了名义上的南北统一以后，仍有两个因素决定了中国社会不可能在短期内走向稳定。一个是中国未经历过资本主义，弱小的资本主义经济决定了以蒋介石为代表的国民政府和执政的国民党不可能实行民主政治，而在资本主义时代，专制政府必然引发革命。另一个因素是蒋介石所以能够成功，是因为北伐战争。而北伐战争是以国共合作的方式和在苏联的帮助下完成的，中国共产党在南方的一些省份广泛开展的"打倒土豪劣绅，一切权利归农会"的农民运动，[13] 其实是一把双刃剑。一方面由于发动底层的农民运动支援战争，才有了北伐战争的胜利。另一方面，以广东、广西、福建、江西、湖南、湖北等省份为主的被激活的劳动农民，已经被灌输了列宁的共产主义，已经有了分田地和取得国家政权的政治意识，——这都决定了，蒋介石及其国民政府从未有过稳定的统治，——除了共产党所领导的农村武装政权以外，中西部很少有资本主义的落后省份都是由地方势力掌管着，蒋介石及其国民党实际只统治了资本主义所及的南京、上海、杭州和武汉等几个大城市，以及以这几个大城市为中心的长江中下游地区。如果不是第二次世界大战，也许中国的资本主义将长期在这种不稳定状态里获得缓慢发展。

以欧洲为中心的政治和历史学的第二次世界大战，是从 1939 年 9 月 1 日德国入侵波兰算起的。严格说来，那不是二战全史，只是二战中的欧洲战史。因为是世界大战，就应该从全世界的视角来讨论，有着欧、亚、非、北美和大洋洲等参战主体的眼光和意识。如果从基本的历史事实来讨论，1931 年 9 月 18 日的日本侵华战争不仅拉开了中日战争的序幕，而且也是日美战争的开端。20 世纪 30 年代，以英法为首的欧洲国家是把防止德国发动战争当作国际关系和外交事务的重点，但以中国和美国为主的亚洲和太平洋国家在同一时期已经把反对日本侵略中国当作它们国家的大事在运作。中华民族正被蚕食和践踏，自不必说。此时已经是罗斯福执政，美国是以反对日本独占中国为基本政策的。不错，一直到 10 年以后，1941 年 12 月 7 日日本袭击珍珠港才导致了美国参战。但是，如果阅读这一阶段的美国或者日本的外交史，特别是阅读美国驻日大使约瑟夫·格鲁的《使日十年》[14]，就不难发现整个 30 年代，美国始终是在反对日本的扩张

13　毛泽东《湖南农民运动考察报告》，《毛泽东选集》第一卷，人民出版社，1951 年，第 15 页。

14　约瑟夫·C. 格鲁：《使日十年》，商务印书馆，1983 年。这是一本以作者自1931 年开始担任驻日大使所写的日记为资料的历史书。

和侵略中国的战争的。整个 30 年代，以英法为主导的国际社会对德国和日本实行了相同的绥靖政策。国联讨论日本在中国东北制造伪满洲国问题上，也是因为罗斯福总统 1933 年 1 月 15 日向各国发出了不承认满洲国的通告以后，以国联为主导的国际社会也才稍稍硬气起来。[15] 围绕日本制造的伪满洲国的态度和立场，日美关系越来越僵，直至发生日本袭击珍珠港事件。所以，作为第二次世界大战的一个重要组成部分，二战是从 1931 年 9 月 18 日日本侵略中国东北开始的。

日本的侵略，给了中国共产党和毛泽东在广大农村深入动员和发动人民的机会。30 年代中期，由于中国共产党自己的失误，蒋介石的国民政府已经把中国共产党赶出了它在南方所创立的几块较大的根据地，红军力量也几乎丧失殆尽。但是，经过八年抗战，共产党所领导的各个解放区已经拥有 1.5 亿人口，130 万军队，250 万以上的民兵。[16] 这些力量除了西北的陕甘宁边区，华北的晋绥边区、晋察冀边区、晋冀鲁豫边区等几个大的边区以外，还分布于江苏、安徽、浙江、福建、河南、湖北、湖南、广东各省。[17] 共产党叫它们边区，其实是由共产党所领导的维护劳动农民利益的革命政权。中国共产党和毛泽东就是依靠抗战中所形成的这一基本力量，又经过了 4 年的时间，就"轻松地"打败了蒋介石和推翻了国民政府，在一个经济落后的国土上建立了强大的国家政权。

在这里有必要比较一下中国与西方主要国家所形成的不同路径。如果说近代历史的基本使命是形成统一的民族国家的话，以西欧荷兰、葡萄牙、西班牙、英国为一种类型，是经过几百年和平转变实现的。而以法国、俄国和中国为一种类型，是经过革命运动才得到的。前一类，历经 5、600 年以上的历史，有着杜甫《春夜喜雨》诗句的味道：

15　信夫清三郎：《日本外交史》下册，商务印书馆，1980 年，第 582 页。
16　毛泽东：《在抗大七分校的讲话》，《毛泽东文集》第四卷，第 47 页。
17　毛泽东：《答路透社记者甘贝尔问》，《毛泽东文集》第四卷，第 27 页。

好雨知时节，当春乃发生。
随风潜入夜，润物细无声。
野径云俱黑，江船火独明。
晓看红湿处，花重锦官城。

这是资本主义经过长期缓慢而且自然成长所形成的民族国家，基本上没有发生大的革命，尤其没有发生长期的革命。而后一类国家，由于在绝大多数个体农民还未能转化为城市人口的情况下，突然遭受到资本主义的刺激，当占据人口绝大多数的个体农民能够一致表达述诉求的时候，暴力就来了。历史以来，一直有人批评和抨击法国大革命、俄国十月革命和中国共产党的革命，认为它们所表现的暴力和恐怖是有个别人，譬如罗伯斯庇尔，列宁，毛泽东之类的人们煽动起来的，是中下层那些没有教养的人的秉性所致。都是有失偏颇的。这些遭人指责的暴力和恐怖，是国家文明以来再正常不过的现象了。当社会力量发生失衡的时候，特别是历史上任何一个统治者在经过激烈的争夺而得到政权的情况下，暴力和恐怖就都是伴随着这一过程的。在传统时代，统治者对被统治者的反抗都是用血腥的镇压来回应的。只是历史从来都是站在统治阶级的立场上来记录和书写，对于统治者的暴力和恐怖，一方面是见怪不怪，一方面认为天然合理，从不详细记录和批判罢了。

那么，为什么中国在两次世界战争的背景下急速发生转变呢？因为资本主义最早期的历史使命之一，就是改变传统的社会形态以形成民族国家。所以，资本主义早期阶段的社会运动就其实质来说，都是民族运动。民族是相同区域的，以一定血缘关系维系的，有着相同语言、文化和生活习惯，以及共同情感的人民构成的。所谓情感，即是共同的民族感情及爱国主义情愫。列宁说，爱国主义是由于千百年来各自的祖国彼此隔离而形成的一种极其深厚的感情。在资本主义发生以后的历史阶段里，所有介于资本家和无产阶级之间的各种经济成分，尤其是农民，都可以归结为小资产阶级，他们比资产阶级和无产阶级都更加爱国。[18] 在从自然经济向资本主义过渡的阶段里，尤其是受到外来民族入侵的情况下，一是以土地为生的个体农民总是占人口绝大多数，二是他们总是比其他任何阶级都有着更为强烈的爱国情怀。这是农业国家爆发大革命的社会根源。

即使我们说法国、俄国和中国属于这一类型，但它们也还因其具体情况的不同而有着各自不同的表现。阅读法国大革命，读者不难发现各个革命高潮都由巴黎的"无套裤汉"所推动。无套裤汉，就是社会中下层的劳动农民。但是，由于法国的资本主义毕竟有了较长期的发展，以资本家为代表的革命力量比较强大，最终还是能够决定革命的走向，所以有泰纳所说的结果，即虽然法国在自后近百年的历史发展中国家体制反复更迭，但"整个社会秩序"即民主共和的基本原则却能得到保留。

俄国和中国也是以中下层农民为主体进行的大革命，所以有着与法国极为相似的一些情形。但是，一方面因为资本主义成分很弱小，社会基本面仍然是传统的农业经济。另一方面，由于遭遇到世界大战这一特别的机遇，农民被动员和发动得则相当充分，——想一想仅只有一亿多人口的国家，沙皇竟然前后把一千多万的人送到战场上，所以才会造成力量弱小的资产阶级在大革命面前起不到任何制衡和制约作用，整个革命走向都是由占据社会人口绝对多数的中下层劳动农民决定的。

即使这样，俄国与中国还是各有不同。一方面，沙皇政府所发动的第一次世界大战已经把自己拖垮了，当革命爆发的时候，它早已经奄奄一息，连应付一下的力气也没有了。另一方面，由于连续 4 年的战争把所有农民都卷入到巨大的社会浪潮里了，所以，当发生革命的时候，原本各自封闭与隔绝的农民就都被连结成为一体了。这是列宁及其布尔什维克在十月革命中能以绝对优势的力量控制彼得格勒和

18　列宁：《皮季里姆·索罗金的宝贵自供》，《列宁全集》中文第二版，第 35 卷，
　　第 186、187 页

莫斯科的主要原因。这一状况也决定了列宁的革命路径：利用现代城市领导乡村的社会功能，首先夺取首都，建立中央政府，然后通过城市把革命逐步扩展到全国。

中国革命又有着自己的表现形式和特点。当 1911 年爆发革命的时候，中国还是一个农业社会。革命只是在武汉、南京、上海等几个大城市发生，首都北京也只是上演了一场宫廷政变，清廷把政权交给了以袁世凯为首的北洋派系的清廷官员。所以，自然经济状态的农民不仅没有参与，甚至可以说一点都没有被波及。是自后发生的两次世界大战逐步唤醒了中国农民，——中国共产党用了 28 年的时间，分两个阶段逐步动员和发动了南方和北方的农民，通过农村包围城市，最后以绝对优势的革命力量武装夺取了政权——当中国共产党在反抗日本帝国主义的侵略斗争中充分地动员了中下层农民以后，也建立起一个具有绝对权威的革命政府。

分析中国共产党和毛泽东的革命经历，列宁主义思想意识形态在其中起到了十分重要的作用。

列宁主义又称马克思列宁主义，它不仅精致而完美，深刻而现代，并且由于所描绘的前景还非常适合自然经济状态下的农民所常有的迷信与虚幻，所以深得农民和小资产阶级知识分子的喜爱。列宁主义认为，在生产力落后的俄国可以跨越资本主义而实现人人平等的共产主义。列宁主义也属于一种信仰体系，但是，列宁主义却与其他宗教不同。宗教是消极的，教育教民放弃革命，而列宁主义是积极的。列宁主义不仅给人们描绘和论证了革命的前景，而且还指出了为实现和达到这一美好前景的手段，——通过建立一支用列宁主义武装起来的职业革命家队伍即用列宁主义武装起来的共产党实现列宁主义。所以，列宁主义又是一个关于实践和革命的学说。

100 年前的中国共产党接受列宁主义的时候，是把其当做世界各民族的共同财富对待的，从未怀疑其俄罗斯民族性。但是，100 年以后的今天再来研究这个问题，首先就必须确认，列宁是俄罗斯人，列宁主义是列宁为俄国革命所制定的理论。在列宁的领导下，列宁主义在俄国取得胜利，是顺理成章的事情，因为列宁主义就其本质来说是俄罗斯民族运动的产物。在俄罗斯民族运动中，在十月革命以后整合破碎的大俄罗斯帝国的国务活动中，一个以列宁、列宁主义、苏维埃社会主义共和国联盟为核心内容的新的三位一体迅速形成。[19]——关

19　2019 年 12 月 19 日，俄罗斯总统普京在年度记者招待会上说，列宁可能不是政治家，更像是个革命者。他认为列宁最大的失误，是把一个拥有千年历史的统一国家，改造为国家联盟。而这一国家联盟的加盟者，被赋予了脱离联盟的权利。http://www.sohu.com/a/361588538_100071728。这一观点在此以前，普京已经有过多次表达。普京既没有回到 20 世纪初期欧洲的国际氛围中，也没有检点二月革命以后沙皇俄国已经分裂的历史事实。其实，如果不是列宁的伟大政治智慧和高超的国务活动实践，历史上就不会有一个苏联。欧洲经过 18 世纪后半期至 19 世纪 100 多年的民族运动，在第一次世界大战前后，已经出现民族独立和解放的潮流。就实质来说，第一次世界大战就是因缘于民族自治与解放运动的高涨而爆发的。过去的政治家和历史学家仅只是从大国关系解构第一次世界大战，其实那是已经波及到巴尔干半岛和东欧的欧洲民族解放运动。读者是否还记得导致战争爆发的导火索乃是奥匈帝国皇储斐迪南大公夫妇在萨拉热窝视察时，被塞尔维亚青年加夫里若·普林西普枪杀？事发当日，1914 年 6 月 28 日，恰是塞尔维亚的国庆日。那其实是被压迫民族求解放的枪声。第一次世界大战的结果，导致了奥匈帝国的解体和奥地利、匈牙利、捷克、斯洛伐克、塞尔维亚、黑山、克罗地亚共和国、斯洛文尼亚共和国、马其顿共和国、波斯尼亚和黑塞哥维纳共和国等一系列民族国家的诞生。所以，在战争结束后的巴黎和会上，英、法和美国的一个基本原则就是同意民族自决。在这一国际语境和氛围中，与奥匈帝国相同体制的沙皇俄国也已经濒临解体，只是历史常常表现得十分微妙的是，一方面，沙皇在战争中与英、法缔结协约，所以俄国也算是战胜国。但是，另一方面，列宁领导的十月革命夺得了政权，已经在德国投降前与其单方面签订了停战协议，宣布退出了战争。所以，英、法、美三国主导的巴黎和会，既不邀请列宁的政府参加和会，也基本上不插手俄国的问题。"不插手俄国问题"是什么概念？因为早在 1918 年 11 月德国向英法美为首的三国提出停战以前，随着 1917 年二月革命中沙皇统治的结束，以及列宁领导的十月革命建立的"全俄"苏维埃政权，原沙皇所统治的许多殖民地在民族自决原则下，也以苏维埃方式获得独立。但是，英法美等西方国家并没有像对待奥匈帝国那样立即承认分裂的各个民族。不过，原来沙皇帝国已经分裂和解体了。只是列宁的布尔什维克党是在沙皇俄国时代所形成的，这是一个维护中央集权的政党组织。当然，列宁是将其概括为民主集中制。1919 年 3 月的俄共（布）第八次代表大会就重申"党的各个部分（不分其民族成分）必须无条件地执行"党的决议，特别强调乌克兰、拉脱维亚、立陶宛共产党中央委员会按照俄共（布）区域委员会对待，享有党的区域委员会的权利，"完全隶属俄共中央"。所以，列宁斯大林就是运用布尔什维克共产党这一个革命政党，经过 5 年多的时间，终于

于这个问题，必须讲到斯大林的贡献。斯大林确实英明而伟大。我们表述列宁主义的时候，常常把斯大林和列宁并列起来，直接用列宁斯大林的句式排列，是因为只要是认真阅读俄国和苏联的历史，特别是阅读十月革命以后至 1924 年俄罗斯以苏维埃社会主义共和国联盟的形式重新整合了，——不，几乎是恢复了沙皇时代的大俄罗斯民族国家的时候，就不难发现，斯大林所理解和践行的列宁主义有的时候甚至比列宁还要确切。

斯大林是格鲁吉亚人。因为早年写过很被列宁赞赏的民族问题的文章，十月革命中，列宁的安排其担任了俄罗斯中央民族事务委员会主席，负责处理民族事务。笔者在拙著《论苏联》一书中已经清楚地描述了，列宁在一线工作的时候，斯大林是在列宁的指导下独当一面地处理民族问题的。当列宁 1922 年已经断断续续不得不处于休养状态的时候，1924 年 1 月逝世前大约一年几乎是全休的时候，苏联的党和国家事务实际上是由党中央总书记斯大林具体运作的。特别是 1922 年至 1924 年，苏维埃社会主义共和国联盟的形成过程中，实际运作和领导都是由斯大林负责的。在关于如何对待格鲁吉亚的民族主义的问题上，以斯大林为首的领导集团采取了极为强硬的中央集权式的态度，还被列宁以极为严厉的态度批评其为"俄罗斯化了的异族人"。但是，也就是这位俄罗斯化了的异族人深刻地理解和把握了大俄罗斯民族运动的精髓与核心，所以才能把二月革命以后在"民族自决"的国际氛围中已经分裂和独立的各民族国家又整合起来形成一个以苏维埃社会主义联盟共和国为名的统一的大俄罗斯

在 1924 年 1 月将其整合在一起，基本上延续了沙皇时代的版图。不过从历史的观点出发，列宁最终还能够把已经分裂的各个民族整合在一起，根本原因是沙皇所统治的各个殖民地地处东方，资本主义发展的基础还不够牢固和雄厚，还需要在原来的母体内继续发育一段时间。即使如此，站在大俄罗斯民族主义的立场上，列宁把已经分裂的国家重新整合在一起，无疑是一个了不起的历史成就了。普京总统对列宁的抱怨，只是暴露了苏联解体后的大俄罗斯民族主义者的一种落魄与失落的心态，以及不甘心接受被沙皇统治的各个被压迫民族的独立和自治的事实。

民族国家。

斯大林对民族问题理解到什么程度，可以举一个简单但又是十分重要的例子来说明。列宁去世以后，该由谁来接替列宁所担任的中央人民政府委员会的主席职务呢？按照当时党和国家的实际运行状况，列宁以外的苏联共产党中央政治局的 4 位委员都不是俄罗斯人，其中按照列宁为其排名的托洛茨基、季诺维也夫、加米涅夫 3 人都是犹太人，斯大林则是格鲁吉亚人。在一个俄罗斯民族占据绝大多数的国家，由一位非俄罗斯人担任中央政府的主席显然是很不适宜的。所以，就由政治局候补委员阿列克谢·伊万诺维奇·李可夫接任。李可夫被整肃以后，又由维亚切斯拉夫·米哈伊洛维奇·莫洛托夫担任。[20] 按照列宁所创造的党和国家的工作模式，是由人民委员会主席

20　人们对十月革命后的以列宁为首的布尔什维克领导集团的民族成分的研究还很不够，特别是从资本主义产生与发展首先出现的结果是形成民族国家所进行的研究做得还很不够。事实上，以列宁为首的领导集团中的大多数都是非俄罗斯人这一相当突出的现象，被人们分析和研究的就很不充分。托洛茨基、季诺维也夫、加米涅夫、斯大林、捷尔任斯基、奥尔忠尼启则，等等，那都是革命前很久从事反对沙皇的少数民族中的革命者。沙皇俄国素有"各民族的监狱"之说，各民族地区本都属于列宁所说的沙皇的殖民地，他们反沙皇的革命本来就具有民族独立和民族解放的性质。一方面，这些民族主义运动的早期，其民族自决和民族独立的意识也许还不很清晰。另一方面，当这些相当优秀的少数民族的革命者被历史大潮推到了大俄罗斯革命的潮头的时候，由于他们本来就接受了以俄罗斯民族为主流的大俄罗斯文化，所以当他们站立在大俄罗斯民族运动的潮头的时候，就不再满足于小民族运动所提供的舞台，而要追逐被列宁主义所指引的大俄罗斯运动的大事业了。譬如托洛茨基就很难满足于十月革命以后红军总司令的职务，坐着专列奔赴于各个前线指挥大战役，比犹太人的运动场面大多了，也气派多了。斯大林也是这样。斯大林的女儿就回忆斯大林有着特殊的大俄罗斯民族情节。普京多次赞扬斯大林，批评列宁，认为如果按照斯大林的方式建立苏联联邦国家，苏联就不会解体和分裂。事实上，联邦或联盟，在这里并没有实质性的意义。因为按照列宁的意愿在 1924 年所形成的苏维埃社会主义共和国联盟在其所存在的将近 70 年里，就是一个主权国家。确切些说，苏联是按照苏联共产党的组织原则即列宁的所谓民主集中制原则形成和运作的，这一原则的实质既不是联盟，也不是联邦，而还是集权和专制。在这个体制下，各个加盟的民族国家既没有实际的主权，也从未享受过"联盟"的权利。所以，苏联的解体并不在于列宁的"联盟"，而是大俄罗斯民族运动的必然。俄罗斯总统普京站在俄罗斯民族主义的立场上，

同时主持党和国家的日常工作事务的。——人类的创新能力实际上是很有限的。因为列宁制定了列宁主义，以及运用列宁主义缔造了布尔什维克（俄国共产党），夺得了政权。作为一位在大俄罗斯主义文化熏陶下成长起来的革命家，本质上只可能是一位集权和专制的革命领袖。所以，十月革命后的列宁既是国家最高权力即中央政府的主持者，也是党中央的主持者。列宁逝世以后，谁接替列宁担任了中央人民政府的主席，谁就主持中央政府的会议和党的会议了。不过，谁都知道，苏联的实际最高权力是在斯大林那里。为什么斯大林不走到前台，直接继承"列宁、列宁主义、苏联帝国"三位一体？因为斯大林是格鲁吉亚人，而不是俄罗斯人。在俄罗斯民族和所有具有大俄罗斯民族主义的人们心目中，大俄罗斯的旗帜必须是俄罗斯人。斯大林作为一位具有民族学丰富知识的大俄罗斯民族主义者，是十分认可这一民族主义理念的。所以，尽管斯大林作为苏联共产党的总书记，牢牢掌握着党和国家的最高权力，但就是不走到国家事务的最前沿。这一状况一直维持到 1941 年 5 月 6 日，即 1941 年 6 月 22 日德国突然入侵苏联前一个月，一方面是民族危亡的严重事态已经笼罩在苏联上空，另一方面经过将近 20 年党中央总书记这一党和国家实际最高职务，斯大林在苏联人民心目中的绝对威望已经形成，这才直接兼任了人民委员会主席职务。[21] 也是通过伟大的卫国战争，苏联人民才从心底里认可了这个"俄罗斯化了"的格鲁吉亚人。但是，即使在战争结束以后，斯大林仍然主动提出要辞去人民委员会主席，认为让一位俄罗斯人担任这个职务较为合适。所以，只有斯大林才能从精深的

总是沉浸在沙皇所奠定的大俄罗斯民族主义的辉煌愿景里，永远理解不了民族问题的实质。

21　李彦章项国兰高晓惠《斯大林年谱》，人民出版社，第 543、548 页。1956年苏共二十大以后，一个流行的观点，说斯大林对德国的侵略没有任何防备，以致苏联的防线经不起希特勒的闪击战的打击，是不符合历史事实的。就苏联与德国的工业能力来说，苏联根本不可能抵御德国的最初打击。在敌强我弱的事态下，斯大林必须让出空旷的国土，分散德国的兵力，与德国打一场持久战、消耗战。如果不是美国的租借法案的支持，苏德战争也可能像中日战争一样，还要拖长久的时间才可以见分晓。

民族学理念体会出民族主义的精髓，深刻理解出列宁主义作为落后国家向现代转变过程中的革命产物，其实质仍旧是一种民族主义。而作为最具有爱国精神的劳动农民来说，他们心目中的领袖、旗帜和民族象征，则应该是一位同质的同一民族出身的人。

实际上，斯大林对列宁主义本质的认识，有时甚至超过了列宁。斯大林曾经总结出三个革命阶段里有关农民问题的口号。

党在革命第一阶段（1905 年-1917 年 2 月）的基本口号是："联合全体农民，反对沙皇和地主，为资产阶级民主革命胜利而奋斗"。

第二阶段（1917 年 2 月-1917 年 10 月）的基本口号："联合贫苦农民，中立中农，反对城乡资本主义，为无产阶级政权而奋斗"。

第三阶段（十月革命以后，无产阶级专政时期）的基本口号："依靠贫农，和中农建立坚固联盟，向前迈进，为社会主义建设而奋斗"。[22]

这就是列宁主义的实质：联合和依靠农民，贯彻了列宁所领导的布尔什维克革命的全过程。"无产阶级先进分子"的革命，却是农民的运动。所以，没有农民，就没有列宁及其布尔什维克的革命。1920年 6 月，列宁还把这一革命首要问题传达给共产国际和各个国家的共产党。他在为共产国际制订的《土地问题纲领初稿》中说：

> 只有共产党所领导的城市工业无产阶级，才能使农村劳动群众摆脱资本和大地主土地占有制的压迫，摆脱破产，摆脱在资本主义制度存在时必然会一再发生的帝国主义战争。农村劳动群众只有同共产主义无产阶级结成联盟，奋勇地援助无产阶级为推翻地主（大土地占有者）和资产阶级的压迫而进行的革命斗争，此外再无出路。[23]

---

22 斯大林：《论党在农民问题上的三个基本口号（答杨—斯基）》，斯大林：《列宁主义问题》，人民出版社，1964 年，第 180-191 页。引文中的着重号是原文就有的。

23 列宁：《为共产国际第二次代表大会准备的文件》，《列宁全集》中文第二版，第 39 卷，第 167 页。

共产国际十分重视并积极在各个国家支部中贯彻列宁的这一指示，特别要求东方国家注意农民问题。1922 年 11 月召开的第四次代表大会上，共产国际通过了《关于东方问题的几个总论题》，指示东方国家为了吸引农民群众参加民族解放斗争，革命政党必须迫使资产阶级政党采取没收土地并重新把它分给无地的农民。共产国际的这一文件说：

> 东方各落后国家的革命运动，如果不依靠广大农民群众，就不可能取得胜利。因此，东方各国的革命党必须明确制定自己的土地纲领。这个纲领应该明确提出彻底消灭封建主义及其以大土地所有和土地租种形式出现的残余的要求。[24]

为了推动和指导东方落后国家的农民运动，共产国际在 1923 年还成立了农民国际。该年 5 月，共产国际给中国共产党的一个文件中强调说，农民"是我们全部政策的重心问题"。[25] 不过，尽管说中国共产党在其成立的时刻起，就是在共产国际和苏联共产党的帮助下运作的，但是，它接受列宁关于农民和土地问题的思想，还是有一个过程。

中国社会转变中也曾出现过中国式的领袖和旗帜，那就是孙中山和孙中山的三民主义。但是，一方面是因为孙中山在 1925 年去世，那是民众尚未曾充分发动和动员的阶段，再加上共同拥戴孙中山的国共两党分裂，国民党群龙无首，蒋介石因为担任领导北伐的武装力量的总司令而攫取了孙中山的政治遗产。按照马克思和恩格斯的国家理论，国家就是一种暴力，而军队是国家的主要成分。所以，一个十分简单的道理就是，占有军队的人，特别是在武装斗争中不断取得胜利的人，是最接近国家权力中心的人。这是孙中山去世以后，本在

24　转引自费正清主编《剑桥中华民国史》上卷，中国社会科学出版社，1994 年，第 610、588 页。
25　斯图尔特·施拉姆：《毛泽东》，红旗出版社，1987 年，第 56-57 页。

国民党大佬中名声并非显赫，甚至严格计数的话都够不上国民党大佬的蒋介石最终取得国民党领导权和国家政权的根本原因。孙中山及其三民主义的核心是唤起民众和扶植农工，其本质是民主政治。但是，得到国家权力的蒋介石却没有实行民主政治，北伐战争所唤起的民众并没有得到民主。所以，蒋介石的国民政府注定得不到人民的拥护，而只能是一个分裂的中国，一个不稳定的国家。

另外，如果和列宁主义作比较，孙中山的三民主义也存在先天性不足。就其两种思想意识形态的功能来说，都是为了完成落后国家向现代的转变。但是，究其根源来说，这一运动是从西欧发源的，是在西欧各民族传统经济的内部自然生成的，所以是欧洲文化与文明发展的结果。数百年来，地处欧洲东部的俄国已经引进了一些资本主义生产。另外，具有先进理念的欧洲人对其传统文化和已经形成的资本主义文明，都分别做过了相当深入的研究和探索，其中马克思的有关资本主义和现时代的学说，更是博大精深，而列宁主义就是由列宁从马克思的学说中攫取相关元素构建的。所以，尽管我们指出作为思想意识形态的列宁主义具有虚假性，但并不否认其理论体系精致、深厚和博大。再加上列宁依靠它已经在俄国取得成功，都表明列宁主义还是一个极具有实践性的工具。而孙中山的三民主义产生于刚刚接触资本主义的中国，既没有前人研究与探索的积累，更缺少足够的实践意义。

但是，必须认识到，孙中山后期的革命活动，是在列宁和斯大林所领导的共产国际的帮助下进行的。孙中山甚至提出了联俄、联共、扶植农工的新三民主义。事实上，孙中山所建立的国民党，以及蒋介石得以起家的黄埔军校和国民革命军的北伐战争，都是在苏联派出的专家的指导下仿照苏联共产党和苏联红军建立的，其经费也主要是由苏联提供的。但是，孙中山对唤起民众和扶植农工的含义没有很深刻的具体阐释和发挥，而作为孙中山政治遗产的实际继承人蒋介石也没有发展孙中山的三民主义精髓。历史不能假设。不过，如果孙中山逝世以后，国民党能忠实地沿着孙中山晚年所寻找到的道路走下去，把"扶植农工"理解为支持和发动贫苦的劳动农民，那无论怎样都会有另外的结局。一个是跟着苏联的专家指引，坚持实行列宁主义，会有列宁的学说与中国革命之间的磨合，走依靠劳动大众的道路，——这其实就是中国共产党所走的道路，我们后面另作论述。

还一个可能，即使与斯大林的苏联决裂，蒋介石如果引导国民党彻底贯彻孙中山的三民主义，即按照唤起民众和扶植农工的基本宗旨走下去，最终也应该走到动员和依靠农民的道路上。问题是蒋介石及其国民党代表了传统时代的统治阶级和有教养者阶级的利益，在与苏联分裂，与共产党分裂以后，他们所能依靠的社会上层即使属于开明人士，充其量也只是以同情的态度和用居高临下的姿态对待劳苦大众，——他们可以施舍并给劳苦大众以些许的帮助，而不会依靠和发动劳动阶级实行革命。

中国共产党能够从其一开始就信奉列宁主义，并且沿着列宁主义所指引的方向前进，就是由于中国传统的农业社会和列宁主义有着天然的一致性。虽然列宁及其布尔什维克自始至终宣传他们是先进的工人阶级的优秀代表，但是，列宁所处的时代和它所进行的事业都决定了列宁及其布尔什维克的劳动农民性质。当然，列宁是把布尔什维克与劳动农民之间的关系解释成为，革命党没有对农民阶级的发动和依靠则不会取得胜利，而农民没有革命政党则就得不到解放，从而把布尔什维克的革命过程和农民运动捆绑在了一起。列宁的无产阶级革命及其专政的学说给其革命的过程的描述以幻觉，即他所领导的布尔什维克是一批无产阶级先进分子，他们所从事的事业是比农民更伟大。但是，它所实际推动的历史过程却是实实在在的劳动农民的运动。

15. 列宁主义在中国：从孙中山到毛泽东

因为资本主义发展不够充分，中国革命无论思想意识形态还是政治活动，早期革命都没有触及到封建主义。19 世纪末，康有为梁启超鼓吹改良是打着重新解构儒家学说的旗号，写作了《新学伪经考》《孔子改制考》一类的书籍，用重新阐释儒学的含义引发新思想，而不是反对儒家学说。孙中山早期革命也只是站在汉民族的立场上，提出"驱除鞑虏，恢复中华"，也是反对满清王朝而不是反对封建主义。所以，五四运动以前的革命，对封建制度及其儒家学说，基本上都没有触及，而当清帝逊位以后，中国传统时代的"皇帝、儒家伦理、中华帝国"的三位一体尽管残缺不全了，但由北洋政府取代清廷的国家政权还是相对稳定的。只是受到第一次世界大战的刺激，尤其是列宁的十月革命对中国的影响，新的局面才出现了。

1949 年新中国成立的前夕，毛泽东说："十月革命一声炮响，给我们送来了马克思列宁主义。"几乎所有的人都理解这句话，以为是苏联共产党传播给中国共产党马克思列宁主义。其实从历史事实来说，苏联共产党早期看好孙中山，在中国的依靠的对象是孙中山，所以在孙中山身上下了很大的赌注，包括委派政治顾问和军事顾问，帮助孙中山组建国民党，在广州建立与北京对抗的南方政权，按照苏联的模式组建由党所控制的新式军队，派遣大批国民党干部到设置在莫斯科的"中山大学"学习轮训，以及直接使用苏联的经费办黄埔军校以训练军事干部和部署北伐战争，等等，总之苏联对国民党的支持和帮助的力度，比共产党大多了。

但是，孙中山及其国民党却没有接受列宁主义。为什么？还是农民问题。因为列宁主义本来就是劳动农民的政治诉求，而孙中山的国民党是代表了中国社会的上层中愿意接受并学习资本主义的开明绅士，他们和中下层劳动农民走不到一起。共产国际派给孙中山的政治顾问鲍罗廷就曾经建议广州军政府实行土地改革，通过没收和分配地主地产把土地分给农民，孙中山却拒绝颁布这样的法令。[1]民国时期，几乎所有的人对"国父遗嘱"中这几句话都可以背诵下来："余致力国民革命凡四十年，其目的在求中国之自由平等。积四十年之经验深知欲达到此目的，必须唤起民众及联合世界上以平等待我之民族，共同奋斗。"但是，中国的问题就是农民问题。离开了列宁主义所提出的农民问题，既无所谓"革命"，也没有"唤起民众"之说。[2]

就阶级成份来说，中国共产党当然不是党章党纲上所说的工人阶级先锋队，最初甚至都谈不上是劳动农民的政党。它一开始只可算作是城市知识分子的读书会之类的组织，属于列宁所领导下的共产国际的一个支部，接受莫斯科的经费资助，根据共产国际的指示工作。但是，早期的中国共产党也没有重视农民与土地问题。1925年第四次代表大会上，党仅表现了有限的兴趣。1927年的第五次代表大会上，才有了关于土地问题的决议案。只是由于一些共产党和社会主义青年团在直接在莫斯科接受了要从事农民运动的指示，回来以后，在广东、湖南、浙江、江西和福建等省份开展了农民运动。其中有影响的有：沈玄庐在浙江萧山的减租斗争，澎湃在广东海丰县和陆丰县的农民运动。特别是澎湃所领导的农民运动波及和影响了广东、湖南等更为广泛的地区。中国农民运动的兴起，不只是导致了国共两党的分裂，而且也使得中国共产党分裂了。毛泽东在1927年3月所写的《湖南农民运动考察报告》中就说：

1　《剑桥中华民国史》上卷，第603页。
2　毛泽东："孙中山是中国最早的革命民主派，他代表民族资产阶级的革命派、城市小资产阶级和乡村农民，实行武装革命，提出了'平均地权'和'耕者有其田'的主张。但是可惜，在他掌握政权的时候并没有主动地实行过土地制度的改革。"毛泽东：《论联合政府》，《毛泽东选集》第三卷，第1099页。

> ……目前农民运动的兴起是一个极大的问题。很短的时间内，将有几万万农民从中国中部、南部和北部各省起来，其势如暴风骤雨，迅猛异常，无论什么大的力量都将压抑不住。他们将冲决一切束缚他们的罗网，朝着解放的路上迅跑。一切帝国主义，军阀、贪官污吏、土豪劣绅，都将被他们葬入坟墓。一切革命的党派、革命的同志，都将在他们面前受他们的检验而决定弃取。站在他们的前头领导他们呢？还是站在他们的后头指手画脚地批评他们呢？还是站在他们的对面反对他们呢？每个中国人对于这三项都有选择的自由，不过时局将强迫你迅速地选择罢了。[3]

毛泽东的这段话预告了国共两党和当时许多风云人物的历史命运，——依靠苏联与国共合作取得政权的蒋介石及其国民党，反对农民运动，又丧失了国家政权；共产党的领导人陈独秀则是站在农民运动的后头指手画脚，被历史抛弃了；那时候的毛泽东还够不上历史潮头最前列的领袖人物，但是，由于他坚定地站在农民运动的前面领导农民运动，坚定地依靠劳动农民终于取得了国家政权。

毛泽东选择了农民，而农民则改造了党，挽救了党，也成就了毛泽东和中国共产党。经过 1924 至 1927 年大革命期间的农民运动，以陈独秀为代表的知识分子从共产党内分裂出去了。1927 年至 1937 年的土地战争和红军运动中，以王明（陈绍禹）、博古（秦邦宪）、张闻天（洛夫、洛甫）等为代表的一批留欧、留苏的青年知识分子离开了中国共产党的领导层，与此同时，毛泽东在红军运动和土地革命战争中脱颖而出，濒于危亡环境下的中国共产党选择毛泽东成其为领袖。与此同时，大批的农民参加了共产党，在战争中成长为党和红军里的基层和中层干部，成为农民运动和红军的骨干。如果说 1920 年前后，中国东部一些大城市的知识分子在苏联共产党的帮助下建立

3　毛泽东：《湖南农民运动考察报告》，《毛泽东选集》第一卷，人民出版社，1951 年，第 13-14 页。

起中国共产党组织，那么，经过十年土地战争，中国共产党在同国民党的武装斗争中则逐渐完成了由知识分子向劳动农民的转变。——这是中国共产党的一件幸事，一件盛事。在一个劳动农民占据人口绝大多数的中国社会里，完成这一阶级性质的转变，是决定其历史命运的关键。

中国共产党能够选择毛泽东，是经过无数次的失败和用血的教训换来的。从另一方面来说，也是毛泽东的社会经验、知识构成、思想品质和秉性都具备了时代领袖的条件。。

毛泽东1893年出生于湖南一位比较富裕的农民家庭。青少年时代聪敏好学，读了不少有关中国历史的书，有着比较扎实的古文化功底。中学及在长沙师范读书的时候，则开始接受以西方各种社会学思想为主要内容的新文化，包括赫胥黎的《天演论》等著作，一度相信物竞天择的达尔文社会主义。同一时期，接受了康有为梁启超的改良主义，也受到孙中山革命思想的影响。但是，对毛泽东影响最大的还是1918年在北京大学图书馆兼任管理员时，认识了李大钊，从而开始走向列宁主义所指引的革命道路。1919到1920年，毛泽东先后参加湖南人民驱逐军阀张敬尧的政治运动，发起成立了"新民学会"。这是毛泽东锻炼和积累发动和领导群众运动经验的一次极好机会。作为这次运动的更大收获是，毛泽东利用向北洋政府请愿的机会，第二次到北京，以及在上海见到了陈独秀。当陈独秀1920年在共产国际的帮助下组建中国共产党的时候，写信给在长沙的毛泽东，建议湖南也成立共产主义小组。[4] 上海、北京、长沙、武汉、济南等及各大城市的共产主义小组，是1921年7月中国共产党第一次全国代表大会召开前的第一批党员和党组织。

从毛泽东早年的一首词，可以感悟其文化功底、博大胸怀、无可阻挡的气势和领袖气质，以及忧国忧民和远大的思想抱负，让人们理

4　逢先知主编：《毛泽东年谱（1893-1949）》（上），中国文献出版社，2005年，第73页。

解一位湖南农家出身的青少年，何以成为伟大的革命家、政治家的。

沁 园 春

长沙

一九二五年

独立寒秋，湘江北去，橘子洲头。

看万山红遍，层林尽染；漫江碧透，百舸争流。

鹰击长空，鱼翔浅底，万类霜天竞自由。

怅寥廓，问苍茫大地，谁主沉浮？

携来百侣曾游，忆往昔峥嵘岁月稠。

恰同学少年，风华正茂；书生意气，挥斥方遒。

指点江山，激扬文字，粪土当年万户侯。

曾记否，到中流击水，浪遏飞舟？

中国共产党成立以后，毛泽东即以职业革命家的身份从事革命活动。历史上从来很少有人把毛泽东有关农民运动的思想与活动，同列宁斯大林和共产国际的主张联系在一起。但是，由于共产党本来就是共产国际的一个支部，而共产国际有关"东方落后国家"的农民和土地问题，其实主要是指中国的。1923 年 5 月，共产国际给中国共产党的指示文件的名字就是《共产国际在民族殖民地革命问题上的战略与策略（以中国为例）》[5]。而这一时期，毛泽东担任中共中央局秘书，协助中央局委员长陈独秀处理中央日常工作。因为根据中央决定，中央局委员长签发文件必须与秘书共同签署。所以，毛泽东应该有条件接触到共产国际的相关指示。[6]

5　斯图尔特·施拉姆《毛泽东》，第 57 页脚注①。

6　研究共产主义运动历史的党史专家们，从来没有注意，这一时期的中国共产党中央机关设立一位秘书职务，其实是学习和模仿同一时期的俄国共产党的。1922 年 3 月，列宁在俄共（布）第十一次代表大会上提议中央设立总书记。同时，列宁还在会议期间召开被斯大林批评由"宗派味道"的小型会议，以"非组织"活动的方式帮助斯大林当选了这一职务。见费·丘耶夫《同莫洛托夫的 140 次谈话》，新华出版社，1992 年，第 218 页。这是"斯根据张国焘的回忆，毛泽东早在党的第三次全国代表大会上做了应该重视农民运动的发言。张国焘说，1923 年第三次代表大会所讨论的问题中，只有农民问题是一个新提出来的问题。他说："在中共的历次讨论中，直到第三次代表大会，代表才注重这个问题，尤以毛泽东为然。""毛泽东的发言是强调农民革命的重要性，进而指出中共不应只看见局处广州一隅的国民党，而应该重视全国广大的农民。""毛泽东向大会指出，湖南工人数量很少，国民党员和共产党员更少，可是满山遍野都是农民，因而他得出结论，任何革命，农民问题都是最重要的。他还证以中国历代的造反和葛敏，每次都是以农民暴动为主力。中国国民党在广东有基础，无非是有些农民组成的军队，如果中共也注重农民运动，把农民发动起来，也不难形成广东这类的局面。这种看法，是毛泽东这个农家子对于中共极大的贡献。"[7]

张国焘 1897 年出生于江西省，小毛泽东 4 岁。1916 年入北京大学上学。张国焘是 1919 年五四运动的骨干分子。毛泽东说，陈独秀是五四运动的实际领导人。所以，张国焘自然得到北京大学教授陈独秀和李大钊的赏识和培养。1921 年 7 月，陈独秀和李大钊都没有参加中国共产党第一次代表大会。毛泽东代表湖南长沙，而张国焘则代表北京的共产主义小组参加了中国共产党成立的大会，并且与陈独秀、李达一起当选为中央局成员。自后，张国焘除了在 1924 年担任中国共产党驻共产国际的代表以外，几乎一直在中央工作。1922 年 1 月，张国焘还作为中共代表参加了在莫斯科召开的远东各国劳动者第一次代表大会，受到正在病休的列宁的接见。在借鉴中，列宁向大会的代表们谈论到各国民族解放斗争的任务[8]。但是，张国焘这样评

大林总书记"的源头。

7　转引自《毛泽东年谱（1893-1949）》（上），中央文献出版社，2005 年，第 114 页脚注①。张国焘：《我的回忆》（上），东方出版社，2004 年，第 273-274 页。

8　《列宁年表》，《列宁全集》中文第二版，第 43 卷，第 734 页。

价毛泽东的贡献，而不是把它和共产国际或列宁主义联系在一起，说明除了毛泽东以外，早期以知识分子为主要成分的中国共产党对于列宁和共产国际关于农民问题的指示，普遍没有感觉。

中国共产党后来把毛泽东当做"大救星"，并不为过。以陈独秀为领导的中国共产党在 1921 至 1927 年第一次大革命中，只是照搬俄共（布）党纲党章所说的无产阶级先锋队，所以把工作放在了城市和工人运动方面，而不重视农民问题。所以，当蒋介石发动"四一二"政变，屠杀共产党的时候，中国共产党即刻就在城市里无法生存了。毛泽东在 1921 至 1924 年的大革命中就已经从事农民运动了。毛泽东按照党的安排参加国民党的时候，除了担任国民党的组织部和宣传部的工作，而且还生拉硬拽地以国民党的名义发动农民运动。1926 年 5 月 9 日，国民党中央执行委员会常务委员会还委任毛泽东为广州农民运动讲习所所长[9]，为中国共产党培养了大批农民运动的领导和骨干。因为有了前期的工作铺垫，所以，蒋介石背叛革命以后，毛泽东能根据"八七会议"精神，很快在湖南发动了秋收暴动，把队伍拉上井冈山，创建了第一块根据地。在此基础上，中国工农红军发展壮大形成中央革命根据地。1931 年 11 月，中央革命根据地还在江西瑞金成立了中华苏维埃共和国临时中央政府，毛泽东任主席，项英、张国焘任副主席。临时中央政府先后颁布了《中华苏维埃共和国宪法大纲》《土地法》《关于红军问题决议案》等决议。为中国共产党开创了一条全新的革命道路。1933 年，当那一批由共产国际所任命的中国共产党中央领导人连在上海地下都待不下去的时候，不得不迁入毛泽东所创立的中央革命根据地。这该算是毛泽东第一次挽救党。

中央机关迁移到中央革命根据地以后，以留苏留欧的青年知识分子组成的中央领导层自然夺得了革命根据地的领导权。1933 年 9 月，蒋介石组织第 5 次围剿中央革命根据地，中央军事领导小组所

9　叶永烈：《走进国民党党史馆》，《同舟共进》2015 年第 6 期。该文还影印了国民党中央执行委员会 1926 年 5 月 9 日"函委毛泽东为农民运动讲习所所长"的档案资料件。

领导的反围剿失败，中央机关和中国工农红军第一方面军不得不向西突围。[10] 但是，中央红军付出极大牺牲突破湘江后，一路向西，总是打败仗。特别是冲出突围以后，中国共产党中央和中国工农红军第一方面军所残存的力量究竟应该去哪里？没有了目标。1935 年 1 月在贵州的遵义会议上，重新把毛泽东选进领导层以后，确立了毛泽东对军事的指挥权。是毛泽东指挥红军打了几个漂亮仗，四渡赤水，终于甩掉了蒋介石亲自指挥的围追堵截，巧渡金沙江，强渡大渡河，翻雪山、过草地，把中央机关和残存剩下几万人的中央红军带到了陕北。[11] 这是第二次挽救了中国共产党。

跟着毛泽东能打胜仗，能逃活命。这都是活生生的事实。而且，事关当时跟着共产党干革命的数万农民士兵身家性命的切身利害，所以，那些从普通的劳动农民成长起来的红军官兵，以及中国共产党的中下层干部，没有理由不把毛泽东当救星。"人民的大救星"这样的话语，在红军到达陕北前后就已经在红军里流传了。1937 年，美国记者斯诺经过许多曲折到了延安。美国人十分反感人们把哪个凡人称作救世主，所以他不同意说毛泽东是"救星"。但是，斯诺却认为毛泽东"看上去很像林肯"。他说：

> 不可否认，你觉得他身上有一种天命的力量。这并不是什么昙花一现的东西。而是一种实实在在的根本活力。你觉得这个人身上不论有什么异乎寻常的地方，都是产生于他对中国人民大众，特别是农民——这些占中国人口绝大多数的贫穷饥饿、受剥削、不识字，但又宽厚大度、勇敢无畏、

10　胡乔木："（六届）四中全会后形成的王明为代表的这么一个中央，在上海作了许多决议、指示，他们在上海呆不下去了，跑到中央苏区，把原中央苏区的领导人统统拿下来，从各方面贯彻他们的'左'倾路线，最后是第五次反'围剿'战争的失败和被迫进行长征。"《胡乔木回忆毛泽东》，人民出版社，1994 年，第 46-47 页。

11　按照张闻天在延安时期给他的夫人刘英的说法，遵义会议以后，"长征的军事行动就完全在毛主席指挥下进行。四渡赤水，佯攻昆明，巧渡金沙江，迂回穿插，打得十分主动，牵着蒋介石的鼻子走，红军跳出了包围圈。"《刘英自述》，人民出版社，2005 年，第 73 页。

如今还敢于造反的人们——的迫切要求做了综合的表达，达到了不可思议的程度。假使他们的这些要求以及推动他们前进的运动是可以复兴中国的运动，那么，在这个极其富有历史性的意义上，毛泽东也许可能成为一个非常伟大的人物。[12]

"天命的力量""异乎寻常的地方""不可思议的程度""非常伟大的人物"……，距离中国老百姓所说的"救星"还有多大的距离？

不过，这都还只是第一次世界大战所激发的中国民族主义运动所得到的第一阶段的结果，如果仅从比较表层的现象分析，中国产生了国共两党，国民党统一了全国，而共产党在南方各省的农村发动了农民运动，却被国民党用武装追赶到陕北一隅。但是，中国共产党最大的收获是在失败和被围剿逃亡的过程里寻找到了自己的领袖。如果没有外部环境的变化，也许中国会长期维持 1928 至 1936 年的动荡局势，在本主义在国民党的统治下缓慢发展。但是，日本帝国主义加快了对全中国的侵略步伐和欧洲战争所引起的世界战争的爆发，改变了中国社会变化的格局，自后的中国共产党跟着毛泽东在新一轮的世界大潮中则有了翻天覆地的大变化。

毛泽东如何在抗日战争中带领中国共产党发展壮大起来？

20 世纪 30 年代，随着希特勒的战争威胁的日益扩大，斯大林需要有一个安全的东亚局势。中国反抗日本侵略足以有效牵制日本帝国主义的侵略势力，有利于亚洲力量的均衡。所以，苏联支持中国共产党与蒋介石合作，共同抗战。共产国际为中国共产党制订了服从蒋介石的国民政府的统一战线政策。[13] 1937 年 11 月，王明从苏联回

12　埃德加斯诺：《西行漫记》，生活·读书·新知三联书店出版，中人民解放军战士出版社翻印，1979 年，第 61 页、62。

13　早在 1934 年 5 月，共产国际执行委员会主席团为第七次代表大会拟定的的议程，就已经决定由季米特洛夫做关于"法西斯进攻以及共产国际在争取工人阶级团结起来反对法西斯的斗争中的任务"的报告。1935 年 7 月 25 日至 8 月 20 日，共产国际第七次代表大会在莫斯科如期召开。8 月 1 日，由中国共产党驻共产国际代表团团长王明代表中国共产党起草了《中国苏维

来，就是为了落实并督促中国共产党执行统一战线政策的。[14] 面对日本帝国主义的侵略，毛泽东当然是拥护统一战线的。[15] 但是，“统一战线”有一个“统一”到哪里去的问题。10 多年以来，蒋介石用武力围剿中国共产党的目的就是要由他来统一。中国共产党当然不可以让蒋介石在武力得不到的情况下，却用和平的方式垂手可得了。所以，毛泽东不同意并且反对“一切服从统一战线”，而是针锋相对地提出“独立、自主和以我为主”的方针政策。

1938 年 10 月的六届六中全会，是中国共产党历史上的一次重要会议。该年 8 月，中国共产党驻共产国际代表团团长王稼祥归国带来共产国际主席季米特洛夫的口讯：中共要以毛泽东为中心，王明不

埃政府、中国共产党中央为抗日救国告全体同胞书》即著名的“八一宣言”，提出包括建立最广泛的抗日民族统一战线在内的救国十大纲领。8 月 2 日，季米特洛夫在共产国际第七次代表大会上做《关于法西斯进攻以及共产国际在争取工人阶级团结起来反对法西斯的斗争中的任务》的主报告。在报告中，季米特洛夫说：“我们赞同英勇的兄弟的中国共产党这一倡议：同中国一切决心真正救国救民的有组织的力量结成反对日本帝国主义及其走狗的广泛的反帝统一战线。”中国社会科学院近代史研究所翻译编辑：《共产国际有关中国革命的文献资料》（1929-1936），中国社会科学出版社，1982年，第 332、392 页

14　中共中央党史研究室：《中国共产党历史》第一卷（1921-1949）下册，中共党史出版社，2002 年，第 514 页。胡乔木：“王明一回来，大肆宣扬抗战主要的是靠国民党领导，共产党不要同国民党争领导权。这是斯大林的一贯思想。”“王明回国后在延安指责党中央坚持独立自主的许多正确做法，到武汉时发表了许多宣扬右倾思想的文章。”《胡乔木回忆毛泽东》，第 44、45页。

15　1935 年 11 月，中国共产党驻共产国际代表团派张浩到陕北向中共中央传达了共产国际关于建立广泛反法西斯战线的精神和“八一宣言”的内容。11月 28 日，毛泽东以中华苏维埃共和国中央政府主席，朱德以中国工农红军革命军事委员会主席的名义签发了《中华苏维埃共和国中央政府、中国工农红军革命军事委员会抗日救国宣言》。（《毛泽东文集》第一卷，人民出版社，1993 年，第 360-362 页）12 月 17 至 25 日，中共中央政治局为此召开了著名的瓦窑堡会议。12 月 27 日，毛泽东又在瓦窑堡党的活动分子会议上做了题为《论反对日本帝国主义的策略》的政论性报告，其中专门讲述了“民族统一战线问题”，指出在“目前中国的和世界的反革命力量暂时还是大于革命力量”的形势下，“党的基本策略任务”应该是“建立广泛的民族革命统一战线”。《毛泽东选集》第一卷，人民出版社，1951 年，第 149 页。

要另搞一套。[16] 六届六中全会是王稼祥向中国共产党传达共产国际领导人的这一重要指示的一次重要会议。毛泽东在这次会议的政治报告和结论里都强调统一战线中的独立自主问题，他说："三民主义的民权主义，在党派问题上说来，就是容许各党派互相联合，又容许

16　可能由于六届四中全会以前，中国共产党的历次领导人都是经过共产国际的批准同意的，有许多情况下，其实就是根据共产国际的安排形成领导集团的，所以，遵义会议所形成的中央领导集体一直未得到共产国际得承认，所以把六届六中全会王稼祥所传达共产国际领导人的指示，误认为是对中国共产党领导班子的确认和确定。譬如胡乔木说："但在 1938 年，季米特洛夫在王稼祥回国前同他谈话，指出中共要以毛泽东为中心，王明不要另搞一套"。《胡乔木回忆毛泽东》，第 49 页。王稼祥夫人朱仲丽的《黎明与晚霞》中两个地方不同的说法分别是："也应该告诉王明同志，不要再争吵了！"和"王明等人不要再争吵了"。《黎明与晚霞》，解放军出版社，1986 年，第 269、289 页。1979 年 12 月 27 日，人民日报发表的注明"朱仲丽整理"的王稼祥遗作《回忆毛泽东同志与王明机会主义路线的斗争》中，追述 1938 年他从莫斯科动身回延安时，共产国际负责人季米特洛夫对他和任弼时所说的话，到可能是被修改了语言。人民日报的文章是这么说的："应该告诉全党，应该支持毛泽东同志为中国共产党的领导人，他是在实际斗争中锻炼出来的领袖。其他的人如王明，不要再争当领导人了。"王稼祥《回忆毛泽东同志与王明机会主义路线的斗争》，人民日报，1979 年 12 月 27 日，第二版。在这样的氛围中所形成的中共党史，也尽可能把王稼祥传达共产国际指示的精神向结局中国共产党领导人的方面靠。中共党史教材上说："在中共中央领导机关中，要以毛泽东为核心解决统一领导问题，中央领导机关要有亲密团结的空气。"《中国共产党历史》第一卷（1921-1949），下册，第 519 页。所有这一类的建构，都是建立在六届六中全会以前中国共产党的领导权问题还未解决，特别是有王明与毛泽东争夺领导权的假设上。

　　但是，这一假设是不真实的。如果仔细研究和分析遵义会议以后的历史，毛泽东已经获得事实上的领导地位，而且王明回来以后也许存在不经过毛泽东同意而自作主张的现象，但还是自觉地把位置放在毛泽东之后，并没有出现过要与毛泽东争夺领导权的问题。王明与毛泽东争夺领导权的说法，来自于一般的人对于毛泽东与王明的"路线斗争"的理解，有如许多人甚至把文化大革命也都理解为毛泽东与刘少奇的争夺领导权，把一切政治斗争都理解为争权夺利。历史中的这一种认识在毛泽东去世以后，包括朱仲丽整理王稼祥的这篇文章出现以后，胡乔木的回忆出现以后，则都进一步加强了。但是必须指出，朱仲丽和胡乔木都十分接近历史的当事人，但毕竟不属于从毛泽东到张闻天、王明、周恩来、王稼祥等在内的当事人，而那一代的当事人不是说完全没有个人主义，而是出于理想与清高而不屑于和周围的人谈论有关"争权夺利"的那一类庸俗主义的事情。所以，包括胡乔木和朱仲丽在内，都还是远离当事人的圈外的人

各党派独立存在。”[17] 为了长期合作，统一战线中的各党派实行互助互让是必须的，但应该是积极的，不是消极的。“一切通过统一战线”是不对的。国民党是当权的党，它至今不许有统一战线的组织形式。刘少奇说，如果“一切经过统一战线”就是经过蒋介石阎锡山。毛泽东作结论说：

> 我们一定不要破裂统一战线，但又决不可以自己束缚自己的手脚，因此不应提出“一切经过统一战线”的口号。“一切服从统一战线”，如果解释为“一切服从”蒋介石和阎锡山，那也是错误的。我们的方针是统一战线中的独立自主，既统一，又独立。[18]

1940 年 3 月 11 日，毛泽东根据当时国共两党的状况，在党的高级干部会议上又做了题为《目前抗日统一战线中的策略问题》的报告，提出“发展进步势力、争取中间势力、反对顽固势力”的斗争方针。接着，毛泽东又将这篇文章以同名文件形式下发给全党，成为抗日战争时期中国共产党的行动纲领，[19] 试摘引其中几条：

> （一）目前的政治形势是：……（6）共产党领导之下的无产阶级、农民和城市小资产阶级的进步力量，最近时期有一个大的发展，基本上已经奠定了抗日民主政权的根据地。他们在全国工人、农民和城市小资产阶级中的影响是很大的，在中间势力中亦有相当影响。在抗日战场上，共产党

17　毛泽东：《中国共产党在民族战争中的地位》，《毛泽东选集》第二卷，第 487 页。

18　毛泽东：《统一战线中的独立自主问题》，《毛泽东选集》第二卷，第 501、503、504 页。

19　该文在抗战中曾被广泛宣传，除了以党内文件形式下发给各级党组织以外，还收入中共中央书记处 1941 年 12 月编印的《六大以来》（上），1943 年 10 月编印的《两条路线》（下），中共中央晋察冀分局 1944 年 7 月编印的《抗战以来中央决定指示选集》，中共中央山东分局 1944 年编印的《党的路线问题选集》第 1 集，中共中央北方局 1944 年编印的《抗战以来选集》第 1 卷，中共中央党校教务处 1945 年 1 月 30 日编印的《党的政策选集》。

所抗击的日寇兵力，同国民党比较起来，几乎占到了同等的地位。他们是抗日统一战线中的进步派。

（二）抗日战争胜利的基本条件，是抗日统一战线的扩大和巩固。而要达此目的，必须采取发展进步势力、争取中间势力、反对顽固势力的策略，这是不可分离的三个环节，而以斗争为达到团结一切抗日势力的手段。在抗日统一战线时期中，斗争是团结的手段，团结是斗争的目的。以斗争求团结则团结存，以退让求团结则团结亡……

（三）发展进步势力，就是发展无产阶级、农民阶级和城市小资产阶级的力量，就是放手扩大八路军新四军，就是广泛地创立抗日民主根据地，就是发展共产党的组织到全国，就是发展全国工人、农民、青年、妇女、儿童等等的民众运动，就是争取全国的知识分子，就是扩大争民主的宪政运动到广大人民中间去。只有一步一步地发展进步势力，才能阻止时局逆转，阻止投降和分裂，而为抗日胜利树立坚固不拔的基础。但是发展进步势力，是一个严重的斗争过程，不但须同日本帝国主义和汉奸作残酷的斗争，而且须同顽固派作残酷的斗争。因为对于发展进步势力，顽固派是反对的，中间派是怀疑的。如不同顽固派作坚决的斗争，并收到确实的成效，就不能抵抗顽固派的压迫，也不能消释中间派的怀疑，进步势力就无从发展。

（七）在抗日根据地内建立政权的问题上，必须确定这种政权是抗日民族统一战线的政权。在国民党统治区域，则还没有这种政权。这种政权，即是一切赞成抗日又赞成民主的人们的政权；即是几个革命阶级联合起来对于汉奸和反动派的民主专政。它是和地主资产阶级专政相区别的，也和严格的工农民主专政有一些区别。在政权的人员分配上，应该是：共产党员占三分之一，他们代表无产阶级和贫农；左派进步分子占三分之一，他们代表小资产阶级；中间分子及其它分子占三分之一，他们代表中等资产阶级和开明绅士。

只有汉奸和反共分子才没有资格参加这种政权。这种人数的大体上的规定是必要的，否则就不能保证抗日民族统一战线政权的原则。这种人员分配的政策是我们党的真实政策，必须认真实行，不能敷衍塞责。……抗日统一战线政权的选举政策，应该是凡满十八岁的赞成抗日和民主的中国人，不分阶级、民族、党派、男女、信仰和文化程度，均有选举权和被选举权。抗日统一战线政权的产生应该由人民选举，然后陈请国民政府加委。其组织形式，应该是民主集中制。抗日统一战线政权的施政方针，应该以反对日本帝国主义，反对真正的汉奸和反动派，保护抗日人民，调节各抗日阶层的利益，改良工农生活，为基本出发点。这种抗日统一战线政权的建立，将给全国以很大的影响，给全国抗日统一战线政权树立一个模型，因此应为全党同志所深刻了解并坚决执行。

（八）在发展进步势力，争取中间势力，孤立顽固势力的斗争中，知识分子的作用是不可忽视的，顽固派又正在极力争取知识分子，因此，争取一切进步的知识分子于我们党的影响之下，是一个必要的重大的政策。

（九）在宣传问题上，应该掌握下列的纲领：（1）实行《总理遗嘱》，唤起民众，一致抗日。（2）实行民族主义，坚决反抗日本帝国主义，对外求中华民族的彻底解放，对内求国内各民族之间的平等。（3）实行民权主义，人民有抗日救国的绝对自由，民选各级政府，建立抗日民族统一战线的革命民主政权。（4）实行民生主义，废除苛捐杂税，减租减息，实行八小时工作制，发展农工商业，改良人民生活。（5）实行蒋介石的"地无分南北，人无分老幼，无论何人皆有守土抗战之责任"的宣言。这些都是国民党自己宣布的纲领，也是国共两党的共同纲领。但是除了抗日一点外，现在的国民党都不能实行，只有共产党和进步派才能实行。……这在国民党区域还是宣传纲领，但在八路军新四军所到之地则是行动的纲领。根据这些纲领去做，我们是合法的，顽固派反对我们实行这些纲领，他们就是非法的了。在资产阶级民主革命阶段上，国民党的这些纲领，同我们的纲领是基本上相同的；但国民党的思想体系，则和共产党的思想体系绝不相同。我们所应该实行的，仅仅是这些民主革命的共同纲领，而绝不是国民党的思想体系。[20]

毛泽东为党内所制订的这一系列有关抗战时期的方针和策略，构成抗战时期中国共产党的路线和政策。其要点概略为：第一，为了打败日本帝国主义，必须在中国共产党的领导下动员全国人民，组织统一的抗日民族统一战线。第二，抗日战争的胜利，即意味着中国共产党领导的抗日统一战线的扩大和巩固。或者反过来说也一样，中国共产党的领导下的抗日民族统一战线的不断巩固和扩大，意味着抗日战争不断地取得胜利。第三，中国共产党领导的抗日民族统一战线的发展，就是发展和壮大无产阶级、农民阶级和城市小资产阶级的力量，就是扩大八路军新四军，就是创立和发展抗日民主根据地，就是在全国发展共产党的组织，发展全国工人、农民、青年、妇女、儿童等等的民众运动，争取全国的知识分子，向国民党和蒋介石的国民政府争民主、要自由，争取民主和宪政。第四，中国共产党所领导的抗日根据地内所建立的"三三制"政权，即共产党、左派进步分子、中间派的民主人士，在中国共产党所领导的抗日根据地各级政权里各占三分之一，即是抗日民族统一战线的政权，也即抗日民主政权。第五，在发展进步势力，争取中间势力，孤立顽固势力的斗争中，要特别注意争取知识分子。第六，中国共产党在资产阶级民主革命阶段上的纲领是和国民党基本上相同的，所以，要在宣传上重视宣传孙中山的"遗嘱"，宣传三民主义。第七，但是，中国共产党的思想体系和国民党是绝然不相同的。

20　毛泽东：《目前抗日统一战线中的策略问题》，《毛泽东选集》第二卷，人民出版社，1952 年，第 717-718、718-719、723-724、724-725 页。

正是因为毛泽东十分清楚地与国民党划清了界线，在抗战中坚持独立自主的方针，发展共产党所领导的红军和革命根据地，壮大党的组织，发展愿意靠近党的左派群众力量，争取中间派，反对和孤立国民党顽固派，所以，中国共产党的势力经八年抗战发生了根本性的变化。

在有关抗战的问题上，必须批驳一种观点。有人说共产党和毛泽东是假抗战，利用抗战发展自己。这是不正确的。代表贫苦和中下层劳动农民的中国共产党在对待外民族的入侵问题上，绝对不是假的。就民族感情来说，只有社会最低层的人们才最需要诉诸于民族和国家，最爱国。由于日本帝国主义的侵略，以土地为生命的农民比社会其他任何阶层都更爱国。从大革命后期开始，尤其是经过十年土地战争，大批的贫苦农民加入了中国共产党，中国共产党及其所领导的工农红军也即后来的八路军新四军，其实就是穿上军装的农民。农民已经改变了中国共产党的成分和性质，它已经是一个带领农民进行反抗日本侵略的革命政党。所以，不能说中国共产党的抗日是假的。如果说共产党假抗日，就无法解释何以能得到以农民为主体的人民群众的拥护，何以发展壮大。如果说中国共产党假抗日，那显然是对中国共产党所领导的许多抗日根据地，以及在其领导下的日战区的人民反对日本帝国主义的抗日活动的否定。中国共产党及其毛泽东的抗战活动，是中国人民抗战的一部分。用中国共产党及其毛泽东在抗战中的个别动机否定其抗战的真实性与性质，有如用抗战中每一个人都会有的譬如农民的抗战是为了保卫自己的土地这样的个人动机而否定其抗战行为的真实性一样是荒谬的。

由于国共两党的政治斗争，互相抹黑双方的领袖，其中国民党以及依附于国民党的社会各个集团，也都不把毛泽东当作是中下层劳动农民的领袖，而说他是一个充满帝王思想的野心家和乱世枭雄。[21]

21　1945 年 10 月，毛泽东在重庆时，曾将自己早年的一首词《沁园春·雪》抄录赠与国民党元老柳亚子。毛泽东离渝以后，11 月 14 日《新民报晚刊》予以发表。词云："北国风光，千里冰封，万里雪飘。望长城内外，惟余莽莽；

毛泽东所领导的中国共产党的革命本质上属于农民运动，但是，它却又不同于中国历史上的各次农民起义和农民战争，不同于赵匡胤、朱元璋那样的改朝换代。因为它所发生的背景已经不是农业时代。一方面是自 1840 年鸦片战争开始，资本主义已经敲开了中国的大门，另一方面，两次世界大战，特别是日本帝国主义的入侵深深地刺激了落后的中国，引发了中国的民族主义运动和资本主义在中国的发展。这是中国共产党产生与发展的社会背景，它决定了中国的前途不可能再是传统的农业文明，毛泽东也不再可能是朱元璋、赵匡胤、刘邦和秦始皇等等的"秦皇汉武"了。

但是，当资本主义开始激发中国的民族主义的时候，它还是一个农业社会，劳动农民占据社会的绝大多数。中国共产党及其毛泽东的革命要有所作为，只有与农民的运动连接起来。而发动农民运动的一个基本的和前提的条件，就是需要有一位领袖人物。——当革命来临的时候，如果已经有了一位先知先觉的领袖人物的话，那么，就由这位先知先觉的领袖人物推动农民进行革命；如果革命前没有的话，那么，发动起来的农民运动迟早也会创造出一位这样的人物。列宁及其布尔什维克的十月革命，属于前一类。二月革命以前的布尔什维克不过是俄国社会民主党内的一个派别，而社会民主党又不过是许多个由知识分子构成的反沙皇的秘密革命组织之一。二月革命以后，由于列宁《四月提纲》所提的"一切政权归苏维埃"，即刻赢得了已经由农民自行成立并遍布全国各地的各级苏维埃的拥护，布尔什维克似魔幻般地膨胀起来。仅从 1917 年 4 月至 10 月不到半年的时间，布

大河上下，顿失滔滔。山舞银蛇，原驰蜡象，欲与天公试比高。须晴日，看红装素裹，分外妖娆。 江山如此多娇，引无数英雄竞折腰。惜秦皇汉武，略输文采；唐宗宋祖，稍逊风骚。一代天骄，成吉思汗，只识弯弓射大雕。俱往矣，数风流人物，还看今朝。"其实，该词与前面引述过的 1925 年《沁园春·长沙》，以及 1927 年春天的《菩萨蛮·黄鹤楼》，一脉相承，反映了作者处在落后的旧中国忧国忧民的思想情怀，和救国救民的远大理想和雄心抱负。但身处重庆的一些对中国共产党深有成见的文化人，则批评毛泽东满脑子的封建帝王思想。

尔什维克就由一个尚未成熟为独立政党的派别组织发展到在第二届全俄苏维埃代表大会内占据绝对多数的革命政党，以至让列宁有权利组建工农政府并任命自己为人民委员会主席，夺取了全国的政权。毛泽东及其中国共产党，则属于后一类。农民在十年土地革命战争中逐渐改变了中国共产党的阶级成分，毛泽东在革命斗争中脱颖而出担当了党的领袖。由于日本加快了侵略中国华北、华东和全中国的步伐，民族危亡极大地激发了整个中华民族的抗战热潮。抗战八年，毛泽东领导的中国共产党及其抗日武装力量尽最大的努力贴近日本占领区，发动那里的人民积极抗战，用抗日民主政权所领导的抗日根据地和武装力量包围和隔断了日本占领区，打碎了日本帝国主义不断深入侵略中国的军事图谋。毛泽东及其中国共产党由此也得到人民的拥护，从而发展壮大起来。

从 1921 年建党时开始，中国共产党也像列宁的布尔什维克那样，从来都是不加证明地说自己是"工人阶级的先锋队组织"，[22] 否认自己的农民性质。1945 年 4 月，在中国共产党第七次全国代表大会的政治报告中，毛泽东还特别地说："中国没有单独代表农民的政党"。[23] 在一个基本上没有工业，而以农民为最大多数的农业国家里从事革命的大党，在把自己说成是工人阶级的同时，还否认社会上竟然没有农民党，这本身就是违背马克思列宁主义者所推崇的唯物辩证法的。这其中的根源，我们将在以后适当的地方另行分析。现在要

22　事实上，落后的俄国的知识分子从 19 世纪 70 、80 年代就自诩为无产阶级。布尔什维克的前身，俄国社会民主工党从其建立时始，就毫不犹豫地都把自己当做无产阶级的政党。1898 年 3 月，仅只有 9 个人代表 6 个组织的代表宣布所建立的俄国社会民主工党，在其《俄国社会民主工党宣言》中就说："俄国无产阶级将摆脱专制制度的桎梏，用更大的毅力去继续同资本主义和资产阶级作斗争，一直斗争到社会主义全胜为止。"1903 年 7 月第二次代表大会所通过的《俄国社会民主工党党纲》中则说："俄国社会民主党认为自己是全世界无产阶级大军中的一支队伍，它所追求的最终目的也就是其他各国社会民主党人所要达到的目的。"《苏联共产党代表大会、代表会议和中央全会决议汇编》（第一分册），第 6、35 页。

23　毛泽东：《论联合政府》，《毛泽东选集》第三卷，第 1099 页。

说的是，毛泽东事实上却充分地认识到了农民阶级在中国社会转变过程中的重大历史作用。他在中国共产党的第七次代表大会的政治报告中说：

> 农民——这是中国工人的前身。将来还要有几千万农民进入城市，进入工厂。如果中国需要建设强大的民族工业，建设很多的近代式的大城市，就要有一个变农村人口为城市人口的长过程。
>
> 农民——这是中国工业的市场。只有他们能够供给最丰富的粮食、原料与吸收最广大的工业品。
>
> 农民——这是军队的来源。士兵就是穿起军服的农民，他们是日本侵略者的死敌。
>
> 农民——这是现阶段中国民主政治的主要基础。中国的民主主义者如不依靠三万万六千万农民群众的援助，他们就将一事无成。
>
> 农民——这是现阶段中国文化运动的主要基础。所谓扫除文盲，所谓普及教育，所谓大众文艺，所谓国民卫生，离开了三万万六千万农民，岂非大半成了空话？[24]

中国共产党同国民党分裂以后，以毛泽东为代表的领导人自觉或不自觉地在实践上是以农村和农民运动为重心，其政策都是为农民争取切身利益的。1927 至 1936 年，毛泽东开辟的红色根据地和中国共产党的其他边区都是靠"打土豪，分田地"，建立农会，组建红军，进行土地战争的。抗战期间，为了团结土地所有者共同抗战，中国共产党将"耕者有其田"的政策，改为减租减息即要求地主给佃农减免部分租金。正是由于中国共产党"为农民利益而认真奋斗"，所以，无论中国共产党和毛泽东自己怎么说，其实质都是维护农民利益的，这是它能动员和发动农民，让农民跟着它走的根本原因。

在一个农民占据绝大多数的国家里，谁得到农民的拥护那就得

---

24 《毛泽东选集》第三卷，第 1101 页。

到了政权。这该是一个浅显的道理。但是，在传统的农业时代，无论什么人所建立的政权都只能是皇权。而在资本主义时代里，即使农民为多数的国家里，想要建立帝制却再也不可能了。这一方面，不仅有法国大革命以后的 19 世纪将近百年多次的"共和-帝制-共和"的反复更迭而仍以共和制终结所证明，而且也有中国袁世凯称帝失败所证明。这就是唯物历史观所说"客观规律是不以人们的意志为转移的"，——资本主义替代自然经济是人类目前所处时代的大趋势，即使像中国和俄罗斯这些资本主义相当落后的农业国家里，农民一旦被动员合法动起来，了解了新时代的基本特点，也就自然接受了资本主义生产力与共和制度，即使农民被灌输的自由、平等、人权等等的思想意识形态相当的粗糙、浅薄和不正确，但他们再也不可能相信君权神授，以及拥护皇权政治了。

毛泽东的青少年时代也是在中国传统文化的熏陶下成长的，其中包括孔孟儒家的思想和西方各种社会主义新思想，但是，他最终接受了马克思列宁主义，也即在《目前抗日统一战线中的策略问题》中所说的与国民党不同的"思想体系"。1919 年，毛泽东遇到了李大钊、陈独秀以后，改变了他的人生道路，抛弃了青少年时代阅读中国古典所提供的数千年循环与轮回的前景，坚定地转向列宁所指引的共产主义。一旦选择这条道路以后，毛泽东就坚定不移地走下去。当他的战友们在艰难困苦的低潮时期，面对渺茫的前途，怀疑红旗究竟能打多久的时候，毛泽东则向他们指出："中国革命高潮快要到来"了。他说：

> 它是站在海岸遥望海中已经看得见桅杆尖头了的一只航船，它是立于高山之巅远看东方已见光芒四射喷薄欲出的一轮朝日，它是躁动于母腹中的快要成熟了的一个婴儿。[25]

---

25 《毛泽东选集》第一卷，第 112 页。

毛泽东也不是盲目乐观。当条件稍有许可，毛泽东即将中国革命的这一壮阔前景论证和描绘出来，相信一个全新的民主的新中国就要到来。他说：

> 新民主主义的政治、新民主主义的经济和新民主主义的文化相结合，这就是新民主主义共和国，这就是名副其实的中华民国，这就是我们要造成的新中国。
>
> 新中国站在每个人民的面前，我们应该迎接它。
>
> 新中国航船的桅顶已经冒出地平线了，我们应该拍掌欢迎它。
>
> 举起你的双手吧，新中国是我们的。[26]

所以，当毛泽东转变到列宁的共产主义方向以后，就已经把自己的命运与中华民族连接在一起，为一个全新的中国而努力奋斗，苦苦求索。

当然，毛泽东并不是一下子就成熟起来的。事实上，毛泽东是和中国共产党的革命运动一起，在发动农民和从事农民运动的过程中，从幼稚到成熟，逐渐成长与发展起来的。期间，抗日战争是一次契机，是一个机遇，也是毛泽东思想成熟和事业成功的关节点。抗战时期，一方面是中国共产党中央在延安有了一个相对稳定的工作和生活环境，另一方面是因为毛泽东已经走到了中国共产党的最高领导层面，这都为毛泽东提供了一个系统学习、创造、提高马克思列宁主义水平的条件和机会。

抗战期间，因为中国共产党与国民党关系的缓和，成为合法的政党，苏联共产党和共产国际可以公开地支援和支持中国共产党了。苏联的有关马克思列主义的文献不仅可以直接传播到延安，[27] 而且由于大批留苏留欧青年知识分子在这里的聚集，也能够根据毛泽东的

---

26 《毛泽东选集》第二卷，第 680 页。

27 据《黎明与晚霞》所载，1938 年王稼祥从莫斯科回国的时候，就带有"马列主义书籍"。该书第 217 页。

需要把它们翻译出来。[28] 可能尤为重要的是，毛泽东担任中国共产党的最高领导职务以后，不仅需要站在最高位置和终极负责的立场上为中国共产党的命运及前途筹划和运筹，还要领导和指导各个抗日根据地军民反抗日本侵略的战争和战斗，与蒋介石及其国民党的斡旋与斗争，以及时刻关注世界大战中的欧洲战场和太平洋战场上的战争与战事，国际层面的美、苏、英和中国的国际关系，等等。毛泽东站在了中国国共产党的最高层面接受这一类也属于最高层面的外部刺激，决定他能思考和制订出一般人根本无法企及的有关中国共产党的革命战略和策略。所以，是历史把毛泽东推到了一个最高的境界上，而处在中国共产党及其所代表的广大农民的领袖地位的毛泽东，也没有辜负党和人民的期望，用创造性的思维应对了历史提出来的严重课题，不仅把已经陷于危难与险境的中国共产党及其武装部队带离了险境，而且在领导人民抗战的过程中发展壮大了自己。

按照当时中国共产党的认识，中国社会的这一过程是毛泽东创造性地运用和发展的马克思列宁主义。1945 年 4 月 20 日，中国共产党第七次全国代表大会前的六届七中全会所通过的《中国共产党关于若干历史问题的决议》说：

> 党在奋斗的过程中产生了自己的领袖毛泽东同志。毛泽东同志代表中国无产阶级和中国人民，将人类最高智慧——马克思列宁主义的科学理论，创造地应用于中国这样的以农民为主要群众、以反帝反封建为直接任务而又地广人众、情况极复杂、斗争极困难的半封建半殖民地的大国，光辉地发展了列宁斯大林关于殖民地半殖民地问题的学说

28　据张闻天的夫人刘英的回忆，延安时期张闻天所主持的马列学院特设一个编译室，"集中了一批人才"，编译马恩和列宁斯大林的著作。《刘英自述》，人民出版社，2005 年，第 124-126 页。据何方所引用的数据，在张闻天的主持下，延安先后翻译出版《马恩丛书》12 种，《列宁选集》20 卷，《斯大林选集》10 多卷。何方：《党史笔记：从遵义会议到延安整风》（上册），利文出版社，2010 年，第 124 页。

和斯大林关于中国革命的学说。[29]

1945 年 4 月 23 至 6 月 11 日，中国共产党第七次全国代表大会所通过的党纲党章，以及 5 月 14 和 15 日刘少奇代表中国共产党在代表大会上所作的修改党章的报告中，把"毛泽东同志所做的"归结为"毛泽东思想"，并概括说：

> 这就是毛泽东同志关于现代世界情况及中国国情的分析，关于新民主主义的理论与政策，关于解放农民的理论与政策，关于统一战线的理论与政策，关于战争的理论与政策，关于革命根据地的理论与政策，关于建设新民主主义共和国的理论与政策，关于建设党的理论与政策，关于文化的理论与政策等。这些理论与政策，完全是马克思主义的，又完全是中国的。[30]

刘少奇在同一段落还说，"毛泽东思想，……是发展着与完善着的中国化的马克思主义"。关于"中国化"，我们后面还要论及。有关毛泽东在抗战中为中国共产党所作的理论、战略和政策，由于刘少奇的论述过于简略，笔者重新将其整理概述以下几个方面：

第一，中国无产阶级革命"必须分两步走，其第一步是民主主义的革命，第二步是社会主义的革命，这是性质不同的两个革命过程"。[31]

第二，提出新民主主义的概念。所谓新民主主义即是由中国共产党领导的反帝反封建的革命或"无产阶级领导的、以工人农民为主体而有其他广大社会阶层参加的、反帝反封建的革命，即是既区别于旧民族主义又区别于社会主义"的革命，[32] "是中国式的、特殊的、新

29　《中国共产党关于若干历史问题的决议》，《毛泽东选集》第三卷，第 975-976 页。
30　刘少奇：《论党》，《刘少奇选集》上卷，第 335 页。
31　毛泽东：《新民主主义论》，《毛泽东选集》第二卷，第 636 页。
32　《毛泽东选集》第三卷，第 993 页。

式的民主主义"。[33]

第三，农民的土地斗争是中国现阶段反帝反封建革命任务的基本内容，新民主主义革命的实质就是共产党所领导的农民运动和农民革命。[34]

第四，建设农村革命政权和农民武装斗争。共产党领导的红军运动，是农民运动的重要形式。[35] 以农民为主体的红军、游击队和革命根据地的建立和发展，是半殖民地中国在中国共产党领导下的农民运动和农民斗争的最高形式，是促进全国革命高涨的最重要因素。走农村包围城市的道路，武装夺取全国政权是中国革命的出发点和基本路线。[36]

第五，在中国共产党的领导下组成抗日民族统一战线，联合一切抗日的工、农、兵、学、商共同抗日[37]，以及在统一战线中坚决执行"发展进步势力、争取中间势力、孤立顽固势力"[38]的政治路线和独立自主[39]的方针政策。

第六，党的建设。

如此罗列，还有一些重要内容。但是，如果按照毛泽东在建国前夕自己的总结，主要就3条，即党的建设、武装斗争和统一战线，三大法宝。他说：

> 我们有许多宝贵的经验。一个有纪律的，有马克思列宁主义的理论武装的，采取自我批评方法的，联系人民群众的党。一个由这样的党领导的军队。一个由这样的党领导的各

---

33 《毛泽东选集》第二卷，第 637 页。

34 《毛泽东选集》第三卷，第 994 页。

35 《毛泽东选集》第三卷，第 995 页。

36 毛泽东：《星星之火，可以燎原》，《毛泽东选集》第一卷，人民出版社，1951 年，第 104 页；《毛泽东选集》第三卷，第 996 页。

37 毛泽东：《论政策》，《毛泽东选集》第二卷，第 738 页。

38 毛泽东：《目前抗日统一战线中的策略问题》，《毛泽东选集》第二卷，第 718 页。

39 毛泽东：《统一战线中的独立自主问题》，《毛泽东选集》第二卷，第 501 页。

革命阶级各革命派别的统一战线。这三件是我们战胜敌人的主要武器。这些都是我们区别于前人的。依靠这三件，使我们取得了基本的胜利。[40]

可以看出，三大法宝中，党的建设居于首位，且贯穿后两项之中，为之核心。所谓党的建设，首先是有关中国革命的理论著作，还有指导中国共产党从事革命斗争的战略和策略，启发、教育和提高党的干部及普通党员的思想水平，正确认识客观世界、树立批评与自我批评的工作作风，注重调查研究，以及密切联系群众和从群众来到群众中去的工作方法等文章和著作。除此之外，毛泽东还写了《矛盾论》和《实践论》等一些哲学著作，成为马克思列宁主义哲学方面的不朽篇章。

其次是革命党的政治工作和政治路线，主要是保证党的领导，党中央的和上级的决定和意图得以贯彻和执行。这是党的一项基本原则。

再其次，党的组织建设。共产党要求在一切有人群的地方都要发展党员，建立党的组织，尤其是要在红军里发展党组织，支部建在连上，以保证党对红军的领导。中国共产党强调自己是无产阶级的先锋队，但是，在实践上却不歧视任何出身和任何经历的人。凡是承认党的章程、服从党的领导和执行党的决议，并且在党的一个组织里工作的人，都可以申请加入党的组织。

在这一方面，有必要叙述一下毛泽东的知识分子政策。有人说毛泽东对知识分子有偏见。更有甚者，说毛泽东在北大担任图书管理员的时候，受到北京大学环境的压抑从而嫉妒、压制和迫害知识分子。这一观点是把知识分子和大学毕业划等号，所以把毛泽东从知识分子的范畴里排除出去了。这不仅是对中国共产党的性质和历史不了解，对毛泽东有误解和误会，甚至是一种有失厚道的看法。稍稍了解毛泽东的人，就其诗、词、书法、文章，历史、哲学，各个领域的成

40　毛泽东：《论人民民主专政》，《毛泽东选集》第四卷，第 1484 页。

就，在当代世界里能有所企及者都不会以两位数计的。如果毛泽东不算是知识分子，那么世界上很难有所谓知识分子了。

特别重要的是，毛泽东不仅没有歧视知识分子，而且非常深刻地认识到知识分子的重要性，向来对知识分子寄予了厚望。毛泽东及其中国共产党的革命活动是在一个农业国度里进行的。列宁晚年十分感叹俄国的文化落后，列举居民识字率的数值，指出革命以后的俄国距离普遍识字的程度"还远得很，甚至和沙皇时代（1897 年）比，我们的进步也太慢"，革命政府还需要"做多少非做的粗活，才能达到西欧一个普通文明国家的水平"。[41] 旧中国的文化比沙皇俄国落后多了。但是，中国共产党必须动员和发动农民，依靠农民，从事农民运动。毛泽东认为，所有这一切工作，都是通过知识分子联系和带领农民的。知识分子和青年学生是连接毛泽东和广大农民的中间环节或中介。此外，即使说中国共产党是一个农民党，但它不能仅仅由传统时代的没有文化的农民所构成。要取得革命成功，必须把中国共产党提高为一个有知识有文化的革命政党。所以，除了知识分子和青年学生出身的共产党员以外，即使原来是没有文化的工人农民，那也必须在参加革命后学习文化，否则，根本不可能在共产党的队伍里得到发展和进步，而提高工农基本群众的文化，也是要通过知识分子去做的。所以，早在 1939 年 12 月 1 日，毛泽东就亲自起草了一份题为《大量吸收知识分子》的文章，作为中国共产党的一项重要决定，下发给全党。毛泽东在文章一开始就说：

> 在长期的和残酷的民族解放战争中，在建立新中国的伟大斗争中，共产党必须善于吸收知识分子，才能组织伟大的抗战力量，组织千百万农民群众，发展革命的文化运动和发展革命的统一战线。没有知识分子的参加，革命的胜利是不可能的。[42]

41　列宁：《日记摘录》，《列宁全集》中文第二版，第 43 卷，第 356、357 页。

42　毛泽东：《大量吸收知识分子》，《毛泽东选集》第二卷，第 587 页。

懂得了这些道理，就该知道毛泽东不但不会歧视知识分子，而且对知识分子有多么偏爱。在抗日战争期间，毛泽东及其中国共产党积极抗战的路线和政策，特别是以毛泽东为旗帜的延安，自由民主和积极向上的风气，曾吸引了大批知识青年投奔共产党。据任弼时的一个发言，截止 1942 年，到延安的新知识分子约 4 万多人。[43] 中国共产党在抗战期间之所以能够迅速发展壮大起来，不仅是由于直接发动了劳动农民，还包括了大批知识分子和青年学生奔赴中国共产党领导的各个抗日根据地。

但是，中国共产党和毛泽东多次发动改造知识分子的运动，要求知识分子和青年学生"接受工农兵再教育"。这也是事实。不过，这与毛泽东"歧视"知识分子是决然不同的两个概念。因为在毛泽东看来，正是由于知识分子身兼着动员和发动农民的重大历史重任，那就必须放下身段，把自己当做农民群众中的一员。他在党的第七次代表大会的政治报告中说：

> 中国广大的革命知识分子应该觉悟到将自己和农民结合起来的必要。农民正需要他们，等待他们的援助。他们应该热情地跑到农村中去，脱下学生装，穿起粗布衣，不惜从任何小事情做起，在那里了解农民的要求，帮助农民觉悟起来，组织起来，为着完成中国民主革命中一项极其重要的工作，即农村民主革命而奋斗。[44]

这一思想，与毛泽东 1950 年 12 月 29 日为湖南第一师范学校所做的题词一以贯之："要做人民的先生，先做人民的学生。"[45] 这都该是毛泽东知识分子政策的初衷。请读者注意，我们并不在这里评论毛泽东的这一观点是否正确，而是矫正那种认为毛泽东歧视知识分子的认识，特别是那个说毛泽东在北大当图书管理员生活在一大群大

43　《胡乔木回忆毛泽东》，第 279 页。
44　毛泽东：《论联合政府》，《毛泽东选集》第四卷，第 1103 页。
45　《建国以来毛泽东文稿》第一册，中央文献出版社，1987 年，第 750 页。

学知识分子的环境里，形成阴暗心理，以至掌握政权以后报复知识分子而不断发动改造知识分子的政治运动，其实是由于自己没有历史知识和缺乏政治大格局的条件下才产生的浅薄的认识。

最后，组织纪律。毛泽东在张国焘出走以后强调说：

> 必须重申党的纪律：（一）个人服从组织；（二）少数服从多数；（三）下级服从上级；（四）全党服从中央。[46]

这几条本都是列宁斯大林所缔造的布尔什维克党的组织纪律，也是农民党的基本特征。在农业社会里，各个分散的封闭的个体经济所表现的是在相同的自然条件下的同一的自然经济形态，所以，抑制和压制个性而张扬共性，正是农业文明的特征。相反，资本主义商品经济是在一个共同的市场体系里，它必须张扬个性才可以得到成长和兴旺，所以，隐蔽共性而发展个性是现代社会得以发展的基础。由此决定，农业社会的里的民众团体和资本主义时代里的政党组织，具有根本的差别，前者是以牺牲和压抑个性为基础的，后者是以张扬个性和保护人权为前提的。列宁斯大林的布尔什维克正是以这些铁一般的纪律用以抑制个性而发挥组织集体的战斗力，造就了共产党成为一种准军事组织的革命政党。但是，苏联共产党人却不曾用这样简洁的语言表述过它们。[47] 毛泽东以极为精炼的文字所表述的共产党的组织纪律，让每一个愿意入党的人从其加入的那一天开始，就知道自己应该如何去做。所以，毛泽东又把组织纪律作为党的建设的首要

46　毛泽东：《中国共产党在民族战争中的地位》，《毛泽东选集》第二卷，第 491 页。

47　1919 年俄共第八次代表大会《关于组织问题》的决议说："必须有统一的集中的共产党，并且有领导俄罗斯苏维埃联邦社会主义共和国各个部分党的一切工作的统一的中央。俄共及其领导机关的一切决议，党的各个部分（部分其民族成分）必须无条件地执行。""党正处在绝对需要有严格的集中制和最严格的纪律的环境下。上级机关的一切决议下级机关绝对必须执行。……在目前阶段党必须直接实行军事纪律。"中共中央马克思恩格斯列宁斯大林著作编译局：《苏联共产党代表大会、代表会议和中央全会决议汇编》（第一分册），人民出版社，1964 年，第 567 页。

问题，表述共产党是"一个有纪律的，有马克思列宁主义的理论武装的，采取自我批评方法的，联系人民群众的党"。

虽然我们着重介绍了党的建设问题，但是在历史的现实中，毛泽东所总结的三大法宝：党的建设、武装斗争和统一战线，却是一个整体，党的建设和党的领导都是寄予于农民运动和武装斗争中，寄予于根据地的政权建设和统一战线的工作中。所以，它们三者是合而为一，互为一体的，是抗日战争中中国共产党的成就与事业。

由于阶级立场和政治观点的不同，在如何看待这段历史的问题上，有一种说法，说中国共产党和毛泽东利用抗日战争发展了自己。不对，因果颠倒了。是抗日战争成就了中国共产党和毛泽东。犹如第一次世界大战激发了中国的民族运动，成就了国民党和孙中山蒋介石一样，第二次世界大战，尤其是日本帝国主义对全中国的侵略，成就了中国共产党和毛泽东。没有日本帝国主义的侵略，中国的历史可能不会如此这般地演进。既然发生了日本帝国主义的大规模入侵，有着 4 万万 5 千万民众的中华民族陷入到危亡之中，他们无论经过多么长久的过程，——愈是艰难，愈是会激起社会最低层的劳动农民的奋起反抗，激起全民族的抗战，因而发生中国历史已经发生的那个结局。

抗战期间，中国政府即蒋介石国民党的国民政府是领导全民抗战的合法政府，理应由它直接动员和发动农民起来抗战，遗憾的是，国民政府没有这样做，倒是国民党的对立面即中国共产党深入到日本占领区的前沿地带，动员和发动那里的农民实行抗战。中国共产党的发展和壮大，其实质是中国农民在反对日本帝国主义的侵略战争中的觉醒和觉悟，是中国农民由传统大规模走向现代的开始和开端。

应该是政府动员和发动农民积极抗战的事情，政府没有去做，却让政府的反对派这样做了。这似乎是很奇怪的。列宁主义盛行以后，不少的人出于逆反心理而反对阶级分析的方法。可是，如果离开了这一学说，这个问题还真的说不清楚。

孙中山的"联俄、联共、扶植农工"里面，本就有发动和动员农民的含义，只是无论孙中山还是陈独秀，都没有认真去做。1923 年至 1926 年，中国共产党和中国社会主义青年团的部分成员，按照共产国际的指示深入到广东、福建、湖南、江西等省份的广大农村发动农民，支持北伐战争。这该是国共两党在其起点上的比较微小的差别，因为国共合作时期，许多共产党员是以共产党的身份参加国民党的，帮助孙中山改组国民党，而此时的国民党中央执行委员会即国民党的"政治局"虽说对农民运动不积极，却也不反对共产党搞农民运动。只是随着孙中山的去世和革命的深入，当北伐战争打到江浙一带以后，农民运动与蒋介石为代表的国民党的社会中上层阶级利益发生冲突，——江浙一带的富商和湖南、江西、福建和湖北等地不一样，那里的财主基本上还都是农业社会里的"土豪劣绅"，而江浙一带的财主却往往都是上海、苏州和南京城里的资本家，甚至是金融资本家、大钱庄。在江浙打土豪分田地，就影响到了上海的资本家，这才有了蒋介石离开孙中山的新三民主义，和苏联闹翻、屠杀共产党的反革命事件。蒋介石把共产党打到了乡下，深入到农村的毛泽东等共产党人则铁了心，只能走动员、发动和依靠劳动农民反对国民政府的革命道路。所以，如果说国共两党的阶级属性在其早期差别还不是那么明显，那么，经过十年土地战争而至抗战前，中国共产党已经被农民所改造，各自的阶级属性已经根本不同了。

中国农民由传统转向现代，即是中国的民族运动和中华民族的现代化过程。日本帝国主义的入侵必然地激起了中国民众的奋力反抗，——本来是各自封闭的个体农民，由于受爱国主义精神的驱使而团结起来，在反对外来民族的斗争中逐渐形成一个统一体即民族国家。——在这一历史过程中，动员并团结和武装一盘散沙的农民，本该是政府的责任。但是，蒋介石的国民政府没有承担这一历史使命，却让中国共产党走到了日本帝国主义和坚决反抗的中国农民之间，担当起了组织和发动人民的重任。在由传统向现代转变的历史阶段里，谁能够运筹帷幄，带领农民摆脱陷阱和领导他们打胜仗，谁在农民的心目中就是大救星。所以，本来是中国历史转变期间的客观过程为毛泽东及其中国共产党提供了历史的机遇，而毛泽东也不负历史的垂顾领导中国共产党提交了一份完美的答卷。换个视角，处在中国大变革的时代里，中国共产党及其毛泽东站在了占据人口最大多数的底层农民一边，当这个阶级阶层的人们被动员发动起来以后，必定成为社会上最大政治力量，成为决定国家走向的政治力量，毛泽东及其中国共产党取得国家政权则是这一社会历史的表现。而对于这一个问题，无论中国共产党的继承人还是对毛泽东具有极大成见的反对者，一概都没有注意到。

所以，本来是时势造英雄，但包括中国共产党的党史研究在内的历史学和社会传统的认识，却把毛泽东、毛泽东思想，和中国共产党的关系搞颠倒了。譬如中共钦定的党史教材说："毛泽东思想这一科学概念的形成，经历了一个过程。"中国共产党第七次代表大会"确立毛泽东思想为党的指导思想，是近代中国历史和人民革命斗争发展的必然选择"。[48] 首先，仅仅罗列毛泽东思想"科学概念形成过程"，以及将这一科学问题归结为究竟是哪些人率先提出"毛泽东思想"这一概念的，这本身就是一种科学的无聊与科学的庸俗。[49] 即使它所罗

---

[48]　中共中央党史研究室著：《中国共产党当历史》第一卷（1921-1949）下册，中党史出版社，2011 年第二版，第 657 页。

[49]　这是中共中央党史研究室的"笔杆子们"剽窃高华《红太阳是怎样升起的——延安整风运动的来龙去脉》中的一段文字。"中共党史"几乎原文抄录了该书最后一章"'毛主席万岁'——延安整风的完成"中第一、二两节"毛泽东主义的提出与修正'"和"刘少奇等对毛泽东的颂扬"中所罗列的资料。高华在该书里梳理了"毛泽东思想"最早是由哪些人提出来的，而"中共党史"的"笔杆子们"仅只是按时间顺序重新排列了一下，却不指名地把它们搬到了自己的书上。且不说毛泽东思想并非在文字上形成的，即使党内"笔杆子们"要书写"毛泽东思想是怎样提出来的？"这一趣味性的问题，那也应该是围绕七大以前中国共产党内以毛泽东为首的高层或核心层，是如何对待这一概念和范畴的，具体是怎样酝酿、讨论和决定的。因为毫无疑问，这是中国共产党的一个重大问题。尤其是毛泽东是什么态度，他是如何认识的？党内是如何研究的，毛泽东最后如何得以同意和肯定的？既然中共党史资料至今秘而不宣，那么中共自己编写党史，这些高层的极为私密的资料都应该是中共自己所设立的研究机构"中共中央党史研究室"独家研究和发布的"研究成果"。遗憾的是，中共党史最高研究机关或者根本没有在这方面下功夫，或者也无法得到这方面的资料，却可怜地抄袭体制外的

列的合乎事实，那也是人们对毛泽东思想的认识和表述，而不是客观范畴的形成过程。其次，毛泽东成为中国共产党的领袖和毛泽东思想作为党的指导思想，既不是七大"确立的"，也不是历史和人民主观"选择"的[50]。这个问题有点像鸡与蛋的悖论，究竟是"先有鸡，还是先有蛋？"或者"鸡生的蛋，还是蛋孵的鸡？"。这一个命题自身就是一个问题。因为就其形成与产生来说，鸡和蛋本来就是同一个过程。作为领袖的毛泽东和作为中国共产党指导思想的毛泽东思想，它们本就是中国人民反抗日本帝国主义侵略斗争的一个重要方面或部分，是中国的一个历史阶段，是中国的历史。

如同一个人从出生时即已获得其名字一样，毛泽东思想就其最初提出来的概念，就其获得这一概念时的含义说来，乃是毛泽东的有关抗日战争的思想和观点的总和。它是毛泽东在抗战中领导中国共产党及其武装力量八路军新四军，以及由党在靠近日本占领区所建立的抗日政权实行抗战的战略和策略，都是在反抗日本帝国主义的斗争中产生的，是在与蒋介石及其国民党的限制和斗争中，在党内与反对派及其各类不同思想的斗争中形成的。从内容上来讲，主要包括毛泽东所总结的党的建设、武装斗争和统一战线。而围绕着三大法宝

研究者从外部得到的、仅只是按照历史的顺序罗列他所获得但未必是全面的历史，将其归结为"毛泽东思想形成的过程"，足见体制内研究者的悲哀。

50　也许"确立论"是引自于 1991 年本。在那个有所反思的年代里，由于党内外出现对毛泽东和毛泽东思想批评一直否定的声音（远够不上思潮），连中共中央的党史著作也不敢用过多的文字来书写毛泽东和毛泽东思想，以至该书仅只在介绍七大的章节里用一个文字不多段落介绍毛泽东和毛泽东思想。说一句公道话，没有毛泽东和毛泽东思想，哪里有现在的中国共产党，又如何说得清楚中国的历史？在署名胡绳主编、中共中央党史研究室著的《中国共产党的七十年》里，"确立论"是这样表述的："七大确立毛泽东思想为指导思想，使全党有了在思想上工作上取得一致的牢固的理论基础。"《中国共产党的七十年》，中共党史出版社，1991 年，第 205 页。也许"选择论"来自刘少奇。1945 年党的第七次代表大会上，刘少奇代表党中央在会上做"关于修改党章的报告"。现在依据公开发表的文献，刘少奇是这样说的："由于毛泽东同志……，他之成为我们党和中国民族与中国人民的领袖，正是我们全党和全国人民所审慎选择的结果。"《刘少奇选集》上卷，人民出版社，1981 年，第 320 页。

还有以毛泽东的《新民主主义论》为主的一系列理论著作的支撑，以《论持久战》和《目前抗日统一战线中的策略问题》为主的战略规划，以及具体的方针、政策，工作方法与运行的策略。从时间上来说，毛泽东思想是毛泽东在1935年月遵义会议上获得对中央红军的指挥权以后，由于带领中央机关和红军摆脱了蒋介石的围追堵截而到达陕北，事实上挽救了党和红军，从而在党内赢得了发言权和决定权以后，逐渐把中国共产党的斗争重心转移到反抗日本帝国主义这一中华民族最为迫切的问题上开始，关节点应该从 1935 年 12 月传达共产国际关于建立反法西斯统一战线的指示召开的中国共产党政治局瓦窑堡会议和 12 月 28 日以毛泽东和朱德名义签署发表的《中华苏维埃共和国中央政府、中国工农红军革命军事委员会抗日救国宣言》开始，到 1942 年 2 月延安整风这一段时间中，毛泽东所制订的有关抗战的战略与策略，其中特别重要的是 1938 年 8 月的洛川会议，毛泽东在会议上的军事报告，提出红军的基本任务，即创建根据地，钳制和相机消灭敌人，配合友军作战（主要是战略配合），保存与扩大红军，争取民族革命战争领导权。[51] 以及毛泽东为中国共产党所起草的抗日救国十大纲领"宣传提纲"：一、打倒日本帝国主义；二、全国军事的总动员；三、全国人民的总动员；四、改革政治机构；五、抗日的外交政策；六、战时的财政经济政策；七、改良人民生活；八、抗日的教育政策；九、肃清汉奸卖国贼亲日派；十、抗日的民族团结。[52] 毛泽东在洛川会议上所发表的军事报告和拟定的宣传提纲，构成了中国共产党在抗战斗争中的路线和政策的基础。

毛泽东在政治上和民族问题上的敏锐判断和悟性，特别是出身于农民家庭，这都决定了他能够在日本帝国主义入侵中国的大背景下，自然萌发出强烈的民族主义精神。讲到毛泽东在民族问题上的感悟能力，有必要插入一段海外批评毛泽东"感谢日本侵略"的话。似

51　《中国共产党历史》第一卷（1921-1949）下册，第 475 页。

52　毛泽东：《为动员一切力量争取抗战胜利而斗争》，《毛泽东选集》第二卷，第 311-314 页。

乎由于毛泽东在抗日战争中崛起，最后得到全中国，所以毛泽东由衷地对日本侵略中国致以谢意。

为了缕清毛泽东有关感谢日本侵略的话的含义，笔者重新阅读中华人民共和国和中共中央研究室合编的《毛泽东外交文选》中所收入的 7 篇文章。这 7 篇文章都是建国以后，毛泽东接见日本客人时候的谈话记录。我们先把毛泽东“感谢日本侵略”的话摘录出来。

1960 年 6 月 21 日，毛泽东接见日本文学代表团的时候，对客人讲：

> ……一九二七年北伐到长江一带，蒋介石反共，逼着我们打内战。我们因为党内有右倾机会主义分子陈独秀，没有准备而突然遭受袭击。中国地方大，打了十年内战。以后同日本军阀打仗，又和蒋介石合作。我同很多日本朋友讲过这段事情，其中一部分人说日本侵略中国不好。我说侵略当然不好，但不能单看这坏的一面，另一面日本帮了我们中国的大忙。假如日本不占领大半个中国，中国人民不会觉醒起来。在这一点上，我们要“感谢”日本“皇军”。[53]

1961 年 1 月 24 日，毛泽东接见日本社会党一员黑田寿男的时候，重述前多年对南乡三郎的谈话。他说：

> ……南乡三郎见我时，一见面就说：日本侵略了中国，对不住你们。我对他说：我们不这样看，是日本军阀占领了大半个中国，因此教育了中国人民。不然中国人民不会觉悟，不会团结，那末我们到现在也还在山上，不能到北京来看京戏。就是因为日本“皇军”占领了大半个中国，中国人民别无出路，才觉悟起来，才武装起来进行斗争，建立了许多抗日根据地，为解放战争的胜利创造了条件。所以日本军阀、垄断资本干了件好事，如果要“感谢”的话，我宁愿“感

53　中华人民共和国外交部 中共中央研究室编：《毛泽东外交文选》，中央文献出版社世界知识出版社，1994 年，第 437-438 页。

谢"日本军阀。[54]

实际上，这段话在 1964 年 7 月 9 日同日本以外的亚非和大洋洲的外国朋友还谈过。他说：

> 我们解放后，有一位日本资本家叫南乡三郎，和我谈过一次话，他说："很对不起你们，日本侵略了你们。"我说："不，如果没有日本帝国主义发动大规模侵略，霸占了大半个中国，全中国人民就不可能团结起来反对帝国主义，中国共产党也就不可能胜利。"事实上，日本帝国主义当了我们的好教员：第一，它削弱了蒋介石；第二，我们发展了共产党领导的根据地和军队。在抗战前，我们的军队曾达到过三十万，由于我们自己犯了错误，减少到两万多。在八年抗战中间，我们军队发展到了一百二十万人。你看，日本不是帮了我们的大忙？这个忙不是日本共产党帮的，是日本军国主义帮的。因为日本共产党没有侵略我们，而是日本垄断资本和它的军国主义政府侵略我们。我们的第二个教员，帮了我们忙的是美帝国主义。第三个帮了忙的教员是蒋介石……[55]

如果读者仔细阅读了毛泽东的这几段话，就该知道其真实的含义。其实，这一思想在中国文化中，自古就有的。《孟子·尽心下》："春秋无义战。彼善于此，则有之矣。征者，上伐下也，敌国不相征也。"意即敌对国家中，只有强国会主动征伐弱国，实力相当的国家是不会打仗的。如果引申开来，有一个敌对国家的存在，对自己也是一个激励。[56] 柳宗元就直接说："皆知敌之仇，而不知为益之由；皆

54　《毛泽东外交文选》，第 460-461 页。根据该书第 646 页尾注 254 对南乡三郎的相关情况介绍，南乡三郎曾在 1954 年两度访问中国，1958 年作为日本通商团代表来华。但中央文献研究室所编写的《毛泽东年谱》中，没有在相关时期检索到相关记录。

55　《毛泽东外交文选》，第 534-535 页。

56　杨伯峻先生对这句话的翻译："春秋时代没有正义战争。那一国的君主比这一国的君主好一点，那是有的。但是征讨的意思是上级讨伐下级，同等级

知敌之害，而不知为利之大。"[57] 所以，毛泽东的含义很清楚，"我说侵略当然不好"，但是，"另一面日本帮了我们中国的大忙"。这是毛泽东所讲的辩证法，坏事变好事。

读者一定记得笔者的一个基本观点，那就是世界近代史的一个大收获，就是民族国家的产生和发展。这是第二次世界大战又过了 70 多年后，我们才清晰地认识到了的。阅读毛泽东对日本客人的谈话，可以发现毛泽东对战争与民族国家的关系有着相当灵敏的感悟。1955 年 10 月 15 日，那时关于第三次世界大战的传言还很多，毛泽东对日本客人说：

> 所谓天下大事，就是解放、独立、民主、和平友好、人类进步。……第一次世界大战打出个苏联共产，第二次世界大战打出许多国家共产。从历史上看，共产是世界大战打出来的。打仗，人民的精神就紧张，紧张的结果，就另外想出路。人并不是一生下来他母亲就嘱咐他搞共产，我的母亲也没有要我搞共产。共产是逼出来的，七逼八逼就逼上了梁山。另外，还有一些非共产的民族独立国家，如印度、印尼及亚非的一些国家，也是世界大战打出来的。[58]

毛泽东确实是伟大的天才。按照列宁所解构的马克思和恩格斯的理论，国家是阶级矛盾不可调和的产物，是统治阶级剥削被压迫阶级的工具。所以，国家是统治阶级的国家。但是，在一个民族国家里，却是社会最低层的阶级和人民最爱国。这就不难理解，当一个民族遭受到另外一个民族的入侵而陷于亡国和灭种的危机的时候，最底层的人民是特别容易被动员的。沙皇俄国和晚清民国时代的中国，都属于农业文明，它们的一个基本特征就是经济与社会的不平等，被统治

的国家是不互相征讨的。"杨伯峻：《孟子译注》，中华书局，2008 年，第 255 页。

57　柳宗元：《敌戒》，郭预衡主编：《唐宋八大家散文总集》卷一，河北人民出版社，1996 年，第 870 页。

58　《毛泽东外交文选》，第 224-225 页。

者享受不到平等，不自由，也没有民主。政府即统治阶级动员底层人民的办法是给以一定的经济社会待遇，这是历史以来最常见的。而当人民自己起来的时候，则必然会要求更多的东西。列宁的十月社会主义革命，中国共产党和毛泽东所领导的抗日战争，就都属于社会最低层的人民所进行的社会运动。这是没有或者很少有财产的人民，实力代被统治和被压迫的人民，所以，他们的诉求必然是要"共产"、平等、自由和民主。

毛泽东处在历史需要他出现的时代。从 1931 年"九一八"开始，日本帝国主义一步一步加快和加深侵略中国的步伐。中华民族确实到了紧急的关头。从 1937 年到 1940 年，日本乘着希特勒的德国在侵略欧洲的计划顺利实施，越过山海关相继占领了华北、华东、华中和华南，统治了整个中国东部。这是中国最富裕的地方，也是人口最多的地区。中国的抗战形势已经到了必须动员和组织全体人民，实行全民抗战的阶段。毛泽东在这一时期已经掌握中国共产党的军事指挥权，随着军事上的成就在党内的地位持续上升，并逐渐掌握了党内其他事务上的发言权和决定。和同时分布于中国共产党的中上层各个岗位上的那一批由苏联和共产国际培养的年轻领导者比较，毛泽东对民族危机的认识和解决危机的方式、方法，有着更为正确的判断。

1940 年 1 月，毛泽东在著名的《新民主主义论》里说：

> 在中国，事情非常明白，谁能领导人民推翻帝国主义和封建势力，谁就能取得人民的信仰，因为人民的死敌是帝国主义和封建势力、而特别是帝国主义的缘故。在今日，谁能领导人民驱逐日本帝国主义，并实施民主政治，谁就是人民的救星。历史已经证明：中国资产阶级是不能尽此责任的，这个责任就不得不落在无产阶级的肩上。
>
> 所以，无论如何，中国无产阶级、农民、知识分子和其他小资产阶级，乃是决定国家命运的基本势力。这些阶级，或者已经觉悟，或者正在觉悟起来，他们必然要成为中华民

主共和国的国家构成和政权构成的基本部分，而无产阶级
则是领导的力量。现在所要建立的中华民主共和国，只能是
在无产阶级领导下的一切反帝反封建的人们联合专政的民
主共和国，这就是新民主主义的共和国，也就是真正革命的
三大政策的新三民主义共和国。[59]

以上是毛泽东对中国社会的认识，而解决中国社会问题的途径
即是毛泽东在抗日战争中为中国共产党制订的路线、方针和政策，其
核心则可以概括为党的建设、武装斗争和统一战线，三大法宝。毛泽
东这里说"领导责任落在无产阶级的肩上"，

毛泽东的有关抗战的战略和策略之所以能够成为"毛泽东思
想"，是由于期间的历史与实践都已经证明了它是正确的，——在毛
泽东的具体领导下，从 1935 年底至 1942 年初，中国共产党仅用了 6
年的时间，就把一个被国民党反复围剿而已经濒于溃败的党和红军，
又发展至 80 万党员和 57 万的武装部队。[60] 尽管毛泽东及其共产党
所领导的抗日武装仅只是采取游击战术，但是，由于它们最贴近东
北、华北、华东和华南的日本占领区，所以是 1938 年徐州会战、淞
沪抗战和武汉会战等国民党及其蒋介石所领导的政府抗战基本结束
以后，成为中国人民最主要的抗日力量和中国抗战的最重要的形式
之一。

59　毛泽东：《新民主主义论》，《毛泽东选集》第二卷，第 645-646 页。
60　《胡乔木回忆毛泽东》，第 205 页。

16. 马列主义中国化：延安整风[1]

自从美国记者埃德加·斯诺的《红星照耀中国》（最早中译本为

1　2025 年 12 月 21 日按语：2020 年 7 月，笔者曾将这一部分以《延安整风研究：批判高华的《红太阳是怎样升起的》，揭露《延安日记》是一本伪书》为书名，印制过一个单行本，书前有一篇序言，全文录之如下。

延安整风是中国共产党和中国历史上的一个重大事件，但是，过去没有想着要特意研究它。去年开始撰写《任平〈美国挑起贸易战的真实意图〉一文批判，兼评"强国兴衰规律"与"中华民族复兴论"，以及对作者本人自年轻时代就已经接受和信仰的一种世界观和历史观的清理、清算与重新认识》，却与它不期而遇。中国和俄罗斯一样，都属于大陆型农业大国。但是，从列宁的布尔什维克开始，共产党都羞于承认自己的农民性质。在一个农业国度里和以农民为主体成份的民族国家里，作为民族主义运动的核心组织与领头人，却不以农民为荣，而以为耻，其本身就是一个值得深思的问题。

中国共产党最初只是在苏联共产党的帮助下，由城市知识分子所参加的一个学习马克思列宁主义的读书组织，是国民党用枪杆子把共产党赶到了乡下，这才动员和发动农民，拿起了枪杆子。十年土地战争，大量农民参加共产党及其所领导的红军武装队伍，开始起了变化。日本帝国主义加快侵略中国的步伐，极大地激发了农民的民族意识，客观上也是帮助中国共产党更广泛地发动农民。中国共产党在抗战中开辟的许多块抗日根据地，以及所领导的八路军新四军等武装力量，标志着中国共产党已再不是原来的读书性质的知识分子组织了。如果说与共产国际失去联系的遵义会议是中央红军簇拥着毛泽东走到中国共产党中央的领导位置上，那么，毛泽东巧妙地利用德苏战争斯大林自顾不暇和共产国际解散的机遇发动延安整风运动，包括中央领导人在内的从苏联留学回来的一大批中上层领导集体通过整风学习紧密地团结在毛泽东周围，拥护毛泽东为领袖，以毛泽东思想为指导，则表明中国共产党已经完成了由城市知识分子的读书组织向农民革命党的嬗变。经过延安整风，尤其是中国共产党第七次全国代表大会表明，中国的民族运动终于产生了一个由"毛泽东、毛泽东思想、中国共产党"所构成的新的三位一体。从此开始，中华民族和中国的民族主义运动已经掀开了新的一页，中国社会即将结束由大清王朝倒塌和辛亥革命爆发所产生的动荡与分裂状态，一个统一的新中国就要来临了。

不过制作读者手上的这本小册子，却不是因为有了以上的研究，而是高华的《红太阳是怎样升起的——延安整风的来龙去脉》和所谓的苏联记者弗拉基米洛夫的《延安日记》这两本书。包括像龚育之那样有才气的人，本该意识到这是两本什么样的书。可是，当他遭遇到它们的时候，竟然丝毫没有要表达态度和发表意见的味道。龚育之不属于老革命，而是典型的由新中国以后的共产党所培养出来的知识分子，凭着并不很高的行政职务作到了中国中国共产党党史学会的会长。可是，2005 年 5 月 26 日的一次访谈中，他与这两本书平静而优雅地擦肩而过（更有甚者，这篇访谈录公开发表的时候，连高华及其书名都不敢提及），这无异于给人以党史学专家认同它们是正常的两本学术与历史典籍的印象。这是国内的情况。

在国外，鉴于前一本书自出版至今持续近 20 年的畅销（"已印刷 22 次"），所以获得了 2020 年美国列文森图书奖（荣誉奖）。据说，"学术著作奖"还是该奖项中的最高级别奖。而后一本书，就连那些比较严肃的研究者，也都不把其当作伪书。比如由亚历山大·潘佐夫和梁文思于 2012 年出版的合著《毛泽东真实的故事》，虽然如评论家们指出的那样，这本被作者宣传是充分利用了苏联解体后原共产国际和苏联共产党的有关中国共产党的档案撰写的传记，虽然披露的不为人知的档案材料并不多。但是，在新世纪以后所出版的有关毛泽东的传记里，它还算是一本比较严肃的学术著作。即便如此，我仍然奇怪，只要稍有历史知识的人去阅读，都不难发现《延安日记》是一本伪造的书。更何况，师哲在他的回忆录里已经用事实揭露了伪造，甚至人们并不难在网上搜索到由署名记者的儿子自己说明的当年如何以父亲的名义编撰该书的信息。但是，所有这些都挡不住那些研究中国党史的中外历史学家，还是继续要把它当作一部信史接受下来。

其实，与《延安日记》同时产生的，还有王明的《中共 50 年》、30 年代由共产国际派给中共的军事顾问李德的《中国纪事》这两本书。它们都是在中苏两党"隔空"打意识形态官司的大背景下，由苏共中央对外联络部一手操纵产生的。20 多年后，高华又在这 3 本书的启迪与影响下，写出了他的书。因为新中国的极端落后，政治生态不健全和学术不发展，只是在时过境迁以后，国门才开了一条小缝隙，把这几本书放置到只有极个别人才有资格看到的案头上。甚至连当年毛泽东点将，挂帅出征的邓小平过后也说"回过头来看，双方都讲了许多空话"以后，特别是当苏联解体，苏联共产党已经成了历史，从而中苏两党关系都完全"一风吹"以后，这几本书也还被禁止发行和流通。现实往往都是这样，政府越是要严加管束的，人们就越是想要知道和了解。高华的书就是在这样的情况下，长时期地在港台畅销的。一本 21 世纪的书却延续着 20 世纪 6、70 年代中苏两党的虚假意识形态的主题，一本 20 世纪 70 年代所伪造的 40 年代的历史书，竟然都被当作严肃的典籍在国内外学术界大行其道，无疑是对历史和当代人的莫大讽刺和嘲弄。因为笔者在研究延安整风的文章里，曾用了较大的篇幅揭露《红太阳是怎样升起的》和苏共中央对外联络部一手操纵的 3 本书的渊源，揭露了《延安日记》是一部伪书。所以，我批判任平一书中有关延安整风的部分抽取出来，自成一册，以让较多的人们了解历史真相。

需要说明的是，这本对自己年轻时代就已经接受并信仰的世界观的反思与反省，并不是在成熟的研究计划的约束下进行的。大凡清理与清算自己，都是随着所遇到的问题的逻辑自然展开的。所以，其中不少问题都是反复出现、不断思考的。这在研究中也许是正常的，但是，将它拿给别人阅

《西行漫记》）1937 年在英国伦敦出版以后，特别是中国共产党和毛泽东取得中国政权以后，有关毛泽东和毛泽东思想的著作可以说是汗牛充栋。但是，这些著作大都脱不了这样的套路，要么按照毛泽东及其中国共产党所宣称的马克思列宁主义世界观与历史观，沿着毛泽东及其中国共产党的轨迹讨论其中国的共产主义活动，把毛泽东及其中国共产党所建立的新中国，当作是马克思列宁主义的胜利，要么从极端的感情出发直接否定。总之要么歌颂，要么诋毁。无论直接肯定，或者简单否定，而都未能把毛泽东及其中国共产党的活动放在人类由自然经济向资本主义时代转变的大历史中，把其当作中国的民族主义运动。所以，包括中国共产党自己的有关毛泽东和毛泽东思想的著作，虽浩如烟海却又都不得要领。

在历史研究和当代社会中，不少人把毛泽东与西方资产阶级政客作比较，认为毛泽东是靠着玩弄资产阶级政客的手腕取得领导权的。所谓资产阶级政客是指资本主义社会里以政治为生、为职业的人，没有确定的整治目标，没有长远的理想，没有稳定的政策，没有原则，不讲道德，其风格以不守信用、尔虞我诈、欺骗，拉帮结派、搞小圈子，以及吹吹拍拍、拉拉扯扯等等庸俗作风为特征。但是，所有这些对照毛泽东都不适合。首先，资产阶级政客是资本主义时代的产物，由于资本主义社会的生活条件与环境，这才决定了资产阶级政客必须要具有那样的风格。如果我们把所研究和论述毛泽东的历史界限先做个切割与划分，因为是讨论他是如何获得领导权的，那么，就该是中国共产党及其毛泽东 1949 年 10 月建立新中国以前，甚至是在 1945 年中国共产党第七次全国代表大会以前，——如果再确切些说，是在 1935 年至 1942 年延安整风以前，是 1935 年 1 月的遵义会议上，毛泽东才获得中国共产党的领导权的。

而这一阶段的中国，特别是毛泽东成长与活动的环境，从其青少

读，势必带来不便，则是需要向读者予以说明的。

年时代到遵义会议，以及自后由军权再到完全掌握党的最高权力，毛泽东成长与发展的环境都不具备资本主义的经济基础。另外，中国共产党还没有掌握国家政权，即没有政务也就谈不上具有政客和政客作风。相反，共产党作为代表中国农民的政党被国民党追赶得像许多个朝代都出现过的流寇一般狼狈，处于生死存亡之时，一切都来不得半点虚假，哪敢有丝毫的“资产阶级政客作风”！

其次，遵义会议前的毛泽东虽然已经是政治局委员，但是，党和军队的一切事务都由博古、周恩来、李德“三人团”决定，毛泽东在遵义会议后获得领导权，是由一个比较低的层级上升到最高级别。所以，毛泽东在获得领导权以前，所遇到的是一个比他更高的领导集团。遵义会议上，毛泽东所得到的仅只是由周恩来、毛泽东、朱德所共同组成的军事指挥权。由军事到党务，毛泽东是在带领中央机关和红军走出险境才逐渐得到的，以至接着又形成了一个可以带领华北及黄河中下游，以华中及华东为主的长江中下游地区民众抗战的领导集团。毋容置疑的是，无论前一个还是后一个领导集团，其成员不仅是中国共产党内的，而且是中华民族的优秀分子，个个都精明强干，富有工作能力和进取精神，他们如何能让资产阶级政客上升到最高位置，并且长期心悦诚服地愿意在他的手下工作呢？所以，这种认识是经不住稍稍认真地分析和推敲的。

新世纪最初的 10 多年，一本《红太阳是怎样升起的——延安整风运动的来龙去脉》成为华人知识分子圈内一本畅销读物。[2] 因为属于长期研究中共党史的学者个人的著作，资料比较充实，文献整理和梳耙也较为精细，特别是作者所选择的“延安整风”这一特殊视角，也非常贴近毛泽东成为中国共产党领袖这一个历史时段，加上多年来人们看惯的都是中国共产党钦定的党史，不仅八股味道浓厚，而且因春秋笔法，每临大事却语焉不详，而该书却指名道姓，直叙事情原

2　《红太阳是怎样升起来的——延安整风运动的来龙去脉》，高华著，香港中文大学出版社，2000 年出版。笔者所看到的版本，至 2007 年印刷出版过 8 次，其中 2004 和 2005 年还有 2 次重印。此外，大陆还有大量盗版。

委，至少从书写风格上就给人以别开生面之感。不过，成也萧何，败也萧何。人是感情动物，每个人也都有权诉诸感情。但是，毕竟有一些不适宜于宣泄感情的工作。科学与学术，就都属于这一类。《红太阳是怎样升起的——延安整风的来龙去脉》（后面简称《红太阳是怎样升起的》）的作者不回避个人感情，不仅把毛泽东当作野心膨胀、和争权夺利的小人，在延安整风期间耍尽了"复杂诡奇的政治谋略"，[3] 而且在作者所设计和勾勒出来的整个延安整风，乃成了一次中国共产党高层人物使尽谋略和诡计，争权夺利和明争暗斗的权力场。必须指出的是，由于作者根本就没有理解了（作者也不愿意再作别的理解）延安整风的实际意义，再加上要赋予其历史上不存在的作用，从而导致这本似乎是学术性的著作以至一点学术味道就都没有了。[4]

首先需要廓清，作者所设置的"红太阳升起来"的含义究竟是什么？如果按照作者在"前言"中所说，是指人们"对毛泽东个人崇拜"，那么，工农红军和中共中央机关结束长征，到达陕北以后，就已经存在了。早在 1936 年，美国记者斯诺秘密访问陕北，已经感受到人们视毛泽东为"中国的'救星'"。[5] 另外，《东方红》的产生与传唱也足以说明问题。这首歌的作者、创作时间，以及不同年份的歌词也各有不同，至今都有争议，也难以定论。不过，这都不影响《东方红》对毛泽东崇拜的基本性质。因为围绕《东方红》的争论，几乎是所有民歌以及由民歌发展而成的著名歌曲都存在的问题。民歌是在民间传唱的基础上形成，往往会经历了一段无法考究的历史。但是，《东方红》的原始歌词"东方红，太阳升，中国出了个毛泽东……"其主调歌颂毛泽东，最早是 1942 年由陕北佳县农民李增正等 70 多位贫困农民向南移民开发荒山的时候唱出来，却没有多大的异议。因

3　《红太阳是怎样升起来的〈前言〉》，第VIII页。

4　2020 年 2 月 15 日，海外的朋友告诉我，该书的英文版获美国列文森书奖特别荣誉奖。朋友说："这是国际有关中国研究学术方面的最高奖之一。"

5　《西行漫记》，第 62 页。

为据后人的查找，1944 年 3 月 11 日的《解放日报》即对此有明确的报道。[6] 1942 年，陕北农民并没有整风。所以，应该说，在延安整风以前，至少中国共产党和红军中的不少人，以及陕北的一些农民，已经把毛泽东当作"红太阳"了，人民崇拜毛泽东的故事已经发生了。所以，"红太阳"并非是通过延安整风以后才升起来的。

如果"红太阳是怎样升起来的？"是指毛泽东"将中共所有权力都集中于自己之手"，那既不是如作者所说是在毛泽东"强力驱动下，通过 1945 年的七大"实现的，[7] 也不是通过"复杂诡奇的政治谋略"在 1941 至 1944 年的延安整风上得到的。在 1935 年 1 月的遵义会议上，由于毛泽东获得了军事指挥权而把红军带出了险境，就已经在党内获得了发言权和决定权。这是事实。

另外，很重要的一点，要知道，那个时代的中国共产党是设置在莫斯科的共产国际的一个支部，隶属于它的领导。所以，中国共产党的领导人都是通过共产国际的任命和同意才实现领导的。由于电台发生问题，长征期间约有一年多的时间与共产国际失掉了联系。[8] 毛泽东正是在此期间，把被蒋介石打得不得不向西逃窜的中央机关和红军带到了陕北，[9] 成为党和军队的实际领导者。一般人阅读历史，

6　吴志菲：《谁是〈东方红〉的作者？》，《人民政协报》，2010 年 9 月 30 日，第 5 版。

7　高华：《红太阳是怎样升起来的〈前言〉》，《红太阳是怎样升起来的》，第Ⅷ页。

8　据由共产国际委派与中国共产党联系的师哲的记述，中国共产党与共产国际是在 1927、1928 年间建立起电讯联系。那时的中共电台在上海，共产国际在海参崴。上海的电台几经破坏，又几经建立。1934 年夏，中共上海局被破坏，共产国际和上海地下党失去电讯联系。中央到达陕北以后，1936 年才与共产国际恢复了电讯联系。师哲：《在历史巨人身边》（增订本），中共中央党校出版社，1998 年，第 177 页。

9　根据接替邓小平担任"中央秘书长"，而且长征过程中一直跟随和参加中央机关行动的刘英的自述，1934 年 10 月，红军从于都河突围出走，一直到 1935 年 9 月底到达甘肃南部的哈达铺，中共中央和中央红军究竟应该去哪里，一直没有一个明确的目的。于都突围时，刘英问毛泽东："我们走到哪里去呢：毛回答说："不知道。"刘说："也是军事秘密吧！"毛正色道："确实不知道。"那时的军事行动都由博古、周恩来和洋人李德"三人团"决定，

很少能设身处境地去体会深深地陷入国民党强大的军事包围圈里而东流西窜的红军官兵整天会想些什么。1933 年初，由于中央的左的路线导致白区遭受严重损失，中央机关从上海整体搬迁到江西南部的根据地，那时的红军和全国党员都曾号称 30 万人。[10] 但是，临时中央一到苏区就从整体上夺了苏区原党政军的领导权。毛泽东有两年的时间处在养病和没有工作的状态里。中央苏区是在当时的党中央的直接指挥下，遭致了第五次反围剿的失败，逼迫长征。但是，红军长征途中的损失比苏区更为惨重，仅在突破蒋介石所部署的第四道防线即经湘江突围一战，就由出发时的 8.6 万人减少到 3 万人。[11] 当红军到达贵州时，东面是蒋介石的中央部队在后面围追，北面是四川军阀凭借长江天险的堵截，南面是云贵两省地方武装防御和伴机移动阻拦，西面又是海拔越来越高的雪山和青藏高原。眼见中国共产党的中央机关及其所仅剩的几万名红军已经进入到被蒋介石直接坐镇前线部署和指挥的铜墙铁壁之中，而中共早已经和共产国际失去了联系，外部世界的情况一点都不了解，出路在哪里，前途是什么？那可真是在危急与危难之中，——军队每天都必须运行，稍有疏忽也

毛泽东当然不知道。长征开始，"三人团"大约是想到湖南西部，与湘鄂川边区的红军会师，但具体怎么走，连他们心里都不是很有数。因被围追堵截，多次遇阻，不断改变计划和打算。兵至贵州，有以黔北为中心建立根据地的设想，遵义会议上则又有在川西发展的打算。与四方面军会师后，又坚持北上，想在川陕甘创建根据地。到达哈达铺以后，毛泽东等中央领导人从缴获的报纸上得知陕北还有一块根据地，这才决定到达陕北落了脚。《刘英自述》，第 58、87 页。

10　想着在那个时代里也不会有精确的统计数据，所以各次不同场合以及不同的人都有不同的说法。此处按照王稼祥的一个说法。王稼祥遗著：《回忆毛泽东同志与王明机会主义路线的斗争》，《人民日报》1979 年 12 月 27 日，第二版。

11　应该是红军与中央机关等非战斗人员的合计。据李德的数据，中央红军出发长征时有 7.5 万至 8.1 万人，遵义会议时周恩来说 4.5 万人。李德：《中国纪事：1932-1939》，现代史料编刊社初版，1989 年，第 110、124 页。1970 年，毛泽东对斯诺说，1934 年长征以前，几个根据地的红军总计达到 30 万，中央红军与第四方面军会合以前仅剩下 8000 人，到陕北的时候 2.5 万人。埃德加·斯诺：《漫长的革命：紫禁城上话中国》，新疆大学出版社，1994 年，第 258 页。

就投入到蒋介石的伏击圈内。遵义会议以后，长征中的军事行动全靠了毛泽东一人机动灵活的指挥，运动穿插，才突围成功。那时的中央领导人，是博古、张闻天、王稼祥、周恩来等人，在军事上还有个李德。除了书生，就是洋人。带兵打仗固然都可以通过实战获得经验和谋略，可那时眼见陷入绝境，已经没有继续让领袖们通过实战获得经验的资本了。所以，毛泽东靠的是决定中央机关和红军每天的行军路线和打仗这样的具体而又关乎生死存亡的实践，才获得领导权的。置身于度外的人们可以随意评论那段历史，可当事的几万人的身家性命却是全系于毛泽东一人之身。毛泽东带领这支部队奇迹般从铜墙铁壁般的围困中走出来，经历了从死亡到再生，包括那些被毛泽东替代的领导人在内的所有红军官兵都不可能不对毛泽东的感情上升到像农民迷信神一样地崇拜得五体投地。所以，长征以后，毛泽东在中国共产党党内已经没有可以比肩的领导人了，从而也就无需他使用"复杂诡奇的政治谋略"对付党内的什么人了。

另外，那个时代的中国共产党还只是共产国际的一个支部，隶属于共产国际的领导，谁得到了共产国际的认可，谁就可以"将中共所有权力都集中于自己的手中"。如果说中央红军到达陕北的最初 2 年多的时间里，共产国际只是认可了遵义会议所形成的张闻天对党的事务"负总责"和毛泽东统领军事而事实上党和军事各项重大事务都由毛泽东决策的现实，那么，1938 年 8 月，中共驻共产国际的代表王稼祥从苏联回到延安，传达了共产国际领导人的意见以后，毛泽东的领导就已经具有正统与合法性了。所以，按照中共官方的口径，从1941 年 5 月毛泽东《 改造我们的学习》的报告开始，到 1945 年 4月 20 日六届七中全会通过《关于若干历史问题的决议》为止算作延安整风运动的话（如果把中国共产党第七次全国代表大会当做延安整风的结果，那么，延安整风应该至七大闭幕），那么，处于抗日战争的严峻形势下，中国共产党能够按照毛泽东的决定用几年的时间对包括中共中央领导在内的全党进行整风学习，就表明毛泽东已经

"将中共所有权力集中于自己手中"了。[12] 所以，即使按照作者的逻辑设定，"红太阳"也绝不是通过延安整风升起来的。相反，历史上能够发生延安整风运动，就是因为在延安的天空上已经高悬着一颗"红太阳"了。——红太阳本来就是一颗星。1937 年斯诺在国外出版《红星照耀中国》，岂不就是因为他已经看见了"红太阳"？哪里还需要 60 多年以后，由作者假延安整风运动之名的助推才"升起来"！

其次，作者不懂得中国共产党的共产主义运动的实质，也没有把延安整风运动放置在苏联的大俄罗斯民族主义和中国的民族运动的大背景里，所以对中国共产党及其党内斗争的实质缺少应有的认识。延安整风本是一次中国共产党的全党学习运动，但是在"红太阳"一书的解构下，聚集在延安的中共上层都是从狭隘的个人利益和恩怨的小格局出发，争权夺利，明争暗斗。这不是事实。首先，中国文化里有"君子坦荡荡，小人长戚戚"，而中国共产党内的那一代领袖人物，都是一帮为国家和民族而不计个人利益、不怕牺牲的坦荡君子，他们一切作为都不是从个人利益出发的。其次，中国共产党是共产国际的下属组织，谁当领袖最终都是由共产国际决定的，而不是靠个人钻营可以实现的。1937 年底王明从苏联回来，就自觉把自己放置在毛泽东之后的中央书记。尤其是 1938 年六届六中全会上，王明为 10 月 20 日的发言《目前抗战形势与如何坚持持久战争取最后胜利》所写的"发言提纲"，其一开首就说：

> 毛泽东在其政治报告中，将我们党自五中全会至六中全会以来的工作，做了一个基本的总结，对中华民族十六个

12　虽然共产党按照其党纲和章程从来都说是"集体领导"，但除了极个别的过渡性时期以外，总体上说却是家长制的。早在延安整风以前，已经形成了毛泽东作指示，其他领导人拥护的领导体制。1941 年和 1943 年两次高干整风的"九月会议"上，所有参加中央高级干部整风的领导人，从张闻天、王明（因病没有自始至终地参加）、周恩来、王稼祥、朱德、任弼时、刘少奇等等，都是在毛泽东做了报告以后，立即表态拥护的。譬如 1941 年的"九月会议"上，9 月 10 日，毛泽东做了主题报告以后，张闻天"第一个检讨"。《胡乔木回忆毛泽东》，第 195 页。

月以来的英勇抗战，和目前抗战形势的特点，作了一个详尽
的分析，对中华民族和共产党的当前紧急任务，提出了正确
方案，所有这一切，我都同意。

整个发言提纲中，援引“泽东同志”“毛及洛夫报告”，多达近 10
次。尤其是结尾中说：

> 全党必须团结统一，我们党一定能统一团结在中央和
> 毛同志的周围（领袖的作用，譬如北辰而众星拱之）。[13]

1940 年 5 月 7 日，王明还在延安《新中华报》上发表了《学习
毛泽东》的文章，说毛泽东不但是“中国革命的伟大政治家和战略
家”，还是“伟大的理论家”。[14] 说明王明从苏联回来，已经自觉把自
己放在毛泽东的领导之下的，毛泽东和王明之间即使说有分歧，有斗
争，那也不是“争夺领导权”。

至于张闻天，更不存在这样的事情。早在 1935 年 6 月，长征到
达茂功，担任总书记的张闻天就向张国焘介绍说：

> ……遵义会议以后，中共中央没有甚么不同的意见，从
> 那时起，中共中央主要考虑的都是军事行动问题，大家都推
> 重毛泽东主持其事……[15]

中央到达延安以后的情况，张闻天的夫人刘英回忆说：

> 1937 年冬王明到延安后，党中央书记处扩大，闻天已
> 不再“负总责”。1938 年 8 月稼祥同志回国，传达了共产国
> 际的意见，中国党应以毛泽东为首来领导。闻天衷心拥护，
> 即向毛主席提出“让位”。毛主席从全局考虑，要闻天将“总
> 书记”的名义继续担任下去。所以六中全会以后，闻天形式

13　王明：《目前抗战形势与如何坚持持久战争取最后胜利——在中共六中全会
　　上的发言提纲》，《王明言论选辑》，人民出版社，1982 年，第 594、639 页。

14　转引自何方《党史笔记》（上册），第 125 页。

15　张国焘：《我的回忆》（下），东方出版社，2004 年，第 393 页。

上还主持会议，但实际权力都交给毛主席，会到毛主席那边开，一切事情都由毛主席决断。[16]

早在延安整风运动中，张闻天的对照检查也是这么说的。

> 六中全会期间我虽未把总书记一职让掉，但我的方针还是把工作逐渐转移，而不是把持不放。自王明同志留延以后，我即把政治局会议地点，移到杨家岭毛泽东同志住处开，我只是在形式上当主席。一切重大问题均由毛主席决定，……我实际上是做了宣传教育部门的工作。[17]

所谓王明"留延"，是指 1938 年 11 月六届六中全会后，中央撤销了长江局，王明即留在了延安。所以，无论张闻天整风期间的检讨，还是刘英的回忆，都说明毛泽东在全党和全军的领导权问题，早在整风以前已经解决了。诸如开展整风运动之类的决定，不仅都是由毛泽东独自决定的，而且一切都是公开操作。毛泽东把党当作一部机器，早已经自如地操纵和驾驭它运行了。

所以，把延安整风解释成毛泽东与王明等人争夺领导权，其主题与基本架构都是错误的。

中国共产党作为一个革命党，是中国早期资本主义的产物。由于资本主义的世界性，所以，中国共产党从其一开始就具有国际共产主义的背景，由共产国际资助和帮助建立起来的，隶属于共产国际。这是落后的中国早期运动的特点。不过，正是由于它处在中国接受资本主义的早期阶段，而民族主义则是这一历史阶段的中心问题，即使以共产主义的名义所开展的运动其本质却是中国的、民族的。所以，中国共产党和共产国际，以及苏联共产党之间，自然存在着一个无法消除的矛盾。另外还需要认识到，共产国际是按照列宁主义原则建立的，虽说其初衷是为了帮助各国的共产党和迎接全世界的社会主义革命。但是，它毕竟是由苏联共产党出钱资助的，而俄国也是处在现

---

16 《刘英自述》，第 121-122 页。
17 《张闻天年谱》上卷，人民出版社 中央文献出版社，1993 年，第 555 页。

代民族国家的形成与发展的初级阶段上，其底线也只能是列宁和斯大林的民族主义，大俄罗斯民族主义利益必然成了共产国际的基本原则。共产国际（苏联）的背景与中国民族性的矛盾，在中国社会问题不太突出和中国共产党还比较弱小的时候，表现的可能不明显，而当中国遭遇日本帝国主义侵略，民族危机激发和唤醒了中国的民族主义以后，特别是经过了 10 多年的农民运动，中国共产党已经比较地强大与成熟以后，其民族性就突出地表现出来了。

面临德国和日本两个方向的战争威胁，1935 年 7 月，共产国际第七次代表大会上号召各国共产党组成“反法西斯统一战线”，抵制侵略战争，保卫苏联。[18] 1935 年 11 月，共产国际和王明即派张浩回国向中共传达了共产国际关于建立抗日民族统一战线的决定。[19] 1937 年年底，王明也是带着共产国际的这一重大使命回国的。按照共产国际和苏联政府的理解，蒋介石及其国民政府是中国的合法政府，它理应肩起领导的全民抗战的责任。在通常的情况下，这种认识不可说没有道理。所以，王明带着他对斯大林的理解，真心实意地坚持中国反日统一战线应以蒋介石的国民政府为领导，而担心毛泽东的坚持中国共产党独立自主原则有导致统一战线破裂的危险，按说，这也不是什么反动的认识。

但是，问题是蒋介石一直不给共产党合法地位，国民政府不仅不能代表和体现共产党的利益和意志，而且还总想消灭它。另外，由于蒋介石及其国民党仅代表大地主和大资产阶级的利益，它也就不可能彻底动员包括劳动农民在内的全体人民实行抗战。尤其更为现实的一个问题是，日本帝国主义的侵略所激发的中华民族的抗战，乃是一个最迫切、最根本的民族运动。经过 10 年土地战争，中国共产党

18　《共产国际有关中国革命的文献资料（1929-1936）》，第 383 页。

19　张浩代表共产国际与中国共产党取得联系，仍旧是在中国共产党与共产国际失去电台联系的情况下实现的。据刘英的回忆，中央红军结束长征到达陕北瓦窑堡约 10 多天后，张浩从苏联、蒙古南下，一路扮着卖货郎，挑着货郎担打听红军的消息，看到陕北的红军布告才找到了中央。《刘英自述》，第 93 页。

已经形成了一个以毛泽东为代表的基本派别，这一派别也是从列宁主义出发而形成一套动员和组织劳动农民的革命机制。在这一革命机制的运作下，中国共产党不仅已经领导了一支由贫苦农民所组成的武装队伍，而且更为重要的是被发动起来的劳动农民大量地涌进了共产党，成为中国共产党中下层干部的主体，从而改变了中国共产党最初由城市知识分子学习马克思主义的政党性质。按照列宁的观点，在资本主义民族运动中，那些最底层的人们，农民，才是最爱国的，最具有民族主义情绪的，最具有革命理念和最能够保持它的独立性及其革命的阶级。所以，当王明从苏联和共产国际那里所接受的"一切服从统一战线和一切通过统一战线"的主张，必定在执行的过程中会遭遇到抵制和挫折。这是分析毛泽东和以王明、博古、张闻天等"国际派"的分歧与争执，也即整风运动中毛泽东坚持必须清理和批判六中全会以来党的路线错误的根源。

其次，延安整风是中国共产党作为农民党的一次党内学习运动，高华的"红太阳"所罗列的一些现象，即使有部分是真实发生的，那也必须从农业社会的性质出发，把它们当做是农民革命的特征。农民文化和农民意识里没有求同存异，农民革命一定要求它的队伍纯而又纯，观念要新，目标要高，革命要彻底，行为要激进，手段与方法要极端。斯大林的肃反，中国共产党苏区里的肃反，以及延安整风期间的审干扩大化，都是一农民革命为基础和在这样的背景下发生的。毛泽东要求整风中采取"批评与自我批评"的方法和"惩前毖后，治病救人"的方针，在共产党的历史上已经是很大的进步了。

另外，应该把王明、博古、张闻天、王稼祥、周恩来等一大批中国共产党领导人在延安整风期间对六大以来的路线的检讨和检查，看作是具有留欧留苏背景的中高层的共产党领导人，由知识分子向农民立场的转化，由相信和依赖共产国际，迷信苏联和斯大林向迷信毛泽东的转化。中国共产党一开始是由城市知识分子组成的具有读书会性质的组织。但是，经过十年土地战争，已经改变了它的阶级构成。一方面，由于国民党对共产党的镇压，再加上六中全会以来执行共产国际不断推进革命高涨的极左路线，城市里的共产党组织遭到很大的破坏。另一方面，八七会议以后，包括毛泽东在内的部分共产党走向农村，发动农民实行武装起义，建立和扩大红军，使得以闽浙赣区、鄂豫皖区、湘鄂赣区、湘赣区、湘鄂西区、川陕区等革命根据地为主的由农民参加的党和红军成为中国共产党的主要成份。

中国共产党的主体成分已经发生了改变，其革命性质也发生了变化。但是，它的领导集团的构成和领导体制却没有及时转变。六大以后的继续以城市为中心，以及当城市已经无法立足以后，1933 年临时中央从上海转移到中央苏区，自然领导了苏区的党、政、军事务，导致第五次反围剿的失败和丢失了大多数革命根据地。遵义会议确立的毛泽东军事指挥权，实质上是开始理顺领导机关与已经改变了的党及其红军的关系，——毛泽东从博古、周恩来和李德"三人团"手里接过来的中央红军及其跟着中央红军一起行动的中央机关，其中除了从上海过来的相对少数人以外，其主体成分，尤其是可以拉到前线的作战部队则都是毛泽东最初从江西、湖南和福建带出来的农民武装。所以，现在看遵义会议的成就，也就是恢复了红军作战部队与它的司令部、司令官一致性的体制。[20] 毛泽东所引领的这支部队，沿途又扩充了湖北、四川、甘肃和陕西等落后地区的一些农民，到达

20　连洋人李德（奥托·布劳恩）也看出了这个问题的实质。不过，因为他自始至终都是一个教条主义者，所以抱怨毛泽东，说遵义会议不符合党的规则。他说，毛泽东知道在出席的委员中不能够占到压倒性的优势，所以，他们"还邀请了临时革命政府委员、总参谋部的工作人员，以及军团和师的指挥员、政委等来参加 1935 年 1 月 7-8 日举行的会议。这些人形成了多数，他们违背党章的规定和党内生活的一切准则，不仅参加讨论而且还参加表决。即使把 1934 年 1 月五中全会补选的委员考虑在内，那么，三十五至四十个与会者当中肯定有三分之二、甚至可能有四分之三不是中央委员，更不用说是政治局委员了。""这支军队……几乎完全由农民组成并受职业军人的指挥。毛在部队指挥员中和部分政治工作者中，由于多年共同战斗，有许多追随者。"李德：《中国纪事（1932-1939）》，现代史料编刊社出版，1989年，第 128、130 页。所以，遵义会议上，是毛泽东昔日的部下又把他请了回来。

陕北时仅只有 3 万人。[21] 又经过几年的抗战，截止延安整风之前，以中央苏区所拉出来的这支队伍为骨干所组建的八路军，在以华北为主的黄河中下游广大地区的发展，以中央苏区和其他革命根据地被国民党打散了的南方游击队为主所建立的新四军，在长江以南和江淮地区的发展，已经极大发展起来的中国共产党及其领导的武装力量，完全是一个以农民为主体的武装部队了。但是，除了毛泽东等极少数领导人以外，由于历史原因，其上层的领导层或领导集团，从总体上并没有从知识分子和小知识分子的感情、立场和世界观转变过来。所以，如果把 1931 年和 1933 年中国共产党中央机关由上海转移到以江西革命根据地为代表的苏区，是中国共产党以城市知识分子为主向农村农民的组织转变，那么，延安整风则是中国共产党思想上向农民阶级和农民革命的转变

另一方面，由于毛泽东的领导，中国共产党在抗战中已经取得人所共见的成就，特别是从苏区走出来的党和红军的中下层官兵，在抗战中大都已经成长为中高级干部，中国共产党及其领导下的武装力量，各个抗日根据地的人民，已经形成了对毛泽东的领袖崇拜，延安整风只不过是十年土地战争中由共产国际所培养和委任的中高级干部，尤其是中央委员和政治局委员们对毛泽东领导中国共产党及其武装队伍的思想理念和政治路线的的一种认同。

如果客观观察延安整风，除了王明以外，张闻天、博古、王稼祥、周恩来等在此前一直在中央工作的大多数高级干部的思想转变，都是自觉和自然的，诚实和诚恳的。正是因为有了延安整风，中国共产党空前地团结了。延安整风标志着中国共产党由原来共产国际和苏联斯大林自上而下推动的中国革命，开始向以中国农民为主导的自主革命的转变。——当然，这是我们现在研究所得到的认识，包括毛泽东在内的当事人，因为都还是把中国共产党当作共产国际的一个

21　这是王稼祥 1937 年给斯大林汇报时的数据。见王稼祥：《回忆毛泽东同志与王明机会主义路线的斗争》，《人民日报》1979 年 12 月 27 日，第二版。

下属组织，所以有关中华民族和国家利益的问题都是处在无意识和作为一种本能所表现出来的，在组织关系上，至少在共产国际解散以前，毛泽东还是以执行共产国际的决议为本务。1942 年 11 月 21 日和 23 日，毛泽东在西北局高干会议上，还做了"关于布尔什维克化十二条"的报告，强调"中国共产党是以马列主义作为理论基础的"。[22] 所以，以为毛泽东延安整风运动就是以毛泽东为代表的民族主义分子与"国际派"的彻底决裂和分道扬镳，那也不符合事实。

虽然海内外的人们是把高华的《红太阳是怎样升起的》当作一部学术著作来看待的，根据美国列文森图书奖的授奖理由，该书自 2000 年出版以来，重印 22 次。这可能是该图书奖设立以来的学术著作里，绝无仅有的。学术著作受到世人如此追捧，其本身就已经否定了它的学术性质。该书畅销的原因其实就在于中国共产党及其毛泽东的"舆论一律"。它只是武断地要求人们背诵和复述它所认知和通过的文章，不允许人们对它所确定的问题再有别的解释，甚至都不许可人们对一些问题做研究。如此一来，人们所看到的都是千篇一律，蓦然一个新的面孔，总觉得新鲜。

但是，新的不等于好的，也未见得一定是正确的，甚至都不等于是学术性的。毛泽东在世的时候确实是中国共产党和中国人民的"红太阳"。红太阳之所以是红太阳，就是由于它有着比群星格外耀眼夺目的光芒。甚至还不止如此，群星的光辉也都只是由于它处在红太阳辐射的范围，是红太阳的照射，来自于红太阳。所以，群星本不与红太阳比试光辉，红太阳也从无需与众星体争夺光辉。如果有哪个人异想天开要写一部题为"太阳是在与群星争夺光线的过程里成为红太阳的"所谓的专著，也许也能连续多年登上畅销书榜，但一定不是严肃的学术著作。

因为谈到了学术研究，而且美国人还给了中国人本用中文写的书以"学术奖"，所以有必要就此说几句话。所谓学术，也即人们常

---

22 《胡乔木回忆毛泽东》，第 208 页。

说的科学，属于某一方面的知识。严格来讲，它是资本主义时代以来，西方科学家们在数学、物理学、天文学、化学和生物学等自然科学领域取得巨大发展的基础上，所形成的知识体系。传统时代，生产力水平很低，再加上迷信和专制，都极大地限制了人们的认知水平。中国历代的文化人也都有对知识的探讨，但都处在科学知识发生前的阶段上。譬如从宋元到清代，考据学派曾经做出不少成绩。即使如此，它一方面是在专制制度的挤压下，可以探索和研究的领域极为狭窄，另外缺乏自然基础，没有科学的自然观、世界观和历史观，即使在极局部范围所考据出来的结果也因缺乏辩证思维方法，难以对其作出正确的分析和解释。所以，从总体上来说，中国在传统时代里是没有现代意义的学术的。

由于学术与科学是人类对客观世界的认知，它要求客观和真实，所以，学术和科学研究需在没有压力，不受诱惑的前提下进行。不畏权，不为钱；出于兴趣、爱好，这都是学术与科学工作的基本性质与特征。为此，不仅学术人有着较为优裕的个人生活条件，而且还要求自由与宽松的社会制度。但是，战后美国政府在利益集团的挟持下把人类领到了一条弯道，在所谓具有民族传统的西方国家里也少有了学术自由，人们必须在宣誓效忠于某个国家制度的前提下，才可以做所谓的学术研究。这种受到意识形态严重侵蚀的东西，不可以算学术。在这样的大背景下，新中国也谈不上有学术，尤其是在人文学科和哲学社会科学方面没有可以称之为自由研究的学术。一方面，执政的中国共产党在冷战意识形态的大环境下，将作为农民政党的意识形态马列主义国家化，让全体人民无可选择地接受马列主义世界观。另一方面，国家本来就是一种暴力机器，但是，以往的国家文明是少数人对多数人的统治，是少数有文化阶级和阶层对多数没文化的人的统治，知识和文化作为一种被少数人掌握和垄断的精神产品，通过国家暴力机构再传播到大多数。这种文化与知识的发现、传播和普及的制度或机制，当然谈不上合理。但它是人类历史的产物，是社会发展的必然过程，而新中国颠倒了这个已经存在了千百万年的自然秩序。中国共产党是作为农民性质的政党，属于社会大多数，它要依据马列主义原理构建无产阶级专政，其实是农民专政，是以绝大多数人为基础所形成的一种暴力，是多数人对少数人的统治，所以是更为恐怖的国家制度。这一制度毁坏了世代以来所形成的由少数人、甚至可称之为由“精神贵族”探讨和研究学术的机制。中国共产党所提出的“知识分子劳动化，劳动人民知识化”，当然是一个美丽的愿景。一方面，新中国的所谓“同工同酬”和住房等方面的平均主义，是剥夺了知识分子有余的生活条件。另一方面，对知识分子的劳动改造，其实是对知识分子的专政，让包括大学教师和研究者在内的知识分子必须政治正确，一切观点都要符合中国共产党及其指导思想的马列主义思想意识形态。如此的客观环境和社会条件，不仅谈不上学术，甚至还比不上西方国家。

从发展学术的意义上来讲，笔者提出新中国赶不上严重意识形态扭曲的美国等西方国家，是因为西方国家毕竟政治经济多元化，自由和民主的制度以及社会传统都还能保障部分研究领域和研究人员和政府适当保持距离，而新中国所建立的大一统的经济政治体制，把所有的文化教育机构和单位都囊括在政府部门，所有的知识分子都成为领取国家发给报酬的政府雇员，政治正确和意识形态都是第一位的，学术研究服从政治观点。另外，还有一个与西方不同的方面是，由于中国历史上就没有学术的传统与方法，尤其是农民思想意识形态对待“异端”的态度，使得新中国在批判传统文化的糟粕的同时，连同中国文化上仅有的的一些优秀的成份，譬如考据学之类也都丢掉了。所以，尽管在中国共产党领导下的新中国体制向人民大众教育、宣传和普及现代科学知识方面做出了西方国家无法企及的成就，但是，至于谈到学术，尤其是人文学科与哲学社会科学领域里的学术和学术研究，在闭关锁国的新中国，应该说都没有资格谈学术。最后，必须指出的是，学术是讲传统、传承和训练的，所以，不要说中国共产党及其国家意识形态还继续严格禁锢着人们的思想观念，从而不具备学术的客观环境和基本条件，谈不上学术，即使将来的人们在获得自由思维的权力以后的一个较长的时间里，在经过几代甚至是许多代人的持续努力以后，才可以形成做研究和做学术的客观环境，才足以形成行之有效的训练。只有到了那个时候，中国人才谈得上学术。

我说的新中国体制内没有学术，作为直接与这一体制对立的方面照样也是没有学术的。《红太阳是怎样升起的》一书的作者，就其生长与工作的环境无论正面和反面，不仅都同样是一定意识形态的结果，甚至都不具备设置学术课题和做研究的基本素质。一项学术研究首先在于问题的设置或者曰立题，《红太阳是怎样升起的——延安整风的来龙去脉》的立题本身就不符合学术规范。首先，因为科学不能回答"红太阳是怎样升起的？"这样的问题，所以他就不是一个学术命题，也不是具有一定学养的研究人会提出的问题。牛顿就不为自己设置"太阳是怎样升起的？"这样的问题，因为只有上帝才知道这个问题的答案。其次，作者所说的"红太阳"是指毛泽东，是借用中国人民（农民）对毛泽东的迷信和崇拜的认识和称呼，在个人崇拜盛行的时候的词语，所以是不无调侃的语言，它自身就是意识形态的产物。再其次，作者借用"红太阳是怎样升起的？"所要研究和叙述的问题是"毛泽东是怎样有意放纵其专断的个性"，"将中共所有权利都集中于自己手中"？这当然不是一个毛泽东自己怎样就可以做到的问题，它是一个需要从中国社会和中国共产党的基本性质出发才可以说明的问题，仅仅从毛泽东到毛泽东，还不能说明问题。再其次，"延安整风运动的来龙去脉"本是一个很好的学术性命题，但可惜的是，它要承担"红太阳是怎样升起的"答案这样功利性的使命，从而放置在这里就变得毫无意义了。延安整风运动是中国历史上一次具有深远意义的历史事件，它对于中国共产党和中国历史的走向，都极为重要。但是，因为它不仅不是"红太阳"升起的原因，反而还是"已经升起来的红太阳"运作的结果，所以，经作者这么一组合，它的客观意义也废掉了。

说《红太阳是怎样升起的——延安整风运动来龙去脉》是没有学

术素养的表现，不仅仅因为"红太阳是怎样升起的？"本是一个大而无当的问题。太阳本就是在永恒地运动。它在什么位置才可以被被确定为升起？作者把毛泽东当作"红太阳"来研究，他从什么时间开始算"升起"？作者从毛泽东井冈山和遵义会议开始，显然是过于狭窄的。既然毛泽东是太阳，那还不是从一出生就开始"冉冉升起"了？所以需要从他出生的家庭，所受的教育，等等做起。——其实这还不够，因为毛泽东之所以成为中国人民心目中红太阳的毛泽东，那不只是毛泽东的个人的出身和成长，还有中国的具体发展阶段，中国的具体国情，所以需要从毛泽东出生前的中国说起，以及毛泽东参加革命，所经受的革命磨炼，所接受的列宁主义教育，等等，都是在"红太阳升起"的过程中不可以忽略的。所以说，这是一个只有上帝才可以解答的问题，而每一个有学术素养的人都能够清楚地了解自己的能力而不敢选择它。"延安整风运动的来龙去脉"是一个很好的学术性问题，因为做好这个题目，可以给人们提供这一重要事件的许多历史知识。但是，把它作为"红太阳是怎样升起的"副标题，两者组合在一起，又糟蹋了后一个问题。因为作者把这两个问题的因果关系颠倒了。作者想说毛泽东通过延安整风获得最高最终领导权，其实相反，由于毛泽东在党内已经有了这样的权力，这才发动了延安整风运动。延安整风发生的时候，毛泽东作为"红太阳"已经升起来了。否则，就不会有延安整风运动。

即使作者无视早上八、九点钟以前的太阳，不承认在这些位置上的太阳是"升起的"，要把这个蒸蒸日上的太阳继续上升的动力算到延安整风的功劳上，二者的关系互为因果，那么，高华的这本书也是失败的。因为是"红太阳"，它永远高悬在高空，是地球生命之源，万物生长之本。所以，它本是大格局，而高华却用地球上的一团泥土那样的小格局来描述。毛泽东所领导的中国共产党代表了中国历史发展的方向，引领中国历史将近一个世纪，改变了中国发展的走向，让中华民族可以抬头挺胸地屹立于世界民族之林，奠定了中国富强昌盛的经济和社会基础。毛泽东成为"红太阳"，不仅是毛泽东的能力和表现，还是历史和人民的选择。中国历史和人民选择毛泽东，对于中国人民来说是由于毛泽东代表了人民，具有中国人所都具有的美德，是中华民族的楷模。否则，人民为什么要选择他？延安整风运动是毛泽东的一个大手笔，如果作者确实意识到它在中国历史上的重要意义，是推动中历史发展、同时也是推动毛泽东的事业发展的一个重大步骤，所以也可以算作是助推八、九点钟的"红太阳"继续腾空，一直有了未来的"如日中天"，那也算是不错的悟性与创意。但是，如日中天、红星高照，那都是由于"红太阳"处于空中极高的位置上，是有一定的高度的，那都是大格局。遗憾的是，作者用小格局，通过把包括毛泽东、刘少奇、周恩来等领导人在内的一大批中国共产党都描述得猥琐不堪，为个人争权夺利，施展阴谋诡计，耍尽卑鄙伎俩的小人或凡夫俗子，把为毛泽东仅仅做了一些包括文字方面的和事务性工作的陈伯达、胡乔木、陆定一，以及康生、陈云、李富春等等的小格局，把延安整风中基层单位所进行的审干和肃反扩大化，甚至像王实味这一类的具体问题都放置在毛泽东的层面，如何证明得了毛泽东是怎样施展谋略夺取权力，以及"红太阳是怎样升起的"？

文化大革命以前，根本就没有毛泽东与人争权夺利这一说。文革以后，此说日渐盛行，除了"红太阳"这本书说延安整风是争权夺利以外，还有遵义会议和文化大革命。关于遵义会议，我以为无需过多地证明。近些年的党史研究，尤其是有关博古的研究，反而不断传出毛泽东在遵义会议期间，以及沿岸的前期阶段，多次推脱正式担任"总书记"职务的事例。也许这些已经远非当事人的资料，并不能说明更多的问题。遵义会议以后不几个月，毛泽东率领的中央红军与张国焘领导的四方面军会师，张国涛的回忆该有说服力。张国焘自恃只有他和周恩来是六大后在莫斯科选举出来的中央委员、政治局委员，除此以外，毛泽东也只是六大选出的中央委员，所以，博古在中央苏区召开的六届五中全会，以及遵义会议，都是不符合组织程序和组织原则的。这两次会议推选出来的中央领导机构，尤其是政治局常委张闻天、周恩来、博古、毛泽东，都是不合法的。因为张国焘对遵义会议不满，按照一般情况，如果遵义会议是毛泽东耍弄阴谋诡计上位的，张闻天、博古、周恩来、朱德等当事人，尤其是辞去总书记职务的博古，或者失去军事指挥权的周恩来，以及任何对会议不满的人，都是可能与张国焘交心的。但是，阅读张国焘《我的回忆》，没有任何人在他面前发表过对遵义会议有所不满的话，更别说有人认为它是阴谋活动的产物。相反，即使从他的笔下所流露出来的历史，所有的人都是拥护遵义会议，支持毛泽东主持军事问题的。因为毛泽东从来不搞阴谋，所以，即使有人指责说共产党搞阴谋，毛泽东都要纠正说，他向来都是"阳谋"。更何况，遵义会议是在中央红军和中国共产党走投无路的情况下的一次大改组，人们是在危难之中选择了毛泽东。

至于说毛泽东因为大权旁落，要从和刘少奇争权，从而发动文化大革命，那更是不懂中国共产党和中国国情。刘少奇在毛泽东面前，从来都是唯唯诺诺，谨小慎微。他兢兢业业、任劳任怨地给毛泽东担任了 24 年的副手，1966 年，毛泽东发动文化大革命，无需做任何准备与铺垫，就说他是"头号走资本主义道路的当权派"，用铅笔在一张《北京日报》的空白处，草就了一段话，再冠以《炮打司令部——我的一张大字报》的题目，排版印刷，发至正在召开的八届十一中全会，仅 200 字许，[23] 刘少奇就轻轻地被推倒了。即便是这样，刘少奇在其最后的日月里，仍在不断地向世人申辩说："我不反革命，也不反毛主席……"[24]

邓小平是毛泽东在八大会议上力排众议所担任的主持日常工作

---

23 《毛泽东年谱（1949-1976）》第五卷，第 607 页。

24 金冲及主编：《刘少奇传》上，中央文献出版社，1998 年，1057 页。刘少奇在去世前，还曾多次说："我将努力学习毛主席的著作，阅读毛主席指定我阅读的其他书籍和报刊的有关文章……""我绝没有反过党，没有反过毛主席。别人反过毛主席，林彪反过毛主席，江青也反过，我一直是拥护主席的。""不论过去和现在，就是将来也永远不反对毛主席，永远不反马列主义、毛泽东思想！"他还不断高呼："马列主义、毛泽东思想万岁！"《刘少奇传》下，第 1059、1060、1061 页。

的总书记，中央六大常委之一。[25] 文化大革命一开始，说邓小平与刘少奇合伙执行了一条"资反路线""刘邓路线"，是"第二号走资本主义道路的当权派"，就靠边站了。1973 年，毛泽东想再次起用他，把邓小平从江西招了回来。7 年没有见面了。毛第一次接见，问："这些年是怎么过来的"？邓答："等待。"[26] 等待什么？当然是告诉毛泽东："我时刻都在等待您的召唤。"无怨无悔的心态溢于言表。3 年以后，1976 年 4 月，已经风烛残年，连语言都已经难以清楚表达的毛泽东，要侄儿毛远新"先约几个人谈一下"，接着让中央政治局讨论，一致通过毛的提议，"撤销邓小平党内外一切职务"。[27] 于是，已经处于毛泽东一人之下而其他所有人之上的邓小平，再次被打倒。[28]

25　毛泽东:《关于中共中央设副主席和总书记的问题》,《毛泽东文集》第七卷，人民出版社，1999 年，第 111-112 页。1956 年 9 月 28 日，中国共产党八届一中全会上，选举毛泽东为中央委员会主席，刘少奇、周恩来、朱德、陈云为中央委员会副主席，邓小平为总书记。以上 6 人为中央政治局常务委员会委员。1958 年 5 月 25 日，中共八届五中全会上，增选林彪为中央委员会副主席，政治局常务委员。

26　中国中央文献研究室:《邓小平年谱（1904-1974）》（下），中央文献出版社，2009 年，第 1973 页。

27　《毛泽东年谱（1949-1976)》第六卷，第 647 页。

28　必须指出的是，随着毛泽东去世，当邓小平再次获得国家最高权力以后，仍多次表现出对毛泽东的维护与忠诚。1978 年 12 月，北京"西单民主墙"有了否定毛泽东的大字报。13 日，邓小平在党的十一届三中全会的闭幕词里说："毛泽东同志在长期革命斗争中立下的伟大功勋是永远不可磨灭的。没有毛泽东同志的卓越领导，中国革命有极大的可能到现在还没有胜利，我们党就还在黑暗中苦斗。"1980 年 8 月，邓小平接受意大利记者奥琳埃娜·法拉奇采访时说："没有毛主席，至少我们中国人民还要在黑暗中摸索更长的时间。我们要实事求是地讲毛主席后期的错误。我们还要继续坚持毛泽东思想。毛泽东思想是毛主席一生中正确的部分。毛泽东思想不仅过去引导我们取得革命的胜利，现在和将来还应该是中国党和国家的宝贵财富。"1981 年 3 月 24 日，邓小平会见坦桑尼亚总统朱利叶斯·克·尼雷尔时说：现在，不仅国际上，我们国内也有人说我们在搞"非毛化"。如果真搞"非毛化"，那就要犯历史性的错误。中国革命的历程已经证明，如果没有毛泽东同志的领导，中国人民至少还要在黑暗中摸索很多年才能取得胜利。所以我们说要正确评价毛主席。……毛主席确实丰富了马克思主义，给马克思主义增添了许多新的内容。……正确评价毛主席的各个方面，目的还是要坚持毛泽东思想。这对指导我们今后的工作是很必要的。冷溶　汪作玲:《邓小平年谱（1975-1997）》（上），中央文献出版社，2004 年，第 451、665-

黄永胜，1910 年出生，乃毛泽东秋收起义的"子弟兵"。长征期间，黄永胜已经在林彪军团长手下任师长，新中国授上将军衔，文革期间任中共中央政治局委员，中央军委办事组成员、中国人民解放军总参谋长。1971 年庐山会议上，因为反对江青、张春桥、姚文元等"四人帮"，被毛泽东抓住不放。"九一三"林彪出逃以后，旋即"接受审查"。"四人帮"倒台以后，又直接收审。1981 年，被最高人民法院特别法庭判处有期徒刑 18 年。晚年，电视上曾经播映过当年被他们所俘获的国民党将领成为政府宾客的画面，儿子追问说，他们这些造就新中国的高级将领反而成为中国共产党的囚犯。黄永胜说：

> 我是个穷人家的放牛孩子，没什么文化，家里也没钱，我上不了黄埔军校，更成不了蒋介石的嫡系。我要在国民党军队中，再能打仗也当不成上将。我要是没跟共产党走，现在就是你叔叔那个样（在家务农）！我这个上将是跟着毛泽东得来的，跟着毛泽东和共产党走，爸爸这条路没有走错！这一辈子，爸爸不后悔！[29]

刘少奇、邓小平，以及黄永胜，都是直接跟随毛泽东，然后又都被毛泽东亲自打倒。中国共产党的历史上，没有哪个共产党没有被党整治过，没有被冤屈过。大人物被大整治，多次被整治；普通党员被小整治。即使毛泽东掌握权力以后，自延安整风运动开式，尤其是建国以后，党内外的政治运动不断，被整肃和运动打倒的干部一茬接着一茬，跌倒了又爬起来，冤屈了又被改正、平反，各次运动被整治的对象不同，但一个个又都堂堂正正，无怨无悔，一如既往地维护和忠实于共产党、毛泽东。中国共产党和中国人民都把毛泽东当做红太阳的，而毛泽东有时也会对这一现象说上几句"讨嫌"的话，[30] 但总体

666、724-725、页。

29　黄正著：《军人永胜》，新世纪出版社，2011 年，第 257 页。

30　1970 年 12 月 18 日，毛泽东与美国记者埃德加·斯诺谈话中说："现在……崇拜得过分了，搞许多形式主义。比如什么'四个伟大'，'Great Teacher, Great Leader, Great Supreme Commander, Great Helmsman'（伟大导师，伟

上来说，他还是很享受他和党的这样的关系的。并且，正是由于这样的关系，他领导这样一个性质的庞大的政党如鱼得水，驾轻就熟；通过这个政党又去领导世界上人口最多的人口大国也游刃有余，如烹小鲜。这都是历史事实。科学研究就要刨根究底地分析和说明这其中的原因，而不能诉诸道德，也不能将它简单地归结为谋略。即使是伟大人物和领袖集团的道德与谋略，也无济于事。因为在历史的行进中，在客观发展的进程中，一切道德与谋略对于必然要出现的结局来说，都不具有决定性的作用。

有如描写宫廷内斗的小说很畅销，有些宫廷剧也很火爆。但那是文艺创作，是娱乐。如果谁把宫廷小说和宫廷剧当作大历史，那世界上就没有学术，没有科学。高华把《红太阳是怎样升起的——延安整风的来龙去脉》当做学术，也是由于他不懂什么叫学术，抓住一本叫《延安日记》的书来了灵感，相信这本书所列举的主题，所以沿着它的方向往下走，这就有了这本书。[31] 这本以共产国际和塔斯社记者双重身份的弗拉基米洛夫所撰写的书的封皮上，就赫然醒目地写着："目击中国高层内斗　毛泽东夺天下谋略"。接着几行小字，叙述该书大义："我是命里注定要成为中共历史上所发生的、也许是最富有戏剧性的可悲事件的见证人了：毛泽东、康生、刘少奇、周恩来在延安如何整掉他们的政敌……"。如果对照高华的《红太阳是怎样升起的》目录："遵义会议后毛泽东的权力扩张和来自莫斯科的政策干预""毛泽东对王明的重大胜利""整风运动前夕中共的内外环境与毛泽东的强势地位""上层革命的开始：毛泽东与王明的首次公开交锋"……。说《红太阳是怎样升起的》是沿着《延安日记》的主题和逻辑撰述，一点也不为过。

大领袖，伟大统帅，伟大舵手），讨嫌！总有一天要统统去掉，只剩下一个Teacher，就是教员。因为我历来是当教员的，现在还是当教员。其他的一概辞去。"埃德加·斯诺：《漫长的革命：紫禁城上话中国》，新疆大学出版社，1994 年，第 264 页。

31　其实，王明的《中共 50 年》对作者的影响更大。高华的著作也是王明这本书的继续。

　　《延安日记》的出版者向读者做的广告词说："读过《延安日记》的专家们认为，这是深入考察 1942-1945 年这一时期中苏关系、延安真实状况，研究中共党史难得的极为宝贵的材料。"但是，这本书却是一本伪作。上个世纪 60 年代，中苏两党两国关系交恶以后，苏共中央对外联络部为适应对中国斗争的需要，从 1968 年开始，由副部长奥列格·拉赫曼宁具体指导弗拉基米洛夫的儿子，杜撰出这样一本书。[32]

　　以彼得·弗拉基米洛夫（中文名孙平）为作者的《延安日记》，最初的书名叫《中国特区：1942-1945》，俄文版，1973 年在苏联出版发行。所以，它最初是给苏联人民看的，要苏联人相信，中国共产党及其毛泽东本来就不是一个无产阶级的革命党和马克思主义者，而是反斯大林，反对苏联人民的。1975 年，该书的英译本《弗拉基米洛夫的日记》在美国纽约出版。1976 年，第一个以《延安日记》为书名的中文版，在台湾出版。1980 年和 2004 年，东方出版社曾在大陆出版了《延安日记》的两个"内部版"（"现代史料编刊社"只是东方出版社的一个别名）。

　　弗拉基米洛夫，苏联人，1905 年出生。1931 年，服兵役。服役期满后，继续上学，接着参加工作。1941 年 6 月，德国发动侵略苏联的战争以后，旋即入伍，又成为军人。1942 年至 1945 年，作为塔斯社的随军记者和共产国际的代表，被派驻延安。1948 至 1951 年，弗拉基米洛夫任苏联驻上海总领事。1958 年因病在莫斯科去世。

　　师哲，陕西人，1905 年生。1925 年赴苏留学，1926 年在苏联加入中国共产党，1931 年又加入苏联共产党。1940 年，师哲受共产国际的指派，赴延安参加中共第七次全国代表大会。后因七大延宕，滞留延安，名义上给中共中央书记处书记、秘书长任弼时担任秘书，实际上还给毛泽东担任俄文翻译，负责毛泽东与共产国际和苏联的往

32　高向远：《弗拉基米洛夫和他的〈延安日记〉》，《延安大学学报》（社会科学版），2000 年 9 月，第 22 卷第 3 期。

来电报。由于师哲具有长期在苏联生活的经历，并且从组织原则上来说，都属于共产国际所派出的代表，再加上工作相近的关系，弗拉基米洛夫与师哲有着较为密切的交往。师哲也在其回忆录中，对这一时期的弗拉基米洛夫的工作，以及与毛泽东的关系，有着较为细致的叙述。

根据师哲的回忆，"孙平到延安后，很快博得了毛主席的信任。毛主席有话愿意同他讲，有时简直是无话不谈，很少有戒备。""他很尊敬毛主席"。"毛主席把孙平拉得紧紧的，目的是通过孙的嘴巴把我们的看法汇报给共产国际和斯大林。最后两年，双方越来越亲密，孙平的电台几乎成了毛主席的电台。孙平任何时候都可以到毛主席那里去，毛主席也随时可以叫他来"。[33] 师哲很早就看到了《中国特区》这本书，但他认为不是弗拉基米洛夫写的。而且，他还真的揭露了该书作假的原委。师哲说：

> 1990 年，我的女儿黛霞来北京探亲，她带来孙平的儿子尤里·弗拉索夫发表的一篇讲话。尤里对记者说，1968 年被叫到苏共中央整理他父亲的档案文件。为了适应当时苏联同中国论战的需要，苏共中央书记处准备以公开的情报资料和他父亲从中国发回的电报为基础出版一本书，建议他来编撰。……由此可见，这本书根本不是孙平在延安的日记，而是后来拼凑起来的。[34]

即使没有师哲的这个澄清，但只要稍稍对中苏两党两国关系的

---

33 《在历史巨人身边》（增订本），第 194、195 页。

34 《师哲回忆录：在历史巨人身边》（修订本），中央文献出版社，1991 年，第 222-223 页。师哲的回忆录版本很多，由于高华《红太阳怎样升起的》一书的第二章里，曾经引用了师哲这本书中关于毛泽东在延安和莫斯科的电台联系的资料，说明阅读过师哲的这一个版本的书。而恰好师哲介绍毛泽东和莫斯科电台联系的回忆，对孙平的有关介绍，都在这个章节里。所以，高华不是不知道师哲已经揭露《延安日记》是本伪书，而是明知道这是一本伪书，但还是要沿着它的主题往前走，还是要把它当作一本信史不加批判地直接引用它提供的资料。高华把《延安日记》当作一本信史，仅注明的引文计有 9 处。

历史有所了解的人，都不难在具体阅读《延安日记》的过程中，觉察到它是一本不可信的书。

首先，中国共产党是在苏联共产党的具体帮助和援助下建立和发展起来的，包括毛泽东在内的中国共产党一直对苏联共产党和斯大林有着深厚的感情，对马克思列宁主义具有着忠诚的信仰。红军长征没有确定的目标，更没有严密的计划，但它的大方向是向西、向北，心目中是要靠近苏联，幻想和憧憬打通与苏联的通道，在苏联的经济和军事援助下从事中国的反帝反封建和社会主义革命。现在可以说这样的思想状态很幼稚，但那时的中国共产党从苏联那里所接受的理论就是把无产阶级世界革命当作一个整体，认为苏联是世界革命的根据地、大本营，苏联共产党有责任和有义务支持和支援中国革命。直到 40 年代末 50 年代初，中国共产党和毛泽东还要"一边倒"地靠近苏联，照搬苏联的制度。这都是基本的历史事实。但是，《延安日记》却按照 60 年代中苏关系恶化后的背景需要，把延安时代的毛泽东和中国共产党描述成早就是反对斯大林和敌视苏联的民族主义者。这是这本"日记"的主题和背景，是作者"延安生活"的主调。所以，整本书读起来，总是不像一本 40 年代的苏联记者写于延安的日记。

其次，摘引一些"日记"的片段，主要请读者自行判断，笔者只是适当做一些评论。括号里的页码是指中文版《延安日记》的页码。

1942 年 5 月 24 日

中国党的一些工作人员对我们抱着冷淡的、往往还是敌视的态度，对此我一直想找出什么原因。我通过同党的领导人那种我感到很不对味的谈话，认识到他们对我们这种不友好态度，只不过是他们敌视苏联的一种反应罢了。（第 14 页）

1942 年 5 月 25 日

1941 年下半年，德军逼近莫斯科时，中共领导人对苏联小组的态度更加不友好了，到 11 月底，发展成公开敌视。中共的高级工作人员不会见我们了。毛泽东借口工作忙，没接见过一次苏联记者，而康生则派人盯我们的稍。（第 14 页）

1942 年 6 月 7 日

事情发展必然使人得到明确的结论：以毛泽东为首的中共领导故意不理睬苏联记者。要见到毛泽东是十分困难的。（第 17 页）

1942 年 7 月 9 日

中共中央主席以轻蔑态度来谈论苏联领导人。例如，他说到约·维·斯大林时，就毫不掩饰他的轻蔑。他说："他不了解，也不可能了解中国，但他还什么事都要管。他对我国革命的那些所谓论点，纯属无稽之谈。共产国际的那些人也在胡诌这一套。"

去年 10 至 12 月保卫莫斯科的战斗达到高潮时，主席说："瞧，斯大林的空话把自己弄到什么地步。他把话说绝了！我倒想听听这位领袖现在在莫斯科还放些什么空炮。"（第 28、29 页）

1942 年 10 月 25 日

中共领导还做出要打日本人的样子欺骗莫斯科。（第 47 页）

1942 年 10 月 30 日

毛泽东及其追随者低估了苏联的军事力量，过高估计了德国人的成就。因此，他们得出了苏联可能会战败的结论，从而拒绝由八路军和新四军对日作战。（第 48 页）

1943 年 1 月 7 日

> 中共高级官员原来对苏联一直怀恨在心，对它所受的
> 苦难幸灾乐祸。（第 60 页）

这里记述的情况不仅与事实不符，而且与师哲所介绍的也都不符合。中国共产党是在苏联共产党的帮助下建立的，中国共产党中央除了毛泽东以外，其他人都是经莫斯科培养的。更为重要的是，中国共产党寄希望于苏联和苏联共产党，把它当作物质和精神的支柱，当作救星。所以，延安的中国共产党过着艰苦的生活，而给孙平的情报组极高的生活待遇，包括特意给他们在枣园盖了一栋小洋房。[35] 毛泽东还送给孙平一匹马，按照孙平书里的记述，江青经常陪同他一起骑马。"日记" 里埋怨毛泽东不愿意见他们，但我从这本书里的不完全统计，3 年多的时间里，毛泽东特意请孙平吃饭或者谈话，计 77 次。这还不算在 1945 年召开七大的 50 多天里，因为孙平也自始至终参加大会，差不多每天可以见到毛泽东。

尤其是不符合历史事实的是，苏德战争在 1941 年 6 月 22 日爆发，毛泽东在 23 日迹象中国共产党内部发出一个《关于反法西斯的国际统一战线》的党内文件，毛泽东不无深刻地指出，德国法西斯的侵略行径，"不仅是反对苏联的，而且也是反对一切民族的自由和独立的。苏联抵抗法西斯侵略的神圣战争，不仅是保卫苏联的，而且也是保卫正在进行反对法西斯奴役的解放斗争的一切民族的"。接着，毛泽东毫不掩饰地提出 "保卫苏联、保卫中国、保卫一切民族的自由和独立"。[36] 所以，把毛泽东及其中国共产党由于德国的侵略，就转变立场开始反对苏联，反对斯大林，是不符合历史事实的。

另外，因为苏德战场事关人类的历史命运，毛泽东则时刻保持着对它的强烈关注。就在 "日记" 诋毁毛泽东的那段时间里，1942 年 10 月 14 日，毛泽东还有一篇深刻分析苏德战场形势的文章。毛泽东这天为中共中央机关报《解放日报》所写的社论《历史的教训》中，

---

35 《在历史巨人身边》（增订本），第 194 页
36 毛泽东：《关于反法西斯的国际统一战线》，《毛泽东选集》第三卷，第 827 页。

极为细致地描写了正在发生的斯大林格勒保卫战，十分精辟地分析了德国侵略者所犯的战略战术上的错误，同时高度评价苏联红军的抵抗作用。任何一位不带偏见的人，在读过这篇文章后，都会承认毛泽东不只是一位伟大的战略家，而且是一位伟大的战略艺术家，也都足以明白后来的中国人民解放军何以能在短短的 3 年多的解放战争里打出那么多的漂亮的战争和战役。因为只有像毛泽东那样的伟大战略艺术家才可以当战争正在进行时，就把战争与战役当做艺术品给予分析了。

在这篇社论里，毛泽东把斯大林格勒保卫战战役中苏联红军这一方，由被动防守向主动转变，划分了 4 个重要阶段。第一阶段，在防守中引诱德军向巴库分兵。毛泽东说，德军的错误"第一条就是向高加索分兵"。"红军一方面坚决扼守顿河河曲，一方面却诱使波克祸水分一股流向库班河去，因此就减轻了对斯大林格勒的压力。"

第二阶段，苏联红军"坚决扼守顿河河曲"，"极其英勇的奋战"，为后面的斯大林格勒保卫战赢得了战略转折的主动权。毛泽东说："如果德军没有河曲二十三天的阻碍与极大地消耗，则斯城的直接保卫将是困难的"。

第三阶段，"红军又在顿河与斯城间纵深五十至六十公里地带消磨了德军二十三天。没有这第二个二十三天的消磨，斯城的保卫也是困难的"。

第四阶段，"红军路丁什夫部队突破该区德军阵线，二十四天中，是极其猛烈的巷战期间，红军以城内的巷战与北部的压力粉碎了德军的进攻"。当斯大林格勒保卫战还在进行中的时候，毛泽东就已经预言说：

> 希特勒……大势已去，无可返回了。
> 从此希特勒整个地转入被动地位，他的实力与他的野

心之间的矛盾最后地暴露出来，他将被这个矛盾所压碎。[37]

稍微细心的读者都会发现，这是一篇只有杰出战略家头脑的人才可以写的出的战争评论。斯大林格勒保卫战是在 1943 年 2 月 2 日结束的，而在 3 个多月前，毛泽东已经对战略形势作出了分析和判断。这篇文章发表后，隔一天，毛泽东又为《解放日报》写了一篇较长的社论《评柏林声明》，揭露和批判德国政府的谎言，在文章的结尾，毛泽东说：

> ……不论怎么样，世界形势已经起了根本的变化，一切法西斯国家实际上都已丧失了主动地位，不管德国或日本，都是如此，也不管日本采取这样或那样的政策，都是如此。
>
> 法西斯的命运是决定了，只有十分怯懦的人们还在害怕法西斯。[38]

读者当然能够作出判断，"日记"所说所写是否真实。

另外，"日记"把毛泽东及其中国共产党描写的对苏联及其斯大林不友好，甚至十分仇恨，但是，却保留了苏联两次反对蒋介石的国民政府进攻共产党根据地的照会，这又都无疑说明当时的中苏两党的关系是多么密切。

> 1943 年 7 月 15 日
>
> 苏联政府向重庆声明，它的军事援助是用来促进中国人民的民族解放斗争的，不是发动内战的，苏联立场是坚决保卫中共和特区。（第 82 页）
>
> 1944 年 12 月 23 日
>
> 莫斯科坚决地痛斥国民党的右翼分子，警告他们，苏联不准他们在同中共关系中诉诸武力。（第 210 页）

---

37 毛泽东：《历史教训》，《毛泽东文集》第二卷，第 446 页。
38 毛泽东：《评柏林声明》，《毛泽东文集》第二卷，第 452 页。

其次，"日记"中到处可以看到编撰者用文化大革命中的中国共产党领导人的关系，解构延安时代。

1943 年 2 月 27 日

江青幕后政治阴谋所起的作用，是非常可疑的。毛——江青——康生。……正是他（康生——引者），把江青介绍给毛泽东。他（康生——引者）把赌注下在江青身上，证明下对了。……在毛泽东眼里，江青是他在权力斗争中可靠的助手、参谋和同志。（第 64、65 页）

1943 年 3 月 4 日

刘少奇对平剧不感兴趣，但是，他往往在看戏的时候拿着文件来找毛泽东。这种情况下，江青厌恶地耸耸她那纤细的肩膀，放大声音附在主席耳朵边说："这个蠢货又来了！"（第 66 页）

只要稍稍对共产党体制有所了解的人，都不会相信延安时代的江青竟会说出这样的话！

1943 年 9 月 9 日

几个星期来他（周恩来——引者）一直在做检讨，立志要忠于"毛主席"。（第 96 页）

但是，这一类"三忠于""四无限"的语言，都是文化大革命以后才出现的。

1945 年 2 月 23 日

不管谈什么题目，毛总是三句不离本行，谈阶级斗争，天天斗，时时斗。（第 238 页）

这是毛泽东的语言。但是，它也是从文化大革命时代所流行的

“党的基本路线要天天讲，月月讲，年年讲”套过来的。[39]

再其次，到处都是用后来才明了的历史，去记延安时代的“日记”。

1942 年 10 月 21 日

刘少奇所起的作用越来越大。一个不引人注目的新四军政委，而今成了仅次于毛泽东的二号人物，成了毛的思想的实际贯彻者。他起草最重要的文件。政治局委员和高级军官现在对他不得不另眼相看了。（第 45 页）

刘少奇在党内的地位是历史形成的。在抗日战争和解放战争中，由于军事问题的重要性，朱德才是仅次于毛泽东而处于“二号人物”的位置上。“日记”上的这一天，刘少奇还在回延安的路上。1942 年 12 月 30 日，刘少奇“经过九个多月的长途跋涉，穿越敌人一百零三道封锁线，安全到延安”。[40] 此时的刘少奇还只是中央政治局候补委

39　这句话最早出自 1962 年 9 月的八届十中全会。但是，只是在文化大革命中，1973 年 10 月 18 日，人民日报发表了新华社的通稿《党的基本路线要年年讲月月讲天天讲

广西钦州地区各级党委切实加强农村基层党组织的思想建设和组织建设，充分发挥党支部在三大革命运动中的战斗堡垒作用》，并在该天报纸第一版的右上角刊发了毛泽东的这段语录以后，“年年讲，月月讲，天天讲”才变为流行语。1962 年 9 月 24 日，毛泽东在全会上讲话说：“……我们从现在就讲起，年年讲，月月讲，开一次中央全会就讲，开一次党大会就讲，使得我们有一条比较清醒的马克思主义路线。”《毛泽东传》（下），第 1251 页。1973 年 10 月 18 日，人民日报刊发的“毛主席语录”这段话说：“社会主义社会是一个相当长的历史阶段。在社会主义这个历史阶段中，还存在着阶级、阶级矛盾和阶级斗争，存在着社会主义同资本主义两条道路的斗争，存在着资本主义复辟的危险性。要认识这种斗争的长期性和复杂性。要提高警惕。要进行社会主义教育。要正确理解和处理阶级矛盾和阶级斗争问题，正确区别和处理敌我矛盾和人民内部矛盾。不然的话，我们这样的社会主义国家，就会走向反面，就会变质，就会出现复辟。我们从现在起，必须年年讲，月月讲，天天讲，使我们对这个问题，有比较清醒的认识，有一条马克思列宁主义的路线。”《人民日报》，1973 年 10 月 18 日，第一版。

40　中共中央文献研究室编：《刘少奇年谱（1898-1969）》上卷，中央文献出版社，1996 年，第 409 页。

员、中共中央华中局书记、新四军政治委员，毛泽东还没有给他以重
任，倒是《延安日记》的作者已经"令他"为"仅次于毛泽东的第二
号人物"了。

> 1945 年 2 月 26 日

> 在党的会议上，发言人没完没了地说："毛泽东同志代
> 表了革命的正确方向，他是解放战争争取胜利的保证！"（第
> 240 页）

"解放战争"是经过 1946 至 1949 年的内战以后才有的概念，
而"日记"中的这一天还是抗战时期，德国还没有被打败，日本还未
投降，这一词语竟然已经出现了。

> 1943 年 12 月 22 日

> 叶剑英……1935 年，在遵义会议上，以及在毛泽东同
> 张国焘的冲突中，都帮过毛的忙。（第 119 页）

叶剑英在历史上的作用，是 60 年代以后，随着毛泽东对叶剑英
的评价，尤其是文化大革命以后，毛泽东逐渐对叶剑英的倚重才传开
来的。即使如此，在党内的高层仍然是语焉不详，至于延安时代，那
更是不可能有的。譬如薄一波的回忆说，50 年代末的一次北戴河会
议上，毛泽东就着叶剑英在薄一波发言时的插话，说我送你一句话：
"诸葛一生唯谨慎，吕端大事不糊涂。"毛泽东对叶剑英的这个评价，
以后还讲过几次。薄一波回忆说："当时我听了还不怎么理解，便和
几个同志议论，这是指什么说的呢？后来才知道，毛泽东同志所说的
这句话，主要是指剑英同志在长征途中同张国焘分裂主义作斗争的
那件事。"[41] 所以，就连中共高干在"日记"之后多年都不知道的事
情，竟然写进延安时代的"日记"里，可知其荒唐到何等程度。

41　薄一波:《经得艰难考验时——忆叶剑英同志》，薄一波:《领袖元帅与战友》，
　　人民出版社，2002 年，第 266-267 页。

前面我们曾经介绍过，抗战的后期，当美国进攻日本本土的战争计划还处在讨论的阶段里，美国陆军有依靠中国华北空袭和进攻日本本土的思考，曾经有过一段对中国共产党特别表现出的友好姿态。毛泽东有接受美国的强烈愿望。1945 年 3 月 9 日至 4 月 1 日，美国外交官谢伟思第二次访问延安。“日记”中有几大段记录和评论，恰好暴露了它是 70 年代尼克松访华以后才写出来的文字。

> 1945 年 3 月 17 日
>
> 谢伟思再次访问了延安。
> 原来谢伟思的延安之行是未经大使批准的。(第 246 页)
>
> 1945 年 3 月 29 日
>
> 美国对延安问题的政策中最有远见的看法，是大卫斯和谢伟思的看法。
> 谢伟思最后一次访问表明，他正确地抓住了中国两大集团的领导人之间的民族主义的共同性。这是为了美国将来的利益所作出的一种现实的政治估量，这也是他为什么跟周恩来作惊人坦率的会谈的道理。
> 谢伟思远不是一个政治空想家。
> 这位美国驻中国使馆的二秘，跟大卫斯一样，比他的许多著名的同胞更加目光敏锐——这是事实。同周的会谈表明，谢伟思是这儿最危险的美国人。他不是那种一味躲避“布尔什维克瘟疫”的人。他关心的不是言词而是政治现实。
> 但命运有时多么嘲弄人哪！他的保护人——高斯大使和史迪威将军——不在这里了。大卫斯同意他的政治接见解，也调开了。
> 像谢伟思这样的人，往往不能功成名就。他太有主见了。(第 253 页)
>
> 1945 年 4 月 1 日

谢伟思吐露心曲绝非偶然。

他并没有出卖自己国家的利益，尽管表面上看上去好像是这样。他把中共领导看成是他的国家的潜在盟友，这才对他们"坦率"起来。他和大卫斯似乎已经领悟了中共领导政策的民族主义含义。他们认为，中共是一支有前途的力量，为了美国想保住它在亚洲地区的一地，必须与中共友好相处，而且也是能够做到的。据大卫斯看，中共领导采取的民族主义政策，使中共的纲领不会损害美国的利益，实际上还会使苏联在远东起不了什么作用。

谢伟思坦率陈词的实质，史迪威的随员大卫斯、卢登、谢伟思和怀特迈耶的种种活动的全部含义，就在于此。这就是谢伟思有点控制不住他的感情的原因。赫尔利表现了美国整个远东战略的懦弱和近视。使得毛泽东发脾气的，正是赫尔利对中共领导政策的这种"不理解"。（第 254 页）

谢伟思第二次访问延安，恰值美国大使赫尔利回国的时候。但是，他的访问计划是经过美国国务院批准的。美国国务院的对华政策与新任大使赫尔利的分歧，在当时还未出现的时候，"日记"却已经直言"原来谢伟思的延安执行是未经大使批准的"，恰好说明"日记"不可能是真实的。另外，这几段有关谢伟思访问延安的记录和评论，都只是经过了战后国际变化，尤其是经历了战后中美断交、中国"一边倒"地靠近苏联和 1972 年尼克松访华以后，在重新又面临中美建交和世界开始出现新格局的语境下，才可以产生出来的感想和感叹。

谢伟思是抗战时期美国驻中国大使馆的二等秘书，对中国共产党有着特别好的感觉。谢伟思曾经两次访问延安，其中第二次访问也是冲着中国共产党第七次代表大会而来的。但是，由于大会延期，所以采访中国共产党第七次代表大会的任务尚未开始的时候，又被国务院突然召回。谢伟思突然被召回离开延安的原因，是连驻华大使馆以及他本人在当时都不清楚的问题，却非常清晰地被写到"日记"里了。

　　谢伟思这次从中国紧急召回到华盛顿，就被当作与共产党有特别关系的嫌疑而遭到反复调查。50 年代以后，已经被解职离开国务院的谢伟思，每年仍然需要接受安全与忠诚调查。后来的历史学家都把美国战后的反共思潮和麦卡锡主义联系起来，似乎一位麦卡锡参议员就掀起了一股反历史的大潮流。而真实的历史是，早在麦卡锡站出来以前许多年，民主党的总统杜鲁门就已经在政府内启动了忠诚调查，并由审查公务人员开始而在美国这样的民主国家制造了一场全面的白色恐怖。所以，战后美国所产生的与世界民主化潮流相悖的强大反动潮流，是从美国政府内部发源的，反共反人民和对全世界实行军事霸权主义的美国帝国主义的源头，是美国政府，而冷战只是美国政府的一种外交政策。1972 年尼克松访华以后，美国出现了一股反思当年美国政府的对华政策和探讨中美关系广阔前景的社会思潮，历史学家把谢伟思两次访问延安以及和毛泽东等中国共产党领导人的多次谈话的档案也都翻出来，媒体上也有许多这方面的文章和反映这方面活动的报道，譬如历史学家巴巴拉·W.塔克曼在《外交问题》上发表了《假如毛来到华盛顿：文章会是另外的写法》，起源于毛泽东曾经像谢伟思表示，他愿意到美国去会见罗斯福总统。谢伟思，以及当年在中国与谢伟思有着相同认识的许多位美国外交官，都纷纷写文章和参加纪念活动，讨论美国在战后如何"丢失了"中国？[42] 这些反省战后的美国外交政策的思潮，在美国引起很大的反响。《延安日记》的作者显然是受到美国这一思潮的感应，才可以写出上面这几段"日记"，其中不乏还有一些具有大战略眼光的有关战后美、苏、中国际关系和世界格局的议论。但是，恰好这些评论暴露了"日记"是 70 年代以后的产物。因为一个浅显的道理，如果没有战后中国共产党在大陆取得政权，没有美国的冷战与中国断绝关系即"在中国失掉了的机会"，以及中苏两国曾经有过的一段蜜月，《延

42　《在中国失掉了的机会：前驻华外交官约翰·S.谢伟思第二次世界大战时期的报告〈序言〉》，第 9 页脚注。

安日记》如何能写出这样具有大格局的思想评论？

再其次，弗拉基米洛夫参加了中国共产党第七次全国代表大会，按照作者的话说："我是大会上唯一的苏联观察员。"（1945 年 5 月 2 日，第 276 页）但是，会议结束以后，作者连毛泽东在大会期间总共做了几次讲话，都整理得乱七八糟。

> 1945 年 6 月 12 日
>
> 毛泽东在大会上的讲话有下列几次：
>
> 1. 4 月 23 日，在开幕式上作《两个中国的命运》的报告。
>
> 2. 4 月 24 日，作《论联合政府》的报告（中共中央第七次代表大会的政治报告）。
>
> 3. 5 月 25 日，作关于选举中国共产党中央委员会的讲话。
>
> 4. 5 月 31 日，作总结发言。
>
> 5. 6 月 10 日，在选举候补中央委员前的讲话。
>
> 6. 6 月 11 日，在大会闭幕前，作《愚公移山》的报告。
>
> （第 316-317 页）

这几段文字暴露了"日记"的作者根本就没有参加中国共产党的第七次代表大会，弗拉基米洛夫也根本没有写日记。因为：1. 4 月 23 日，七大开幕式上，毛泽东致开幕词，没有另做什么"报告"。那个时代召开大会，不像现在有这么好的条件，提前将发言或做报告的会议程序都打印出来，提前发至与会人员的手中，而是书写出一份别在幕布上，由大会司仪也即会议主持人向大会宣读："下一项，请毛主席致开幕词"。毛泽东则上来讲："同志们"，如何，如何。毛泽东的风格是即席讲话，即使提前写好了稿子，也不会照本宣科地去朗读，更不会把"开幕词"列个题目"两个中国的命运"，一起读给与会者听。事实上，《两个中国的命运》是 1953 年将该"开幕词"选入

《毛泽东选集》第三卷的时候，才添加的文章题目。[43] 所以，无论谁在 1945 年 4 月 23 日那一天写"日记"，都不会有《两个中国的命运》这样的题目出现。发生这样的情况，只可说这篇文章是《毛泽东选集》第三卷出版以后才写出来的。

2. 4 月 24 日，毛泽东的《论联合政府》是书面报告，毛泽东说："政治报告的书面稿已经印发，大家都看到了，所以我就不照这个书面稿来讲"。所以，毛泽东这天在大会上撇开稿子，另外又作了一个"口头政治报告"。[44] 关于这一点，"日记"的作者一点也不知道。

3. 毛泽东在大会上所作的《第七届中央委员会的选举方针》，是在 5 月 24 日，而不是"日记"所说的"5 月 25 日"。另外，这次在大会上所作的是"报告"，而不是作者说的"讲话"。[45]

4. 5 月 31 日，不是"作总结发言"，是《在中国共产党第七次全国代表大会上的结论》。是关于"结论"的报告，不是"总结发言"。

6. 6 月 11 日错误问题的性质与开幕词相同，首先不是"在大会闭幕前，作《愚公移山》的报告"，而是作"闭幕词"。其次是 1953 年该文收入到《毛泽东选集》第三卷的时候，才加了题目《愚公移山》。[46] 把《愚公移山》放在 1945 年的"日记"里，恰好证明这本书是伪造的。

为了鄙低毛泽东，"日记"作者甚至说"江青读的书比她丈夫多得多"。（1943 年 9 月 29 日，第 101 页）这当然是说瞎话。即使从这本"日记"也不难看出，弗拉基米洛夫曾经与毛泽东有着相当多的极为密切的交往。有的时候，毛泽东会与他连续交谈 6 个小时、8 个小时，甚至更长的时间。而任何一位与毛泽东有过接触的人，都能够领会他的知识渊博，读过大量的书。以至于笔者都以为，毛泽东读书占

---

43 《毛泽东年谱（1893-1949）》（中），592 页。

44 毛泽东：《在中国共产党第七次代表大会上的口头政治报告》，《毛泽东文集》第三卷，第 303 页。

45 《毛泽东文集》第三卷，第 356 页。

46 《毛泽东年谱（1893-1949）》（中），第 604 页。

用的时间太多，简直就成了一位书生了。对于一个党和国家领导人来说，嗜书如命，把读书当作主业，都有点像宋徽宗那样把艺术当生命，以至误国。假使毛泽东少读点书，多做点实际工作，也许会像因自然萌生的民族主义情愫而发生反抗共产国际和斯大林一样，多少能有点醒悟，意识到马克思列宁主义有着过多的虚假性，所以无需固守社会主义的教条，不至于在 50 年代末至 60 年代初，让那么多的老百姓悲惨地死去。如果毛泽东不那么强硬地反对许多地方的农民和基层干部实行"包产到户"和"分田到户"，甚至允许单干，总之，给人民以更多的经济自由，社会将更和谐，发展也会快很多。毛泽东就是想多读书，不愿意做事务性工作，这才要划分一线、二线。自己退出来不做具体工作了，却还要用马克思列宁主义意识形态作指导对具体事务发表议论，决定大政，以至误国。——中国历史上常说"清谈误国""书生误国"。马克思列宁主义、共产主义，毛泽东的阶级斗争和路线斗争为纲之类，都不过是"清谈"。这就是"书生误国"啊！所以，要说读书，没有人比得上毛泽东的。可能是因为毛泽东读了那么多的书，以至他周围的人，刘少奇、周恩来、邓小平等等，更不用说江青，却都不读书了。早在斯诺《漫长的革命：紫禁城上话中国》的中文版在大陆出现以前很久，1980 年，江青在特别审判法庭上喊："我是和尚打伞——无发（法）无天。"笔者当时就断言："这句话一定是毛主席的。"所以，除非是为了恶心人，有谁会相信江青比毛泽东读书多呢！

在即将介绍最后一个问题以前，我们再说几件有关毛泽东的生活小事。"日记"叙述了许多次毛泽东请他们喝酒，其中还有一次，1942 年 5 月 12 日晚上，"毛泽东喝的是荷兰酒，而用米酒（当地酿的一种酒）招待我们。"（第 8 页）在更多的地方，还会把毛泽东描写得很能也很喜欢喝酒的样子。说实在的，这和笔者印象中的毛泽东不一样。在笔者的脑海里，毛泽东不长于喝酒，好像也不喜欢喝酒。当然，这不是否定《延安日记》的理由。因为作者印象中重庆，以及进城以后的毛泽东不太能，也不常喝酒，[47] 都不能否认延安时期的毛泽东却能喝酒、也很喜欢喝酒。这是常有的现象，一个人今天不愿意喝酒，不等于昨天、前天不喜欢喝，也许他以前很会喝酒，很喜欢喝酒。另外，我们不在现场，当然无法否认作者所说的那个晚上，毛泽东喝了荷兰酒，却让客人喝了延安农民自己酿造的米酒，——也许在异常艰苦的延安时代，毛泽东真的常常可以喝到很珍贵的洋酒。这都是我们现在的人们，无法判断的事情。但是，我可以给读者转述几个片段，而且根据我的判断，因为提供这几个片段的当事人都曾经与毛泽东有着比较近的工作关系，但在回忆这些片段的时候都已经距离毛泽东很远很远了，也就没有要为他贴金的成分，所以是真实的。

一件事是张闻天的夫人刘英的回忆。刘英在长征时，曾经担任中央队的负责人。在到达延安之前几个月，大约是 1935 年 8 月的下旬，红军在毛尔盖，为过草地做一些准备。前方部队给中央送来一头牛，警卫队宰了以后，把制作的牛肉分给大家。毛泽东吩咐首先要照顾好休养连。贺子珍也在休养连，给她的比徐特立、谢觉哉、董必武等几位老同志"稍微多了些"。

> 这事不知怎么让毛主席知道了，他很生气，把我找去，问："这是怎么回事？贺子珍的怎么可以比徐老他们多呢？"我说："这事不是我管的，是邹队长分的。"他说："你替我找他，我可不能特殊，一定要给这几位老同志补上。"

刘英找到警卫队长，他很为难，说已经分配完了。最后只好从毛泽东、张闻天等几位中央领导的"份子里割点下来，补给了几位老同志，毛主席这才放了心"。[48]

另一件事是戚元德告诉她的女儿吴持生的。戚元德在中央苏区

47　1955 年至 1962 年给毛泽东担任生活管理员的张国兴，在 2003 年的文章里说："毛主席几乎不喝酒，就是喝点酒也没有瘾。平常遇到家中来客人了，喝一两杯茅台酒或葡萄酒。"张国兴：《我给毛主席当生活管理员》，李敏　高凤　叶利亚主编：《真实的毛泽东》，中央文献出版社，2003 年，第 522 页。

48　《刘英自述》，第 84 页。

军事革命委员会担任机要科长，读者当然知道，毛泽东创建了中央苏区，曾经是领导中央苏区的中央局书记、中央革命军事委员会主席，以及中华苏维埃共和国中央执行委员会人民委员会主席。1941 年夏天，戚元德生孩子，住在延安医院。同期，江青也在那里住院。一天，毛泽东去看江青，顺便看望住院的几位老同志。

> 正好吃午饭，大家吃的都是普通灶，主席发现江青跟大家吃的不一样，是特灶专为她做的，荤素搭配还有鸡汤，主食全是细粮。主席当即指着饭菜批评责问江青和陪他同去的生活秘书叶子龙等人，说这里有很多都是对革命有贡献的老同志、老红军和伤病员，江青有什么资格享受特殊待遇？[49]

还有一件事是师哲的回忆。师哲在延安时，曾经担任过中央秘书室主任。毛泽东的长子毛岸英从苏联回来以后，毛泽东曾让他拜师哲为老师。实际上，1927 年八七会议以后，毛泽东领导秋收起义，再就没有见过他和杨开慧所生的几个孩子。1945 年，毛泽东从重庆回来后，一度健康很差，斯大林派医生来延安，毛岸英也随机到达。得知近 20 年未见的儿子将要回来，毛泽东非常高兴，亲自去机场迎接。最初几天，毛岸英在家里和父亲一块吃饭。几天后，毛泽东让儿子同其他人一样去吃食堂。

> ……第一餐是工作人员领岸英到中灶食堂吃的，饭后毛泽东问他在哪个食堂吃的饭？岸英如实回答了。
>
> 毛泽东说："你对革命有什么贡献？"又让他到大灶和战士们一同吃饭。[50]

几件小事并不能直接否定《延安日记》的作者所写的毛泽东的特殊化，因为对它的肯定或否定都必须亲自在现场。而"日记"作者所

49　吴持生：《童年，在延安》，《炎黄春秋》，2019 年第 6 期。
50　《峰与谷：师哲回忆录》，红旗出版社，1992 年，第 171 页。

描述的现场，是否真的存在过还是个问题。笔者所引的这几件小事也不是要证明毛泽东如何伟大，而只是要说，这就是那个时代的毛泽东，这就是那个时代里的中国共产党。同时，这也是毛泽东为何能够成为人民崇拜的"红太阳"的理由。

最后需要指出的是，《延安日记》里还有两块硬伤。笔者之所以说"还有"是因为前面所分析的问题里已经有了属于"硬伤"性质的事例。所谓硬伤，就是绝对性质的问题，没有讨论余地的"致命伤"。1953 年毛泽东在出版他的《选集》第三卷时 ，给他自己在 1945 年中国共产党第七次代表大会的开幕词和闭幕词分别所加的题目《两个中国的命运》和《愚公移山》，竟然出现在 1943 年到 1945 年所写的《延安日记》里，那绝对证明了该书是一本伪书。不容继续讨论，这就是硬伤。除此以外，还有两处。

其中的一块硬伤出现了两次：1944 年 11 月 8 日，"在一个人口超过五亿的国家里"。（第 195 页）1945 年 2 月 22 日，"拥有五亿人口的国家"。（第 238 页）两次出现"5 亿人口"这一个概念。其实，在新中国以前，因为从未进行过人口普查，中国究竟有多少人口，无论政府还是民间，都从未有过确切的概念。抗日战争中，人们通常的说法是"四万万同胞"，极个别的时候又说"四万万五千万"。毛泽东在 1945 年 4 月 23 日党的第七次全国代表大会的开幕词里就说："我们这次大会是关系全中国四亿五千万人民命运的一次大会"。[51] 可见，在旧中国，人们并不知道中国已经有 5 亿人口了。旧中国有 5 亿人口，是 1953 年人口普查以后才获知的概念。普查前，人们估计中国不到 5 亿人口，普查结果超过了 6 亿。而这时距离毛泽东宣布中华人民共和国中央政府成立，才过去了 4 年，所以，根据这来推断，旧中国应该由 5 亿多人口了。但是，"日记"的编撰者将其写到抗战期间的日记里，则是荒谬的。

第二块硬伤是在 1942 年 5 月 14 日的"日记"里，说"中国有

---

51 《毛泽东选集》第三卷，第 1047 页。

50 多个少数民族，人口有几千万"。（第 10 页）这两个概念或数据，都是 50 年代，甚至 60 年代和 70 年代以后才产生的，编撰者却把它们写到 40 年代的"日记"里了。

民族是一个现代概念，在清末民初才传到中国。但是，即使到毛泽东建国以前，在中国从事人类学与民族学工作的人也仍极少，有关现代民族的知识还极为贫乏，也少有人调查和研究我国的少数民族问题，更没有鉴定、鉴别，以及对我国人口进行民族的划分与分类。所以，民国时代，中国究竟有多少个民族，是一个未曾被提出来的问题。民国初年，有"五族共和"之说，是指汉、满、蒙、回、藏，主流社会已经不再承认更多的少数民族了。由于没有政府的确认，各人就有各人的说法，譬如毛泽东在 1938 年 9 至 11 月召开的六届六中全会上所做的《论新阶段》的报告中就说："允许蒙、藏、苗、瑶、彝、番等各民族与汉族有平等权利，在共同对日原则之下……"[52] 不仅说明那个时代里对于我国究竟有多少个少数民族的底子并不清楚，就连许多民族的名称也是未曾确定的，譬如毛泽东所说的"番"，在现在的少数民族里就没有这个名称。

在我国历史上，确定并划分民族类别的工作，是新中国以后才做的。解放以后，政府接受了苏联和斯大林的民族学理论，并且是在苏联的民族学专家的指导下，经过比较长的实际调查，才逐步确定的。按照斯大林的民族理论确定民族种类的原则与方法，也不是没有问题的，但这项现代性的重要工作总是开始了。1954 年人口普查中，

52　转引自龚育之《党史札记》，浙江人民出版社，2002 年，第 49 页。确切点说，龚育之《关于民族自治和联邦制对一篇论文的评注》中的这段话，还是转引自周忠瑜的《民族区域自治与联邦制的比较》。毛泽东的《论新阶段》在《毛泽东选集》第二卷发表时，没有按照原文刊登，甚至也没有把所发表的六届六中全会上所产生的几个文献加以说明，哪些原来是以《论新阶段》为题发表的。笔者也没有找到这几篇文章中有周文和龚文所讨论的这段话。但是，笔者之所以要以龚育之的名义刊出，是由于龚于 1977 至 1988 年在"中共中央毛泽东主席著作编辑出版委员会"工作，该机构就是整理毛泽东的文稿的，所以，对于这段并未发表的文字的真伪和准确性，应有一定程度的鉴别。

政府所认定的民族还不到 40 个。1964 年人口普查，大约 50 多个。所以，严格来说，我国有 50 多个少数民族这一个概念，是 60 年代以后才有的。[53] 另外，如上所述，几千万少数民族这一数据，也是 1953 年和 1964 年全国人口普查以后才知道的。因为民国时期的全国人口数都不清楚，也没有判断少数民族标准，竟然在外国人的“日记”中说有几千万少数民族，那纯属无稽之谈了。

即使不用做许多考证，只要有类似这样的一块硬伤，就足以证明它不是 1942 至 1945 年的“日记”了。另外，只要稍微具备一点历史知识，而又不愿意让意识形态和感情牵着自己走，都可以从该书的主调和“气场”感受到它所写的文字与当时延安的环境不协调、不和谐。笔者最初接触这本书，没有读过几页，就已经怀疑它是一部伪作。因为根据出版者的介绍，我们已经知道弗拉基米洛夫是苏联和共产国际派往延安的联络员，同时又是塔斯社的记者，也是情报官员。苏德战争爆发以后，日本是否会趁机侵犯西伯利亚，一直是斯大林的一个心病。一方面，在华北、华中和华东有着广泛根据地的中国共产党及其八路军、新四军，是对日本侵略军的一支重要的牵制力量。另一方面，由于苏联没有力量在东亚安插更多的情报人员，所以，中国共产党及其八路军新四军事实上构成苏联对日情报的主要来源。斯大林把弗拉基米洛夫派往延安，其实就相当于大使，而且这位大使必须是一位对毛泽东友好的人。斯大林如何选择了一个还没有见到毛泽东就已经有了反感情绪的人？更何况，由于毛泽东所领导的中国共产党，已经成为苏联共产党以外最强大最有实力的共产党，它已经是斯大林对外联系最为密切的革命党。所以，斯大林不可能派一个写出《延安日记》这样的一位“记者”充当大使。

另外，稍有常识的人也都懂得，利用情报编写“日记”，是件很

53　根据 1982 年的人口普查，中国包括汉族在内的所有民族是 56 个。而在此以前，1970 年，中国政府给埃德加·斯诺所介绍的还是“大约有 47 个少数民族”。埃德加·斯诺：《漫长的革命：紫禁城上话中国》，新疆大学出版社，1993 年，第 4 页。

容易做到的事情。既然这是一个情报组的负责人，差不多每天都会有情报发送回去；有的时候，一天甚至还会发送许多份情报。而每封情报都有着固定的格式：发送时间——年、月、日，以及几点几分，都标注得清清楚楚。所以，几十年过后，利用过往的情报档案，根据自己的需要，把一份一份的情报材料编写成为所谓的"日记"，再简单不过了。更何况，这本"日记"还不是采用一日一记的方式来编排，那就更容易了。

按说，《红太阳是怎样升起的》的作者判断这本书的真伪并不存在任何困难，遗憾地是，他需要让自己的理性成为立场和感情的俘虏，从而接受并沿着苏联共产党在中苏两党论战中所命定的主题和中心思想，叙述毛泽东如何运用延安整风运动施展"夺天下谋略"，毛泽东、康生、刘少奇、周恩来又"如何整掉他们的政敌"。这本书虽然写出来了，却由于主题的历史局限，它充其量也只是给上个世纪60、70 年代中苏两党意识形态斗争中的苏方再增添一枚炮弹，而对于正确理解中华民族如何走上现代化的历史轨道却没有任何意义。[54]

54　必须指出的是，1975 年由苏联国家政治书籍出版社出版的王明《中国共产党五十年和毛泽东的叛徒行径》（中文版《中共 50 年》），属于《延安日记》的姊妹篇，但对高华的影响更大、更直接。王明的书由 4 篇文章所构成，其中《第二编 "整风运动"是"文化革命"的演习》，在全书不到 300 个页码中竟占 170 页。按照作者的介绍，这篇文章完成于 1971 年。联系《延安日记》的编撰和出版过程，苏共中央对外联络部从 1968 年开始启动，1973 年出版，则可以判断王明的这篇文章与其所具有的直接关联。

　　新中国以后，王明曾两次赴苏联看病。其中第一次是 1950 年 10 月至 1953 年 12 月。1956 年 1 月，第二次赴苏联以后，就再也没有回来。1974 年 3 月 23 日，王明为即将出版的《中共 50 年》写了一篇"作者的话"，4 天后，27 日，即在苏联去世。文化大革命以前，王明夫妇虽然生活在在苏联，但根据中国共产党的规则，许多事情还是由驻苏联大使馆予以管理和安排的。另外，王明的秘书在北京领取夫妇两人的工资，并兑换成为卢布，按时寄送。1966 年下半年以后，秘书也受到冲击，工资自然停止寄送。在党的各级机构都瘫痪和极左思潮的冲击下，包括驻苏联大使馆也自然终止了对其生活的服务。所以，王明自后在苏联的生活，完全是由苏联共产党承担的。熟悉中苏两党两国体制及运作规则的人都知道，类似于像王明这样担任过兄弟党领袖职务的人而后又由于党内派系斗争逼迫侨居或流亡其他国家，在苏联和欧洲，以及中国、朝鲜、越南等党和国家里也绝非单独的个案。中国共产党就曾经养着不少越南劳动党和朝鲜共产党的失意者。按照制度与惯例，王明与中共脱离关系以后的生活和其他事务，全都是由苏共中央对外联络部具体负责与管理的。《延安日记》是苏共中央对外联络部为适应中苏两党两国斗争的背景，特意安排编撰的，它的一条主线就是写毛泽东与王明之间的斗争，尤其是毛泽东在整风期间对王明的迫害，包括所谓的"毒杀王明"的医疗事件。该书编撰期间，王明作为《延安日记》所写延安整风的主要当事人不仅就在莫斯科，而且对外联络部还具体负责其生活及一切事务，所以，不排除《延安日记》编撰过程中以及书稿完成以后，苏共中央对外联络部都曾经请王明参与过意见，至少会安排其审读书稿，提出意见。如果愿意作进一步推测，为配合该书的出版发行，苏共中央对外联络部还会建议和要求王明以第一人称的身份撰写一本有关延安整风的书籍。当然，也不排除另外一种可能，即当王明阅读了《延安日记》的书稿以后，受其启发而主动要撰写一篇有关延安整风的文章。否则，一是无法解释王明有关延安整风的文章恰好也是在那个时间点撰写的。二是也不能解释一本按照篇目和章节结构编撰的具有专著性质的《中共 50 年》，却把主体部分放到延安整风这样一个占据不到十分之一的时间段上。在中国共产党的历史中，即使延安整风相当重要，但它在 50 年的曲折发展与奋斗历程里，无论如何也不是最需要占用篇幅的。最后，如果不是苏联共产党自己的需要，何以能够在苏联那样的制度下由国家政治出版社出版一本由流亡者个人撰写而面向苏联民众的图书？相反，如果明白了下面这个道理，即让一个昔日的中国共产党领导人用俄文书写诋毁中国共产党的领袖毛泽东的书，让苏联人民看到一个反派的毛泽东，即使不符合历史却符合中苏两党交恶以后的苏联共产党的利益，那就知道了这本书的性质了。

《中共 50 年》对《红太阳是怎样升起的》则有着直接的影响。一方面，它们的主题和中心思想，都来自于苏共中央对外联络部为《延安日记》的既有设定。另一方面，《红太阳是怎样升起的》框架与架构，以及诸如"毛泽东夺取中央总书记"、"遵义会议"、"毛泽东主义"、"延安文艺座谈会上的讲话"、"抢救运动"、"翻案和恢复名誉"等重要元素，也都来源于王明的《中共 50 年》中的《"整风运动"是"文化革命"的演习》这一篇。特别是《"整风运动"是"文化革命"的演习》和"毛泽东夺取中央总书记"，不仅已经把延安整风运动和文化大革命中如日中天的"红太阳"这个书名提出来了，而且提示夺取权力是贯彻延安整风的主线。所以，只要带着一个适当的立场和感情，读过王明的这本书以后，《红太阳是怎样升起的》就呼之欲出了。

王明《中共 50 年》中有关延安整风的内容，理应受到批判。但是，鉴于王明是以当事人的身份叙述其与毛泽东之间的情事，而中国共产党仍旧封锁和垄断相关的历史档案，所以，这是一个难以进行的课题。即使如此，必须指出，尽管王明的这本书以当事人的身份叙述了许多历史，但是，一方面，当一个人哪怕是受客观因素的逼迫而不得不背叛祖国投靠敌对的民族，他的整个生命就都已经是在别人的掌控下苟延残喘地延续着，主子要求他做什么就都只有服从了。这是晚年王明的生存环境。另一方面，就其那么，应该如何认识和评价延安整风运动呢？

延安整风是中国共产党的一次政治思想运动，而中国共产党是中华民族的民族主义运动，是中国由传统走向现代资本主义过程中的早期阶段或初期阶段的产物，要理解和认识延安整风运动这一类重大历史事件，就需要紧密联系这一时代特征与特点，把特定的历史

主观愿望来说，失意的王明也愿意把历史追述当作抒发个人恩怨的方式。总之，在这样的背景下所完成的一本书，即使是当事人的追述或追忆，但无论如何都很难以成为一本信史。且举两个例子说明。

一个是有关重庆谈判。1945 年 8 月，在国内舆论和美国政府的施压下，蒋介石曾于 14 日、22 日两次电邀毛泽东赴重庆谈判，毛泽东都委婉回复，没有应允。8 月 23 日，蒋介石第三次电邀。25 日，毛泽东才根据此前斯大林来电"日本投降，国共应言归于好，共商建国大事。如果继续打内战，中华民族有毁灭的危险"，决定亲赴重庆。（《毛泽东年谱（1893-1949）》（下），第 7、9、12、13 页）所以，毛泽东重庆谈判，在很大程度上是斯大林促成的。王明当时也在延安，应该知道斯大林在这一问题上所起到的作用。即使不完全了解，苏共中央对外联络部所保存的档案里也一定都有。另外，即使不考虑斯大林的因素，毛泽东赴重庆谈判是符合中华民族利益的。中国共产党对国民党妥协也是符合中华民族利益，符合当时国人的愿望的。但是，他在这本书的第三篇里叙述这段历史时，却把毛泽东赴重庆谈判以及谈判结果都歪曲为毛泽东"对战后中国统一和建设事业方面能从美国获得援助给予莫大的希望。所以 1945 年秋毛泽东应美国驻华大使赫尔利的邀请，到重庆同蒋介石谈判，相信当时的美国大使是可靠的裁决人。结果国共之间签署了真正右倾投降主义的'双十协定'"。（王明《中共 50 年》，第 196 页）为了达到他所设定的"毛泽东与美帝国主义合作"的主题，不仅有意不提斯大林电报这一重要因素，甚至还把蒋介石的 3 次邀请，都改变为"毛泽东应美国驻华大使赫尔利的邀请"了。可见，王明为了诋毁毛泽东，不仅不尊重历史事实，甚至连中华民族利益这一根本原则也都没有了。

第二个例子。1970 年 12 月 18 日，毛泽东接见美国记者埃德加·斯诺后，在送其上车离开时，斯诺说别的人在他跟前不敢畅所欲言地说话。毛泽东说了句："我不怕说错话，我是无法无天，叫'和尚打伞'——无发（法）无天，没有头发，没有天。"斯诺只是听到了"和尚打伞"，而未能领会"无法（发）无天"的含义，所以将其错误解构为毛泽东自喻为"一个带着把破伞云游世间的孤僧"（埃德加·斯诺：《漫长的革命：紫禁城上话中国》，第 173 页；龚育之：《关于"云游孤僧"的正误》，人民日报，1971 年 1 月 7 日，第 8 版）。至此，有人又进一步将毛泽东的晚年解释得似乎众叛亲离，成了孤家寡人，以至落落寡欢，倍感孤独和落寞。王明据此就写了一篇《"孤僧"的命运和毛的十大》，洋洋数万言，也放在《中共 50 年里》。就这样的一本书，其价值能有几何？但是，《红太阳是怎样升起的》作者把它当作信史，不只是主题和架构来自于王明，而且注明引自王明的具体资料就达到 13 处。

事件放置在它所发生的特定发展阶段里。

列宁说："在全世界上，资本主义彻底战胜封建主义的时代，是同民族运动联系在一起的。"[55] 毫无疑问，列宁属于辩证法大师行列里的人物。但是，他也具有中国俗语说"医不自治"的味道，明明说的是"全世界上"的人们都在经历由传统的经济形态向资本主义转变的时代，他却把自己所进行的俄罗斯民族主义运动解构为超脱和跨越资本主义时代的社会主义革命。但是，就像抓住头发并不能让自己摆脱地球引力一样，列宁主义也无法让人们超脱资本主义时代。事实上，苏联共产党也仅只是俄国早期资本主义阶段大俄罗斯民族主义运动的产物。

近代历史以来，资本主义最早从西欧起步，开始在全世界扩张和发展。但是，地处欧洲东部的沙皇俄国，却属于在这一历史大潮中举步迟缓的民族。截止第一次世界大战之前，它还是一个距离农奴制度还不很远的落后国家。所以，当沙皇政府先后把 1500 万农民送到前线的时候，[56] 等于是在资本主义很不发展的情况下却把 1 亿多的个体农民全部推到了现代社会的前沿。[57] 所以，虽然列宁把他的布尔什维克标榜为工人阶级先锋队组织，是无产阶级政党，足以超越资本主义而建立无产阶级专政和共产主义，但是，他却无法超脱落后的俄国的现实，无法躲避开千百万自然经济状态下的农民的现实。既然历史一下子把所有农民都推到了资本主义时代面前，所以，最强大的布尔什维克就只能是势力最强大的农民阶级应对现代资本主义的产物。

其实，只要细致分析列宁的共产党和俄国革命的关系，就不难发

55　列宁：《论民族自决权》，《列宁选集》第二卷，第 508 页。

56　《新编剑桥世界近代史》第 12 卷，第 553 页。

57　由于沙皇俄国所涵盖的殖民地的原因，俄国人口有不同数据。尼古拉·梁赞诺夫斯基的《俄国史》说 1917 年有 1.7 亿人口。《俄国史》（第七版），第 401 页。估计这是包括了波兰、拉脱维亚、立陶宛和芬兰的人口。根据帕尔格雷夫世界历史统计，俄国/苏联在 1897 年是 126367 千人，1926 年是147028 千人。B.R. 米切尔编：《帕尔格雷夫世界历史统计（欧洲卷 1750-1993 年）》（第四版），经济科学出版社，2002 年，第 7 页。按后一数据推算，1917 年的俄国人口大约为 1.4 亿。

现，十月革命是二月革命的自然承续与发展。但是，我们必须强调过去的历史研究所忽视了的一个问题，即 1905 年的二月革命与列宁及其布尔什维克没有任何关系。也就是说，俄国革命并不是布尔什维克引爆的。列宁 4 月 3 日从国外回到俄国的时候，沙皇已经下台，临时政府却左右不了局面，工人、士兵和农民苏维埃的革命运动已经在全国风起云涌，势不可挡。过去的人们没有进一步分析，如何会发生这样的局面？那不过是传统的农业文明的秩序被打乱，而现代资本主义经济秩序却还未能建立起来，革命就成了历史的必然。当革命发生以后，才为列宁提供了条件。列宁是革命的继续，而不是革命的原因。

列宁及其布尔什维克之所以成功发动十月革命，就在于他的《四月提纲》中的一句话："一切权力归苏维埃！"这是一句特别符合已经风起云涌的工人、士兵和农民苏维埃的政治口号，是深得弄潮儿心声的一句口号。所以，各个苏维埃中的人们纷纷集聚在布尔什维克的旗帜下，——列宁自然地收获了革命的成果。但是，当落后的俄国在列宁所构建的所谓社会主义形态下，有了一定的发展以后，也即当资本主义有了一定的基础以后，苏联共产党也就完成了它的历史使命，它就过时了，就必然地要退出历史舞台了。[58]

---

[58] 苏联共产党历经了 3 个历史阶段，分别有 3 个不同的名称。1905 年 4 月俄国社会民主工党第三次代表大会至 1918 年 3 月俄共（布）第七次（紧急）代表大会之间，因列宁在有关党纲的辩论中观点占据多数，从此就把拥护列宁观点的社会民主党派别叫布尔什维克。比较规范性的称呼是俄国布尔什维克社会民主工党，即俄国社会民主党内的一个派别性的组织。1917 年十月革命以后，已经取得政权的布尔什维克在第七次（紧急）代表大会上通过决议，把那个没有政治含义的名称改为俄国共产党，并加上括号注明"布尔什维克"，简称为俄共（布）。1924 年 1 月 31 日，第二次全苏联苏维埃代表大会通过《苏维埃社会主义共和国联盟根本法》即宪法，原来的俄罗斯社会主义联邦苏维埃共和国改名为苏维埃社会主义共和国联盟，简称为全苏联或苏联。1925 年 4 月，俄共（布）第十四次代表大会通过决议，决定将俄共（布）改名为全苏联共产党（布尔什维克），简称为联共（布）。后一个名称一直沿用到 1991 年 12 月 26 日，即戈尔巴乔夫宣布辞去苏联总统职务的次日，苏联最高苏维埃通过决议宣布苏联停止存在，即苏联解体。从此，苏联共产党亦不复存在。

　　所以，如果说以前的历史令人们眼花缭乱，辨认不出社会发展的主线的话，那么，当苏联解体以后，历史已经再清楚不过地告诉我们，站在全人类向资本主义转变的大历史面前，"在全世界上，资本主义彻底战胜封建主义的时代"，无论哪个国家，都没有例外。——以马克思列宁主义的名义所建立的苏联共产党，不过是大俄罗斯民族主义运动的一种具体的历史形式，而苏联社会主义不过是一种变相的大俄罗斯资本主义经济形态，一种俄国式的资本主义。

　　中国比俄国还要落后。因为在它走向现代的时候又不得不增加了许多俄国的元素，情况就更为复杂了。

　　从 15 世纪末至 16 世纪初开始，人类由传统转向现代，先后呈现出 3 种转变模式。一种是荷兰、葡萄牙、西班牙、英国和法国等西欧民族，是在传统时代的王国体制内自然生长出资本主义的。一种是以德国和日本为代表，在本民族的政府领导下有意识地自觉引进资本主义。一种是以俄国的布尔什维克运动为代表，用暴力革命的方式实现转变。[59]

　　如果中国在明末清初的时代，或者在 16 世纪、17 世纪，甚至 18 世纪，当西方文明最初传播到中国的时候，统治者就能以积极的态度向西方学习，也许可以走第一条道路，在封建王朝的体制内以缓慢而又和平的方式由传统走向现代。[60] 即使 18 世纪以后，如果清政府能

59　法国在一定程度上也可以说具有这种性质。但是，它是在数百年国王制度下自发产生与发展资本主义的。由于已经有了资本主义的基础，它的革命毕竟不同于俄国和中国这一类国家。所以，尽管它把国王送上了断头台，我还是将其归结为西欧民族类型。

60　大中华帝国自始以来对于周围民族就表现出天生的傲慢。1793 年，大英帝国已经在海上称霸将近半个世纪，而中国对于世界却浑然无知。乾隆皇帝写给英国国王的信说："尔国王远慕声教，向化维殷，遣使恭赍表贡，航海祝厘，朕见尔国王恭顺之诚，令大臣带领使臣瞻觐，锡之筵宴，叠予骈蕃，业已据给敕谕，赐尔国王文绮珍玩，用示怀柔。昨据尔使臣以尔国贸易之事，咨请大臣等转奏，皆系更张定制，不便准行。向来西洋各国及尔国夷商赴天朝贸易，悉于澳门互市，历久相沿，已非一日。天朝物产丰盈，无所不有，原不藉外夷货物以通有无。特因天朝所产茶叶、瓷器、丝斤为西洋各国及尔国必需之物，是以加恩体恤，在澳门开设洋行，俾得日用有资，并沾雨

够像日本天皇那样自觉学习西方，也不至于发生革命。——仔细分析起来，即使发生了所谓的辛亥革命，但是，如果清廷逊位以后却没有20世纪前半期的两次世界战争，中国还是有可能像日本那样走第二条道路。或者，虽然发生了第一次世界战争，但没有第二次世界大战，特别是如果没有发生日本帝国主义不断扩大的侵略中国的战争，也许中国社会将长期保持十年土地战争那样的状态，即以国共两党的武装斗争致使中国在震荡中前进和发展。那也属于第二种模式。不过历史没有假设，没有如果，由于第二次世界大战和日本帝国主义的侵略，中国别无选择地走了第三条道路。

虽然说中国跟着俄国走了一条革命的道路，但是，由于它的一系列的具体情况，还是有着许多不同的特点。俄国地处欧洲东部，与西部和中部的民族比较，资本主义发展来得迟一些，慢一些。尤其是它的农奴制，延缓了社会进步。但是，它毕竟还是地处欧洲，沙皇和贵族始终都保持着向往西方文明的传统，与西欧各个古老王室有着比较密切的交往，世代都有目的地选择与西方王室联姻，并以学习和效仿法国等欧洲王室为时尚。在生产方面，俄国也发展了一些现代工业，尤其是建造了不少欧洲资本主义市场所需要的资源型的大工业。在文化、教育和科学技术方面，俄国也都与欧洲的著名大学和研究机构保持着广泛的联系。所以，当俄国历经1854至1855年的克里米亚战争，1904至1905年的日俄战争，以及1914至1917年第一次世界大战，沙皇政府的腐败所导致的每次战败，激起一次比一次高涨的俄罗斯民族主义。期间，俄国知识分子有着充分的时间向西方学习和准备革命理论，从而使得第一次世界大战中，当沙皇几乎把全部农民

润。今尔国使臣于定例之外多有陈乞，大乖仰体天朝加惠远人、抚育四夷之道。且天朝统驭万国，一视同仁，即在广东贸易者，亦不仅尔英吉利一国，若俱纷纷效尤，以难行之事妄行干渎，岂能曲徇所请。念尔国僻居荒远，间隔重瀛，于天朝体制原未谙悉，是以命大臣等向使臣等详加开导，遣令回国。恐尔使臣等回国后，裒达未能明晰，复将所请各条，缮敕逐一晓谕，想能领悉。"（徐珂：《清稗类钞》）中华文明的傲慢，致使闭关锁国，自绝于现代文明，以至越来越落后，遭致挨打。

送到前线而爆发革命的时候，以列宁为代表的俄国知识分子能够从西欧所产生的马克思的学说中建构出一套适合自己需要的理论，及时替代了沙皇时代的东正教思想意识形态，并在这一思想意识形态基础上组建起革命政党以整合农民阶级，让占据社会绝大多数的最底层的农民成为社会动荡年代里决定历史走向的革命力量。

当时的中国却不具备这样的条件。就经济种类来说，中国也属于内陆型的农业大国。这是它与俄国相同相近的方面，也是中国之所以能够走俄国道路的主要原因。但是，它又是一个濒临太平洋西岸的亚洲国家，与欧洲大陆之间横亘着比中国还要贫穷和落后的西亚及中亚的广阔区域。一直到 19 世纪末 20 世纪初，西方先进生产力才开始从海上引进到中国。如果没有后来发生的世界战争的刺激，中国也许会在清廷或者北洋政府的统治下缓慢发展。问题是，资本主义以越来越快的速度向全世界扩张，当第一次世界大战传播到中国的时候，当五四运动以极为简单的方式“砸烂孔家店”的时候，中国还没有一个具有现代性的理论以替代传统的儒家政治伦理，远在欧洲的战争既没有搅动封闭的中国农民的自然状态，也没有产生出一个足以能够把分散的农民组织和动员起来的思想意识形态，所以就谈不上建立一个领导农民革命的政党了。

正如马克思所说，人类始终只提出自己能够解决的任务，任务本身，只有在解决它的物质条件已经存在或者至少是在形成过程的时候，才会产生。[61] 当第一次世界大战激活了中国的民族主义情绪，却没有足以动员发动农民的理论和缺少一个足以领导它的革命政党的时候，这些却在俄国共产党的帮助下解决了。

俄国共产党为什么会帮助中国建立共产党组织？原来，列宁从自己所认识的马克思主义的基本原理出发，认为社会主义革命是世界性的，俄国革命的最终胜利有待于世界革命的发生，尤其是有待于西方发达的资本主义国家的革命。所以，已经掌握国家政权的俄国无

---

61 《马克思恩格斯选集》第二卷，第 83 页。

产阶级有责任帮助还正处在奋斗中的各国无产阶级。列宁是在俄国极为贫穷的情况下，于 1919 年投入相当大的人力财力组建共产国际，希望通过帮助和协调各国共产党的一致行动，推动世界革命。中国共产党就是在这样的背景下，经过共产国际的帮助建立起来的。但是，随着历史的发展，西方发达国家的社会主义革命不仅没有发生，绝大多数国家甚至都没有出现过革命的迹象。所以，这些列宁曾抱有很高期望的发达国家的共产主义运动都不怎么理想，相反，倒是原来认为没有无产阶级革命基础的中国，农民运动和武装斗争却开展得有声有色，成为苏联共产党的外交和共产国际的核心工作。[62]

虽然列宁及其布尔什维克是打着马克思主义的旗帜，认为社会主义革命是世界性的，但是，处在人类由传统向资本主义转变的大历史背景下，其本质却只能是落后的俄罗斯向现代的转变，只能是俄罗斯的民族主义运动。所以，大俄罗斯民族的民族利益才是列宁及其布尔什维克的对外政策的基础、底线，出发点和归宿。以支援世界革命为目的建立起来的共产国际，也就只是俄共中央的一个对外联络的机构。站在大俄罗斯帝国的立场上，一个和平友好的远东秩序对它的长远发展有利。所以，寻求一个对俄国（苏联）友好，甚至依附于它的中国政府，才是包括共产国际在内的列宁、斯大林及其布尔什维克政府热心帮助中国的根本原因。

当然，就中国方面来说，也存在着接受俄国共产党的社会基础与客观条件。首先，自 1840 年鸦片战争以来，西方列强和日本对中国越来越严重的侵犯，而晚清和历届的北洋政府在外国列强面前无一例外的软弱和腐败，以及每次中外摩擦以后所形成的丧权辱国条约，都不断地激起士绅阶层和青年知识分子的爱国情绪。至第一次世界大战结束，奋发图强的爱国主义已经成为中国社会的主流意识。但是，由于落后的中国不具备产生现代思想的条件，尤其是非主流集团

62　亚历山大·潘佐夫 梁思文：《毛泽东：真实的故事》，联经出版事业股份有限公司，2015 年，第 26 页。

和社会边缘化的人们都缺失现成的革命图变的思想武器。所以，五四运动之后，有两种人把目光都转向了十月革命后的俄国，一个是以李大钊和陈独秀为代表的对马克思列宁主义有着浓厚兴趣的城市知识分子，一个是以孙中山为代表的资产阶级革命派，他们都不认可从清王室所孵化出来的北洋政府，都对俄国的十月革命推崇备至，相信通过激进的革命才可以改变落后的中国。

陈独秀和李大钊这一类城市知识分子与孙中山还是有所不同，后者本来就是职业革命家，而前者是由于接受了列宁的马克思主义才走上革命道路的。人们有所不知的是，陈独秀和李大钊不仅有着共同留学日本的经历，而且因为与与章士钊共同举办《甲寅》杂志有着“铁三角”的兄弟般关系。俄国发生社会主义革命以后，他们相信中国也能通过无产阶级革命和无产阶级专政，改变贫穷落后的面貌。所以，当俄共（布）和共产国际派往中国的代表威金斯基建议两人在中国成立共产党组织时，一拍即合。

除了意识形态的输入以外，俄共（布）通过资金支持和运作，也是中国共产党能够在那个时代建立和发展起来的一个重要条件。对这一个问题，中国共产党一直采取隐瞒和回避的态度。但是，不了解这一点，不联系这个方面，就无法正确认识中国历史。其实，作为被社会边缘化的政治力量，陈独秀这一类的知识分子和孙中山这一类的革命者，当时都正在通过各种关系和不同方式，寻求包括外国政府的钱。孙中山寻求日本政府的帮助，是长期的和公开的，这方面的资料很多。孙中山接受德国政府的钱，人们知道的很少。据杨天石先生所引蒋介石日记，1917 年第一次世界大战期间，孙中山就是因为反对中国政府参与欧战，而得到德国政府 200 万元革命经费。[63] 中国

63　杨天石：《孙中山与第一次世界大战》，《江苏师范大学学报（哲学社会科学版）》 2018 年第 5 期。北洋水师是北洋军阀的重要组成部分，北洋政府期间，孙中山的广州政府却有很壮观的舰艇部队。原来，孙中山从德国政府所资助的 200 万经费中拿出一部分，策反北洋政府的海军部长程璧光，把北洋舰队拉到了广州。

共产党在其建党初期就得到共产国际代表有关资助经费的承诺。
1927 年第一次代表大会以后，张国焘向共产国际代表马林介绍会议
情况。马林解除张国焘的顾虑说："站在国际主义的立场，共产国际
有帮助各国共产党的义务，而中共也应坦然接受。"根据张国焘所拟
定的工作计划，包括社会主义青年团在内的党的职业革命家约30人，
每人每月津贴约 20 至 30 元不等，以及出版经费开支，合计每个月
大约 1030 元左右。马林爽快地答应："全部经费都由共产国际补
助"。[64] 根据亚历山大·潘佐夫和梁思文引用苏联政府所保留的共产
国际的档案材料，至中国共产党取得国家政权，俄共（布）直接或者
通过共产国际给予的经费，多达数千万美元。[65]

64　张国焘：《我的回忆》（上），第 142、143 页。

65　《毛泽东：真实的故事》，第 376 页。该书零星披露共产国际给中国共产党
　　的经费资助，第 270 页：1929 年共产国际给中共中央 2 万美元；1930 年 8
　　月至 1931 年 5 月，共产国际每月给中共中央提供 2.5 万美元经费；1931 年
　　9 月至 12 月，上海党组织领到 1.03 万美元。到该年年底，领到 28 万美元。
　　　　第 294-295 页：1934 年 5 月，以博古为首的中央书记处决定长征，向
　　共产国际要求 100 万墨西哥银元的经费。6 月，共产国际核准 20 万卢布即
　　相当于 15 万墨西哥银元。
　　　　第 315 页：1934 年 6 月 8 日，共产国际执委会政治秘书处政治委员会
　　决定，从中国共产党未花掉的经费里提拨 10 万卢布，并从预备金提拨 10
　　万卢布。1934 年 7 月 1 日，莫斯科又决定，1934 年里，中共每个月可以拿
　　到 7418 金元。
　　　　第 318 页：1936 年 8 月，中共中央重新与莫斯科取得联系以后，毛泽
　　东给莫斯科所拍发的第一封电报即要求每月得到 200 万墨西哥银元的经费。
　　很快，莫斯科给了 200 万卢布。隔几个月，又给了 50 万美元，以及 1166 吨
　　燃料。附注：墨西哥银元是指 1821 年墨西哥独立后使用的新铸币，因成色
　　较其他外国银元为佳，曾在世界上广为流通。19 世纪中叶，墨西哥银洋传
　　入中国。晚清至民国年间，墨西哥银元几乎成为中国南部及中部各省市场
　　的主币。至 20、30 年代，上海的外国银行发行纸币，仍以墨西哥银元为兑
　　换标准。
　　　　第 333-334 页：1936 年 11 月，毛泽东给宋庆龄一封信，通过其交给
　　上海的潘汉年 5 万美元。1936 年 11 月 12 日，共产国际执委会通知中共中
　　央，向其提供 55 万美元的援助，头期 15 万美元于 11 月底，仍通过宋庆
　　龄已经交给上海的潘汉年。1937 年 3 月初，莫斯科又承诺当年度给予中国
　　共产党财务援助提高到 160 万美元。从而，1937 年，中国共产党从莫斯科
　　得到将近 200 万美元的援助。

除了经费支持以外，俄国共产党从 1921 年创办的莫斯科东方劳动者共产主义大学和 1925 年在国共合作背景下创办的莫斯科孙中山大学，先后为中国共产党培养了上千名干部。这些青年知识分子在莫斯科接受了马克思列宁主义理论，军事、党务和从事秘密工作的各类技术知识，尤其是灌输了保卫社会主义苏联的思想，——无产阶级革命具有世界性特征，由于苏联是全世界唯一一个无产阶级取得政权的国家，是社会主义的大本营，保卫苏联即是保卫世界无产阶级革命事业。所以，经过在苏联的学习，绝大多数青年都树立了共产主义信仰和坚定为革命献身的精神。随着革命事业的发展，尤其是第六次代表大会以后，这些具有在苏联学习背景的知识青年，大都担任了中国共产党的重要职务。尤其是 1931 年 1 月的六届四中全会，是一次具有转折性意义的会议。在这次据说只召开了 4、5 个小时的中央全会上，共产国际派往中国的代表巴维尔·亚历山大罗维奇·米夫，用非常手段把他的学生王明、博古等人或者拉进中央政治局，或者安排到中央机构的较高位置上。中国共产党的中上层领导人，包括中央委员、中央政治局委员、常委和总书记，以及中国共产党的一些下属机构和重要的地方领导人，比如中国共产主义青年团，江苏省委（那时的上海隶属于江苏省），都是由米夫决定的。[66] 一方面是六届四中全会所决定的人事安排，另一方面是上海以及全国越来越严重的白色恐怖，使得在接着以后的几年里，中国共产党在全国的发展只能以六中全会所形成的人事格局为基础发展，从莫斯科毕业的青年学生逐渐担任了自上海的中央领导机关，到包括江西中央苏区在内的各个

66　据参加会议的李维汉的回忆："会议从早晨到晚上十点多钟，共开了十几个小时。"李维汉：《回忆与研究》（上），中共党史资料出版社，1986 年，第 323-324 页。据 1932 年曾经担任过中共中央宣传部长、组织部长和上海中央局书记的盛忠亮说，米夫借故上海的白色恐怖和安全问题，六届四中全会只开了 4、5 个小时。即使王明的这位莫斯科同学也认为，这样做的好处是对付中共中央的一些老干部，让他们只可以对米夫提出的人事进行表决，而来不及进一步的讨论或辩论。盛岳：《莫斯科中山大学和中国革命》，东方出版社，2004 年，第 266-267 页注释①。

革命根据地和红军，各个中央局和省委机关的领导职务。以六届四中全会为标志，中国共产党已经完全布尔什维克化、俄国化了。

人类从传统到现代的转变，其实质就是个体农民转变成为依靠市场的劳动者。按照马克思的说法，是对农业生产者即农民的剥夺。[67] 所以，社会转变的实质都是农民问题。但是，这一个过程在不同的国家和不同的历史阶段里，其表现是不一样的。前面曾经表述过，西欧各国的民族内自然产生，历经了一个漫长的阶段，个体农民是被传统的自然经济分次、个别释放，并由资本主义体制逐步吸收的，所以就没有发生激烈的大的革命运动。德国和日本发展资本主义的方式，要比西欧来得迅速一些，也由于政府的有序引导，也没有爆发大规模的革命。俄国遭遇 1917 年的革命，是由于沙皇在第一次世界大战中不断把农民送到前线，以及为了支持前方战场上的上千万士兵，又要动员更多的农民走进工厂，以及组织直接为前线服务的后勤供应系统。腐朽的沙皇政府没有控制和调度数千万兵力和劳动力的能力，社会不能有序地运行，统治者不能照旧统治下去，人民群众也不能照旧生活下去，革命就出现了。

中国的问题与俄国又还有所不同。俄国农民被沙皇政府提早动员集聚到城市了，所以布尔什维克可以迅速膨胀而率领农民从事革命。中国是从晚清到民国初年才开始引进资本主义，虽然在第一次世界大战的刺激下爆发了五四运动，那也仅只限于东部的一些城市里的士绅和青年学生，几亿农民的传统生活秩序并没有受到多大的影响。所以，中国共产党的革命，是要深入到农村发动，即通过农民运动和组织农民武装才可以得到。但是，苏联共产党从其民族利益出发，它的目的是选择一个依附于它的友好政府，而孙中山的国民党不仅势力强大，而且有靠拢苏联的愿望。所以，苏联共产党从一开始就要求中国共产党与国民党合作，共产党员以个人的名义加入国民党，从事国民党的工作，依附于国民党。国共破裂以后，共产国际和苏联

---

67 《资本论》第一卷，第 784 页。

共产党又陆续把它们所培养的青年学生推到领导岗位上，而苏联共产党和共产国际，以及执掌中共中央权力的留苏学生们，都是按照俄国革命的经验，把革命重心放在大城市，甚至要求仅有的一点农村武装配合城市暴动，攻打大城市，使得党员、红军和根据地几乎丧失殆尽。

也就在中国共产党中央被国民党赶出中央苏区而与共产国际失去联系的长征途中，中央红军和中央机关由长征起始时 7、8 万人，被一路围追堵截剩下不到 2 万人的时候，[68] 在红军官兵的强烈要求下，于 1935 年 1 月的遵义会议上，又把中央红军和中央根据地的创始人毛泽东请回到了领导岗位。毛泽东是中国共产党内土生土长的领导人。毛泽东相继获得中国共产党的军事武装和全党的领导权以后，把残存的中央红军和中央机关带到了仅只有 40 万人口的陕北根据地。接着又利用日益高涨的抗日形势，也只是几年的时间，使得全国党员达到 100 万左右，中国共产党所领导的八路军和新四军等正规的抗日军事武装 40 多万，以及 10 多块总计接近 1 亿人口的抗日根据地，从而成为世界上仅次于苏联共产党的最有影响的红色力量。[69]

68　一、四方面军会是以后，朱德给张国焘介绍说，江西出发时的总人数约 9 万人，茂功会师时仅只有 1 万人，其中红军主力，林彪的一军团 3500 人，彭德怀的三军团 3000 人，董振堂的第五军团不到 2000 人，罗炳辉的第 12 军只剩下几百人，加上中央各直属部队，总计约 10000 人。而所有的炮都丢光了，机关枪所剩无几，又几乎是空筒子。每支步枪平均约 5 发子弹。《我的回忆》（下），第 377 页。

69　根据中国共产党组织史料，1921 年建党初期仅有 57 名党员，1927 年国共破裂时期发展到 57969 人。至 1931 年，曾发展到 124617 人，1933 年仅剩15486 人。（中共中央组织部 中共中央党史研究室 中央档案馆编：《中国共产党组织史资料》第一卷，中央党史出版社，2000 年，第 39 页《表3 1921年 7 月至 1927 年 5 月中共党员数量统计表》，第 68 页《表2　土地革命战争时期中共党员数量统计表》）中国共产党所领导的工农红军，最高时曾号称有 30 万。1935 年 10 月，中央红军到达陕北时不到 6000 人，加上陕北的红军约 3 万人。（郭洪涛：《郭洪涛回忆录》，中共党史出版社，2004 年，第99 页）郭洪涛时任中共陕甘晋省委副书记，是 1935 年 10 月率先迎接中共中央和中央红军到达陕北的地方干部，他对于当时中央红军的记忆该是比

　　按照列宁的理论，资本主义发展的首要问题是各个地区的民族主义运动。古老民族通过民族主义运动形成统一的现代民族国家，它是发展资本主义生产的基本的前提。因为只有在统一的民族国家的前提下，才有统一的市场。所以，现代资本主义都是从民族主义运动起步的，而中国共产党既是一定阶段的民族主义运动的产物，又是推动一定阶段的民族主义发展的主导因素。

　　中国的民族主义运动可以追溯到晚清时代，从第一次鸦片战争开始的帝国主义对中国的战争，就一次次地刺激中国人的爱国热情，掀起民族主义运动。太平天国、义和团，洋务运动、戊戌变法，以及辛亥革命，都是中国传统社会各个阶级和阶层在西方资本主义和帝国主义侵入中国以后所作出的反映，具有一定早期民族主义运动的性质。

　　由于中国资本主义发展所具有的迟缓性质，即使第一次世界大战激发起中国知识阶层的较为广泛的爱国热情，从而发生五四运动的时候，除了东部沿海的部分城市以外，中国社会的基本层面都还不具备充分应对现代性的条件。"为了打鬼，借助钟馗"。中国共产党是在俄国共产党的帮助下，由部分大城市的知识分子建立的具有读书会性质的组织。所谓在俄国共产党的帮助下，一是接受了俄共（布）的马克思列宁主义思想意识形态，一是接受经费的支持。这带来一个结果，那就是参加共产国际，服从共产国际的领导，实质是依附于俄共（布），致使中国共产党的运动服从和附属于大俄罗斯的民族主义运动。中国共产党从来都不愿意正视早期的这一段历史。其实，从组织原则来说，中国共产党是共产国际的一个支部，时时处处接受共产国际的领导和约束，其纲领、路线和政策，领导人的任职，具体的行动计划，都是经过共产国际的审查和批准的。说共产国际，是笼而统之的说法，总的根子或者大老板还是俄共中央。受制于共产国际这一历史，中国共产党往往只叙述六届四中全会这一阶段，其实是从建党

　　较准确的。

时就开始了的。譬如中国共产党建党初期的最大事件就是国共合作，而它就是共产国际提出来的，陈独秀和张国焘本都不同意，但也都以“组织服从”执行了。所以，本该是中国的民族主义运动，但它的最高和最终利益是苏联，保卫苏联共产党和维护苏联社会主义，都是当时的中国共产党人公开呼喊的口号。

但是，国共合作的失败，国民党用枪炮把共产党赶到乡下，迫使共产党走了一条发动农民进行革命的道路。十年土地战争的实质，就是中国共产党在南方一些省份发动农民，实行农民武装。中国共产党所率领的红军到达延安以后，紧紧地把自己的命运和中华民族的危机连接在一起，利用日本帝国主义加进侵略中国而激起的民族觉醒，把武装力量开赴到日军占领区的边缘，动员人民，发展抗日革命根据地，同时也壮大了自己。农民加入中国共产党，改变了中国共产党的成分。遵义会议实质上是在共产国际对中国共产党失去控制的情况下，毛泽东在江西革命根据地所建立的红军及其革命政权的领导人，在极为艰难困顿的情况下把毛泽东再次请了回来。[70]

70　关于这一点，倒是德国人李德看得较为清楚，他在多处指出毛泽东在苏区长期斗争中所形成的力量及其队伍。见李德《中国纪事》第 128、130 页。不过，必须指出，1973 年，德国建茨出版社出版的这本书，也该是苏联共产党中央对外联络部所策划的一本抹黑中国共产党及其毛泽东的政治读物。因为如果没有苏共中央提供当年共产国际的一系列文件，时隔 40 年，李德要回顾 1932 年至 1939 年担任中国共产党中央军事顾问期间的经历，包括叙述江西苏区和长征期间的一些战斗和战役的具体情节，特别是有关战役的部署，各个部队拥有的兵力和武器装备的数据，战斗战役的具体地点，等等情节，无论如何是不可能的。尽管作者没有明确交代苏方是如何提供支持的，但是，我们从他闪烁其词地话语中还是可以得到一些线索。李德在该书的“尾声”中说：“我在写这本《纪事》时，利用了文件材料和有关文献……”《中国纪事》第 302 页。因为作者 1939 年离开延安的时候，是突然接到通知而从床上爬起来就赶往机场的。所以，可以断定的是，李德离开延安的时候并没有带走多少文献资料，而他在这里所说的“文件材料和有关文献”，则都只能是苏联共产党所提供的。为此，我们还有理由推断伪书《延安日记》、王明的《中共 50 年》，以及李德的《中国纪事》，都是苏联共产党中央对外联络部策划的，它们属于一个系列，一个性质。不过必须公正地说，虽说李德的叙述涉及到他和毛泽东之间的利害和冲突，都是为自己辩护的，但是，由于李德作为一个德国人，已经不依附苏联共产党

延安整风开始的时候，德国向苏联发动突然袭击的侵略战争尚未发生，共产国际还在正常运转，而毛泽东能够利用抗战的相持阶段和国民党几次反共的间隙之间，前后用 4 年多的时间把党的高级干部相对集中在延安进行整风学习，这一活动不是共产国际指示，没有向共产国际请示，也未经共产国际批准，完全是自行主张，自己发起的一项重大政治运动。这种现象不仅自建党以来从未有过，而且如果明白了整风运动和反对"三风"的要害，就是批判六届四中全会以来以王明、博古为代表的左倾机会主义路线，其根源都在共产国际和斯大林那里，就自然知道延安整风在一定程度是中国共产党所代表的中国民族主义开始摆脱依附于俄罗斯民族运动，显示其相对独立和民族性的一次政治运动。

斯大林说："所谓民族问题，实质上就是农民问题。"[71] 既然民族运动的主体和实质就是农民问题，那么，对中国共产党具有深刻意义的延安整风，就需要从农民的性质方面去理解。农民不仅需要信仰，而且还是以魔幻般的方式对待信仰的。即使我们说意识形态都具有虚幻的性质，但是，农民对于信仰却都是深信不疑，以至到到迷信的程度。这是农民的本性和特征。农民要把自己的认识和信仰当作真实而终极的真理，予以捍卫、维护和推广，所以还要排斥和打击那些和自己的观点所对立的，甚至认识稍稍有所不同的人。认识这一点，也许需要把目光暂时集中到中世纪欧洲的教会时代，包括宗教改革时代，坚决排斥和无情打击异教或异端。需要把目光放到现在的中亚和非洲，穆斯林的各种教派之间的纷争，常常还都以枪炮相见。

即使中华民族的历史上没有欧洲天主教和中东伊斯兰那样的宗教，但是在中国文化里也不乏类似的现象。"罢黜百家，独尊儒术"，就是用一家之言替代和扼杀其他学说和学派。虽然说汉唐以降实现

了，所以，有时还能持一种比较客观的态度，并非像前两本书那样完全受意识形态的操纵。——也许这是该书未能在苏联出版的原因吧。

71　斯大林：《论南斯拉夫的民族问题》，《斯大林选集》第 7 卷，人民出版社，1958 年，第 61 页。

了儒学一统，但内部仍派别林立，各不相让。汉武帝至宣帝也仅半个多世纪，公元前 51 年，宣帝命经学家、萧何世孙萧望之在皇家藏书楼石渠阁进行一次有关儒学要义的大讨论。儒生们则自动把观点相同的人视为同党，相互纠合，联合攻击观点不同的人。范晔在《后汉书·党锢传序》评论说：“自武帝以后，崇尚儒学，怀经协术，所在雾会。至有石渠分争之论，党同伐异之说。”读者当然知道“鹅湖之会”。南宋陆九龄、陆九渊兄弟与朱熹长期论辩，愤厉诘难，即令经吕祖谦预谋调和安排鹅湖寺相会三日，依然各持己见，不欢而散。为什么？其中的道理不只是真理都需要在争论中被阐释与发现那么简单，更为重要的是要表现唯我正确，争于一尊。这是农业社会的特征与特点。在传统的时代，自然经济都以一家一户，或者一族一户为单位，经济类型单一，互相独立，利益关系也主要体现在争夺阳光和空间方面，生存斗争，自然竞争，是千百万年延续下来的传统，也是农民的秉性。

中国共产党是以列宁所构建的马克思列宁主义为其指导思想，以苏联共产党为榜样的，而苏联共产党也是这样的革命政党。列宁的布尔什维克在其一开始只是俄国社会民主党内的一个派别，而社会民主党就是这样标榜它的马克思主义，排斥其他同样以反沙皇为宗旨的革命政党的。列宁的布尔什维克在社会民主党内与马尔托夫、普列汉诺夫等人为代表的所谓孟什维克争斗了 10 多年，只是遇到 1917 年的二月革命才有了突飞猛进的发展，这才独立为俄国共产党。即使布尔什维克都是列宁主义者，列宁与其信徒之间的纷争仍然不断。二月革命以后，加米涅夫就不同意列宁的“四月提纲”。十月革命的前夕，季诺维也夫和加米涅夫不仅反对党的起义决定，而且还把反对的声明刊登在“半孟什维克”的报纸上。革命后还不到一周，又出现了以季诺维也夫、加米涅夫、李可夫、米柳亭、拉林、梁赞诺夫等以中央委员为首的反对派，反对列宁的“清一色的社会党人政府”。尤其是李可夫和米柳亭，还公开拒绝担任列宁已经宣布了的全俄工农临时政府内务部和农业部的人民委员（即部长）职务。列宁审时度势，提出以包括割让领土在内的极大牺牲换取和德国签署合约，结束战争，却遭到大多数中央委员的反对，以至列宁需要用辞职要挟才勉强被通过。在工会问题上，列宁曾与反对派长期争吵不休。1921 年 3 月，鉴于执政党内政争连连，以至列宁害怕已经掌握政权的党在无谓的争论中被毁灭，所以在俄共（布）第十次代表大会上强行通过一段不供发表用的"取缔一切派别活动"的决议。[72] 但是，列宁的有关"党的统一的决议"并没有消除党内争议。1922 年至 1924 年，列宁经常处于病休的状态，在一线工作的托洛茨基、季诺维也夫、加米涅夫和斯大林相互争吵和斗争就没有中断过。列宁去世以后，党内斗争尤为激烈和残酷。托洛茨基与季诺维也夫、加米涅夫、斯大林之间的斗争，以托洛茨基的失败而告终。托洛茨基以后，斯大林又和季诺维也夫、加米涅夫斗得一塌糊涂。在斯大林与季诺维也夫、加米涅夫斗争时，李可夫和布哈林都站在斯大林一边，而当斯大林胜利后，接着又分别与布哈林、李可夫斗。随着布尔什维克国家政权的稳定，伴随着

---

72 列宁为党的代表大会所拟写的《关于党的统一的决议初稿》中，由于最后一条暴露出俄共（布）的非自由政党性质，列宁拒绝公开发表。该条说："7. 为了在党和苏维埃工作中执行严格的纪律，并取缔一切派别活动以求得最大程度的统一，代表大会授权中央委员会，在遇到违反纪律、恢复或进行派别活动的情况时，可以采取党内一切处分办法，直到开除出党；而对中央委员则可把他降为候补中央委员，甚至采取极端措施，把他开除出党。在对中央委员、候补中央委员和中央监察委员采取这种极端措施时，应该召集中央委员会全体会议，并请全体后补中央委员和全体中央监察委员参加。在这种党的负主要责任的领导者的全体会议上，如果有三分之二票数认为必须把某个中央委员降为候补中央委员或开除出党，那么这项措施就应当立即实行。"《列宁全集》中文第二版第 41 卷，第 83 页。由于列宁不愿意让社会非议，所以没有公布它。1924 年 1 月，在俄共（布）第十三次代表会议上，当斯大林与托洛茨基的斗争日益公开而尖锐的时候，斯大林突然在会议上宣读了这一段话。列宁晚年最为担心的就是害怕党内无谓的派别争论造成党的分裂。不想他为了消除派别斗争而制订的最为严厉的《关于党的统一的决议》，却还是为斯大林用来打击反对派。1924 年 1 月 20 日，处于疗养状态的列宁，通过克鲁普斯卡娅阅读《真理报》获悉斯大林公然运用这一消除派别斗争的文件从事派别斗争后，受到刺激，当天即已表现身体不适。第二天病情急剧恶化，经疗养后身体本已经好转的列宁，于晚上 6 点 50 分突然去世。

党的上层领导人斗争的同时，是党内的肃反和清洗。1956 年 2 月，发生赫鲁晓夫在苏共第二十次代表大会上所作反斯大林的报告以后，历史学家和共产党的主流意识形态都把这一现象归结到斯大林的个人身上，臆造斯大林的个性和品质有问题，似乎如果不是斯大林当政就可以避免这些现象，把一个大国的历史歪曲为完全是由个别领袖人物决定的。但是，这种历史观都无法解释斯大林之前的列宁为什么也会与他的战友们不断地争斗？所以，必须科学地分析历史过程，与任何违反自己信仰与革命学说的现象作不妥协的斗争，其实是农民革命和农民党的本性。当历史翻过这一页之后，事过境迁，也许人们会认为那都属于无谓之争。但是，对于当事人来说，那是进步与反动、革命与反革命的分水岭，是必须辨别清楚和弄明白的问题。党同伐异，这是处在由传统的农业社会向现代转化过程中的一个共性的问题，所以，延安整风运动是中国革命的必然，中国共产党历史的必然。

中国共产党自建党初期开始就已经开始学习和模仿苏联共产党的精神与传统。国共分裂以后，共产国际所扶植的从苏联留学回来的人替代了以陈独秀为代表的那一批由中国自生的知识分子所担任的中国共产党的领导职位，尤其是六届四中全会以后，随着大批从苏联回来的留学生担任党的领导人以后，在共产国际的指导下，中国共产党也都是按照苏联共产党的运作模式和风格管理党务的，按照苏联共产党的原则进行党内斗争的，瞿秋白反对陈独秀的“右倾机会主义”，李立三反对瞿秋白的左、右倾机会主义，李立三的“左”倾机会主义，尤其是六届四中全会以后长期的王明和博古的左倾机会主义，等等，其实都是在共产国际和苏联共产党的指导下发生的。但是，中国共产党作为中国自身的民族运动，虽然穿上了共产国际和俄罗斯的服装，其民族性一定会顽强地表现出来的。

虽然我们说遵义会议上，是毛泽东原来所缔造的红军官兵重新拥戴他获得了军事领导权，但事实上，这前后的领导权还是有根本区别的。不错，中央苏区是毛泽东一手缔造的，但直到 1931 年 1 月的六届四中全会上，毛泽东才被选举为政治局候补委员。1933 年 4 月的六届五中全会上，毛泽东被选为政治局委员。所以，自 1927 年八七会议以后拉起队伍，毛泽东在江西以及后来所说的中央苏区的领导，也就仅只具有地方性质的领导工作。1930 年 10 月，中央政治局决定中央常委周恩来担任苏区中央局书记兼军委主席，至 1932 年 10 月的宁都会议上由由中共中央政治局常委、中央军事委员会书记周恩来实际上全面接替了毛泽东在中央苏区的领导权以后，性质也发生了变化，即中央苏区的军事问题具有了中国共产党的全党和全国的性质和意义。所以，1931 年 1 月的遵义会议上，当毛泽东担任了中央政治局常委，并且逐步从周恩来手里接过军事指挥权的时候，尽管从形式上来说，毛泽东这时所领导的都还是原来井冈山和中央苏区的武装队伍，但是，毛泽东所"重新获得"的领导权是中共中央所决定的军事最高指挥权，是中国共产党所领导的所有军事武装的领导指挥权。1935 年以后的 10 年，中国共产党的武装力量和抗日民主政权都有了大发展，毛泽东由军事继而获得全党的领导权。由于越来越多的农民的涌入，中国共产党从其领袖和旗帜，到中下层的干部，以及党组织的主体，其民族性质越来越显著了。可是，由共产国际和苏联共产党所培养和输送的那一批居于中国共产党领导核心层的中高级干部，由苏联共产党的所谓"国际性"向中国民族性的转变则表现得还不够充分。毛泽东所发动的延安整风，在很大程度上就是督促中国共产党的原来的"国际派"实现中国农民性，以使其与中国农民阶级的民族性一致起来。

延安整风之所以"主要整高级干部"，是因为毛泽东认为，中国共产党内存在两种宗派主义。1943 年 8 月 8 日，毛泽东在中央党校的开学典礼上说：

> 党从四中全会后，就有两个大宗派，一是教条宗派，一是经验宗派。过去反宗派主义是抽象的，现在要把原则变成实际。教条主义的宗派，是主观主义的第一形态，经验主义

宗派是主观主义的第二形态。这是反宗派主义的具体对象，反掉这两个东西，党就统一了。

关于教条主义宗派，要做具体分析，有犯路线错误的，也有犯个别错误的；有屡次犯错误的，也有后来改正了错误的。

教条主义宗派最主要是王明，四中全会后是博古，这个宗派是相当有计划地派出干部到各苏区之中央局，到各地去改组，只有几十个人。我说的"钦差大臣满天飞"，就是指此而言。他们利用四中全回来夺取中央权力，打击许多老干部，拉拢一些老干部，凭着"国际"的招牌，使许多实际工作者不是盲从就是跟着他们走。他们统治中央三年又四个月，党政军民学，东西南北中，无处不被其毒，结果白区损失十分之十，苏区损失十分之九。教条宗派只有罪恶无功劳，超过了李立三、陈独秀。

关于经验主义宗派，这些集团大多数是正派人，也有许多不正派的，少数是邪派。像张国焘，是经验宗派中的邪派人物，如不打碎是很危险的。

在两个宗派中，教条宗派是主要的，经验宗派是不主要的。教条宗派穿了马列主义外衣，利用"国际"名义来称雄吓人，与经验宗派中的不正派的人结合起来，危害最大。反对整个宗派主义，要从破坏教条宗派开式，在全党揭露，对犯错误的"将一军"。[73]

毛泽东在 1941 年 9 月的中央政治局整风会议上说，党在很长时期里曾被主观主义所统治，李立三路线和苏维埃运动后期的"左"倾机会主义都是主观主义。因为这些主观主义自称为"国际路线"，穿上马克思主义的外衣。毛泽东说，这"是假马克思主义"。遵义会议实际变更了一条政治路线，过去的路线在遵义会议以后，在政治上、

---

73 《毛泽东年谱（1893-1949）》（中），第 462-463 页；《胡乔木回忆毛泽东》，第 286-287 页。

军事上、组织上都不能起作用了，但思想上的主观主义"遗毒"仍然存在。[74] 1943 年 5 月，共产国际解散，笼罩在人们心中的阴影消除了不少，许多问题可以敞开心扉来讨论了，眼界就开阔了。毛泽东在党校开学典礼上的讲话已经把整风运动要解决的问题，讲得更明白了，整风的主要对象是立三路线以后至遵义会议期间的路线，即 1931 年 1 月召开的六届四中全会至 1935 年 1 月遵义会议，期间 4 年，导致中国共产党和已经发展有相当规模的红军武装和几块苏维埃根据地遭受毁灭。所以，这是延安整风运动的重中之重。

虽然王明只是在 1931 年 6 月下旬向忠发叛变到 10 月赴莫斯科，期间仅只有 3 个月担任中国共产党的最高领导人，但是，中国共产党的党史把这一段往往用"王明路线"概括。毛泽东在 1943 年 11 月 13 日的政治局会议上，表述的更为严厉与苛刻，说王明宗派控制了中央码头。王明宗派中最主要的人物，在政治上以"左"倾为外衣，用"国际"旗号，用马列招牌，欺骗了党十多年。[75] 延安整风以后，人们总是用王明代表四中全会到遵义会议期间的路线错误，是因为从 1931 年 1 月到遵义会议，中国共产党主要都是由共产国际代表米夫所主导的六届四中全会所安排的领导班底执政的，他们忠实地执行了共产国际的路线、方针和政策。王明既是米夫的学生，又长期担任他的中文翻译和秘书。在完全由米夫控制和把持的六届四中全会上，米夫把本属于一般党内干部的王明提拔为中央委员、政治局委员，会后担任中共江苏省委书记。因为那是的上海市属于江苏省，所以，江苏省委书记在党内具有举足轻重的地位。不久，向忠发叛变，又直接担任中央政治局常委，肩负总书记的工作。9 月，王明赴苏联担任中国共产党驻共产国际代表团团长之前，又安排紧跟他的博古担任中央总书记。王明的这一切经历与活动，当然都有着深厚的共产国际的背景。尤其重要的是，王明在莫斯科中山大学搞宗派活动，以

74　毛泽东：《反对主观主义和宗派主义》，《毛泽东文集》第二卷，第 372 页。
75　《胡乔木回忆毛泽东》，第 294 页。

中山大学和东方劳动大学为核心在当时留苏的中国学生里，拉起一个很有实力的帮派，当时就有"二十八个半"布尔什维克之说，[76] 而四中全会到遵义会议期间，有不少与王明有关的人都得到了重用，包括毛泽东说的"钦差大臣满天飞"中的"钦差大臣"，即不少属于王明团伙里的人被作为中央代表派往各地视察、检查和指导工作，贯彻极左路线。另外，王明以非常时期的名义提拔并非是中央委员而又和他关系最为密切的博古担任中国共产党的最高领导人，并非没有个人主义的考量。因为按照共产国际所设置的第一个远东局的架构，中国共产党驻共产国际代表团团长是由总书记陈独秀直接担任的。再后来，是接任陈独秀的瞿秋白担任的。所以，王明的共产国际代表，在当时是一个介于共产国际和中国共产党之间，有时甚至还是一个比中国共产党领导人更为优越的职位。从这个层面思考，王明在去莫斯科之前安排年龄和资历都比他低的博古担任党的领导人，很难排除是要把上海的中国共产党中央设置在他容易掌控的范围以内。而且根据自后 3 年多的历史来看，由于博古所负责的临时中央和五中全会以后在中央苏区的中央，大小事情都是经过共产国际批准以后才执行的。虽然说博古所请示的共产国际并不都是通过王明，但说博古始终都是在王明的直接或间接影响下领导中国共产党，说这条路线和这个宗派都以王明为代表，都是不错的。

但是，由于中国共产党所具有的农民政党的性质，在对待王明宗派和王明个人的评价和处理上，也是存在问题，有偏差的。这主要表现在一边倒地把王明说成坏人，在整风期间甚至还有人认为王明是国民党的特务，全盘否定王明。其实，即使王明安排以博古为首的留

76　中共党的历史上有名的以王明为首的"十八个半布尔什维克"，有不同的版本。根据盛忠亮所提供的名单（按字母排列）：张琴秋，张闻天（洛甫、洛夫），陈昌浩，陈绍禹（王明），陈原道，秦邦宪（博古），朱阿根，朱子纯，何克全（凯丰），何子述，夏曦，肖特甫，李竹声，李元杰，孟庆树（王明之妻），沈泽民，盛忠亮（盛岳），孙济民，宋泮民，杜作祥（陈昌浩之妻），王稼祥，王保礼，汪盛荻，王盛荣，杨尚昆，殷鉴，袁家庸。盛岳：《莫斯科中山大学和中国革命》，东方出版社，2004 年，第 222、240 页。

苏学生领导中国共产党，排斥在苏联留学以外的人，也不完全是恶意，而是出于一种好心，即认为没有经过苏联共产党培养的干部是不懂革命道理、不会革命的，对他们不放心，不可依靠的，这与共产国际和苏联共产党要把中国共产党纳入到俄罗斯民族主义运动的轨道是有区别的。相反，在那一代留苏学生的思想里，其革命自觉性对中国共产党的忠诚应该是无所指责的。

由于王明特殊的留学背景，他通过与他关系密切的米夫，和中山大学、共产国际，以及后以斯大林为首的苏联共产党中央，都建立起一定密切的关系，从而迟早都要和作为中国民族主义运动的中国共产党产生矛盾，不是与自己的历史实行决裂，就必然要和中国共产党决裂。1938 年六届六中全会以后，在中国共产党执行和平统一战线问题上，毛泽东对王明的批判，就具有这种性质。

列宁的布尔什维克作为大俄罗斯主义的民族产物，出于大俄罗斯民族利益，从其取得政权的那一个时刻开始，就希望有一个和平稳定的东亚秩序，特别是要寻求一个对俄罗斯友好的，甚至能够听命于俄共（布）中央的中国政府。这是从列宁到斯大林的俄共中央对中国政策的基本原则。斯大林从 20 年代初期开始所形成的一个持久不变的概念，那就是以孙中山和蒋介石为代表的国民党的民族主义，才是中国未来的方向。斯大林从这一基本认识出发，指导了从 20 年代初的国共合作到 1945 年日本投降以后的对华政策，尤其是要求蒋介石的中国政府和毛泽东的中国共产党共同遵守的抗日联合统一战线，就是这样提出来的。1935 年至 1937 年，王明在莫斯科直接参与和经历了共产国际（实际是斯大林）为中国共产党所制订的统一战线政策的全过程，深切地了解和领会了斯大林关于中国统一战线应以国民党而不是共产党为主的基本原则。

中华民族遭遇日本帝国主义侵略，实行抗战，要把日本帝国主义赶出中国去，毛泽东与王明都是一致的。但是，由谁来领导抗战，在抗日联合统一战线中谁服从谁？则是有分歧的。毛泽东从农民党的性质和切身利益出发，不相信国民党能够领导全民抗战，而认为只有中国共产党的领导才足以取得全民族的胜利。这是其一。由于日本军国主义发动太平洋战争，把美国和英国等欧洲国家拉进了战争中，从而也把自己拉进欧洲的战争使得中国战场成为二战的一部分，让中国的抗日战争历经了一条特殊一段特殊的经历，那就是中日战争并没有实行决战就结束了。所以，究竟国民党还是中国共产党有领导抗战的能力，谁才具备能力领导中国人民把日本侵略者赶出去？成为一个未曾发生，没有结局的历史问题。但是，中国国民党所领导的中国政府没有把自己大批量的军队和装备最为精良的武装放置在日本占领区的最前沿，却让在抗日战争爆发前已经流落到贫瘠荒漠的陕北一隅的，仅只有几万人的共产党军事武装，没有几年的时间，在与日本占领区最接近的敌人后方发展起来，使得几乎被蒋介石消灭的共产党又有了百万党员，近 50 万的八路军新四军武装力量，以及由中国共产党所领导的约一亿人口的民主政权，也该是一种有力量的证明。

所以，毛泽东从自己的理念出发，不仅要争夺统一战线的领导权，更要在抗战中优先发展自己，而决然不会同意“一切服从”统一战线即一切服从国民党。而王明的特殊经历，这主要是自恃通晓共产国际和苏联的本意，有共产国际的背景，则不同意甚至反对毛泽东独立自主的方针。所以，根本的问题还是毛泽东所说：王明是对别人的事操心太多了。[77] 这话不只入骨三分，而是已经深入骨髓了。当上个世纪 60 年代以后，中苏两党的分歧发展到两国关系几近破裂的程度，王明却没有审时度势，毅然回国，以至发生文化大革命，已经有国而不能回了。当其寄人篱下，不得不过着仰人鼻息的生活，从而站在中国共产党和中华民族的对立面，则该另当别论了。但是，延安时期，参加中央政治局整风会议的党内同志是按照毛泽东与王明的对立批判和解构王明的；上个世纪 60 年代中苏关系破裂以后，中共党史又

77　1945 年召开“七大”的前后，师哲向毛泽东提了一个问题：王明的问题症结何在？毛泽东回答说：“他对自己的事想得太少了，对别人的事却操心太多了！”《我的一生——师哲自述》，第 141 页。毛泽东的话，一针见血。

是按照投靠苏联以后的王明的言论解构历史的。笔者以为，党史研究还是要把延安整风时期的王明当作与中国共产党其他领导人一样，放在当时的运动中来考察。如果是这样，我们就不难发现，除了统一战线问题以外，在其他问题上，延安时期的王明和中国共产党中央的其他领导人并没有多大的区别，至少在整风的主要问题上，都是承认毛泽东的领袖地位，承认遵义会议前的"左"倾机会主义和之后的毛泽东所代表的正确路线的。

关于领袖毛泽东的问题。1940 年 5 月 3 日，王明在延安的"泽东青年干部学校"开学典礼大会上所做的《学习毛泽东》的报告中说：

> 毛泽东同志现在不仅是中国共产党中央和共产党全党团结的核心，不仅是八路军和新四军团结的中流砥柱，而且是全中国无产阶级和人民大众众望所归的团结中心。
>
> 在农民工作中，他是一个有名的农民工作大王，在军事工作中，他是伟大的战略家，在政权工作中，他是天才的政治家，在党的工作中，它是公认的领袖。……（毛泽东）比我们党内任何同志都学习得多，比我们党内任何同志都学得好，真正地学习了马列主义，真正地善于把马列主义灵活地运用到中国的实践中，……是伟大的理论家。

在谈到毛泽东的《新民主主义论》时，他还说：

> （这本书）不仅是中国现阶段国家问题的指南，而且是一切殖民地半殖民地关于建立革命政权问题的指针，同时也就是对马列主义国家问题的新贡献。

王明热情洋溢地对中国共产党的青年干部说：

> 对于青年学生学习问题，我只贡献五个字："学习毛泽东"。
>
> 学习毛泽东同志始终一贯地忠于革命的精神。

> 学习毛泽东同志勤于学习的精神。
>
> 学习毛泽东同志勇于创造的精神。
>
> 学习毛泽东同志长于工作的将神。
>
> 学习毛泽东同志善于团结的精神。

1940 年 7 月 5 日，王明的这一个政治报告刊登在《中国青年》第二卷第九期上。我不认为王明的这个政治报告是违心之作。一方面，虽说这个阶段延安和延安以外的许多地方对毛泽东的崇拜已经发生，但至少还没有盛行（这个“泽东青年干部学校”到 1941 年 9 月就由合并到中央党校了，前后存在仅一年多的时间），王明讲话中完全可以低调一点。另一方面，那时的王明既不分管干部，又不分管青年工作，照例可以推脱不去做那个报告。更何况，王明在 1949 年中共七届二中全会前后，还认真推敲毛泽东思想“是马列主义在殖民地半殖民地的具体运用和发展”。[78] 所以，如果客观、公正和历史地看问题，应该说王明以上关于毛泽东论述，既不是对毛泽东的阳奉阴违，也不是“迷惑毛泽东”“讨好毛泽东”。[79] 持这种认识的著作家还是由于对那一代中国共产党认的不理解，不了解。不错，那是第一代接受了新思想的农民，但更是充满理想而投身革命的革命党人。他们是为了革命，为了中华民族的利益而投身革命的，所以，坦荡无私，为了革命的利益坚持真理，为了革命的利益修正错误，是那一代革命党人最大的特点。1938 年 10 月 12 至 14 日，毛泽东在中国共产党六届六中全会上作了《论新阶段》的政治报告，[80] 其中第七部分，毛泽东谈到“学习”问题，提出马克思主义中国化的重要命题。毛泽东说：“我们是马克思主义的历史主义者，我们不应当割断历史。从孔夫子到孙中山，我们应当给以总结，承继这一份珍贵的遗产。这对于

78　毛泽东：《在中共七届二中全会上的总结》，《毛泽东文集》第五卷，人民出版社，1996 年，第 259 页。

79　周国全 郭德宏：《王明传》，人民出版社，2014 年，第 342、354 页。

80　蒋建农 边彦军 刘敏 张素华：《毛泽东著作版本编年纪事》（一册），湖南人民出版社，2013 年，第 0320 页。

指导当前的伟大的运动，是有重要的帮助的。共产党员是国际主义的马克思主义者，但是马克思主义必须和我国的具体特点相结合并通过一定的民族形式才能实现。马克思列宁主义的伟大力量，就在于它是和各个国家具体的革命实践相联系的。"毛泽东还说："洋八股必须废止，空洞抽象的调头必须少唱，教条主义必须休息，而代之以新鲜活泼的、为中国老百姓所喜闻乐见的中国作风和中国气派。把国际主义的内容和民族形式分离起来，是一点也不懂国际主义的人们的做法，我们则要把二者紧密地结合起来。在这个问题上，我们队伍中存在着的一些严重的错误，是应该认真地克服的。"[81] 不难发现，这是针对党内教条主义，有目的而发的。如果要找延安整风运动的源头，至少从这个讲话中就已经有了苗头了。但是，刚回国一年的王明与毛泽东一起工作的时间还不很长，所以不知道毛泽东所讲的这段话本来就是针对他们这一伙"食洋不化"的教条主义者的，他却还是按照共产党的"原则"在那里纠正、补充和完善毛泽东的讲话。10 月 20日，王明在六中全会的讲话就"加强马列主义的学习提高党的理论水平"说：

> 甲、现时条件下理论特别重要性。
>
> 乙、马列主义理论化问题——马列主义理论民族化，即是将马列主义具体应用与中国，是完全对的。毛、洛报告提出的全对。同时注意以下各点：
>
> 1. 首先须学习马列主义——不仅政治理论，而且军事理论；只有学习马列主义理论，然后才能运用和民族化，因此，必须加紧学习马、恩、列、斯学说。
>
> 2. 不能庸俗化和牵强附会；
>
> 3. 不能以孔子的折中和繁琐哲学代替唯物辩证法；
>
> 4. 不能以中国旧文化学说来曲解马列主义，而要以马列主义来了解和开发中国文化；

---

81 《毛泽东选集》第二卷，第 496-497 页。

　　5.　不能在"民族化"的误解之下，来忽视国际经验的
　　　　研究和运用……[82]

　　不难看出，王明在毛泽东之后就毛泽东的报告所发出的这一大段议论，不只是"不解风情"了。但是，经过大约两年近距离的观察，这个《学习毛泽东》的报告，说明王明已经完成了从中国共产党领导核心成员平等关系，到承认毛泽东是他们的领袖的转变。而中国共产党的其他领导人的这一个转变，大都是在 1931 年 1 月遵义会议以后，到王明 1937 年 11 月回国以前的延安岁月里，早已经完成了。其中周恩来可能还要早一些，是在中央苏区到遵义会议以前的长征路上，已经完成了。

　　致使王明不承认错误的根源还是整风运动的不彻底性。中国共产党是中华民族的民族主义运动，但是，它的初期阶段是被纳入到苏联共产党的大俄罗斯主义民族运动的框架里，毛泽东归纳出来予以批判的中国共产党在内战和抗战期间的路线错误，其实都是由共产国际和苏联共产党造成的。延安整风在承认共产国际和苏联共产党都是正确的前提下，反对中国共产党的机会主义路线，并且把长期不在国内的王明当作最大的代表人物，王明当然是难以接受的。当时的中国共产党中央和中国共产党的党史，大都没有在意、也不大在乎这一个问题对王明的身心的打击和伤创。在此以前，并没有发现王明身体有多大严重的问题。但从此开始，进医院、出医院，就成了伴随王明后半生的主要生活方式了。如果公正地研究这段历史，就不难发现，虽然王明在整风的绝大部分时间里都请了病假，但是，他还是努力按照组织的要求来认识自己的错误的。1943 年 11 月 29 日，李富春代表中央与王明谈话，告诉他即将召开党的七大，中央正组织七大代表和各级干部 700 人学习讨论党的路线问题。同时，中央政治局

82　王明：《目前抗战形势与如何坚持持久战争取最后胜利——在中共六届六中全会上的发言提纲》，《王明言论选辑》，人民出版社，1982 年，第 637-638页。

也开会讨论六大以来党的历史问题，特别是教条主义宗派的错误，包括他王明的错误问题。中央希望他认真作出检讨。12 月 1 日，由他的夫人孟庆树代笔，王明本人签名，给毛泽东和中央政治局送交了一封信。王明在信中说："现在因病不能参加会议和学习，很觉难过"。"中央所讨论的关于我的主要的是哪些问题，我还不知道。等我得到中央的正式通知后，我将尽可能的加以检讨"。他还写道："关于过去已经毛主席和中央书记处同志指示我的错误和缺点问题，虽然我现在没有精力详加检讨和说明，但我认为有向此次政治局会议作原则上的明确承认之必要"。王明在信中表示，他在 1941 年 9、10 月中央政治局整风会议期间与毛泽东等人争论关于国共关系和中央抗战路线问题的那些意见，都是错误的。"现在我再一次地向中央声明：我完全放弃我的那些意见"，"一切问题以党的领袖毛主席和中央大多数的意见为决定"；"我很感谢毛主席和中央各位同志提出我的这些错误和缺点，使我有可能和我的这些错误和缺点作斗争。"王明还表示："在毛主席和中央各位同志的领导和教育之下，我愿意做一个毛主席的小学生，重新学起，改造自己的思想意识，纠正自己的教条宗派主义错误，克服自己的弱点"。[83]

1945 年 4 月 20 日，中国共产党中央委员会六届七中全会审议并通过《关于若干历史问题的决议》。这个决议总结了建党以来的若干路线问题，它集中反映了 4 年以来的延安整风运动的成果，表明中共中央对于党的历史上的一系列重大问题取得了共识。王明因病没有参加六届七中全会，但是，在此之前，中央把形成过程中的 3 次决议草案都分别送他看过了。另外，七中全会主席团的 5 位领导同志，毛泽东、朱德、刘少奇、周恩来、任弼时，先后都去看望并同他谈过话，传达了会议的内容，听取他的意见，并帮助他认识错误。在通过决议的这一天，王明又给中央全会送来表示拥护中央和同意"历史决议"的一封信。王明在信中说：

---

83 《胡乔木回忆毛泽东》，第 298 页。

我对于七中全会根据毛泽东同志的正确思想和正确路线以及近年来全党同志在整风运动与党史学习的认识，而作出的对各次尤其是第三次"左"倾路线在政治上、组织上、思想上所犯严重的错误的内容实质与其重大的危害以及产生的此种错误的社会的和历史的根源底分析和估计，完全同意和拥护。这条路线的错误和危害，早已由历史实践所充分证明……[84]

王明说：

我不仅以一个党员的资格，站在组织观点的立场上，完全服从这个决议；而且要如中央所指示者，以一个第三次"左"倾路线开始形成的主要代表的地位，站在思想政治观点的立场上，认真研究和接受这个决议，作为今天自己改正政治、组织、思想各方面严重错误的指南。……我之所以犯教条主义的"左"倾路线的错误，也不是偶然的，这是由于丝毫不懂马克思主义理论及基础，完全不懂中国社会和中国革命的实际情况，全不研究中国的政治、军事、文化的历史事实和历史经验，以及简直不懂国际经验和民族传统的结果。尤其是由于没有群众工作经验和没有群众观点，以及小资产阶级出身的劣根性作祟的结果。[85]

王明继续说：

最后，我郑重声明：中央根据七中全会这一决议的立场和精神与根据对我在各个历史时期中犯各种错误的性质和程度的认识，对我作出任何政治上和组织上的结论，我都服从接受。首先，我认为中央应立即撤销我在党内的一切职务（中央委员及政治局委员，中央统战部长）和党外代表党的职务（向国民党交涉在选聘新届参政员时，不应把我再当作

84　周国全　郭德宏《王明传》（增订本），第 440 页；
85　戴茂林曹仲彬：《王明传》，天地出版社，2020 年，　第 311 页。

我党的代表之一而加以选聘）。我应该作最接近广大群众的
下层群众工作，这不仅是由于我犯了严重错误而应得的处
分，而且对于我的思想改造、意识锻炼及工作作风转变，是
非常必要的。我决心在党所指定的任何下层工作岗位上，向
毛主席和中央各同志学习，向全体干部和党员同志学习，向
劳动人民群众学习，一切从头学起，一切从新做起，以便在
长期群众工作中，使自己成为一个好的于党有用的党员，为
党的事业，为中国人民的解放事业，尽一个小勤务员的能力
和责任，以多少补偿由于自己错误缺点而造成的党的工作
的重大损失于万一！[86]

王明的检查总是得不到通过，一方面是革命党的激进性质决定
的，农民党要求革命的纯洁性，总不相信犯错误的人会真的认识了错
误。另一方面也与王明的特殊历史地位与其具体经历相关，延安整风
的本质是中国共产党的民族运动对苏联共产党的俄罗斯民族主义的
反叛，但是，因为它还是一个不自觉和无意识的运动，而且毛泽东还
是按照苏联共产党的理论为指导，把共产国际、苏联共产党和斯大林
当做绝对正确的领导和领袖设置延安整风运动的，所以包括王明在
内也都不敢坚持说他的认知是符合共产国际和斯大林的路线的。另
外，如果仅仅从延安整风运动的实际情况来分析，尽管说王明在整风
运动中表现不好，态度不端正，认识有反复，但是，这恰好反映了一
位忠实于共产国际和苏联共产党的中国共产党党员的灵魂拷问，以
及思想上的痛苦与挣扎。如果不是用中国共产党通常运动中都会出
现的偏激的观点和用王明晚年卖身投靠苏联共产党的行为去解构王
明在整风运动中的表现，就应该承认，王明还是尽可能地按照毛泽东
和中央的要求去做，尽最大努力地用一个共产党党员的标准服从党
的纪律，让自己的认识，甚至是强制自己的思想跟上以至服从领袖的
思想和党的决议的。尤其是 1945 年 4 月 20 日交给党组织的那个"万

86　周国全郭德宏《王明传》（增订本），第 443 页。

言检讨书”，表明他已经认识错误了。另外，王明的这一个检讨书，也表现了中国共产党的团结和统一。这是中国共产党第七次全国代表大会得以召开的基础和重要条件。[87]

除了王明以外，博古、张闻天和王稼祥等一大批从苏联回来的党的领导人，由于都执行了王明博古的路线，从而也都都被归到了王明的主观主义和教条宗派的行列。但是，与王明不同的是，王明自 1931 年 11 月至 1937 年 11 月，期间 6 年都是在莫斯科和平环境中度过的，而以博古、张闻天和王稼祥为代表的这一大批人都是自 1930 年前后从苏联回国，在白色恐怖和战争中亲身经历了中国共产党历史

---

[87] 中国共产党所具有的民族主义运动的本质，和它由苏联共产党帮助和扶植所建立的历史，决定了它的早期领导人必然的悲剧性的人生。尤其由于日本帝国主义的侵略而导致中国共产党的必然性地崛起，作为弱小与壮大交替阶段的过渡性领导人，更是难以逃脱其悲剧性的命运。王明 1975 年通过苏联国家政治书籍出版社所出版的《中共 50 年》，已经对自己在延安整风中所写的检讨都予以修改和否认了。一个受到历史的作弄而致使晚年都必须处在已经转向敌对的民族国家里的老人，过着仰人鼻息的生活，连民族气节都丧失了，还不是要他说什么话他就说什么？除此以外，几本《王明传》还一定程度反映了王明的诗作。但是，鉴于《王明诗歌选集（1913-1974）》是涵盖王明一生的诗作，它却都是 1979 年在苏联出版的。此时的王明已经去世，而去世前的许多年里，已经公开反对中国共产党和彻底投靠苏联共产党了。所以，晚年的王明修改此前的诗作，甚至完全造假，也就都属于正常了。我们在正文里已经介绍过王明在六届七中全会以后给中央的检讨，笔者以为是比较诚恳的。但是，诗作《所谓六届七中决议》，则是另一种面孔：“一手刀沾一手血，浑身金贴浑身泥。刀将党史变毛史，金作神衣当外衣。马列丰功成大敌，毛刘合计扮先知。教条经验绝虚构，抬己打人尽出奇。”首先，如果该诗确实是王明在 1945 年 4 月六届七中全会前后所做，那说明王明本就不是一位合格的中国共产党党员，而是混进党内的异己分子和投机商人。因为一个真诚的共产党员首先都是一个对组织忠诚老实、不阳奉阴违的人，一个有原则的人。其次，了解中国共产党的性质，并且熟悉它的体制、历史和各个层级的党的干部的工作环境的人，都不难理解，像王明这样的领导干部事实上是生活在一个由秘书、警卫和勤务等等服务人员所组成的共产党的队伍里，包括他的老婆在内都是一批和他一样有着崇高信仰、对党忠诚的人。假使王明真的有这样一本对党极为不满的、反党的诗集，那几十年无疑是怀揣着一颗随时都有可能爆炸的炸药包从延安、西柏坡、北京、苏联到处跑。再加上那些为王明服务的工作人员，都知道他是一个不受党所信任的人，所以，如果真有那么一个“炸药包”，不可能在几十年里不被发现，不被暴露的。

中最为残酷和柳暗花明，蒸蒸向上的岁月，所以对于错误路线造成的危害和毛泽东掌舵以后党的发展有着鲜明的对比。尤其是遵义会议以后，这一批领导人都是围绕在毛泽东的周围，在毛泽东的具体领导下做具体工作的，他们亲眼目睹了毛泽东对时局的准确把握，身处危机而临危不惧和从容应对的本领，再对照自己的过往作为和在目前的局势下可能的做法，以及两相不同的做法所造成中国共产党的两种不同结局，实实在在地感受到了毛泽东的雄才大略和运筹帷幄的能力。中国共产党的历史事实是，包括博古和张闻天在内的那一批从苏联回来的中国共产党领导人，早在王明回国以前就都已经习惯顺从和依赖毛泽东了。所以，几乎从毛泽东提出整风主张的时候开始，就很自然地跟着毛泽东的部署，按照毛泽东所定的调子对照检查，期间几乎都没有出现过认识上的反复。

1931 年 9 月，在白色恐怖最为严重的上海，并不是中央委员的博古，被指定为中国共产党中央委员会的"总负责"。博古，本名秦邦宪，1907 年生。博古是 1925 年 10 月在上海大学上学时加入中国共产党，1926 年 11 月到莫斯科中山大学就学，1930 年 5 月回到上海。就任中国共产党中央总负责的时候，博古只有 24 岁。几个月前，刚任中国共产主义青年团中央书记。1934 年 1 月，在中央苏区召开的六届五中全会上，当选中共中央总书记。1935 年 1 月遵义会议后，博古主动辞职。博古负责期间，主要事务都是经过共产国际的。临时中央在上海的时候，除用电报与莫斯科的共产国际联系以外，身边还有共产国际派往上海的代表团。后来，白色恐怖越来越严重，共产国际的代表团也在上海呆不下去了，中央搬到苏区了，共产国际还给博古派了一位军事顾问。

博古是一位心地坦荡的人。博古负责期间，"基本路线是（共产）国际路线"，但博古承认："前后两个时期路线是错误的。错误造成的恶果，是不可胜计的。我个人在上面负着重大责任的，尤其是内战时期。"[88] 面对红军运动的失败，博古在遵义会议上坦然接受人们的批评，平静地交出领导权。博古与共产国际派给他的顾问李德有着特殊的感情，但是从李德6、70年代所写的回忆里，也看不出博古在遵义会议后对毛泽东有不满的话语。相反，遵义会议确定毛泽东指挥红军以后，最初鲁班场的两次战斗反而失利，一个多月部队疲于奔命，红军和中央机关里发出不少的怨言，甚至出现要求换帅的声音。张闻天也有了去香港从事地下工作的想法。王稼祥发牢骚。给彭德怀军团担任政治部主任的刘少奇伙同政委杨尚昆也给中央提出意见，一军团的司令员林彪还提出要三军团司令员彭德怀指挥前方作战。[89] 但是，按照李德的回忆，博古这时却是反对改换领导人的。[90] 另外，从张国焘在60年代所写的回忆里，当一、四方面军在一起的时候，张国焘是对遵义会议不满的，而博古却从未在张国焘面前流露出交权后有什么不满与失落。

在1941年的9月政治局的整风会议上，博古检查说：

> 1932年至1935年的错误，我是主要的负责人。遵义会议时，我是公开反对的。后来我自己也想到，遵义会议前不仅是军事上的错误，要揭发过去的错误必须从思想方法上、从整个路线上来检讨。我过去只学了一些理论，拿了一套公式教条来反对人家。四中全会上我与稼祥、王明等反对立三路线的教条主义，也是站在"左"的观点上反的，是洋教条反对土教条。当时我们完全没有实际经验，在苏联学的是德波林主义的哲学教条，又搬运了一些苏联社会主义建设的

88　博古：《我要说明的十个问题》，无锡市史志办公室编：《秦邦宪（博古）文集》，中共党史出版社，2007年，第481页。

89　《彭德怀自述》，人民出版社，1981年，第198-199页。

90　李德说：遵义会议以后，"部队越往西行进，了解实际情况的领导干部的情绪就变得越来越坏。对毛泽东军事指挥的不满情绪，已经发展到了几乎要发生一次新的改组和一场新的派别斗争的地步。……博古向我表示，他担心一场新的派别斗争会导致党和军队领导分裂。他说，在任何情况下都必须避免这种事情发生，否则中央红军的命运就不堪设想。"《中国纪事》，第155页。

教条和西欧党的经验到中国来，过去许多党的决议是照抄国际的。

1943 年 9 月的中央政治局整风会议上，毛泽东讲话中进一步定调说，王明是十年内战时期"左"倾机会主义路线的理论创造者，博古是执行者与发挥者。[91] 11 月 13 日，在毛泽东讲话之后，博古接着就作了了第二遍检查。博古表示，在教条宗派中，除王明外，他就是第一名；在内战时期，他在国内是第一名；抗战时的投降主义，以王明为首，他是执行者和赞助者。[92] 博古在这天的检讨中还说："长征军事计划未在政治局讨论，这是严重政治错误。长征军事计划……使军队有消灭危险，所以能保存下来进行二万五千里长征，因有遵义会议，毛主席挽救了党，挽救了军队。"[93]

1945 年 5 月 3 日，博古在中国共产党第七次全国代表大会发言中，进一步检查说：

> 在上海中央破坏以后，由老的政治局委员指定我做临时中央负责人。当指定我做这个工作的时期，我并没有感到不能担任领导整个党这样的事情。相反的，当时背了相当多的包袱，反对李立三的英雄是一个包袱，李立三把我处分了，四中全会取消了我的处分，这时又洋洋得意，再加上四中全会后我在青年团做了一个时期的工作，少共国际的决议上，说我们的工作有成绩有进步，这又是一个包袱，说我领导团还行，难道就不能领导党？第二没有兢兢业业之心，毫没有对革命、对党、对人民有很严重的责任感。做了临时中央负责人以后，更发展自己品质的坏的方面，目空一切，看不起别人，不请教任何人，觉得我比任何人都高明，要是有人有老子第一的想法，那就是我这样的人，发展了刚愎自

91　《毛泽东年谱（1893-1949）》（中），第 469 页。

92　《胡乔木回忆毛泽东》，第 195-196、295 页。

93　中共中央党史资料征集委员会中央档案馆编：《遵义会议文献》，人民出版社，1985 年，第 103 页。

用，不愿自我批评，不愿意听别人批评，对于一切错误，采取文过饰非的态度。也因为这样，在临时中央到了苏区以后，这个时候我只是在形式上推一推，"请别的同志担负吧！"别的同志说，"还是你来吧"，我说"好，就是我"。（笑声）所以这个时期，我是中央的总负责人，我是这条路线所有一切错误发号施令的司令官，而且这条路线在这个时期所有各方面的错误，我是赞成的。各种恶果我是最主要负责人，这里没有"之一"，而是最主要的负责人。[94]

张闻天是博古的临时中央里的 2 号人物。遵义会议以后，张闻天代替博古成为中共中央的总书记。[95] 1941 年 10 月 10 日，毛泽东在中央政治局会议上刚做了《反对主观主义和宗派主义的》讲话，张闻天就第一个作检讨。29 日，张闻天再次做检讨发言。张闻天说：

> 对中央苏区工作，同意毛主席的估计，当时路线是错误的。政治方面是"左"倾机会主义，策略是盲动的。军事方面是冒险主义（打大的中心城市、单纯防御等）。组织上是宗派主义，不相信老干部，否定过去一切经验，推翻旧的领导，以意气相投者结合，这必然会发展到乱打击干部。思想上是主观主义和教条主义，不研究历史与具体现实情况。从"九一八"、大水灾、冲破三次"围剿"、四中全会等决议开始，便已经发生了"左"的错误，这些错误在反五次"围剿"中发展到最高峰，使党受到很严重的损失。我是最主要的负责者之一，应当承认错。特别是宣传错误政策上我应负更多的责任。我们的错误路线不破产，毛主席的正确路线便不能显示出来。但应该说没有当时来中国的外国人的支持，我们

---

94 《遵义会议文献》，第 108-109 页。

95 张闻天在遵义会议后的职务是否明确担任总书记，主要还是未经共产国际的批准。根据杨尚昆的会议，已经明确为总书记，但后来陈云说"总负责"，党史上就以陈云的说法为依据了。

的错误不会有这样有利的发展。[96]

张闻天说，过去国际把我们一批没有做过实际工作的干部，提到中央机关来，这给党的事业带来很大损失。过去没有做过实际工作，现在还要补课。[97] 会后，张闻天带着一个调查团，从 1942 年 1 月到 1943 年 3 月，深入到陕北神府、绥德、米脂和晋西北的兴县农村，调查了一年多的时间。回到延安以后，张闻天在接着的中央整风运动中写了近 4 万字的《反省笔记》，[98] 分 10 个部分，扼要地叙述了自己的经历和思想发展过程，不谈贡献，而对自己的"左"倾路线错误，则进行了系统、深刻的揭发和批判，毫不含糊地承担了应该担负的责任。对曾经参与的历史事件和与此相关的同志，他都负责地一一说明事件的真相，客观评价功过是非。[99] 张闻天的笔记完成后，便送交给毛泽东。毛泽东看后，立即到张闻天的窑洞里，对他说："我一口气把它读完了，写得很好！"[100]

王稼祥也是王明博古路线和教条宗派里的重要代表人物。王稼祥出生于 1906 年，1925 年在上海大学附中上学期间加入共产主义青年团，同年到莫斯科中山大学上学，1928 年转为共产党。1930 年回国，1931 年到中央苏区担任中国工农红军总政治部主任、中央革命军事委员会副主席等职务。六届五中全会上，增选为中央委员，中央政治局候补委员。遵义会议上，王稼祥和张闻天都是支持毛泽东担任政治局常委和掌握军事指挥权的决定性人物。1941 年 9 月中央政治局的整风会议上，王稼祥发言说：我也是实际工作经验很少，同样在莫斯科学了一些理论。回国后便参加四中全会的反立三路线的斗争，当时不过是主观主义反主观主义，教条主义反教条主义。中国党过去主观主义的传统很久，其产生根源，除由于中国社会原因外，就是经

96　《张闻天选集》，第 314 页。

97　《胡乔木回忆毛泽东》，第 195 页。

98　《刘英自述》，第 140 页。

99　程中原：《张闻天传》（修订本），当代中国出版社，2016 年，第 314 页。

100　《刘英自述》，第 140 页。

验不够。学了一些理论而没有实际工作经验的人，易做教条主义者。从莫斯科共产国际回来，没有实际工作经验的人，更易做教条主义者。[101]

在中国共产党的历史上，周恩来是一位传奇性的领导人。自 1926 年年年冬担任中共中央军委书记以来，就一直参与党中央核心领导工作，是中央领导时间最长、资历最老，了解历史最多、最清楚的领导人。所以，周恩来在延安整风运动中被人们称之为经验主义宗派的代表人物。尤其是在整风运动的后期，出现一个观点，说王明、博古、张闻天、王稼祥所代表的主观主义已经被人们批臭了，所以没有大的危险了，再来统治党已很困难了，但经验宗派的危险还未过去，是最具危险的。所以，周恩来的整风检查，则有了另外的意义。

抗战期间，周恩来领导中国共产党代表团常驻重庆，实际仅只参加了 1943 年 9 月的中央政治局整风。8 月 2 日，周恩来在中央办公厅举行的欢迎他的大会上，热情地赞扬了毛泽东对中国革命的贡献。中国共产党是掌握抗战胜利的办法的，这个办法就在中国人民身上，尤其是在毛泽东同志手中！周恩来说，我们党 22 年的历史证明，毛泽东同志的意见，是贯穿着整个党的历史时期，发展成为一条马列主义中国化、也就是中国共产主义的路线。毛泽东同志的方向，就是中国共产党的方向。毛泽东同志的路线，就是中国布尔什维克的路线。[102] 参加中央政治局的整风会议以后，周恩来在 9 月 16 日到 30 日的半个月里，在阅读大量文件的基础上，写了 4 篇总计 5 万字的学习笔记，很自然地把自己放进去，在分析李立三和王明的“左”倾错误的同时，检讨“自己也是急于转变论者”。[103]

周恩来根据毛泽东的“两个宗派”的观点，特别深刻地检查了自己在四中全会、临时中央、中央苏区、1937 年“十二月会议”和武

101　《胡乔木回忆毛泽东》，第 196 页。

102　中共中央文献研究室编：《周恩来年谱（1998——1949）》（修订本），中央文献研究室，1998 年，第 572-573 页。

103　《周恩来年谱（1998——1949）》（修订本），第 577 页。

汉工作期间的错误。周恩来在发言中说，今后要好好读马列的书，特别是要将毛主席的全部文献好好精读和研究一番，提高思想方法。同时，工作上要改变事务主义作风，深入实际，从专而精入手，宁可做一件事，不要包揽许多；宁可做完一件事，再做其他事，不要浅尝即止；宁有所舍，才能有所取；宁务其大，不务其小。这样才能做出一点成绩，才能少犯错误。[104]

中央政治局的整风运动为中国共产党的六届七中全会和党的第七次代表大会的召开，奠定了思想基础。1944 年 5 月 21 日，中共扩大的六届七中全会在延安开幕。1945 年 4 月 20 日，全会通过了《中国共产党中央委员会关于若干历史问题的决议》，中国共产党不只是对于自己的历史问题有了统一的认识，而且更为重要的是一致选择了领袖毛泽东，对毛泽东有关中国国情和中国革命，抗战路线等等的理论达成了共识，为 1945 年 5 月 23 日至 6 月 11 日中国共产党第七次代表大会的胜利召开，奠定了思想和组织基础。没有延安整风，就不会有中国共产党的第七次代表大会。

无论当时，还是现在，都有人把延安整风说成是整某个人或者某几个人的。比如 1943 年张闻天结束了为期一年多的农村调查后，去看望病中的王明。王明对张闻天说："这次整风，主要是整我们莫斯科回来的同志的，尤其是你。"[105] 伪书《延安日记》的作者认为，延安整风是整王明的。《红太阳是怎样升起的》认为主要是整王明和从苏联回来的"国际派"的，其次也是整周恩来的。上个世纪 80 年代以后，中共党史离开了中国共产党的基本原则，也以某种温情主义思想和情绪审视那些在党内斗争中拒绝温情的革命党人[106]，尤其是那些

104　《胡乔木回忆毛泽东》，第 297 页。

105　《刘英自述》，第 137 页。

106 譬如《胡乔木回忆毛泽东》在介绍毛泽东在 1943 年 "九月会议" 中的讲话时，就无不带有责怪的语气说："毛主席关于'两个宗派'的发言，另外还有一些过激之词，有些批评也很不恰当。但当时不可能表示异议。这个发言实际上为 1943 年的 9 月政治局会议定下了基调。"《胡乔木回忆毛泽东》，第 288 页。这是用 40 多年以后的认识检视历史中的延安整风，而不是从当

从红军长征和延安整风运动中走过来的人们开始反省延安整风，接近周恩来的人会说整风是整周恩来的，接近张闻天的会说是整张闻天的[107]，当然更多的人会说是整王明的。不过，这并不深刻、不全面。

年的人们的认识水平来分析当年的历史。胡乔木是当事人，这些文字首先不符合当年他自己的认识与心态。他的这个叙述就给人造成一种印象，似乎延安整风运动是压制人们的一种运动，似乎当时有人就认识到它是错误的，只是没有提出反对的环境和氛围而没有提出来。似乎人们的检查是逼迫的和被动的。这都不符合历史，尤其是中国共产党的性质，不符合那一个时代的那一批中国共产党人的实际情况。那可是一批为了中国人民的利益而勇于牺牲自己生命的共产党人，当他们信服毛泽东的正确路线和毛泽东所总结的错误路线的危害以后，当然相信中国共产党必须经过这么一次运动才有大提高。所以，包括那些在历史中犯过严重错误的人，自然都会自觉自愿地积极检查自己的错误，并且认为这既是革命的需要，也是革命的表现。这是正确认识延安整风运动的基本前提。

107 曾多年跟随张闻天工作的何方，1998 年离休后写有《党史笔记》和《从延安一路走来的反思》，前一本书实际上是对延安整风的研究，后一本书也是从自己亲历延安整风反思和回忆自己的一生。按照何方的说法，延安整风主要是整张闻天的。张闻天把毛泽东"扶上马，送了一程"。毛泽东过河拆桥，反过头来整张闻天。其实，何方与张闻天一样，始终没有超脱于书生的思维。博古、张闻天、王稼祥等等从苏联留学回来的那一批知识分子，把毛泽东在内的一大批老革命当作不懂马列的"土包子"。所以，他们一到中央苏区，就夺了毛泽东的权。毛泽东也根据党的组织原则，必须服从中央的决定。这一个时期的留学生们认识不到毛泽东的伟大。但是，遵义会议以至抗战阶段，毛泽东处理问题的能力征服了博古和张闻天这一批人。从此开始，博古和张闻天这一批人与毛泽东的关系，就已经是领袖和战士了。何方把张闻天与毛泽东的关系，当做是党内老干部培养年轻干部的关系，反了，颠倒了。对比一下毛泽东和张闻天的年龄和经历，毛泽东就是当然的领袖。

不过，如果抛开何方与张闻天的个人情结，何方对延安整风以及中国共产党体制的反省和反思，还是有一定意义的。他的观点代表了反右以后至文化大革命中受到党组织整肃的一大批"老革命"的看法。这一批人在文化大革命以后的中国共产党内，具有一定的影响。但是，由于两个原因，一个是没有跳出中国共产党的思想和组织的束缚，没有认识到中国共产党的农民党性质，仍旧从列宁到毛泽东所塑造的马列主义和毛泽东思想的意识形态出发，只是经过几十年后再回过头看延安整风，尽管有一些新认识，甚至不乏一些深刻的反省，但总体上看有隔靴挠痒的意味，没能深入本质。另外，历史研究切忌个人感情，而何方在 1959 年反右倾运动中，揭发了张闻天，心有愧疚。这是折磨了他几十年的一个极大的心结，对延安整风的研究和为张闻天鸣不平，对自己似乎也是一种慰藉，从而影响了研究的客观性。即使如此，何方的书还是中国共产党人中最有阅读价值的一本理论著作。何方：《党史笔记》，（香港）利文出版社，2010 年。何方著，邢小

　　首先，毛泽东之所以发动延安整风，是因为自恃他掌握了真理，代表了正确的路线，要经过整风在党内分清路线的是非，提高全体党员尤其是党的高级干部的路线斗争的觉悟。整风运动是从辨别历史上的路线问题入手的，党的高级干部尤其是中央政治局的领导干部在党内所分担的职务和经历不同，在实际工作中所承担的责任和发挥的主观能动性不同，在历史上的表现和所起到的作用不同，所犯错误的大小和严重程度也就有了区别。特别由于中国共产党的指导思想和理论基础的意识形态的虚假性质，决定了那个阶段里所担当的领导职务越高，所负的责任越大，工作越是积极和主动，做的工作越多，所犯错误的概率就越高，程度越严重，甚至因为工作中的矛盾而得罪的人越多，人们的意见越大，运动中须检查的问题也越多，检查的次数越多、时间越长。经多次运动重复与轮回后，人们把只有中国共产党才具有的这一特别政治伦理律表述为："早革命不如晚革命，革命不如反革命。"但是，毛泽东确定延安整风要解决的问题是自1931 年 1 月的六届四中全会至 1935 年 1 月遵义会议期间的中央"左"倾路线，整风过程中所表现的中央政治局主要"整"了王明、博古、张闻天、王稼祥，以及周恩来，那是由于他们都是相关历史时期的中央领导人，是路线的提出者和主要的执行人，是错误路线的主要体现者。

　　其次，中国共产党的路线当然不只是以上几位代表人，而是一大批的干部，即使说重点是中央高级干部，那还包括许多人，譬如参加中央政治局整风会议的在 1941 年 9 月有毛泽东、任弼时、王稼祥、王明、朱德、张闻天、康生、陈云、凯丰、博古，列席的有李富春、杨尚昆、李维汉、陈伯达、高岗、林伯渠、叶剑英、王若飞、彭真，参加 1943 年 9 月的中央政治局扩大会议整风的，除了王明、王稼祥、邓发请病假以外，政治局委员和候补委员有毛泽东、刘少奇、任弼

群录音整理：《从延安一路走来的反思——何方自述》，明报出版社，2007 年。

时、朱德、周恩来、陈云、康生、彭德怀、张闻天、博古、邓发，以及列席的有李富春、杨尚昆、林伯渠、吴玉章、彭真、高岗、王若飞、李维汉、叶剑英、刘伯承、聂荣臻、贺龙、林彪、罗瑞卿、陆定一、孔原、陈伯达、肖向荣和胡乔木。[108] 除了领袖毛泽东和像胡乔木这一类资历很浅的人在会议上做一些记录之类的工作以外，其他的人都是要检讨和检查，接受别人批评的。

再其次，延安整风是一次深刻的党内思想路线斗争的教育，是要解决思想路线问题。毛泽东说："我们的目的是揭发路线错误，又要保护同志，不要离开这个方向。"[109] 早在 1941 年 9 月 10 日的中央政治局会议上，毛泽东在所作的《反对主观主义和宗派主义》讲话中就说，整风运动是要打倒主观主义和宗派主义，把人留下来，把犯了错误的干部健全地保留下来。[110] 在 1943 年 9 月的中央政治局会议上，毛泽东再次强调这个政策。他说：

> ……反对整个宗派主义，要从破坏教条宗派开始，在全党揭露，对犯错误的"将一军"。整风以来就是反教条宗派。王明对洛夫说："整风是整你和我"，这话又对又不对。说是对的，首先要揭破教条宗派，要"整"王明、博古、洛甫，对这些同志要"将军"，要全党揭露。说是不对的，还要把一切宗派打坍，打破各个山头，包括其他老干部、新干部。我们只整思想，不把人"整死"，是治病救人，做分析工作，不是乱打一顿；对犯错误的同志还是要有条件地与他们团结，打破宗派主义来建设一个统一的党。[111]

毛泽东在这次整风的小结中更明确地说："我们是要团结的，弄清路线是非，才能真正团结。以斗争求团结……"[112]

---

108 《胡乔木回忆毛泽东》，第 193、282 页。
109 《毛泽东年谱（1893-1949）》（中），第 481 页。
110 《毛泽东文集》第二卷，第 375 页。
111 《胡乔木回忆毛泽东》，第 287-288 页。
112 《毛泽东年谱（1893-1949）》（中），第 470 页。

再其次，虽说延安整风是中国共产党的一次民族主义表现，但是，它毕竟还是在承认共产国际和苏联共产党的领导的前提下进行的，所以，毛泽东对于党内错误路线上纲上线并且提的很高，但在组织处理上却坚持实事求是的方针，一般组织上应该承担责任的，对个人的组织处理都很温和。整风运动的后期，1944 年春天，在几次中央书记处和中央政治局会议上，毛泽东就中央政治局整风中的几个问题，作了六条重要讲话。包括"二十八个半布尔什维克"派别问题，他说，这是书记处会议上没有提到的。经过几次分化，现在没有这个团体了。去掉这个包袱，才符合事实。毛泽东还说，经验宗派，现在也没有了。[113] 5 月 21 日，六届七中全会上，毛泽东再次就以上六条向全会作了报告，并要求全会对其付诸表决。决议说：

1. 中央某些个别同志曾被其他一些同志怀疑为有党外问题，根据所有材料研究，认为他们不是党外问题，而是党风问题。

2. 四中全会后一九三一年的上海临时中央及其后它所召集的五中全会是合法的，因为当时得到共产国际的批准，但选举手续不完备，应做历史的教训。

3. 对过去党的历史上的错误应该在思想上弄清楚，但其结论应力求宽大，以便团结全党共同奋斗。

4. 自四中全会至遵义会议期间，党中央的领导路线是错误的，但尚有其正确的部分，应该进行适当的分析，不要否认一切。

5. 六次大会虽有其缺点与错误，但其基本路线是正确的。

6. 在党的历史上曾经存在过教条宗派与经验宗派，但自遵义会议以来，经过各种变化，作为政治纲领与组织形态的这两个宗派，现在已经不存在了，现在党内严重存在的是

---

113 《胡乔木回忆毛泽东》，第 300、301 页。

带着盲目性的山头主义倾向，应当进行切实的教育，克服此种倾向。[114]

中国共产党的正统史学把六届七中全会通过《中国共产党中央关于若干历史问题的决议》和上述六条，当作延安整风"圆满结束"的标志。[115] 但是，我认为，应该把延安整风运动的日期，延伸至中国共产党第七次全国代表大会。一方面，六届七中全会通过的《中国共产党中央委员会关于若干历史问题的决议》，表明延安整风运动中所要解决的思想路线问题已经在党内有了结论，达到共识。另一方面，不仅主要犯有路线错误的几位领导人在中国共产党第七次全国代表大会上还在向全党检讨，而且代表大会的选举结果才体现了党对犯有路线错误的人所做出实际组织处理或组织结论，它体现了延安整风运动以后的党的政治路线和组织路线。

所以，毛泽东在七大会议期间，特别注意如何对待犯有错误的领导人。七大的开幕式上，毛泽东特意让人用担架把正在住院的王明和王稼祥抬到大会上，也让他们象征性地参加了会议，以体现党的团结。在酝酿中央委员选举的时候，已经在党内获得特别声望的毛泽东，花费很大精力，用党的历史给代表们作工作，提议要选举犯错误的同志参加中央委员会。[116] 当中央委员会选举结束后，王稼祥落选。大会主席团特意把王稼祥作为后补中央委员的第一名候选人，毛泽东特意又做了很长的讲话，介绍了王稼祥在历史上的贡献，建议代表们投票选举王稼祥。[117] 在这样的情况下，以前作为"整风对象"的

114　《杨尚昆回忆录》，中央文献出版社，2007 年，第 211-212 页。

115　《胡乔木回忆毛泽东》在介绍中央扩大的六届七中全会通过上述六条决议后，紧接着说："至此，从 1941 年 9 月政治局扩大会议开始，经 1943 年 9 月政治局扩大会议深入展开的中央领导层整风运动，历经三年八个月，圆满结束了。它也宣告从 1941 年 5 月毛主席作《改造我们的学习》报告开始的全党整风运动历经整整四年，也最终以全党空前团结的形势结束了。这是党的历史上极为重要的一章。"《胡乔木回忆毛泽东》，第 303-304 页。

116　毛泽东：《第七届中央委员会的选举方针》，《毛泽东文集》第三卷。

117　毛泽东：《关于第七届候补中央委员选举问题》，《毛泽东文集》第三卷。

王明、张闻天、博古，都当选为中央委员，其中张闻天在七届一中全会上，还当选为政治局委员。王稼祥当选为候补中央委员。周恩来当选为中央委员，中央政治局委员，与毛泽东、朱德、刘少奇、任弼时并列为中共中央书记处五大书记之一。中国共产党第七次全国代表大会充分表明了，延安整风是党的思想路线教育运动，而不是"整"哪个人的。

总之，因为毛泽东的整风并没有像王明博古的中央那样，对党内同志残酷斗争、无情打击，而是要求从思想上划清正确与错误路线，只是在组织上调整了领导人的工作分工，对六大以来包括四中全会、五中全会和延安整风前的六中全会所形成的中央委员、中央政治局委员基本上没有予以变动，即使对王明博古这些犯了严重路线错误的人，也没有做任何的组织纪律处分。所以，经过整风运动，中央高层对毛泽东，对毛泽东的主张即毛泽东所代表的方向和路线，毛泽东思想，认识得更为清楚了，信念更为坚定了，从而对毛泽东的领导更为信服了，以毛泽东为中心的中共中央的领导核心团结得更为紧密了。

除了中共中央政治局为核心的中共高级干部的整风以外，延安的党、政、军、学等各个机关单位，都进行了整风，中央党校所安排的各类干部的学习，譬如 1944 年 4 月中央组织了 1000 多干部集中学习包括列宁的《共产主义运动中的"左派"幼稚病》《社会民主党在民主革命中的两个策略》，马克思恩格斯《共产党宣言》，恩格斯《社会主义有空空想到科学的发展》，斯大林的《联共（布）党史简明教程》，以及毛泽东所编的《两条路线》等。[118]

说是延安整风，却不限于延安，而是全国各地由中国共产党所领导的地区和单位，都进行了整风。说是全党整风，其实并不限于党员，而是延安的所有机关和机构都参加了整风运动，所以，事实上也就是共产党所领导的全体干部，包括非党的干部也都进行了整风运

---

118 《胡乔木回忆毛泽东》，第 300 页。

动。此外，中央军委还组织和安排了八路军和新四军的高级干部参加整风学习。中共中央还组织安排中共中央西北高干会议的几百名高级干部集中整风学习。延安以外的陕甘宁特区的各级政权机关和学校，晋察冀、晋冀鲁豫等 10 多个中国共产党所领导的边区或抗日根据地，以及中共中央南方局，也都组织安排了整风学习。

与中央政治局和党中央所领导的高级干部的学习内容和方法有所不同，一般党员干部的整风学习，主要学毛泽东所编的《两条路线》，特别是了解中国共产党六大以来的两条路线斗争情况。中央政治局会议以外的党员和干部的整风学习，主要解决对中国国情的认识和了解中国共产党在中华民族危难中的作用及地位，了解中国共产党是无产阶级的先锋队和领导人民大众的反帝反封建革命运动，是领导穷苦人民翻身解放的革命政党，以及领袖毛泽东的无比英明和伟大。

审干和"抢救运动"是延安普通干部整风运动的一个重要环节和阶段。所谓"审干"就是审查干部。中国共产党作为一个历史中绝大多数时间都必须处于非法状态的革命党，时刻遭受到政府的镇压和破坏。在中国共产党的历史上，党员和组织在绝大多数地方和长期内都是属于非法组织，处于地下状态，常常失去联系。所以，党组织需要审查干部入党前以及在离开组织期间是否有叛党行为。至于"抢救运动"，则是建立在一个假设的前提和基础上。抗战以来，中国共产党所领导的延安自由、民主、团结、向上与生动活剥的风气，吸引了大批的知识分子和青年学生。由于中国共产党受国民政府打压的现实，自然害怕国民党会借此机会派遣大量特务混进来。因为大都是青年学生，党需要挽救他们，帮助他们走上革命道路。

其实，延安的干部审查先于整风运动，早就开始了。1935 年 10 月，中国共产党中央机关落脚陕北，不少在大革命中被国民党政府打散了的共产党员就自行奔赴延安，寻找党组织。抗战以后，共产党成为合法组织，涌向延安的干部就更多了。这些党员都有一个或长或短的时期处于组织的视线以外，组织上难免要调查了解，没有问题了才可以安排适当的工作。这就是延安的干部审查。1939 年 8 月 25 日，中共中央发出"关于巩固党的决定"，提出为了巩固党，必须详细审查党员成分，清刷混进党内的异己分子、投机分子和敌探奸细。1940 年 8 月 1 日，中共中央又作出《关于审查干部问题的指示》，强调干部的品质是否纯洁，对于保障党的路线的有效执行有着决定的意义。1942 年 11 月 20 和 22 日，毛泽东在中共中央西北局高干会议上讲话时宣布，整风不仅要解决无产阶级与非无产阶级思想的"半条心"问题，而且还要解决革命与反革命的"两条心"问题。但在此以前，审干工作都是在组织部门内部进行的。1943 年 4 月 3 日，中共中央发布《关于继续开展整风运动的决定》，提出用一年的时间深入开展整风运动，纠正干部中的非无产阶级思想，肃清内藏的反革命分子。[119] 从此时开始，审干和反特工作放到整风运动里，交给各个单位以群众运动的方式来做。[120]

延安普通干部的整风运动转向审干和抢救阶段以后，仅半个月就挖出了所谓特嫌分子 1400 多人。普遍的逼、供、信，假供、骗供、诱供，轮番的批斗，不交代连续十多个甚至几十个小时就不得休息、吃不上饭，制造了大批的冤、假、错案。一些久经考验的老共产党人，也被自己的同志逼迫得承认自己奉国民党的指令打进共产党。当年跟着毛泽东在湖南闹革命的柳湜，在陕甘边区任参议员，教育厅长，现在也成了"特务"。柯庆施是跟随陈独秀在上海的中央机关工作的，是中国共产党里为数不多的见过列宁的老党员，也成了"特务"，妻子被逼得自杀。四川省委书记邹凤平被逼迫交代出一个"四川伪党"，

---

119 《中国共产党历史》第一卷（1921-1949）下册，第 622-623 页。

120 审干和抢救失足运动不只发生在延安。根据先后担任国《中国青年》杂志总编辑，作家出版社总编辑和社长的韦君宜所写的回忆录《思痛录》，作者所在的绥德地委所领导的几乎遍及所有干部的审查和抢救运动，并不是发生在延安，而是远离延安的绥德县。当韦君宜的丈夫杨述在审干中扩大化被错误处理以后，曾去延安向有关领导机关申诉，结果发现"延安的情况比绥德更厉害"。韦君宜：《"抢救失足者"》，筱敏编选：《人文随笔》（1979-2001），中国工人出版社，2002 年，第 12 页。

牵连出一大串的地下党员。邹凤萍只好以自杀了断。延安鲁艺的一位艺术家不堪忍受，全家自焚。继“四川伪党”之后，还出现过“河南伪党”，以及各种形形色色的反党和特务组织。[121] 一时间，延安的干部惶惶不可终日。[122]

正统的中国共产党人和中共党史都把延安整风中的审干和抢救失足者运动扩大化问题，归结到康生身上。20年后，文化大革命中的大批干部的冤、假、错案，也都归结于康生。1973年，中国共产党第十次全国代表大会后，康生当选为党中央副主席。1975年，康生去世。中国文化里有盖棺定论这样的说法，中国共产党为其所作的悼词本该算作是对其盖棺定论了。但是，1980年10月16日，中共中央批转中央纪律检查委员会《关于康生问题的审查报告》，罗列了康生一系列的“罪行”，撤销中央为其所作的《悼词》，开除他的党籍。[123] 这是不公平的。由于康生在1930年白色恐怖的上海，就在周恩来的领导下负责中央的安全保卫工作，自后凡是与反对敌特活动的安全保卫以及相关的干部审查工作，往往都有其分管。文化大革命中。康生依然是作为周恩来的助手，负责中央专案组和干部审查。文化大革命是党中央和毛泽东所发动的一场长达10年的运动，它始终是在毛泽东的领导下进行的，起决定性作用和负责任的当然是毛泽东。康生以及陈伯达、江青、张春桥等人在文化大革命中，始终都是依附和紧跟毛泽东的，其所作所为，都是中国共产党的组织行为。即使追究，那也应该首先追究毛泽东和中央领导集体，把历史的责任归结到康生等人的头上，其实是一种历史虚无主义的作法，它没有客观追索出延安整风运动和文化大革命这一类中国共产党的大规模的群众运动的社会基础与阶级根源。

研究至此，需要进一步分析王明和康生现象。

121　《人文随笔》，第11、12页

122　《胡乔木回忆毛泽东》，第278页。

123　中共中央党史研究室：《中华人民共和国大事记》（1949-2009），人民出版社，2009年，第311页。

在抗战以后与毛泽东共事的中国共产党领导人中，王明与康生是普遍被负面评价的两个人。但是，很少有人分析过他们与包括毛泽东在内的其他所有领导人的共同性这一基本因素之外，在出身和经历方面的不同，以至造成另类的结局。王明和康生与包括毛泽东在内的那一代其他中国共产党领导人，都是为寻求中华民族的解放而奋斗的，这是他们共同革命的基础。但是，他们两人又有着与其他领导人不同的一段革命经历，而这一段不同的经历又对于中国共产党的发展具有相当重要的影响。这是决定他们和中国共产党主流与主体的革命者在一些重大问题上，出现分歧和分野，甚至于造成党的干部的主流部分不认可他们的所作所为的决定性因素。

在毛泽东那一代中国共产党领导人里，除了王明和康生以外，其他所有的人都是在国内历经了从 1931 年到 1937 年的艰难困苦的岁月，尤其是经历了中央苏区和红军长征期间几乎被国民党剿灭的危难时刻。所以，这一个群体对"毛泽东挽救了中国共产党和工农红军""毛泽东是中国人民的大救星"，都有着一致的感同身受。王明和康生则不是这样。在中国共产党这一段最为黑暗的 6 年里，他们是在莫斯科吃面包、喝牛奶度过的。他们没有历经国内的这一段残酷斗争，却经历了斯大林的"红色恐怖"。那是苏联肃反最为严重的时期，斯大林发明了"人民敌人"这个概念，专门用以党内斗争，对付在某一问题上认识不一致或观点不同的人，有时只是怀疑有敌意的和受到诬陷的人。根据赫鲁晓夫的秘密报告，斯大林在国家机关和党内大肆镇压和清洗的高峰是在 1936 年至 1938 年。[124] 而王明与康生正是在 1937 年 11 月回国的，宁左勿右，这是他们在革命圣地所获得的基本认识。像对敌人一样对待党内同志，正统的党史学和党的正统的共产党人都只是指责康生，其实王明比康生更"左"。他们是一个师傅教出来的。还在苏联的时候，王明即以"托派"名义向苏联内务部

---

124 《尼·赫鲁晓夫的秘密报告》，布兰科·拉齐奇：《赫鲁晓夫秘密报告事件始末》，上海人民出版社，1988 年，第 61 页。

告发了一批中共党员，其中包括周达文、董亦湘，都是这样在苏联被秘密处死的。王明回国后，踏入祖国的第一站，就把这一原则付诸实践。根据张国涛的回忆，王明从苏联回国途径迪化（即新疆乌鲁木齐），总共呆了没有几天，当发现与他当年共同在苏联学习的几位共产党人，有第四方面军参谋长李特，第四方面军政治部秘书长黄超，以及中国共产党早期党员俞秀松都在迪化的时候，即刻以"托派"名义，假盛世才之手处死。[125] 中国共产党主流和党史学上，以及连张国焘也都把这些问题归结到王明个人心胸狭窄，搞小圈子。但是，仅仅作这样的认识还是不够的。中国共产党从其一开始就是以苏联共产党为榜样的，而王明、康生对党员干部的残酷斗争、无情打击，都是从苏联共产党和斯大林那里学来的革命原则，王明在中国党内大抓"托派"，制造和推动在党内的残杀和迫害，不仅没有受到制止而且能够一度在党内盛行，至少说明当时的中国共产党把它当作正确做法予以接受的，说明它在党内有土壤，有基础。这才是需要我们深刻分析的问题。

中国共产党一直忌讳这一方面的历史，所以就很难正确认识自己。其实在张国焘所揭露的王明打击"托派"以前很久，各个苏区的红军里就都发生过打 AB 团和肃反运动。AB 团即"反布尔什维克党团组织"，本是国共合作时期发生在江西个别地方的国民党内的反共产党组织。1930 年毛泽东领导的江西革命根据地里，发现似乎有 AB 团的活动。毛泽东曾把这个问题上报中央，并于 1930 年年 12 月 7 日委派李韶九作为总前委的特派员去吉安审查和处理。短短几天里，李韶九在江西省行委、省苏维埃政府和赣西特委机关里就逮捕了 120 名 AB 团，并且把其中 50 多人处决，造成由红一方面军所开创的苏区与江西地方干部之间、红一方面军与江西地方的红 20 军之间的冲突，包括后来中央处理过程中发生了不少令人发指的残杀情节。这就是

---

125 《我的回忆》（下），第 561、562 页。按照张国焘的说法，李特、黄超、俞秀松、周达文、董亦湘，都是王明在迪化被处死的。

因为牵涉毛泽东，也许还因为中国共产党的黑暗面而在中共历史上一直不予公开讨论的"富田事件"。

中国共产党早期历史中不止这些。在 1931 年至 1935 年共产党的最为黑暗的岁月里，尤其是伴随 1933 年至 1934 年蒋介石直接指挥对鄂豫皖苏区、湘鄂赣苏区、湘鄂西苏区等围剿期间，各个苏区内的肃反运动也都搞得相当过火。历史学家一直指责斯大林肃反重创了苏联共产党和红军，是希特勒发动"闪击战"时苏联不堪一击的重要原因，却不太了解 30 年代包括张国焘在湘鄂皖中央苏区，夏曦在湘鄂西中央苏区等中国共产党领导的各个苏区在面临国民党政府的围剿时，自己的肃反给革命队伍所造成的巨大伤害。阅读张国涛的回忆，几十年之后，他也指责王明和第一方面军的肃反和中央保卫局，却没有说他所领导的第四方面军的肃反，要比中央苏区严重得多，以至发生像廖承志这样不少的戴着手铐参加长征的人。中共党史写了中央红军长征无处落脚的情况下发现了陕北革命根据地，塑造了陕北革命根据地挽救了中央红军和毛泽东一句"枪下留人"，中央救了陕北红军的美好故事。这也是事实，只是人们没有进一步追问，陕北红军和根据地创始人刘志丹等一大批共产党人和军队因何被扣押？毛泽东等中央领导人因何能救下陕北？原因就在于陕北根据地属于较后创立的革命根据地，落后到中央红军 1934 年 10 月开始长征以前，中央几乎还未听说过那里情况。即使这样，陕北根据地还是根据原上海临时中央所派的北方局代表即毛泽东所说的"钦差大臣"孔原的安排，开展肃反运动。只是由于陕北的落后，这一运动开展得比较晚。徐海东、程子华所领导的 25 军由鄂豫皖区出来后到达陕北，委派军政治部主任戴季英支持北方局派出来主持陕北根据地的肃反运动，关押、杀了不少的人。正在这个时刻，中央红军突然降临。还是毛泽东和在毛泽东影响下的张闻天叫停正在发生的肃反运动。直至延安整风，甚至建国以后的 50 年代、文革后的 80 年代，中央主持下数次调解西北干部中实施肃反和被扣押被杀的两派之间是非曲直，始终没有解决了。

其实，西北局的特殊性就在于那次肃反没有进行到底。其他苏区的苏翻斗车地进行过了，被肃反的干部杀了头，即使活着的干部明知道自己的战友被错杀了，也不去为他们争论。——极个别的人才会又因为极为特殊环境里，被"平反"和恢复名义。但决不再进一步追究。而陕北的肃反还处在进行中的时候，被突然到达扇贝的中央叫停。这样，从刀下和牢房里放出一大批干部，这批干部包括高岗、习仲勋等在抗日战争中受到毛泽东其中和依靠的骨干。这批干部被肃反关押过，却没有结论，留下一个心结。而这一批干部恰好又是以高岗、习仲勋为代表，是毛泽东在抗战期间依靠的干部，后来发展至成为西北各省，尤其是陕西省的一大批地方干部，它们掌握着西北地区的权力，有能力伸张自己的不平。但是，这个问题始终得不到解决，其原因在于，一方面，包括毛泽东在内的党中央从根本上肯定肃反运动的正确性与必要性，而对于肃反中的过火行为和滥杀无辜，从来都是以运动中发生扩大化难以避免为由，轻轻带过。另一方面，领导和实行肃反的西北局老干部，是在鄂豫皖中央苏区过来的徐海东和程子华的支持下进行的，毛泽东一直肯定徐海东比中央红军先行一步到达陕北为中央的落脚所创造的好条件，所以，也一直不肯否定陕北的肃反。这样，肃反运动在南方几个大的革命根据地所进行的肃反运动所给革命造成的危害大得多，反而在中国共产党的党史上不见经传，而陕北两派干部几十年总是纠缠不清。

1981 年 3 月，邓小平还未能完全从解决华国锋和党内所累积的一系列问题中解脱出来的时候，对此有一段比较深刻的评论。他说：

> 现在有些同志把许多问题都归结到毛泽东同志的个人品质上。实际上，不少问题用个人品质是解释不了的。即使是品质很好的人，在有些情况下，也不能避免错误。红军时代中央根据地打 AB 团的时候，打 AB 团的人品质都不好？开始打 AB 团的时候，毛泽东同志也参加了，只是他比别人觉悟早，很快发现问题，总结经验教训，到延安时候就提出"一个不杀，大部不抓"。在那种异常紧张的战争环境中，

内部发现坏人，提高警惕是必要的。但是，脑子发热，分析不清，听到一个口供就信了，这样就难免犯错误。从客观上说，环境的确紧张。从主观上说，当然也有个没有经验的问题。[126]

把中国共产党发生的问题归结到个人品质上，把与自己观点不同的党内同志当做个人品质，这是中国共产党的通病。党内主流的共产党人是这样解释党的历史的，党内分裂出去的张国焘、王明也都是这样对待毛泽东和其他政敌的。邓小平在这个地方不同意把许多问题归结到毛泽东的品质上，可他没有想过延安整风期间把王明和康生当做个人品质问题，文化大革命中康生和"四人帮"、林彪集团，都是以个人品质问题而判处刑罚的。邓小平从知识和经验层面分析问题，早期的中国共产党还不成熟，没有经验，也都是重要的原因。但是，最基本的问题他还是没有认识到，那就是中国共产党的农民性质。农民是自然经济的产物，人类自己掌握不了自己的命运，未来没有保障，没有自信，没有安全感，所以会有诸多的猜忌，再加上没有历经资本主义经济的熏陶，没有自由、平等和人权观念，宁可用打倒和消灭人的办法去解决自己的一些不安全感，却压根也不会考虑这样做是否伤害了别人。这才是最根本的原因和致命的要害。邓小平说"听到一个口供就信了"，却没有提是如何得到口供的？中央苏区主持打 AB 团的李韶九，鄂豫皖苏区主持肃反的戴季英、湘鄂西苏区的夏曦，以及领导陕北肃反的朱理治、郭洪涛、戴季英，莫不是对一些毫无来由的怀疑对象实施逮捕和严加拷打，通过逼、供、信，要求被打击和审讯的人按照审讯者的意愿得到的"口供"，接着再依据所谓的口供挖掘新的 AB 团和敌特分子。这其中不只是没有自由、平等和人权的意识，而且他的头脑里还装有一个主观幻想的图式，要求客观世界符合其头脑里的那个来源于自然经济条件下才可产生的主观

126　邓小平：《对起草〈关于建国以来党的若干历史问题的决议〉的意见》，《邓小平文选》第二卷，人民出版社，1983 年，第 300-301 页。

"图式"，有的时候简直就是一种迷信。从打 AB 团、肃反、延安整风，到解放后包括文化大革命在内的历次政治运动，莫不是如此。文化大革命中，笔者正在上中学。运动开始以后，毛泽东把学校的运动主动权交给学生。笔者所在的学校发生过学生审查图画老师的铅笔画，有一张图画的笔画交集间隐隐约约显示出一个"石"字，学生就说这个老师是为了纪念蒋介石，带上高帽就游街了。文革期间更多发生的是呼错了口号，不注意毁坏了印有毛泽东画像的报纸，以及诸如此类的"反革命"。这些当然不能用"没有经验"来解释，而是因为农民本性和没有人权理念使然，由共产党这类革命党组织的性质决定的，是伴随中国共产党始终的一种现象。

有人把责任归结于毛泽东也不是没有道理，毛泽东也是存在严重的农民意识，打 AB 团，肃反，延安整风运动中加入审干和抢救的环节，他都是赞同的，参与的，甚至是他的主意。1943 年 8 月 8 日，毛泽东在中央党校第二部开学典礼上讲话说：

> 整顿三风、审查干部，是党校六门课中的两门主课。……延安的整风特别有味道，不是整死人，有些特务分子讲出了问题，也不是把他们杀了，我们要争取他们为人民为党工作。你们整了风以后，眼睛就亮了，审查干部以后，眼睛更亮了，两只眼睛都亮了，还有什么革命不胜利呢？去年有争锋，今年又深感，使你们把问题搞清，两年以后保证你们提高一步。[127]

看，毛泽东想得多好！但是，仅仅几个月，延安就清出"特务"15000 多人，有些单位清出的"特务"占到单位的大部分，其中陕北公学 390 人中清出了 208 名"特务"。[128] 这其中所发生的问题当然不能说没有毛泽东的责任。但是，正如上面所分析的，中国共产党的性质决定了，整个党都没有人权意识，没有法制理念，——这才是延安

---

127 《胡乔木回忆毛泽东》，第 277 页。
128 《胡乔木回忆毛泽东》，第 280 页。

整风中发生审干和抢救运动过火、扩大化的根本原因。但是，必须公正地指出，邓小平的这一观点是正确的，符合事实的，那就是毛泽东"比别人觉悟早，很快发现问题，总结经验教训"。1943 年 10 月 9 日，毛泽东在绥德反奸大会材料上批示说：

> 一个不杀大部不抓是此次反特务斗争中必须坚持的政策。一个不杀则特务敢于坦白，大部不抓（不捉），则保卫机关只处理小部，各机关学校自己处理大多数。须使各地委坚持此种政策。[129]

11 月 5 日，毛泽东在一封电报里进一步提出：

> 为了弄清线索而逮捕的特务分子不得超过当地特务总数的 5%，并且一经坦白，立即释放。凡有杀人者，立即停止杀人。目前一年内必须实行一个不杀的方针，不许任何机关杀死任何特务分子，将来何时要杀人，须得到中央批准。[130]

研究到这里，就需要为毛泽东正个名。新中国以后的历次运动中，从镇压反革命到文化大革命，党中央和毛泽东都要对下面发布通知确定整治对象的比例，譬如 1957 年反右斗争中，就规定了一个单位里划定右派名额，确定不超过单位总人口的一定比例。80 年代纠正和为右派平反以后，人们几乎是一边倒地指责当年的党中央和毛泽东所确定的这个比例。因为据说有的单位为了凑比例，党的积极分子或者领导干部把自己也报进右派或者极右派的名单。也许毛泽东的这份电报确定一个地方逮捕的特务不得超过 5%，可能是后来运动中确定比例的源头。但是，我以为对于中国共产党来说，这个决定还是非常"明智的"。因为，作为农民革命党，中国共产党不可能不搞运动。但是，一旦发动运动，极左、偏激和过火的做法越搞越多，无

129　《毛泽东年谱（1893-1949）》（中），第 475 页。
130　《胡乔木回忆毛泽东》，第 278 页。

论讲多少道理都没有实际效果。经过许多次运动以后，毛泽东终于发现了他所领导的党组织的这一个特点，而中国共产党又不可能不搞运动。所以，既要搞运动，又要防止扩大化，不能伤害太多的人，把基本群众都推到了对立面去，这就要划一条线，确定一个适当的比例。这是一门领导艺术。

我们接着考察毛泽东所领导的延安整风运动。1943 年 12 月 22 日，毛泽东主持中央书记处会议，专门讨论了审干运动中所发生的问题。1944 年 1 月 24 日，中共中央发出了"关于对坦白分子进行甄别工作的指示"，文件指出，根据延安初步经验，在坦白分子中，属于职业特务的是极少数，变节分子也是极少数。有些党派问题，即加入过国民党、三青团，入党时又未向党报告，在分清是非后均应平反，取消特务帽子。对于被特务诬告或审查时完全弄错了的，要完全平反。在反特务斗争中要注意保护好人。

除了及时发现问题，制定政策，及时纠正运动中的错误和偏差以外，毛泽东还多次主动承担责任，进行自我批评，公开地向群众道歉。1944 年 5 月，毛泽东给即将奔赴前线的中央党校的学员作送别讲话说：

> 在整风中有些同志受了点委屈，有点气是可以理解的。但已经进行了甄别，还生气不讲团结，这就不好。整风中的一些问题，是则是，非则非，搞错了的，摘下帽子，赔个不是。

讲到这里，毛泽东向大家敬礼赔不是，并说：

> 同志们，我举起手向大家敬个礼，你们不还礼，大家想想，我怎么放下手呢？

这时全场起立鼓掌。[131] 10 月 25 日，毛泽东再次对即将去前线的中央党校干部作报告，讲到审干、反特务问题，他说，去年审查干部，反特务，发生许多毛病，特别是抢救运动中发生过火，特务如麻，

---

131 《毛泽东年谱（1893-1949）》（中），第 517 页。

这是不对的。[132]

1945 年 2 月 15 日，毛泽东在中央党校讲演，讲述时局、整风中批判山头问题，然后谈到审干问题。他说：

> 前年、去年我们进行了审查干部的工作，取得了很大的成绩，但也犯了许多错误。……拿件数来算就很多。党校就犯了许多错误，谁负责？我负责，因为我是党校的校长。整个延安犯了许多错误，谁负责？我负责，因为发号施令的也是我。我陪一个不是。戴错了帽子的，在座有这样的同志，我陪一个不是。凡是搞错了的，我们修正错误。[133]

这是一个很奇特问题。延安整风中的审干和抢救运动伤害了那么多干部，可是，通过延安整风，人们对中国共产党和毛泽东更为敬仰和忠诚了，对毛泽东更为崇拜了。何方在他的回忆录里对这期间的奇特遭遇有一个很真实的叙述。何方 1922 年出生于陕西农村，1938 年秋末冬初奔赴延安，1939 年 4 月入党。就这么一个 16、7 岁就参加革命、入了党的小青年，1943 年整风中，也被抢救了几个月。期间被围攻批斗，连续几天不让睡觉，只好按照围斗者的要求胡乱招供，承认自己是特务，还有上线、下线。1944 年又被甄别。何方先在延安抗大学习，接着留校当教员，后来又学俄语，做理论工作。抗战胜利后，是中国共产党派往东北的第一批干部，解放战争期间一直在东北做地方工作，支援前线。50 年代随张闻天搞外交，1959 年因张闻天问题受到牵连，直到 1980 年前后才得到平反。60 多年后，他说：

> 但说也奇怪，经过延安整风，我反而对党中央特别是对毛主席更加尊重和信仰了。成为毛泽东个人崇拜的忠实信徒。虽然我长期以来实际上并不懂得什么是毛泽东思想，但

---

132 《胡乔木回忆毛泽东》，第 280-281 页。

133 《毛泽东文集》第三卷，第 260-264 页；《毛泽东年谱（1893-1949）》（中），第 580 页；《胡乔木回忆毛泽东》，第 281 页

却一直做着宣传毛泽东思想的工作。

我看，不仅我等小干部，就是大干部和大知识分子也一样，整风后都更加忠于毛泽东，还积极参与制造毛泽东个人崇拜的工作了。我对整风的反思和对毛泽东个人崇拜的认识虽然有个渐变过程，但真正的变化还是文化大革命以后。[134]

可见，这是一个极富有挑战性的问题。它只能从中国所处的时代，从人类由传统向现代转变，从中国共产党的历史使命，从中华民族的民族主义运动方面去理解，从中国国共产党的农民革命政党性质来理解。农民需要信仰，需要迷信，特别是当发生危机的时刻，未来没有保障的时候，人们必须诉求信仰，把自己的未来寄托在崇拜和迷信的随想身上，个人的前途和奋斗目标才感觉落到了实处，有了安全感。

从另一方面，即农民需要崇拜和信仰的对象，即领袖（皇帝、上帝）和意识形态（宗教教义、政治伦理）来说，经过毛泽东从井冈山到延安长期的革命斗争实践的磨炼和总结，也都具备和成熟了。自文化大革命以后，随着人们对中国历史的反省，对中国共产党及其毛泽东的历史的反思，出现一股很不小的思潮，就是否定毛泽东，以为中国历史，有其实中国共产党历史中的许多负面的问题都是毛泽东造成的。其实恰好相反，由于毛泽东能够比较及时地纠正农民运动中的过火和极端的行为，把革命和运动引入到一个比较正确和使得农民革命较少付出牺牲的轨道上。这是中国共产党即中国农民革命能够胜利的主观原因。因为毛泽东能够正确地处理和解决中国共产党的民族主义运动即中国农民革命中的一系列问题，带领中国共产党从濒临失败的境地发展壮大，所以，毛泽东自然成为中国共产党的无可替代的领袖，而毛泽东的一系列主张即毛泽东思想也就成为指导中国共产党以及中国农民运动的思想意识形态，在毛泽东领导下的和

---

134 《从延安一路走来的反思—何方自述》，第 95-96 页。

用毛泽东思想武装的中国共产党也就成了中国农民运动的核心与中坚骨干力量。而所有的这一切，都是在延安整风运动中予以明确的。如同一个人会在某个时期突然领悟和明白，从而变得聪明起来一样，在中国共产党和中国农民运动的历史上，延安整风运动起到了醍醐灌顶的作用，中国共产党及其中国的民族主义运动一下子成熟了。

现在再来总结延安整风。

（一） 延安整风运动虽然以延安为名，但实际却不只发生于延安。它是中国共产党的一次全党的学习教育运动，从延安特区伸展到各个抗日根据地、国统区，甚至日本占领区的党组织。1942 年 4 月 20 日，毛泽东在延安的中央学习组会议上说："华北送来了整顿三风的报告，可以由延安转播出去。"[135] 说明华北抗日根据地正在开展整风运动。1943 年 2 月 10 日，毛泽东给中共中央南方局、北方局、太行分局、晋察冀分局、晋绥分局、山东分局、华中局等七个中央局的书记分别发去电报，要求各中央局"总结整风学习的经验"，并上报中央。[136] 也都说明，延安整风是一次全党的整风学习运动。

（二） 延安整风之所以称之为"整风"，是因为运动的内容是整顿党的作风。毛泽东认为"党的学习方法和学习制度"不正确，[137] 中国共产党的学风、党风和文风不纯、不正，为此提出"反对三风"，即"反对主观主义以整顿学风，反对宗派主义以整顿党风，反对党八股以整顿文风"。因为"学风和文风也都是党的作风，都是党风"，所以叫整风。[138]

（三） 在全党范围展开的整风却以延安为名，是因为中国共产党的中央机关在延安，整风运动从延安引发，包括中国共产党中央机关和中央军委机关，西北局和边区，以及集中在延安准备参加党的七大的全国各地和各个系统的党的代表，延安的各类机关、学校、党校

---

135 《毛泽东文集》第二卷，第 413 页。
136 《毛泽东文集》第三卷，第 4 页。
137 毛泽东：《改造我们的学习》，《毛泽东选集》第三卷，第 815 页。
138 毛泽东：《整顿党的作风》，《反对党八股》，《毛泽东选集》第三卷。

和社会各界别的干部等许多个部分，但其重点是以中央政治局委员、中央委员和中央军委领导为核心的党的高级干部，这才是延安整风运动的重头戏，决定整风的方向和效果。整风运动源于延安，重点在延安，所以叫延安整风。

（四） 延安整风运动的起始和终结如何算起？历来并不一致。胡乔木将其追溯到 1938 年 12 月的六届六中全会，其标志是毛泽东在那次会议上提出了马克思主义中国化的命题。1957 年 4 月 30 日，毛泽东在最高国务会议上讲话说，"党在 1942 年开始的第一次整风"。但是，笔者通过研究认为，延安整风运动从 1941 年 5 月毛泽东在延安干部会议上作《改造我们的学习》的报告开始，至 1945 年 6 月 21 日在中国共产党第七次全国代表大会上作《愚公移山》的闭幕词所作结束，前后长达 4 年多的时间。

（五） 中国共产党的延安整风运动发生在抗战期间。过去历史研究中有人指责毛泽东在抗战紧张时期，竟然把党和军队的高级干部抽调到延安进行政治学习，证明毛泽东是假抗日。其实它是中国民族主义运动发展的必然。中国共产党既是中国民族主义运动的产物，又是民族主义运动的动力和向导。十年土地战争中，中国共产党对南方一些省份的农民做了初步的发动。日本帝国主义对中国的侵略，全面激化和加深了中华民族的危机感，尤其是激起了北方农民的反抗。中国共产党在抗战中崛起，自然要求从原来依赖，甚至是附属于共产国际和苏联共产党的比较幼稚的"苏维埃运动"迈向中国自己的运动。延安整风运动事实上是对苏联共产党及其共产国际路线的一次清理和背叛，所以本质上是中国共产党开始转变为一个自觉自为的革命政党的开始，从而显示出中国民族主义性质。

（六） 延安整风是中国共产党建党以来，第一次完全由自己做主所开展的党内大型运动。1934 年 10 月，中国共产党中央离开中央苏区以前，共产国际和苏联共产党牢固地控制着中国共产党。1935 年 1 月的遵义会议，是在中国共产党已经与共产国际失去联系的情况下自行召开的。1941 年 6 月 22 日，德国发动侵苏战争，斯大林忙于应付德军的侵略，自顾不暇。1943 年 5 月，共产国际解散，这都为中国共产党进行延安整风提供了绝佳的条件。

（七）　延安整风的主要对象是以中央政治局和中央委员为主的高级干部。由于历史原因，中国共产党的中上层干部以留苏学生为主，而中下层干部和普通党员、红军，以及后来的八路军新四军的官兵则以农民为主。1941 年 9 月和 1943 年 9 月的两次以中央政治局委员为主的"九月会议"，解决了以留苏为背景的中国共产党中央领导集体的感情与立场问题，从此党的高级干部也都像普通党员和红军官兵一样从心底里拥戴毛泽东，标志着中国共产党及其民族主义运动终于有了自己的民族领袖。

（八）　延安整风运动的重点是批判六届四中全会至遵义会议期间的教条主义。这一阶段的党中央在共产国际的领导下，照搬苏联共产党的革命经验，由城市领导农村，要求大城市举行暴动，指挥根据地的红军攻打大城市，遭致了失败。列宁的由城市领导乡村的十月革命道路，有其自身特殊的历史背景。沙皇政府在持续多年的世界大战中，已经把千万以上的农民送到前线和城市，再加上沙皇和资产阶级政权又都十分脆弱，使得布尔什维克有了在城市动员和组织农民夺取政权的革命条件。中国的情况则不是这样。传统的农业经济还没有被破坏，数亿农民仍都处在分散与彼此隔离的广大乡村，中国共产党必须深入到农村去动员和发动农民。

中国革命的根本问题是农民问题。正如张国焘所说，这一点只有毛泽东看得清楚。自十年土地革命时期开始，毛泽东先后总结出以农村包围城市和枪杆子里面出政权为主要内容的武装斗争、党的领导、统一战线等重要思想和理论体系，延安整风运动中提出了毛泽东思想这一概念，尤其是从 1944 年 5 月至 1945 年 4 月的六届七中全会上，通过讨论并终于通过的《中国共产党中央委员会关于若干历史问题的决议》，进一步明确了毛泽东思想的体系和以毛泽东为代表的正确路线，中国共产党再也不是一个处处由共产国际所控制和领导的革命党了，它已经拥有了一个属于自己的、成熟的，指导其革命斗争的思想意识形态。

（九）笔者之所以把 1945 年 4 月 23 日至 6 月 11 日召开的中国共产党第七次全国代表大会包括在延安整风运动之中，是因为它是延安整风运动的结果。没有延安整风运动，就没有党的第七次代表大会的丰硕成果。因为正是经过延安整风运动，中国共产党才清醒地认识到："我们的党，已经是一个有了自己伟大领袖的党。""我们党不只是有了自己的伟大的领袖，而且有了大批久经考验的、以毛泽东思想武装起来并围绕在毛泽东同志周围的中坚干部"。"我们党和我们民族有了这样的伟大领袖，又有了大批这样的干部，我们是不可战胜的"。中国共产党第七次全国代表大会表明，中华民族和中国的民族主义运动，已经拥有了一个以毛泽东、毛泽东思想、中国共产党所构成的新的三位一体，它预示着中国革命和社会将进入到一个重要的发展阶段。

（十）传统历史一概都低估延安整风的历史意义。在一定意义来说，中国共产党源于苏联共产党，源于列宁所构建的马克思列宁主义。但是，从 1917 年十月革命到 1924 年 1 月苏维埃社会主义联盟共和国成立，列宁所领导的苏联共产党及其布尔什维克把一个已经破裂了的大俄罗斯重新组合起来，用了 6 年多的时间。因为延安整风，当蒋介石及其国民党 1946 年 6 月发动内战后，毛泽东仅用了 3 年多的时间就推翻了蒋介石及其国民政统治，建立了中华人民共和国，统一了自 1911 年辛亥革命以来一直处于四分五裂的中国。从此以后，中国开始了一个新时代。把中国共产党推到内战的运动源于农民革命党的性质与苏联共产党党内斗争的传统，所以，期间也发生了审干扩大化问题，但经毛泽东发现后就立即停止和予以纠正了。与此同时，毛泽东还提出了"一个不杀，大部不抓"的方针，以及确定斗争对象不得超过一定比例的运动经验，从而替代了苏联共产党以"关、杀"为主要方式的肃反运动，为中国共产党创造了用整风运动方式促进党的发展的工作范式。至此以后，毛泽东特别钟情于这一范式，每过一个或长或短的时期，就发动一次，屡屡得手，乐此不疲。

17. 人民领袖毛泽东和

马列主义中国化的毛泽东思想

按照高华《红太阳是怎样升起的》塑造的历史，毛泽东及其中国共产党都是一群投机钻营，偷鸡摸狗之辈，毛泽东是依靠阴谋诡计获得领袖之位的。作为一本孤立的书也许可以这么写，但这是一本历史书，历史是要放归到一定的时空里去的。如果是写一个小团伙，一个小集团，一小段历史，这样写，也许死无对证。无奈那是中国共产党的历史，它密切关联着中华民族的一大段历史，按高华所述，如此狗苟蝇营之辈如何能在八年抗战中在日本占领区的敌后建立起许多块总计多达一亿人口的抗日根据地，发展起 4、50 万正规军和包括民兵在内总计 100 多万的武装力量？特别是抗战后，仅只用了 3 年的时间就打败了 7、800 万国民政府的正规军队。要知道，抗战后的蒋介石的武装力量，其装备何等厉害，——抗战期间，美国曾经武装了蒋介石在大西南和滇缅边界的几个正规军师的装备。战争结束后，美国军队复员只是走人，在中国境内的武器装备全都留给国民政府了。另外，日本投降后，其武器装备都随着由蒋介石的国民政府受降而落到了蒋介石的手里。所以，1946 年至 1949 年的内战期间，中国共产党的军队所面临的蒋介石及其国民政府的军事武装，都是现代化的，而中国共产党的武装在其国共交手的初期，则基本上仍是抗战时期的落后装备。共产党如此情况下得到国家政权，竟是高华所描述的一群偷鸡摸狗之辈，岂不荒唐、滑稽？

毛泽东及其中国共产党的革命运动发生在 20 世纪 20 年代至 40 年代。那时的中国还是一个以个体农民为主的自然农业社会，农民占据 90%以上的人口。这是中国的基本国情。1931 年九一八事变以后，尤其是 1937 年 7 月 7 日卢沟桥事变以后，面临日本的侵略，农民没有了安全感，自然有着抗战保家卫国的强烈愿望。但是，抗战爆发后的国民政府节节败退到了大西南，而那个时代还很落后，中央政府与东北、华北、华中、华东等东部靠近日本占领区的民众断绝了联系。毛泽东及其中国共产党所领导的武装力量填补了空白，——八路军、新四军，开赴到接近日本占领区的地方，建立起由共产党所领导的民主政权，组织和发动民众抗战，领导人民保家卫国，自然成了民众心底里的希望。

所以，必须把故事放置到它所发生的历史时代里。历史的主人是一批个体农民，在中国共产党把他们组织起来学文化以前，都还是一批相信鬼神和满脑子封建迷信的文盲，自然有着幻想一位救世主和神仙之类的人物出现，希望在救星一样的伟大人物的带领下打败日本侵略者。所以，人民领袖和红太阳之类的事物，并不是由中国共产党和毛泽东自己首先制造出来，然后糊弄民众，再由人民喊出来。不是的。中国社会的发展阶段还处在农业社会转向资本主义前的时代，处在日本侵略直接威胁和危害的环境下的旧式农民，自然有着一种呼唤大救星的强烈愿望。当毛泽东及其中国共产党将他们组织起来，当他们所参与的抗战事业取得一定成就的时候，自然就把毛泽东及其中国共产党当作人民领袖和红太阳，当作救民于水火的大救星呼喊出来了。

中国共产党是适应中国社会发生巨变的时代潮流所产生的现代革命政党。当时的中国同沙皇俄国一样，属于内陆型的自然农业大国。从 1840 年鸦片战争开始，中国才与西方资本主义经济发生联系。至晚清和民国时代，面对西方国家的先进生产力，向西方学习，走资本主义市场经济道路，已经成为中国社会的共识。只是在学什么，走什么路，不同的阶级有着严重的分歧。在历史研究中，占主流的认识是说以慈禧太后为首的晚清政府反对改革，也不是事实。清廷要走立宪民主制，1909 年还颁布了《钦定宪法大纲》。不过此时以孙中山为代表的革命党已经有了很大影响，他们要实行民主共和。国民党与中国共产党是死对头，但国民党的缔造者孙中山及其继承者蒋介石也不是不学西方，要知道孙中山和共产党最初都是积极学习并紧跟苏联共产党，是从学习苏俄起步的。但是，包括孙中山在内的国民政府不愿意实行土地改革，没有贯彻他也曾提出的"耕者有其田"民主纲领。中国共产党自称无产阶级先进分子，是工人阶级的政党，但中国是一个农业社会，农民占据了社会的绝大多数，毛泽东及其共产党最根本的一项原则就是发动农民，实行土地改革，打土豪、分田地，由此赢得了绝大多数农民的拥护、爱戴和支持。这是内战时期解放区老百姓用独轮车、肩担挑的方式保障解放军前线的后勤，竟然打败了用飞机、军舰、火车和汽车等现代装备所支撑的国民政府军队的根本原因。

毛泽东出生于一个湖南普通的富裕农民家庭，受过教育，具有传统文化的底蕴。朴实、善良、有抱负，这是他的秉性。更为重要的是毛泽东处在一个历史大变革的时代。毛泽东出生在 1893 年，1894 年发生了甲午中日战争，学习西方，奋发图强，是那个时代的主旋律。毛泽东求学时年龄较大，比同时期的学生成熟，见识出众，所以深得师长的器重和赏识。尤其令毛泽东幸运的是在赏识他的师长里，有一位杨昌济。毛泽东通过在北大教书的杨昌济认识了有铁三角关系的章士钊、陈独秀和李大钊。由于历史的发展，后人都只重视李大钊和陈独秀对毛泽东的影响，其实，在当时的形势下，章士钊所起的作用更为重要。章士钊湖南人，留学日本，与孙中山、袁世凯、黎元洪、段祺瑞 4 位国民政府总统和临时大总统都有着深厚关系，所以在当时最有地位和社会地位。在章士钊、陈独秀和李大钊三人关系中，那时的章是核心。当时的胡适与陈独秀也过从甚密，他就说过，毛泽东能到北大担任几个月的图书馆管理员，是因为杨昌济与章士钊的湖南同乡关系。章士钊在与毛泽东的具体接触中发现其有救世之才，又为其筹措到了支持他包括发起新民学会和创办《湘江评论》在内的许多年革命活动的经费。所以，因为杨昌济和章士钊，毛泽东又接触到陈独秀和李大钊，从而走上信仰马克思列宁主义并参与建立中国共产党，领导农民闹革命的人生道路。

不喜欢中国共产党和毛泽东的人，总是诋毁毛泽东的人品。其实，无论个人学识、品德和工作能力，毛泽东一定都是非常优秀的。否则，他得不到包括杨昌济在内的一并师长的赏识，也不会有章士钊、陈独秀、李大钊的提携。只是由于后来走了不同的路，事实上，1920 年前后，胡适与毛泽东也是有交往的。那时的胡适已名满天下，毛泽东如属庸碌之辈，或者品德极差，胡适也懒得理睬。尤为重要的是，国共合作时期，毛泽东以共产党员的身份参加国民党，能得孙中山的赏识，担任了国民党中央宣传部的副部长，主持宣传部的工作，当然也靠了能力和品德。这是毛泽东人生中很重要的一个阶段，所以直到晚年，毛泽东还经常以感激的心情回忆起孙中山对他的器重。毛泽东与宋庆龄、何香凝、柳亚子等一众国民党元老级别的人都有私交，就都是在那个年代建立起来的社会关系。只要稍做分析就该知道，那个时候，毛泽东还只是 20 多、30 岁的年轻人，能得到那么多革命老人的认可，不是品德与才华兼优，是不可能的。

再突出介绍一位老人。林伯渠也是湖南人，他从 1905 年在日本就跟随孙中山参与革命政党的活动，也是 1921 年的中国共产党党员。国共合作期间，林伯渠任国民党中央农民部部长，孙中山的广州军政府的秘书长。从抗战时期起，林伯渠就是毛泽东的大盘子里的很重要的一枚棋子，——先任中国共产党中央和红军根据地"陕甘宁边区政府主席"。抗战后期，国共两党摩擦越来越多，林伯渠又代表毛泽东常驻重庆与国民党蒋介石谈判，承办毛泽东直接交办的事宜。1949 年中华人民共和国成立后，毛泽东任中华人民共和国中央人民政府主席，林伯渠任中央人民政府秘书长，自然是承担毛泽东直接交办的具体事务。要知道林伯渠出生于 1886 年，年长毛泽东 7 岁，能力非凡，资历又比其深厚得多，如果不是从内心里对毛泽东的认可，甚至信任和崇拜，如何会几十年如一日地听其指使？

有比较才有鉴别。张国焘与毛泽东一样，都是参加中国共产党第一次代表大会的建党元勋。其实，在建党的初期，张国焘比毛泽东的贡献还要大。1927 年 7 月在上海召开的中国共产党第一次代表大会上，因为李大钊不能出席，委派张国焘代表北京小组。陈独秀因参与孙中山的广州军政府的事务，也不能代表上海小组参加会议。所以，第一次党代会实际上是在张国焘的主持下召开的，说张国焘是中国共产党的创始人之一，一点也不过分。1935 年 6 月，中央红军与张国焘率领的红四方面军在川西懋功会师。中央红军从 1934 年 10 月撤离中央苏区，历经 9 个多月蒋介石亲自指挥的武装部队围追堵截，损失的仅只有 2 万左右的武装力量。因为沿途得不到武器和服装的补给，当时的中央红军衣衫破烂，军械不齐，与张国焘率领的 8 万红四方面军形成巨大反差。因为红四方面军的绝对优势，张国焘就有了改组中央的要求。当不能满足他的野心的情况下，张国焘把包括红军总司令朱德在内的跟随他行动的武装部队劫持南下，另立中央。后在共产国际代表张浩几经工作之后，回到陕北的张国焘因不得志，又借口要跟随林伯渠参加祭奠黄帝陵，私奔武汉，投靠了国民党。

与张国焘比较，就显现出毛泽东的优秀品格。早在 1924 年的党的代表会议上，毛泽东就提出了中国共产党应该从事农民运动的建议。1927 年蒋介石发动四一二政变以后，毛泽东投身农民武装运动。——中央八七会议后，毛泽东拒绝了瞿秋白要求他留在中央工作的建议而回到湖南，领导了秋收起义，带着队伍上井冈山，创建了第一块革命根据地。1935 年 10 月中央红军到达陕北，有了陕北根据地挽救了党中央之说。其实，在此之前，已经有过毛泽东的中央苏区挽救了党中央。1930 年至 1931 年以后，中国共产党因为执行了共产国际和王明、博古的政治路线，党中央在上海再也待不下去了，决定把中央机关转移到江西的中央苏区。以博古为代表的临时中央空降到苏区以后，就剥夺了毛泽东的领导权。毛泽东长期被剥夺了工作的权利，甚至连参加党员活动的机会也没有，所以也有过长达数年的郁闷至极的日子，以致连拉肚子的疾病无论怎样总也治不好。在毛泽东靠边站的日子里，没有人敢与他接触。用他后来的话说，门可罗雀。但毛泽东遵守党的纪律，服从党的决议，不搞非组织活动，不反党、不叛党，历史终于给了毛泽东翻身和再次出头的机会。

有人说毛泽东趁着红军转移时与王稼祥、张闻天一路，在担架上做工作、策反，把王稼祥和张闻天拉到自己一边，这才有了遵义会议。这一说法不公正，不地道。中央红军从出发时的 8 万多发展到遵义会议前后只剩下 2 万多，从高级将领到普通士兵，人们不可能不常在一起议论这个兵是怎么带的，这些仗是怎么打的？在博古、周恩来、李德"三人团"的指挥下，这个仗是打不下去了，这才发生了遵义会议。中央红军本就是由毛泽东缔造的，其高级将领都是跟着毛泽东成长起来的，在毛泽东领导下开辟了中央苏区，发展出强大武装。排挤毛泽东以后，丢掉了革命根据地，武装力量遭受到惨重损失，呼唤毛泽东的声音自然就发生了。事实上，遵义会议是中央红军将领帮助毛泽东夺回了军事指挥权。

中国共产党的党史研究历来回避一个事实，那就是在 1943 年共产国际解散以前，中国共产党本就是共产国际的一个支部。所以，中国共产党的领导机关是要经过决定共产国际命运的苏联共产党批准的。苏联共产党决定着中国共产党的领导的人选。毛泽东十分清楚他不是苏联培养的留苏学生，从而不可能成为中国共产党的最高领导人，也就没有担任党的主要领导人的想法和念头。遵义会议以后，毛泽东由指挥军事进入中央而遇到了共产国际给中国共产党配备的一拨领导人，因为历史的原因，其具体人员的年龄构成则又决定了遇事后毛泽东的意见总可能比他们高出一筹或几筹，从而表现得高超和优秀。

笔者在这里强调年龄差别，是因为社会发展本就是通过以年龄为基础的世代更替得以实现的。一般地说，年龄代表了成长与阅历，意味着知识、经验和能力。人类属于群体性的组织。国家文明是由许多种群体组合而成的。所谓群体，往往是由一位比较年长的人担任首领，负责运作群体的事务。一个家庭的首领叫家长，一个家族叫族长。国家文明以后，社会发展突破了以血缘为基础的自然组织的界线，社会组织变得越来越复杂，但各种组织仍都以相对年长的人为中心的，——氏族社会和封建社会强调血统的纯正，其长子的优先继承权也在一定意义上是以年龄为基础的。这本来是社会学方面的一个常识。由于它再自然不过了，人们却反而常常忽略了它的决定性意义。[1] 1930 年 12 月由共产国际代表米夫主持召开的中国共产党六届四中全会以后，中国共产党党中央的领导班子事实上都是由留苏学生组成了。由于时代的关系，留苏学生都比毛泽东的年龄明显小了一个到两个以上的年龄阶梯的组合。笔者列出毛泽东和六届四中全会以后走到党的主要领导岗位，或者担任共产国际的代表而起到了中央领导作用的一些重要同志的年龄，——毛泽东 1893 年出生，刘少奇 1897 年，张浩 1897，周恩来（留学法国）1898 年，张闻天（洛夫）1900 年，邓小平 1904 年，任弼时 1904 年，王明 1905 年，陈云 1905 年，王稼祥 1906 年，博古（秦邦宪）1907 年。比照毛泽东和以上从中央红军长征开始先后曾进入到中央领导层面的中国共产党领导人，其年龄至少都比毛泽东小了 4 岁乃至 7、8 岁，甚至 10 多岁以上。从 1931 年开始，以博古为首的临时中央开始把党中央领导机关转移和迁徙到毛泽东所创建的中央苏区，尤其是遵义会议以后，毛泽东事实上就与中央领导机关、与留苏学生群体连接在一起了。毛泽东本来就优秀，又是置身于明显比他年龄都要小的一群人里，就更显得突出和优秀了。

与张国焘不同，毛泽东深知自己没有苏联共产党培养的背景，所以本没有争取总书记和负总责的念头，无奈是留苏学生在经过长征和延安不长的一段时间以后，发现了毛泽东明显要比他们这批留学生优秀，懂得只有在毛泽东的带领下中国共产党才有前途，所以是由他们积极主动地作通共产国际和斯大林的工作，集体把毛泽东抬到

---

[1] 如果读者愿意关注一下列宁所选择的俄罗斯和联共（布）政治局成员的年龄构成，就不难发现列宁是挑选了一个小了他几个年龄组的一个群体帮助他运作一个强大的布尔什维克政党的。按照列宁对政治局的排序，列宁出生于 1870 年，托洛茨基 1879 年，季诺维也夫 1883 年，加米涅夫 1883 年，斯大林 1878 年。

党的主要领导位置的。笔者在梳理延安整风问题的时候已经罗列了，从 1935 年共产国际派出的代表张浩开始，尤其是经任弼时、王稼祥等一批留学生在共产国际方面的宣传和做工作，再加上到达陕北的中国共产党及其红军武装力量都正处在极为艰难的时刻，共产国际和苏联共产党才勉强同意把毛泽东放在党的主要领导位置上。作党史研究的史学家们不注意这一点，但毛泽东深刻了解这个过程。毛泽东一生曾为两个比他小了许多岁的党内同志抬棺送终，一个是张浩，一个是任弼时。另外，七大、八大等许多次场合，毛泽东都为王稼祥说好话，给党代表做工作，希望选举王稼祥做中央委员。因为毛泽东清楚地知道，如果说遵义会议上是自己所缔造的中央红军将领们把他推选到中央军事指挥的位置上，那么，缺少留学苏联背景的自己最终能够被苏联共产党及其共产国际认可而成为中国共产党中央的领袖，则是经过一个留苏学生团体历经数年的许多次宣传和推荐才终于完成的。

但是必须强调指出，虽然我们持这样的认识，决定能够完成这一历史过程的主要因素或基础还是因为毛泽东所具有的中华民族的文化禀赋和工作能力，决定了毛泽东在中华民族面临历史大转变中积极参与了这一历史过程而终于成为历史上的毛泽东。首先，笔者十分强调毛泽东所具有的中华民族的文化禀赋，是因为它决定了当中华民族遭遇到日本的侵略的时候，他能够和中华民族的大多数人一样产生出一种危机感并决定投身于抗战斗争中，坚持走抗战救国的道路，——1935 年 10 月，中央红军到达陕北。1935 年 12 月 27 日就在陕北瓦窑堡党的活动分子会议上发表了《论反对日本帝主义的策略》的重要报告，充分表明了中国共产党及其毛泽东在抗日问题上的自觉。中央 1937 年 7 月 7 日发生卢沟桥事变，第二天，7 月 8 日，中国共产党就发表宣言，提出："只有全民族实行抗战，才是我们的出路。"[2] 中国共产党及其毛泽东是把自己的命运与中华民族连接在

2　《毛泽东选集》第二卷，第 299 页。

一起了，把个人和党的主要力量投身于抗战[3]，救人民于水火与危亡之中，这才有了毛泽东及其中国共产党的前途和未来。

在历史研究中，有一种很顽强的成见，说毛泽东及其中国共产党是假抗日。持这一类观点的人甚至列举出民国政府和共产党分别击毙和俘虏日本侵略军的数字，以证明蒋介石及其国民政府的辉煌，而毛泽东及其中国共产党是加快抗日，以及抗战成就的微不足道。这一种讨论问题的方式方法就是不科学、不正确的。1937 年日本侵略华北的时候，蒋介石及其国民党就已经是中国合法的执政者，拥有全国政权，而毛泽东及其共产党仅只是盘踞在陕北的一小块地方，拥有几万人的武装力量。用一个可以调动全国抗战力量的合法的中央政府与偏居一隅的地方武装歼敌数据证明谁的贡献大，甚至谁是假抗日，谁是真抗战，其问题设置本身就是不科学的。

自从 15 世纪末到 16 世纪初西欧产生了商品生产方式以后，人类就进入到由自然经济向资本主义市场制度转变的大时代。按照列宁的总结，一个民族要想发展资本主义，首先通过民族运动形成统一的民族国家。[4] 这是理解中国近现代历史的钥匙和枢纽。列宁这里所说的统一，既是指统一的市场，也是政治上的统一。而且后者尤为重要，一个国家只有首先实现了政治上的统一，其次才谈得上统一的市

3　说毛泽东把个人主要精力投身于抗战，可从《毛泽东选集》中各个不同时期的文字和篇幅数量得到旁证。毛泽东亲自参与选编的《毛泽东选集》所汇集的是 1949 年 10 月 1 日中华人民共和国成立前的论著，在一定程度说是从他从事革命事业开始的年代的文著里选辑出来的，时间跨度应该覆盖自党成立前后到新中国以前。在这总计 28 年里总共编选了四卷文本，1520 个页码。其中抗战 8 年的文著占据第一卷的大部，以及第二、第三卷，将近 3 个卷次的篇幅，从 1935 年 12 月 27 日发生抗战的论著后其所有选编的文章内容就都是以抗战为中心的，总页码达 1006 张。它足以说明，毛泽东是把主要精力投入到抗战的。

4　列宁："在全世界上，资本主义彻底战胜封建主义的时代，是同民族运动联系在一起的，这种运动的经济基础就是：为了使商品生产获得完全胜利，资产阶级必须夺得国内市场，必须使操着同一语言的人所居住的地域用国家形式统一起来……因此，建立最能满足现代资本主义这些要求的民族国家，是一切民族运动的趋势（趋向）。"《论民族自决权》，《列宁选集》第二卷，第 508-509 页。引文中的黑体，是列宁的原文就有的。

场。中国是从 1840 年鸦片战争以后，才开始接触西方资本主义的。但是，随着 1911 年辛亥革命和清廷逊位，中国就陷入到军阀割据的局面。一个四分五裂的中国，是不可能担当起发展资本主义的使命的。因为传统史学是把孙中山反北洋政府视之为正义和正统，所以把 1928 年 12 月 29 日张学良致电蒋介石表示服从国民政府的领导，当作是北伐的最终胜利，也意味着中国的统一。不过实际上，蒋介石与张学良私下达成共识，黄河以北和东北依旧是张学良的奉系军阀统治。除此以外，各个地方也仍都是军阀把持着，蒋介石的国民政府只是控制了以南京、上海为中心的江浙地区。当然从理论上说，以此为起点，蒋介石的国民政府通过逐个整饬地方势力，结束军阀割据的局面，实现统一的国内市场和强大的中央政府，也是有可能的。

但是，历史发展选择了另外一条道路。

主要是日本帝国主义不愿意看到在它的旁边出现一个统一而强大的中国，所以在蒋介石及其国民政府取得了形式上的统一的时候，日本加快了侵略中国的步伐。1928 年 12 月，张学良通电宣布奉系易帜，1931 年日本即发动九一八事变占领东北。1937 年七七事变，日本侵略华北。1940 年，日本扶植汪精卫在南京成立伪政权，接着就控制了中国几乎所有的东部地区。随着日本帝国主义的步步进逼，蒋介石的国民政府一步步退守大西南，偏安一隅，当然谈不上统一了。

二战期间，以罗斯福为首的西方大国都把蒋介石的国民政府视之为中国的唯一合法政府，传统史学也就把抗战胜利后的蒋介石及其国民政府当作强有力的政府，其实是不正确的。事实上，抗战胜利后，蒋介石所面临的形势比以前更困难，更艰难了。首先，军阀割据的局面不仅没有因为抗战消失了，而且因抗战各地都加强了武装建设，从而拥有了远比抗战前更强大的惟只有各地军阀自己才可以指挥的武装部队。所以，武装割据的局面更严重了。如果不是中国共产党及其毛泽东后来所进行的解放战争，各地军阀所遭遇到的是势不可挡的中国人民解放军，让蒋介石一个军阀一个军阀地去剪除，且不去说中国的统一究竟要历经多么久远的过程，而且蒋介石在分别与各地军阀交手中最终鹿死谁手也都是难以预料的。

其次，传统史学从来都把苏联红军和斯大林当作朋友对待，岂不知一块打日本的时候苏联是朋友，当日本侵略者被消灭了以后，苏联红军占领者就成为敌人了。要知道，历史以来，苏俄就长期占领外蒙古，染指内蒙古，与日本轮番争夺东北。所以，当它打败日本关东军而占领包括东北在内的中国北方以后，就已经转变成为敌人了。而且，此时的苏联红军是一个拥有美国援助并缴获了投降的德军与日军最先进装备的强大敌人。外蒙就是在此时因蒋介石屈从斯大林的压力轻易间被从祖国分裂出去的。[5] 所以，如果不是中国共产党进入东北，苏联及其斯大林害怕担负支持中国共产党的名声，所以要迅速撤军，否则，根据战后斯大林在苏联的欧亚周围全都建起卫星国或者战争缓冲地带的战略部署，蒋介石及其国民政府要把苏联红军从中

5　许多人都把外蒙古从中国分裂出去当作是中华人民共和国成立以后的事，是不正确的。外蒙原属于中国领土的一部分，1911 年在沙俄的策动下，由部分王爷贵族宣布"自治"。1917 年十月革命后，苏俄曾一度承认中国对外蒙拥有主权。1924 年 5 月，中苏签订的《中俄解决悬案大纲协定》规定："苏联政府承认外蒙为完全中华民国之一部分，及尊重在该领土内中国之主权。"（《各国概况》，人民出版社，1972 年，第 70 页）但是，随着 30 年代日本加快侵占中国东北并紧逼和染指内蒙地区，苏联红军进驻外蒙，形成了中国北方被日俄两国事实占领的局面。蒋经国对此有过很深刻的认识，他说："一世纪以来，我们中国的积弱……由于列强帝国主义对于我们不断的侵略和压迫——尤其是比邻的日、俄两国，更迭为害，日本没有力量的时候，俄国来；俄国打败了，日本又起来；现在日本倒下去了，又成了俄国人的天下。"（《蒋经国自述》，团结出版社，2007 年第二版，第 115 页）这是蒋经国 1956 年所写的回忆录里的话。蒋经国的这段回忆文章不仅十分清楚地交代了抗战胜利后中国所面临的险恶形势，而且回忆了为阻止外蒙从中国分裂出去，蒋介石派遣有留苏学生身份并与斯大林有过接触的儿子蒋经国以蒋介石私人代表的身份，私下与斯大林交涉，结果遭到斯大林当面拒绝。斯大林对蒋经国说："非要把外蒙古拿过来不可！"（《蒋经国回忆录》第 117 页）无奈，蒋介石对谈判代表指示说："外蒙古允许'独立'，但一定要注明，必须经过公民投票，并且根据三民主义的原则来投票。"（《蒋经国回忆录》第 118 页）1945 年 8 月中苏签订友好同盟条约，外蒙即在苏联红军占领下经全民公投宣布独立。1946 年 1 月 5 日，中华民国政府承认外蒙独立。（《各国概况》第 71 页）兵不血刃。斯大林在答应出兵打击日本以前仅凭一纸空文就把中国一大片国土拿走，充分表明抗战胜利后的蒋介石及其国民政府已经虚弱到了什么程度。

国东北、从内蒙请出去，绝不是一件容易的事情。幸亏历史走了另外一条道路，这才省略和免除了蒋介石及其国民政府应该承担的历史罪名。

传统历史学也没有从历史必然性上解构以中华人民共和国形式出现的新中国，而只是从国共两党的历史视角把新中国当作两党斗争的结果，是一定的偶然。这显然是不正确的。中国是一个以个体农民为基础的农业大国，农民通过占有土地耕作才能生存，所以，面临一步步紧逼的日本侵略，农民才是当时中国社会各阶级和阶层中最为焦虑和最为彻底的抗日力量。不可否认，在资本主义发展过程中，个体农民受到资本主义生产的排挤也会产生焦虑。但是，在自由资本主义条件下，小农经济面临资本主义生产的排挤是一个缓慢过程，所以没有革命。但是，当日本实行全面侵华的政策以后就不同了。日本全面侵华一下子唤起了中国农民，——一个 4 亿多人口的农业大国，90%以上的人口都是个体农民，当他们面临同一个危机的时候，自然会形成相同的认识和统一的意志。在众多的人口群体中，统一的认识和统一的意志就是暴力。何况这个庞大群体经过抗日战争已经武装起来了，有着武装斗争的经历。战后的蒋介石丝毫都没有意识到这些，相反，还以为日本是在自己的领导下被打败的，所以踌躇满志，意得志满，不只敢于发动内战，而且还自信要在几个月内就能结束内战，消灭共产党。岂不知自己色厉内荏，实际上是坐在火药桶上，仅只 3 年多的时间反而被中国共产党及其毛泽东赶到台湾去了。

毛泽东及其中国共产党向来都把自己说成是无产阶级先锋队。但是，在一个几乎没有任何现代工业的农业大国里，没有现代工业，没有工人阶级，哪来的无产阶级？不止于此。按照中共党史的传统说法，毛泽东及其中国共产党所进行的事业就成了在少数无产阶级先锋队带领下的几亿农民的社会主义革命了。这样一来，中国共产党及其毛泽东所进行的革命事业就不是中国社会面临资本主义以后自然发生的社会运动，而是由少数先知先觉的圣人启发了芸芸众生，由少数人制造的跨越了资本主义的社会革命。以自然农业为生的传统中国的前途不是通过个体农民破产转变为雇佣劳动者从而实行资本主义的市场经济，而是在极少数被称之为无产阶级先锋队的先知先觉带领几亿农民跨越资本主义而直接实行社会主义。不用说，这样的史学是违背中国共产党及其毛泽东自己所信仰的马克思的唯物主义历史观的。

如果没有民粹主义和种族主义的意识形态作怪，就应该意识到，处在人类由自然经济向资本主义转变的大时代里，中国也面临着由前者向后者转变的历史必然性。只是不同的是，中国现时代实际所发生的已经不能像其它的国家那样从容地自然实行转变，而是在其转变的早期阶段就遭遇到了日本帝国主义的侵略，因而激发了中华民族普遍的爱国与抗战诉求。因为中国的个体农民占据社会的绝大多数，其危机感又表现得最为强烈，从而成了抗战的主体。中国的抗战是在以美国为代表的现代工业国家所连接起来的国际反法西斯联盟的形式下取得胜利的，不过，这个抗战中既没有发生现代工业生产，也没有解决军阀割据的问题，所以，蒋介石及其国民政府在抗战前所面临的主要社会问题仍都存在。

问题还不止这么简单。经过日本帝国主义全面侵华和持续 10 多年的抗日救亡的宣传，尤其是经 1937 年开始的八年抗战，中国与世界连接在一起，农民跳出了世代封闭的状态，看到了西方世界，农民觉醒了，人民觉醒了。从自然封闭的状态里苏醒了的农民除了需要土地以外，还想要一个像美国那样坚强的政府和统一的国内市场。这是其一。其二，中国农民通过抗日战争而获得了一个可以带领他们前进的革命政党及其领袖集团，这就是中国共产党及其领袖毛泽东。从 1927 年的八一南昌起义和秋收起义开始，中国共产党就拥有了武装。而且更重要的是，中国共产党及其毛泽东不同于在各地拥兵自重的军阀。中国共产党及其毛泽东从其一开始就不是地方武装，他们是搞农民运动的，是动员农民起义和发动农民战争的。只不过 30 年代以前，中国共产党及其毛泽东所活动的是落后地区，封闭的农村，全靠自己的宣传和发动，没有成就大事。日本帝国主义全面侵华以后的形势就不同了，一下子把全体农民唤醒了。毛泽东及其中国共产党遇到了一个好时代，这才成功发动、组织和武装农民，最终获得了胜利。用列宁的观点来理解，抗日战争不过是中华民族的民族运动的一种特殊形态和阶段。所以，不是毛泽东及其中国共产党从外部领导和发动的人民革命运动推翻了蒋介石及其国民政府的统治，而是以农民为主的中华民族运动通过抗战产生了能够带领自己走向统一的中国共产党及其领袖毛泽东。这是抗日战争和解放战争时期，毛泽东及其中国共产党所领导的民主政权不仅得到抗日根据地和解放区的人民拥护，而且也能得到国民党统治区的人民所向往的根本原因。日本的侵略唤醒了农民，动员了人民，使得中国具备了统一的社会基础，从而再不需要通过蒋介石及其国民政府逐步整饬和剪除地方势力而缓慢发展和统一了。

所以，必须把中国历史放在自 15 世纪末至 16 世纪初以来的世界近代史的大时代里，人类正在经历由自然经济向资本主义市场制度的转变，中国自 1840 年开始本也在缓慢发生变化。但是，因为日本帝国主义的侵略，中国加快了这一转变过程，——包括笔者在内，以往的研究仅都从 1931 年九一八事变后日本侵略东北开始，实际上的日本侵华历史应该从 1894 年的甲午战争算起（甚至更早，应该从它吞并琉球群岛剪除中华帝国的外围领土开始）。日本通过甲午战争不仅获得了清政府的赔款，而且占领了台湾和澎湖列岛，岂不已经是侵略？只不过 1931 年侵占东北，1937 年侵占华北，1940 年侵占长江下游，越来越加快了侵略中国的步伐，从而唤醒了人民。在这一过程里，占据中国社会 90%以上人口的个体农民的觉醒，是一个具有决定意义的大事件。

但是，抗战结束以后，在蒋介石及其国民政府统治下的中国不仅继续是一个破裂的国家，——中国西南的广西仍由李宗仁白崇禧实际统治，云南由卢云主政，四川由刘文辉、邓锡侯、熊克武等军阀分别把持，西北地区的青海、甘肃、宁夏等地由马步芳等马家军控制，新疆由程世才统治，而山西仍由阎锡山统治。其他地区，外蒙、内蒙和东北，由苏联红军占领。此外，中国共产党继续领导着华北、华中和华东的原抗日根据地，而蒋介石则只统治着以南京、上海和武汉等大城市为中心的长江中下游的部分地区。而且，当是时也，人民所看到、所遭遇到的，还不止于此。蒋管区有不断飞涨的物价和通货膨胀，蒋介石指使蒋经国在上海"打老虎"虎头蛇尾，草草收场，它们都表明蒋介石及其国民政府没有能力给人民一个像美国那样的自由、民主和统一的新中国。

马克思说，人类始终只提出自己能够解决的任务。[6] 当人民渴望统一，希冀建立一个新中国的时候，中国已经产生了以中国共产党及其毛泽东为代表的足以完成这一历史变革的社会力量。中国是一个农业大国，农民占据社会的绝大多数，农民才是中国问题的真谛。因为日本的侵略，毛泽东及其中国共产党积极走到日本占领区的最前线领导人民抗战，从而顺势成功。种瓜得豆，这竟然是客观现实。中国共产党及其毛泽东本是为积极抗战才走向最前线的，不想经过抗日壮大了武装力量，积蓄了军事斗争的经验，这都为以后战胜国民党及其蒋介石准备了条件。只是受时代的局限，就连毛泽东及其中国共产党也都没有认识到这一点，反而像历史时期本都具备正义性的农民起义却都需要打出替天行道的虚假的思想意识形态的旗帜一样，要借助虚幻的马克思列宁主义才能激励自己，在并不具备政党活动条件的落后社会里组织起一个貌似资本主义社会里才能出现的革命政党，在并不具备团结包括分散的个体农民在内的全体中国人民的经济基础上把人民组织起来，仅用了 3 年多的时间就打败了以蒋介石及其国民政府为代表的旧势力，建立了新中国。

为此，我们就不得不研究起源于苏俄的马克思列宁主义，如何与中国的农民运动连接在一起，并在中国取得胜利的？

上面已经交代过，中国共产党本就是在苏联共产党的帮助下建立起来的。尤其是中共六大以后，中央的领导核心与全国的中上层领

---

6 《马克思恩格斯选集》第二卷，第 83 页。

导职位基本上都是由留苏学生把持着。因为国民党蒋介石的打压，中国共产党的工作重心不得不从城市转移到乡村，依附在包括毛泽东的中央苏区在内的几支农民武装的肌肤上。由苏联培养的洋学生当然胜任不了领导农民进行武装斗争的历史使命，在经过丢失根据地和严重损失军事武装力量的惨痛教训之后，受苏联共产党和斯大林支持的留苏学生团伙认识到只有在毛泽东的领导下才有光明与未来。所以，毛泽东是在留苏学生的帮助下走到党的领导位置上来的，而留苏学生之所以拥护毛泽东是因为他熟悉中国社会，有与国民党及其蒋介石斗争的经验。这是一个方面，上面已做过较多的交代。

其实还有另外的一个方面，那就是毛泽东之所以能够受到留苏学生集团的拥护，也是因为毛泽东虽然没有经历过留苏学习的经历，但也拥有了留苏学生所接受的苏联共产党的思想意识形态。换个表述方式，因为毛泽东也拥有了留苏学生所接受的马克思列宁主义，有着与留苏学生相同的世界观。

所谓马克思列宁主义，就是由列宁所总结的马克思主义，又称列宁主义。必须指出，那是列宁为了解决 1917 年俄国因二月革命而破裂的沙皇俄国的现实所构建的思想意识形态。如果简单理解，是列宁向俄国的农民承诺要在一个经济落后的沙皇俄国基础上，建立起一个超越资本主义的社会主义和共产主义，主要包括无产阶级专政，自由、民主和平等，总之首先能打动没有经历过资本主义社会的农民，把已经从封闭状态里走到前线和城市的无序农民组织起来，建立起新秩序。

列宁时代的俄国，是一个还没有完全脱离农奴制，甚至许多地方还处在原始部落时代的落后的农业大国。但是，因为积极参与第一次世界大战，沙皇把各地封闭的农民都动员起来或者直接送到战场，或者进了城市为前线生产战争物资。超过沙皇统治能力的战争动员是没有经济基础支持的。经过几年的战争，沙皇耗尽了财富，战争实在打不下去了，所以爆发了二月革命。革命刚一发生，沙皇就退位了。封建时代的社会形态都是"皇帝-宗教-农民"的三位一体，失去皇帝的俄国即刻就陷于分裂状态。一个重要的社会背景是，在那个时代，鼓吹社会主义革命的马克思主义者列宁和美国总统威尔逊都信仰并积极宣传民族自决。沙皇俄国本就是多民族国家，所以，失去皇帝后的原沙皇俄国的多民族纷纷宣布独立。沙皇俄国破裂了，解体后的大俄罗斯分裂成数十个单一的民族共同体。但是，严峻的现实是，民族独立和民族自决都是以一定的资本主义发展为基础的，而落后的沙皇俄国并没有为这些民族准备好独立发展资本主义的物质条件。所以，破裂的大俄罗斯仍面临着一次重新整合的历史机遇。因为沙皇俄国本就是一个农业大国，在重大历史危机面前，谁能及时把农民团结起来，谁就有力量。列宁主义就是列宁为完成这一历史使命而提出来的。

必须强调一点，列宁主义是没有经历过资本主义的列宁为同样没有资本主义经历的农民制订的，其要害是要在一个没有现代化工业基础的农业国家里建立起比资本主义更为先进和发达的社会主义。虽然从马克思所阐述的生产力决定生产关系，经济基础决定上层建筑的唯物主义历史观来说，那本是不可能发生的。但是，因为列宁以及列宁所面对的是一群根本就不知道什么是资本主义的农民，所以反而是在这样的社会环境下的人们更容易脱离开现实而承诺他们所要建立的超越资本主义的社会主义是如何的优越，以及同样对资本主义无知的农民更容易相信这一思想意识形态的真实。这是从二月革命至十月革命仅只有 8 个月的时间，如果从列宁发表《四月提纲》到十月革命仅只有半年的时间，本只是俄国社会民主党内的一个以列宁为首的极小派别的布尔什维克在首都圣彼得堡苏维埃迅猛增长而成为绝对多数，在全俄（相当于现在的俄罗斯联邦）苏维埃里比例迅速上升而成为多数的原因。

以往包括苏共党史在内的苏俄历史学和世界历史都忽视了，二月革命破裂的是沙皇俄国，大俄罗斯，而列宁的十月革命胜利夺权的俄罗斯仅只是相当于现在的俄罗斯联邦。以列宁斯大林为首的布尔什维克或俄国共产党又经过了 6、7 年的时间，至 1924 年 1 月形成苏维埃社会主义联盟共和国（苏联），俄国才基本整合至沙皇时代的状态。笔者说“基本整合”包含两层含义，一层是波兰永久性地摆脱了俄罗斯的压迫，芬兰和波罗的海 3 国爱沙尼亚、拉脱维亚、立陶宛并没有整合进来。第二层含义是参加苏联的各加盟共和国都是以独立的民族国家身份存在的，承诺随时都有脱离联盟而独立的权利。普京大帝多次批评列宁，说列宁为苏联解体预留了“定时炸弹”，就是指后一层含义。岂不知没有这一条原则，列宁斯大林根本就无法整合俄国而形成苏维埃社会主义联盟共和国即苏联。按照列宁的总结，各个民族实行资本主义，都先是经过民族运动以形成民族国家。民族国家是发展资本主义的基础。苏联，不过是重新组合的大俄罗斯。正是在这个意义上，列宁多次指出由他的布尔什维克政党所领导的国家机关“是我们从沙皇制度那里接收过来的，不过稍微涂了一点苏维埃色彩罢了”。[7] 所以，虽然列宁及其布尔什维克自以为他们是一批超越民族主义的共产主义者，但本质上却仍旧是一群沙俄文化所孕育的大俄罗斯民族主义者。面对沙皇的大俄罗斯的分裂，以列宁为首的布尔什维克派别，也即俄共（布）党团本能地是要把已经分裂的大俄罗斯民族再度整合起来。这是 1917 年十月革命和列宁主义的实质。

以列宁斯大林为首的俄共（1924 年苏维埃联盟建立以后称苏共）帮助中国组建共产党，就是在俄共（布）为整合破裂了的大俄罗斯民族这一背景下发生的。

十月革命中，列宁的布尔什维克派别获得俄罗斯国家政权，但他们面临的是沙皇时代的大俄罗斯的破裂。虽然列宁自世界大战前就从马克思那里出发，主张民族自决，但他们的骨子里还是大俄罗斯。尤其是作为社会客观规律，绝大多数民族还不具备独立发展的条件，所以以布尔什维克为首的民族运动又自发推动破裂的大俄罗斯再次整合起来。列宁及其布尔什维克本质上是一批大俄罗斯民族主义者，但他们都是反对沙皇的革命者，当然不会直接打出恢复沙皇俄国版

---

7 《列宁全集》中文第二版第 43 卷，第 350、341 页。

图的旗号，他们是马克思主义者，自然利用《共产党宣言》中"全世界无产者，联合起来"的口号，打出国际主义的旗号。这是理解列宁在俄罗斯（请注意相当于现在的俄罗斯联邦）革命成功，经济极端困难，城市没有最低的粮食供应，工人和士兵暴动，危机层出不穷的情况下，却要花费巨大精力建立共产国际的原因。[8] 作为大俄罗斯民族主义者，列宁及其布尔什维克急于要把一个破裂的俄国再次整合起来。

这是苏联共产党帮助中国组建共产党的时代背景，以及中国共产党之所以是共产国际的一个支部的原因。当然，因为中国与俄国相邻，尤其是因为俄国在亚洲存在一个强大的日本那样的天敌，决定了苏联共产党希望有一个相对强大的中国抗衡日本，所以即使是在中国共产党建立以后，苏联共产党都还有一个长期地和持续地帮助中国共产党的动力。当然那是另外一个问题。我们这里需要回答的问题是，马克思列宁主义是列宁为适应大俄罗斯民族运动制订的，而中国共产党为什么能自然地接受它？

中国共产党之所以能够接受苏俄共产党的马克思列宁主义，首先是因为中国与俄国有着相同与相近的国情，都属于内陆型农业大国。马列主义本就是适应落后的俄罗斯民族运动的需要产生的，以农民为主体的人民相信它，从而让列宁的布尔什维克取得了成功。中国与俄国相同，农业大国，农民是社会的主体，这是它的基础。按照斯大林的解释，农民问题本就列宁主义的"最迫切的问题之一"。[9] 从1922 年第四次代表大会开始，共产国际就指示包括中国共产党在内

8　参加共产国际第一次代表大会的具有投票权的 19 个国家的代表中，有亚美尼亚、爱沙尼亚、芬兰、拉脱维亚、立陶宛、白俄罗斯、波兰、乌克兰、俄国东方民族（即西伯利亚）等 9 个国家或民族共同体。除此以外，还有阿塞拜疆和格鲁吉亚以观察员的资格参加了会议。威廉·福斯特《三个国际的历史》，生活·读书·新知三联书店，1961 年，第 331 页。以上高比例的原沙皇俄国联合体的成员出席共产国际的成立大会，充分表明了以列宁为首的共产国际的缔造者的大俄罗斯民族主义者心目中仍旧是大俄罗斯的国家观，以及潜意识地要恢复大俄罗斯共同体的强烈意愿。

9　斯大林《列宁主义问题》，人民出版社，1964 年，第 40 页。

的亚洲东方支部要重视农民问题，把革命中心放在农民问题上。共产国际的指示说：

> 东方各落后国家的革命运动，如果不依靠广大农民群众，就不可能取得胜利。因此，东方各国的革命党必须明确制定自己的土地纲领。这个纲领应该提出彻底消灭封建主义及其以大土地所有和土地租种形式出现的残余的要求。[10]

1926 年 2 月至 3 月召开的共产国际第六次全会和同年 11 月至 12 月的第七次全会上，都发出了同样的呼吁。[11] 中国共产党本就是共产国际的一个支部，尤其是列宁主义本就是为农民制订的夺权纲领，而中国就是一个农业国家，农民是它的主体，这是中国共产党能够自然接受苏联共产党的马克思列宁主义的主要原因。

毛泽东是建党的早期党员之一，其早年所从事的农民运动本都是具体执行共产国际的指示的，只是经过苏联正规学校培养的青年学生以为毛泽东不具有系统的马克思列宁主义，以致排斥他。及至 1935 年到达陕北以后，尤其国共合作，一致抗战以后，生活安定下来了，毛泽东系统地阅读了许多马克思列宁主义经典著作，不仅写出了《中国革命和中国共产党》（1939 年 12 月）、《新民主主义论》（1940 年 1 月）、《论联合政府》（1945 年 4 月）等大部头的有关中国革命问题的政治文化方面的理论著作，写了更多的《论持久战》（1938 年 5 月）和《中国共产党在抗日时期的任务》（1937 年 5 月）、《反对日本进攻的方针、办法和前途》（1937 年 7 月）、《上海太原失陷以后抗日战争的形势和任务》（1937 年 11 月）、《抗日游击战争的战略问题》（1938 年 5 月）、《中国共产党在民族战争中的地位》（1938 年 10 月）、《统一战线中的独立自主问题》（1938 年 11 月）、《战争和战略问题》（1938 年 11 月）、《中国革命和中国共产党》（1939 年 12 月）

10　费正清主编《剑桥中华民国史》上册，中国社会科学出版社，1993 年，第 588 页。

11　《剑桥中华民国史》上册，第 588 页。

等大量有关抗日战争的战略和策略方面的军事著作，甚至还写出了体现马克思唯物主义辩证法的哲学著作《实践论》（1937 年 7 月）、《矛盾论》（1937 年 8 月）。哲学可是科学殿堂里的王冠。毛泽东的这两篇有关辩证唯物主义认识论和唯物辩证法的经典著作，堪称王冠上的蓝宝石。毛泽东精深剔透的思想文化内涵，充分表现出其过人的领袖才能与才华，而在留苏学生的看来，毛泽东已经通过自学成为他们的一伙。

毛泽东还具有极强的人格魅力。反对中国共产党及其毛泽东的人常常列举一些党内斗争中遭受残酷斗争、无情打击的事例，以证明毛泽东冷酷、无情、无人性。必须承认，历史时期，共产党人遭受组织和同志迫害的事例屡见不鲜，所陈述的许多案件也大都是事实，或者距离真实都不很遥远。但是，它们却未必与毛泽东有着直接关联。中国共产党及其毛泽东所从事的运动是农民运动，原本是没有政治规则，没有政治道德的。联系到苏联共产党及其斯大林的肃反运动，就该知道农民运动中的冤假错案和扩大化是常态，残酷斗争也都是农民运动的本色与特征。这是其一。其二，政党活动属于政治斗争，本就是残酷的、无情的。但是，必须说，毛泽东却是有温情的，他对没有政治规则和道德底线的农民运动还予以了不少规范。前面研究延安整风时曾经指出，毛泽东有"杀头不是割韭菜"的比喻，制订了运动期间"大部不抓""一个不杀"的政策，对于规范中国这样的国情下的农民运动都是有很大贡献的。如果用张国焘所揭露的王明迫害俞秀松案例作对照，就显现出了毛泽东的温情。

毛泽东曾经遭受过党内斗争的排挤，经历过政治失落后的人情世故。所以，当他获得党内最高权力的时候，总是十分宽容地对待党内斗争失败的同志。博古（秦邦宪）、张闻天（洛夫）、王稼祥、王明，虽然自遵义会议至延安整风的不同阶段遭受到批评，甚至被调整党内职务，但直到七大召开前仍都是中央政治局委员，中央领导核心，分管着党的某一方面的重要工作。党的七大、八大会议选举中央委员的时候，毛泽东还多次给党代表做工作，建议代表们正确对待犯过路线错误的领导同志，投票选举他们继续担任中央委员。毛泽东甚至多次提出，共产党员要能够团结曾经反对过自己的同志一道工作。

当然更为重要的是，毛泽东之所以能够成为中国共产党的领袖是因为只有他把握得住方向。

首先，中国共产党是共产国际的一个支部，当然要接受其领导；中国共产党要接受苏联共产党的经济资助，自然也要受其指使。但是，中国共产党是中华民族运动的产物，是中华民族自己的运动，所以，必须从中国实际出发，从事中华民族的革命活动，为中国革命而奋斗。所以，毛泽东提出中国共产党在接受马克思列宁主义的同时，又强调"马克思主义在中国具体化"，[12] 坚持中国革命的民族性。

其次，由于日本的侵略，中国社会面临中华民族与日本帝国主义的战争。大敌当前，中华民族只有团结和统一，一致对外，才有可能取得胜利。那么，怎样团结，统一到哪里，由谁代表民族一致对外？当是时也，蒋介石及其国民政府是西方列强所认可的中国合法政府，而蒋介石及其国民政府又愿意抵抗日本帝国主义的侵略，所以代表着中华民族。而此时的中国共产党的力量还很小，只能、也必须团结在以蒋介石为首的国民政府的周围，一致抵抗侵略者。但是，蒋介石及其国民党政府虽然对外是代表中华民族的，不过作为现时代民族国家的中央政府，它首先是代表包括官僚资本在内的民族资产阶级和大地主的，在面对外来侵略时固然是一致对外的，而国内政策上则一定优先于资本和大地主利益的。中国共产党作为适应农民运动而产生的一个农民党，在表示服从国民政府领导的同时，还有没有别的诉求，是否还有独立存在的意义？按照王明以及他所代表的共产国际和斯大林的意向，中国共产党就应该"一切经过（国民政府领导的）统一战线"，"一切服从（国民政府领导的）统一战线"。如果从政治学的原理分析，一个政党如果没有独立性，也就失去了存在的意义。所以，毛泽东主张中国共产党应在"统一战线中的独立自主，既

---

12 《毛泽东选集》第二卷，第 497 页。

统一，又独立"。[13]

他还说："中国的革命实质上是农民革命，现在的抗日，实质上是农民的抗日。""新三民主义，真三民主义，实质上就是农民革命主义。"[14]

所以，从毛泽东参与中国共产党中央领导之初开始提出马克思主义中国化的方向，在日本侵略突然唤醒中国农民，唤醒中国人民的历史大背景里，又强调中国共产党必须在抗战中服从国民政府的同时保持独立性，以致在抗战中得到极大地发展，从而适应抗战胜利后突然因全民族觉醒而要求自由、民主和统一的时候，足以适应历史局势的变化，通过战争推翻了蒋介石及其国民政府的统治，建立了新中国。

---

13 《毛泽东选集》第二卷，第 504 页。
14 《毛泽东选集》第二卷，第 663 页。

尾　声

恩格斯对黑格尔一段著名哲学命题的解读

行文至此，笔者又找到恩格斯的一段话反复诵读，以为它就是为现阶段的中国所写的，特别是为那些自称马克思的信徒却从不阅读马克思主义经典著作的人们所写的。所以将它抄录如下。

不论哪一个哲学命题都没有黑格尔的一个著名命题那样引起近视的政府的感激和同样近视的自由派的愤怒，这个命题就是：

"凡是现实的都是合理的，凡是合理的都是现实的。"

这显然是把现存的一切神圣化，是在哲学上替专制制度、替警察国家、替王室司法、替书报检查制度祝福。弗里德里希-威廉三世是这样想的，他的臣民也是这样想的。但是，在黑格尔看来，凡是现存的决非无条件地也是现实的。在他看来，现实的属性仅仅属于那同时是必然的东西；

"现实性在其展开过程中表现为必然性"；

所以他决不承认政府的任何一个措施——黑格尔本人举"某种税制"为例——都已经无条件地是现实的。但是必然的东西归根到底会证明自己也是合理的。所以黑格尔的这个命题，在应用于当时的普鲁士国家时，意思只是说：这个国家在它是必然的这个限度内是合理的，是合乎理性的。如果说，在我们看来，它终究是恶劣的，而且尽管恶劣，它仍继续存在，那么，政府的恶劣，就可以用臣民的相应的恶劣来辩护和说明。当时的普鲁士人有他们所应该有的政府。

但是，根据黑格尔的意见，现实性决不是某种社会制度或政治制度在一切环境和一切时代所固有的属性。恰恰相反，罗马共和国是现实的，但把它排斥掉的罗马帝国也是现实的。法国的君主制在 1789 年已经变得如此不现实，即如此丧失了任何必然性，如此不合理，以致必须由大革命（黑格尔谈论这次革命时总是兴高采烈的）来把它消灭掉。所以，在这里，君主制是不现实的，革命是现实的。同样，在发展的进程中以前的一切现实的东西都会成为不现实的，都会丧失自己的必然性、自己存在的权力、自己的合理性；一种新的、富有生命力的现实的东西就会起来代替正在衰亡的现实的东西，——如果旧的东西足够理智，不加抵抗即行死亡，那就和平地代替；如果旧的东西抵抗这种必然性，那就通过暴力来代替。这样一来，黑格尔的这个命题，由于黑格尔辩证法本身，就转化为自己的反面：凡在人类历史领域中是现实的，随着时间的推移，都会成为不合理的，因而按其本性来说已经是不合理的，一开始就包含着不合理性；凡在人们头脑中是合理的，都注定要成为现实的，不管它和现存的、表面的现实多么矛盾。按照黑格尔的思维方法的一切规则，凡是现实的都是合理的这个命题，就变为另一个命题：凡是现存的，都是应当灭亡的。

　　……历史同认识一样，永远不会把人类的某种完美的理想状态看做尽善尽美的；完美的社会、完美的"国家"是只有在幻想中才能存在的东西；反之，历史上依次更替的一切社会制度都只是人类社会由低级到高级的无穷发展进程中的一些暂时阶段。每一个阶段都是必然的，因此，对它所由发生的时代和条件来说，都有它存在的理由；但是对它自己内部逐渐发展起来的新的、更高的条件来说，它就变成过时的和没有存在的理由了；它不得不让位于更高的阶段，而这个更高的阶段也同样要走向衰落和灭亡的。[1]

1　恩格斯《路德维希·费尔巴哈和德国古典哲学的终结》，《马克思恩格斯选

中国的抗日战争是与以美、英和苏联为首的世界大国连接在一起的。从 1931 年九一八事件开始，随着日本侵华步伐的加快与扩大，中国就成为世界抗击日本侵略的主要战场。但是，随着 1941 年 12 月 7 日日本偷袭珍珠港和侵略南太平洋，反击日本帝国主义的主要战场转移到了海上，激战也主要集中在美日之间，也即历史学所说的太平洋战争。战争后期日本内阁会议就是否投降在海军和陆军之间发生严重分歧，其根源还是因为经过太平洋战争日本的海军全军覆没，已经打不下去了，而主要分布在中国大陆的日本陆军精锐部队几乎未曾发生过大的战役。日本投降的决策是由天皇决定的。这对于中国来说，胜利来得太突然了。

突发的局势让蒋介石误判了他所面临的形势。日本投降是迫于太平洋战争的惨重失败，美国连续两颗原子弹对日本平民的杀伤，以及苏联出兵打击它的最精锐的关东军，但蒋介石也把自己当作打败日本帝国主义的英雄了。此时的蒋介石只盯着他的集中在大西南的几支接受了美国装备的精锐部队，并没有意识到经过抗战他的国民政府更脆弱了。蒋介石把抗战期间地方军阀都表示拥护国民政府的领导，当作他已经成为坚强的中央政府，更小看了抗战中发展壮大的中国共产党的力量，他甚至都没有想想抗战前他连盘踞在几小块贫穷落后地区的红军都剿灭不了，抗战后共产党在华北和长江中下游平原的强大武装如何能轻易就平息了？当然，蒋介石更看不到自己根本就缺少一个治理中国这样一个大国所需要的托手，看不见因为日本侵略而已经全面觉醒的农民是一个一点即爆的火药桶，所以贸然发动内战。相反，如果抗战后的蒋介石不搞一党专政，而是认识到自己是一个弱政府，只坚守从日伪手上所接收的东部大城市及其国土，承认共产党在抗战中得到的发展及其势力，承认地方割据的现实，维持一个弱政府的形象，实行民主政治，也许可以分化一下子高涨起来的农民革命，逐步形成以国共两党为基础的民主国家和民主

集》第四卷，第 211-213 页。

政治。遗憾的是，蒋介石不是政治家，既看不准自己的力量，更没有看到已经觉醒的农民和中国共产党的力量，悍然发动内战，反而轻易间断送了江山。

　　毛泽东雄才伟略。根据毛泽东 50 年代就可以说出"如果没有日本帝国主义发动大规模侵略，霸占了大半个中国，全中国人民就不可能团结起来反对帝国主义，中国共产党就不可能胜利"[2]，就不好说毛泽东在抗战胜利后也没有认清形势。但是，抗战胜利后，毛泽东果真没有夺取全国政权的设想。党的七大的政治工作报告《论联合政府》，说明毛泽东及其中国共产党当时的理想是在蒋介石及其国民党执政的基础上建立包括共产党和其他民主党派参加的联合政府，即他所理解的民主共和国。为参加联合政府，毛泽东甚至都作了把党的中央机关搬迁到靠近上海和南京的苏南地区的预案，至少说明那时的毛泽东还没有意识到抗战已经激发起农民，激发起人民的觉悟，历史进程已经发展到可以用战争推翻国民党的统治，中国已经到了建立起统一的新中国的历史阶段。是蒋介石发动了围剿和消灭共产党的战争，结果导致了新中国的诞生。

　　所以，如果说毛泽东是很清醒地推动历史发展的，那也不符合事实。毛泽东是真实地信仰马克思列宁主义，相信列宁主义的。虽然他认为日本的侵略导致了农民的觉醒，但这都是因为马列主义所揭示的社会主义一定要取代资本主义的客观规律。毛泽东在《新民主主义论》里就说："共产主义是无产阶级的整个思想体系，同时又是一种新的社会制度。"[3] 邓小平也说，马克思主义就是社会主义。可见中国共产党人从毛泽东那里所接受的马列主义作为世界观，是相信社会主义社会作为一种历史现实，是从马列主义思想意识形态那里来的，是从虚幻的精神世界里来的。但是，毛泽东是典型的中国农民。历史时期的中国农民满脑子都是封建迷信，虚幻的思想意识形态，但

2　《毛泽东外交文选》第 534-535 页。
3　《毛泽东选集》第二卷，第 679 页。

他每天都要不违农时地下农田干活，因为他知道他及他的家庭的生存都仰赖于农田里的收成，这一点都不可以马虎。但是，他又要把勤劳换来的丰硕收成，归之于列祖列宗的神灵保佑。尤其是庄稼收割到家里以后，就开始按照虚幻的意识形态举办各种祭祀活动，实际上就是瞎折腾。毛泽东及其中国共产党在胜利前本能地从事农民运动，积极抗战，就像一位本份的农民不违农时地在大田里辛苦劳作一样。当掌握政权以后，不是自然发展资本主义，而是把列宁制定的马克思主义当作科学蓝图，消灭商品生产，实行无产阶级专政，改造小农和组织农业合作社和人民公社，收买私人资本和实行公私合营等等，一切都来自于列宁主义。马克思说："社会经济形态的发展是一种自然历史过程。"[4] 毛泽东及其中国共产党所信奉的马克思列宁主义即社会主义，人为地破坏了新中国的经济秩序。苏联和中国的历史都已说明，列宁主义作为一种动员农民革命的思想意识形态是有效的，但用它作为新社会的蓝图指导民族国家的建设和发展则是荒唐的，用它作为一种历史观解释现实世界已经不是科学与否的问题，而是荒谬与滑稽了。

2018 年 8 月 17 日至 8 月 30 日第一稿

2018 年 12 月至 2019 年 4 月第二稿

2019 年 5 月 7 日至 7 月 10 日第三稿

2019 年 12 月 8 日第四稿

2020 年 1 月 20 日第五稿

2025 年 12 月 15 日至 2026 年 1 月 26 日第六稿

---

4 《资本论》第一卷，第 12 页。